O PREÂMBULO DA CONSTITUIÇÃO FEDERAL

CIP-BRASIL. CATALOGAÇÃO NA PUBLICAÇÃO
SINDICATO NACIONAL DOS EDITORES DE LIVROS, RJ

P932

O preâmbulo da Constituição Federal / coordenadores Ives Gandra da Silva Martins, Paulo de Barros Carvalho, Luiz Gonzaga Bertelli. - 1. ed. - São Paulo : Noeses, 2021.

560 p. ; 23 cm.
Inclui bibliografia
ISBN 978-65-89888-22-2

1. Direito constitucional - Brasil. I. Martins, Ives Gandra da Silva. II. Carvalho, Paulo de Barros. III. Bertelli, Luiz Gonzaga.

21-73288 CDU: 342.4(81)

Meri Gleice Rodrigues de Souza - Bibliotecária CRB-7/6439

O PREÂMBULO DA CONSTITUIÇÃO FEDERAL

Coordenadores

IVES GANDRA DA SILVA MARTINS

PAULO DE BARROS CARVALHO

LUIZ GONZAGA BERTELLI

União dos Juristas Católicos de São Paulo

2021

editora e livraria
NOESES

Copyright 2021 © By Editora Noeses
Fundador e Editor-chefe: Paulo de Barros Carvalho
Gerente de Produção Editorial: Rosangela Santos
Arte e Diagramação: Equipe Noeses
Designer de Capa: Aliá3 - Marcos Duarte
Revisão: Georgia Evelyn Franco
Revisão tipográfica: Romer Franco Camacho

editora e livraria
NOESES
Editora Noeses Ltda.
Tel/fax: 55 11 3666 6055
www.editoranoeses.com.br

APRESENTAÇÃO

O 9º livro, ora publicado pela UJUCASP – UNIÃO DOS JURISTAS CATÓLICOS DE SÃO PAULO, na linha dos livros que o antecederam, continua objetivando realçar os valores fundamentais da civilização ocidental, inspirados no cristianismo.

Thomas E. Woods Jr., no livro "Como a Igreja Católica construiu a civilização ocidental" (Ed. Quadrante, 2008, tradução de Elcio Carillo), apresenta admirável quadro de sua contribuição para a humanidade.

Nas ciências, desde Galileu, que foi considerado suspeito de heresia em 1633, por não considerar o copernicismo como "hipótese", mas sim como "verdade", em desobediência à decisão da Igreja, que não afastava o helicentrismo, mas ainda não o tinha como certeza absoluta, a astronomia tem avançado com estudiosos católicos. O próprio Galileu Galilei publicou, dois anos depois (1635), os seus "discursos e demonstrações matemáticas em torno de duas novas ciências", sem qualquer censura eclesiástica, morrendo em paz e no seio da Santa Igreja. É de se lembrar que o Padre Rogerio Boscovich, na época, continuou a explicar, em suas obras, que a Terra estava em movimento e não parada, como pretendiam os ptolomeufilistas.

As obras de Pierre Duhem, de Stanley Júnior, no início do século XX, mostrou a importância da Igreja Católica no desenvolvimento da ciência, com especialistas, cientistas e descobridores de novos caminhos, na qual a figura do Padre Mendel se destaca.

A Universidade é fruto da Igreja Católica e a mais famosa Universidade do mundo, que é a Sorbonne, tem nome do Robert de Sorbon.

Na arquitetura, na arte, no início do direito internacional com Francisco de Vitória e Bartolomeu de Las Casas, com todas as obras de benemerência, caridade, de saúde e educação, quando governantes pouco cuidavam da sociedade, nos seus aspectos humanitários, vemos a importância da Igreja Católica. No fim do século XV, havia em torno de uma centena de Universidades na Europa, sendo que mais de 85% católicas e menos de 15% reinóis.

Na própria economia, Joseph Schumpeter na "História da análise Econômica (1954)" prestou grande homenagem às contribuições dos escolásticos, à fundação da Ciência Econômica antes de Adam Smith.

Em todos os campos da cultura, a Igreja teve um papel fundamental na construção da civilização ocidental, razão pela qual continua sendo a religião de maior expansão no mundo, sobre inspirar outros credos que tem como finalidade maior louvar a Deus, Criador do Universo.

Por esta razão, os próprios constituintes sabiamente decidiram promulgar a Constituição sob a proteção de Deus, como consta no preâmbulo da Lei Suprema e que é comentada na primeira parte do livro por eminentes juristas brasileiros.

Na segunda parte, há alguns estudos que completam o volume, também elaborados por reconhecidas autoridades, com o que na exitosa divulgação do pensamento Cristão no Brasil, a UJUCASP continua a perseguir seu ideal de um livro doutrinário por ano, na busca da difusão dos valores cristãos inseridos na Carta da República, que devem ser respeitados e seguidos, como foi intenção do constituinte.

Bem haja!

Ives Gandra da Silva Martins

Paulo de Barros Carvalho

Luiz Gonzaga Bertelli

QUESTÕES

1. Como interpretar o Preâmbulo da Constituição, visto que sem ele não teria sido promulgada?

2. Haveria razão de ter a locução "sob a proteção de Deus" sido votada e aprovada por maioria expressiva, se fosse considerada irrelevante?

3. O § 2º do art. 226 da CF/88 faz menção ao casamento religioso distinto do casamento civil, cujos efeitos seriam os mesmos. Não estaria, tal distinção de regime jurídico com princípios próprios a demonstrar a existência de um direito religioso como ramo autônomo do direito positivo?

4. O que caracteriza a autonomia de um ramo do direito? Princípios, normas e regras com aspectos diferenciais dos outros ramos? Se assim for, não haveria no concernente à religião princípios, normas e regras diferenciais, dentro do direito positivo? Se sim, quais seriam?

SUMÁRIO

ADENDOS

O PREÂMBULO DA CONSTITUIÇÃO

Ives Gandra da Silva Martins[1]

Sumário: 1. Como interpretar o preâmbulo da Constituição, visto que sem ele, não teria sido promulgada? – 2. Haveria razão de ter a locução "sob a proteção de Deus" sido votada e aprovada por maioria expressiva, se fosse considerada irrelevante? – 3. O § 2º do art. 226 da CF/88 faz menção ao casamento religioso distinto do casamento civil, cujos efeitos seriam os mesmos. Não estaria, tal distinção de regime jurídico com princípios próprios a demonstrar a existência de um direito religioso como ramo autônomo do direito positivo? – 4. O que caracteriza a autonomia de um ramo do direito? Princípio, normas e regras com aspectos diferenciais dos outros ramos? Se assim for, não haveria, no concernente à religião, princípios, normas e regras diferenciais, dentro do direito positivo? Se sim, quais seriam?

1. Como interpretar o preâmbulo da Constituição, visto que sem ele, não teria sido promulgada?

- Está o preâmbulo da Constituição assim redigido:

---

1. Professor Emérito das Universidades Mackenzie, UNIP, UNIFIEO, UNIFMU, do CIEE/O ESTADO DE SÃO PAULO, das Escolas de Comando e Estado-Maior do Exército - ECEME, Superior de Guerra - ESG e da Magistratura do Tribunal Regional Federal – 1ª Região; Professor Honorário das Universidades Austral (Argentina), San Martin de Porres (Peru) e Vasili Goldis (Romênia); Doutor *Honoris Causa* das Universidades de Craiova (Romênia) e das PUCs-Paraná e RS, e Catedrático da Universidade do Minho (Portugal); Presidente do Conselho Superior de Direito da FECOMERCIO - SP; ex-Presidente da Academia Paulista de Letras-APL e do Instituto dos Advogados de São Paulo-IASP.

PREÂMBULO

> "Nós, representantes do povo brasileiro, reunidos em Assembleia Nacional Constituinte para instituir um Estado Democrático, destinado a assegurar o exercício dos direitos sociais e individuais, a liberdade, a segurança, o bem-estar, o desenvolvimento, a igualdade e a justiça como valores supremos de uma sociedade fraterna, pluralista e sem preconceitos, fundada na harmonia social e comprometida, na ordem interna e internacional, com a solução pacífica das controvérsias, promulgamos, sob a proteção de Deus, a seguinte CONSTITUIÇÃO DA REPÚBLICA FEDERATIVA DO BRASIL."

Num único parágrafo, há toda a conformação do que serão os dispositivos que constituirão a Lei Suprema brasileira.

De início, no primeiro enunciado declaram, os constituintes, que são eles os representantes do povo, ou seja, aqueles que a população brasileira escolheu para redigir uma nova Constituição.

A segunda consideração, no preâmbulo, está de que forma será elaborada a Carta da República, ou seja, numa Assembleia, que denominaram de Nacional Constituinte.

O terceiro ponto do primeiro discurso constitucional é o esclarecimento do motivo pelo qual o colegiado legislativo supremo se reuniu, ou seja, para instituir um Estado Democrático.

É interessante notar que não fala, o constituinte, num Estado de Direito, que seria insuficiente, pois as ditaduras também são Estados de Direito, pois organizadas com um estatuto jurídico. Fala isto sim, em Estado Democrático, prescindindo no preâmbulo da expressão "de Direito", pois os Estados Democráticos são, necessariamente, de Direito.

O quarto aspecto diz respeito à garantia dos direitos sociais e individuais, como desiderato maior.

Há, no preâmbulo, um equilíbrio, nesta alocução, pois coloca, em mesmo nível, os direitos sociais da coletividade como os individuais de cada cidadão ou residente.

Não se vai nem para o excesso de coletivismo, em que o Estado tudo pode e o cidadão é uma peça na engrenagem social, nem para o individualismo exacerbado, em que o indivíduo não deve se preocupar com o próximo, vivendo exclusivamente para seu bem-estar, mesmo que à custa da sociedade.

Há, pois, um perfeito equilíbrio entre os direitos individuais e sociais.

Na sequência, são enumerados os diversos atributos a que as pessoas têm direito, numa sociedade democrática, a saber, como quinto ponto, a liberdade – não há democracia sem liberdade –; como sexto, a segurança – cuida não só da segurança física, pessoal, mas também da segurança jurídica –; como sétimo, o bem-estar – governos e cidadãos "não governamentais" devem lutar para que o bem-estar seja possível para todos os que vivem no país –; como oitavo, o desenvolvimento – nenhum dos direitos anteriores ganha plenitude sem uma nação em desenvolvimento –; como nono, a igualdade – numa democracia, o princípio da igualdade é que a garante – e como décimo, a justiça – uma nação que não se norteia por um ideal de justiça nunca será democrática.

O décimo primeiro enunciado do discurso preambular é que todos estes atributos da democracia são valores supremos, isto é, os maiores da nossa democracia.

Este pensamento da introdução à lei maior é que alicerça tais valores para a nossa sociedade, que é fraterna, décimo segundo atributo, – ou seja, com respeito de cada um a seu próximo –; pluralista, décimo terceiro, – vale dizer com a convivência das mais variadas convicções de qualquer natureza – e sem preconceitos de qualquer natureza, décimo quarto enunciado à apresentação vestibular da Carta da República.

Uma décima quinta ideia permeia a introdução, qual seja a harmonia social – o elemento convivencial é mais uma vez destacado – é a base da sociedade, ao lado de um décimo sexto pensamento de comprometimento com a solução pacífica das controvérsias, no plano interno (décimo sétimo ponto) e na ordem internacional (décimo oitavo).

Todos estes dezoito pontos dão o perfil da Constituição, que é promulgada (décimo nono ponto)

"sob a proteção de Deus",

o qual constituiu a vigésima dicção do curto preâmbulo da Constituição Brasileira.

De início, é de se considerar que o preâmbulo é uma espécie de "trailer" do que constará na Lei Suprema, mas um "trailer" integrante, pois cada um dos vinte aspectos enunciados no Texto Maior têm sua explicitação pormenorizada na parte articular da Lei Magna, sendo, pois, algo ínsito, que auxilia ao intérprete analisar cada um de seus artigos à luz da abrangência conceitual e contextual do preâmbulo.

A próxima abordagem é que a maioria dos aspectos preambulares retromencionados estão coletiva e individualmente conformados à luz dos valores cristãos, de princípios do direito natural consagrados na Declaração Universal dos Direitos Humanos (10/12/1948), que teve como relator a figura do jusfilósofo naturalista e tomista, René Cassin.

Esta é a razão pela qual entenderam por bem, os constituintes, votar o principal elemento conformador de todos os dezenove anteriormente enunciados, ou seja, de saber se poderiam ou não colocar que a Constituição era aprovada "sob a proteção de Deus", votação esta que resultou numa esmagadora maioria a favor da proposição.

Por esta razão, a Constituição foi promulgada "sob a proteção de Deus".

Isto quer dizer que todos os parlamentares federais exercem seu mandato numa Constituição que lhes deu este poder "sob a proteção de Deus".

Todos os Ministros dos Tribunais Superiores, só têm o poder que têm porque uma Constituição, aprovada "sob a proteção de Deus", deu-lhes este poder.

Todos os servidores públicos do Executivo, Legislativo, Judiciário, nas três esferas da Federação, só estão exercendo suas funções, pois a Constituição promulgada, "sob a proteção de Deus", permitiu-lhes.

O próprio Estado, que ateus e agnósticos desejariam como um Estado ateu ou agnóstico, mas que é apenas laico – art. 19, inciso I, da Lei Suprema –, é um Estado "sob a proteção de Deus", pois garantido pela Constituição "sob a proteção de Deus" promulgada.

Por esta razão, o Estado laico é tão somente um Estado em que as instituições públicas e religiosas não se confundem, tendo configurações próprias. Numa democracia, contudo, tanto a considerável maioria de crentes e a reduzida minoria de não crentes têm o mesmo direito à cidadania, pois a sociedade é pluralista, fraterna e sem preconceitos, por imposição de uma Lei Suprema promulgada, "sob a proteção de Deus".

Apenas os preconceituosos e aristocráticos intérpretes, que por não crerem em Deus, dizem que o preâmbulo não tem valor, podem ignorá-lo.

Termino a resposta à esta primeira questão.

Se o preâmbulo não tem valor constitucional, a Constituição não foi promulgada, pois a promulgação é parte inerente do preâmbulo. E se o preâmbulo tem valor, todo o Poder Público brasileiro foi constituído "sob a proteção de Deus", independentemente da convicção pessoal de seus membros, e o Estado laico brasileiro existe "sob a proteção de Deus".

2. Haveria razão de ter a locução "sob a proteção de Deus" sido votada e aprovada por maioria expressiva, se fosse considerada irrelevante?

Como foi explicado na resposta à questão número 1, o preâmbulo, nas suas vinte proposições, tem inequívoca relevância, pois confirma a essência do que seria o Estado Democrático de Direito do país.

Há, todavia, uma razão para que o tema fosse colocado para discussão e votação, sendo aprovado por expressiva maioria. É que toda a Lei Suprema brasileira é permeada pelos mais relevantes princípios da civilização cristã ocidental. Assim é que o Título I cuida dos comandos maiores da democracia do país, onde o respeito e o amor ao próximo (dignidade da pessoa humana) irriga a cidadania, o pluralismo político, a soberania nacional e os valores da doutrina social contida na Encíclica *Rerum Novarum* e nas demais encíclicas sociais posteriores.

Por outro lado, a solidariedade social, a erradicação da pobreza e da marginalização, assim como a eliminação das desigualdades sociais seguem a mesma trilha.

O Título II, ao cuidar dos direitos e garantias individuais, sociais, da cidadania e políticos, está na linha da Declaração Universal dos Direitos Humanos, que é uma carta de direito natural.

E os demais Títulos (Federação e administração – III, Poderes – IV, Defesa das instituições democráticas – V, Orçamentos – VI, Economia – VII, Ordem Social – VIII),[2] estão todos repletos da doutrina social da Igreja e dos princípios de direito natural para que viva em paz uma sociedade democrática.

Ora, se os valores cristãos influenciaram tanto a conformação da Carta da República, nada mais natural que se colocasse a proteção divina, que realmente ocorreu para que tivesse a Lei Suprema tal perfil, pois sem ela possivelmente muitos de seus princípios não teriam sido promulgados.

O aspecto mais relevante para que se entenda a expressão "sob a proteção de Deus" é que sua votação deu-se após já pronto o texto, o que vale dizer, após terem os constituintes percebido que algo diferente os levara a aprovar a Lei Maior do país.

---

2. Títulos da Constituição Federal em sua literalidade: Título I – Dos Princípios Fundamentais; Título II – Dos Direitos e Garantias Fundamentais; Título III – Da Organização do Estado; Título IV – Da organização dos poderes; Título V – Da Defesa do Estado e Das Instituições Democráticas; Título VI – Da tributação e do orçamento – Título; VII – Da Ordem Econômica e Financeira; Título VIII - Da Ordem Social.

De rigor, quando discutiram a redação do preâmbulo com os vinte aspectos atrás analisados de uma Constituição com todos os seus Títulos já aprovados, perceberam quanto os valores, principalmente da civilização cristã, tinham sido veiculados.

É evidente que poderiam ter pedido a proteção antes, como ocorreu com a E.C. 1/69 da Constituição de 1967, em que invocaram a proteção divina para escrevê-la.

Ocorre que, na Constituinte de 87/88, em que a decisão foi tomada no encerramento dos trabalhos, os constituintes livremente e em absoluta harmonia conformaram o texto final durante vinte meses, algo que na E.C. 1/69, em período de perturbação interna, tendo o Congresso Nacional limitações em sua atuação, não possuía ambiente propício para fazê-lo.

Compreende-se a humildade do Constituinte de 67/69, pelas próprias circunstâncias em que a Lei Suprema foi aprovada, que não se sentia tão à vontade de dizer que Deus com ela estava de acordo, com o que apenas invocava sua proteção, em comparação com a sadia e alegre arrogância do Constituinte de 88, que impôs sua presença, embora pudesse haver dúvidas sobre a concordância divina com tudo que dela constasse.

O certo, todavia, é que por estarem os mais relevantes princípios da doutrina social da Igreja e os principais valores do direito natural e do cristianismo incorporados na Lei Suprema, foi aprovada a invocação como um dos vinte enunciados que perfilam o preâmbulo da Constituição Brasileira.

Inequivocamente, é de particular relevância o discurso constitucional.

3. O § 2º do art. 226 da CF/88 faz menção ao casamento religioso distinto do casamento civil, cujos efeitos seriam os mesmos. Não estaria, tal distinção de regime jurídico com princípios próprios a demonstrar a existência de um direito religioso como ramo autônomo do direito positivo?

A terceira questão merece também uma breve consideração. Reza o dispositivo que:

> "Art. 226 [...]
>
> § 2º. O casamento religioso tem efeito civil, nos termos da lei."

Vale dizer, o casamento religioso, que é realizado de acordo com o direito próprio de cada religião, tem, nos termos da Lei, efeito de casamento civil.

À evidência, como o casamento civil, que não comentarei, pois fora do âmbito da questão, em havendo possibilidade de ser realizado prescinde para o direito positivo do casamento religioso, com efeitos civis.

Ocorre, todavia, que onde o casamento civil não possa ser realizado e a única possibilidade de união com características matrimoniais é o religioso, ganha este as duas conformações jurídicas, ou vale dizer, seja simultaneamente casamento religioso e casamento civil.

Ora, é o próprio constituinte, que promulgou a Lei Suprema, "sob a proteção de Deus", que ao casamento realizado "sob a proteção de Deus", garante "status" também de casamento civil, casamento com a mesma validade das leis civis sobre o matrimônio.

Dir-se-á que a hipótese da Lei Civil é limitada temporalmente, como determinam os arts. 1.515 e 1.516 do Código Civil, assim veiculados:

> Art. 1.515. O casamento religioso, que atender às exigências da lei para a validade do casamento civil, equipara-se a este, desde que registrado no registro próprio, produzindo efeitos a partir da data de sua celebração.
>
> Art. 1.516. O registro do casamento religioso submete-se aos mesmos requisitos exigidos para o casamento civil.
>
> § 1º. O registro civil do casamento religioso deverá ser promovido dentro de noventa dias de sua realização, mediante comunicação do celebrante ao ofício competente, ou por iniciativa de

qualquer interessado, desde que haja sido homologada previamente a habilitação regulada neste Código. Após o referido prazo, o registro dependerá de nova habilitação.

§ 2º. O casamento religioso, celebrado sem as formalidades exigidas neste Código, terá efeitos civis se, a requerimento do casal, for registrado, a qualquer tempo, no registro civil, mediante prévia habilitação perante a autoridade competente e observado o prazo do art. 1.532.

§ 3º. Será nulo o registro civil do casamento religioso se, antes dele, qualquer dos consorciados houver contraído com outrem casamento civil.

Da lei não consta a excepcionalidade, mas o fato é que, pela gratuidade imposta pelo §1° do art. 226 assim redigido:

§ 1º. O casamento é civil e gratuita a celebração.

não haveria dificuldade de realização do matrimônio civil ao lado do religioso. Por isto é excepcional e a meu ver, entretanto, o aspecto temporal da lei civil pode inviabilizar o casamento religioso, em lugares onde o casamento civil seria difícil, à falta de autoridades para fazê-lo. Considero tal limite inconstitucional neste ponto.

Não é, entretanto, este o aspecto que deve ser examinado, pois a *excepcionalidade* não exclui a *possibilidade* e a *possibilidade* insere o direito religioso próprio de cada religião no direito positivo brasileiro.

O aspecto mais relevante do dispositivo constitucional reside, pois, no fato de reconhecer a Lei Suprema um direito advindo de outra fonte geradora, ou seja, o direito próprio do direito canônico ou de qualquer religião que o denomina diferentemente, ganhando, se não incompatível com o direito brasileiro, efeitos de direito civil, podendo assim ser registrado perante as autoridades competentes.

Como tenho procurado demonstrar em livros, artigos, palestras e entrevistas, há um direito religioso autônomo dentro do direito positivo, constitucionalmente consagrado, sendo este dispositivo um dos dispositivos a dar-lhe este perfil.

Com efeito, a Carta da República reconhece neste dispositivo a existência de dois direitos diferentes, um oriundo do Estado Laico e outro oriundo das instituições religiosas.

Por outro lado, como o casamento entre homem e mulher – uso a terminologia da Lei Suprema e não aquela alargada e criada pela Suprema Corte –, único admitido pelo direito canônico, em sua regulação também no direito positivo, a comunhão de situações e de objetivos levou o legislador Supremo a dar-lhes a mesma validade, sempre que não fossem incompatíveis seus ritos e desideratos, até porque a Constituição foi promulgada "sob a proteção de Deus".

A excepcionalidade e a validade temporal da validação do casamento para efeitos deste breve estudo são irrelevantes, pois o importante é que num artigo que o constituinte considerou essencial para o país, que é o da família, admitiu as duas formas de matrimônio perante o direito brasileiro celebradas perante autoridades diferentes (juiz de paz ou um antiste).

"A família é a base da sociedade" determina o *caput* do art. 226 e o Estado tudo fará para protegê-la é o determinado pelo constituinte e a família pode ser constituída pelo casamento perante duas autoridades diferentes com o mesmo efeito constitucional.

Creio ser o dispositivo mencionado da conjunção de dois estatutos legais diversos para eficácia no direito positivo brasileiro, um elemento a mais para facilitar a explicação da razão de ser do preâmbulo constitucional da proteção divina que os constituintes sentiram ao elaborar a Carta Magna, após 20 meses de árduos trabalhos.

É interessante notar que, em todas as religiões, a família tem especial destaque, pois a sociedade dos filhos de Deus, da raça única dos filhos de Deus, só é possível na fecundidade familiar, que, como dizia o Constituinte, é a base da sociedade.

Parece-me, pois, na linha que tenho adotado em escritos e palestras, que o §2° do art. 226 é mais um dispositivo diferenciado do direito positivo clássico, mas inserto na Constituição, que sinaliza a autonomia de um direito religioso na ordem jurídica nacional.

4. O que caracteriza a autonomia de um ramo do direito? Princípio, normas e regras com aspectos diferenciais dos outros ramos? Se assim for, não haveria, no concernente à religião, princípios, normas e regras diferenciais, dentro do direito positivo? Se sim, quais seriam?

A autonomia de um ramo do direito é caracterizada pelos princípios, normas, regras diferenciadas das de outros ramos, constituindo um conjunto que permite gerar a existência de um segmento próprio da ordem jurídica por eles regulada constitucionalmente. Há, certamente, disposições que tornam, na Carta Magna, de perfil diferenciado o direito religioso.

O primeiro deles é o preâmbulo já comentado.

Pode-se considerar, por outro lado, que o inciso III do art. 1°, em parte, conta com princípios inerentes à vontade da maioria do povo brasileiro em sua dignidade, qual seja a crença no Criador, sob cuja proteção a Constituição foi promulgada. Está assim redigido:

> Art. 1°. A República Federativa do Brasil, formada pela união indissolúvel dos Estados e Municípios e do Distrito Federal, constitui-se em Estado Democrático de Direito e tem como fundamentos:
>
> [...]
>
> III - a dignidade da pessoa humana;
>
> [...].

Os incisos I, III e IV do art. 3° têm sua origem em toda a doutrina individual e social da igreja, desde a filosofia patrística, de Santo Agostinho e, posteriormente, Santo Tomás de Aquino.

É de se lembrar que a Filosofia Ocidental dos séculos XII e XIII é fundamentalmente cristã, tendo permitido a criação da Universidade, a grande oferta cultural da igreja católica à cultura europeia e mundial. No fim do século XV, havia aproximadamente 100 universidades no Ocidente. Sua esmagadora maioria não era reinol, mas católica.

A dicção dos dispositivos é a seguinte:

> Art. 3º. Constituem objetivos fundamentais da República Federativa do Brasil:
>
> I - construir uma sociedade livre, justa e solidária; [...]
>
> III - erradicar a pobreza e a marginalização e reduzir as desigualdades sociais e regionais;
>
> IV - promover o bem de todos, sem preconceitos de origem, raça, sexo, cor, idade e quaisquer outras formas de discriminação.

O art. 4° no inciso II volta-se ao tema da atuação internacional do país, como se pode ler:

> Art. 4º. A República Federativa do Brasil rege-se nas suas relações internacionais pelos seguintes princípios:
>
> [...]
>
> II - prevalência dos direitos humanos;
>
> [...].

Todo o art. 5° é inspirado na Declaração Universal dos Direitos Humanos, cujo relator foi um filósofo católico romano, René Cassin.

Destacam-se alguns dispositivos diferenciados.

O inciso VI está assim redigido:

> VI - é inviolável a liberdade de consciência e de crença, sendo assegurado o livre exercício dos cultos religiosos e garantida, na forma da lei, a proteção aos locais de culto e a suas liturgias;

Tais ideias decorrem de sua leitura, a saber:

1. a liberdade de crença;
2. assegurada a liberdade dos cultos;
3. garantida a proteção a local dos cultos e suas liturgias.

Na mesma linha, o discurso do inciso VII, a saber:

> VII - é assegurada, nos termos da lei, a prestação de assistência religiosa nas entidades civis e militares de internação coletiva;

A assistência religiosa é assegurada tanto nas entidades civis, como nas militares, se a internação coletiva for a regra. Nela, há um tratamento constitucional distinto para os fiéis vinculados a quaisquer destas instituições.

O inciso VIII, que segue a mesma linha e cujo discurso não difere, está desta forma versado:

> VIII - ninguém será privado de direitos por motivo de crença religiosa ou de convicção filosófica ou política, salvo se as invocar para eximir-se de obrigação legal a todos imposta e recusar-se a cumprir prestação alternativa, fixada em lei;

O dispositivo assegura o princípio da "objeção de consciência", por motivo de crença, consagrando 3 normas:

1. a objeção de consciência pode ser apresentada;
2. conforme a exigência, serviço alternativo pode ser sugerido;
3. tal serviço alternativo não pode ser negado.

Todo o capítulo dos direitos sociais está impregnado da doutrina social da Igreja Católica. No Título VII, o art. 150 inciso VI, letra "b", cujo texto segue:

> Art. 150. Sem prejuízo de outras garantias asseguradas ao contribuinte, é vedado à União, aos Estados, ao Distrito Federal e aos Municípios:
>
> [...]

> VI - instituir impostos sobre:
>
> [...]
>
> b) templos de qualquer culto;

assegura a imunidade aos templos de qualquer destas entidades, quanto aos impostos, cujo objetivo é não permitir que uma política tributária preconceituosa inviabilize, por imposições elevadas, a realização de cultos.

O art. 210 § 1º assegura o ensino religioso nas escolas públicas, tendo a Suprema Corte decidido que, todavia, caberia às igrejas indicarem seus professores, remunerando-os. Sua dicção é:

> § 1º. O ensino religioso, de matrícula facultativa, constituirá disciplina dos horários normais das escolas públicas de ensino fundamental.

O art. 213 admite recursos versados em escolas confessionais, rezando o *caput* o seguinte:

> Art. 213. Os recursos públicos serão destinados às escolas públicas, podendo ser dirigidos a escolas comunitárias, confessionais ou filantrópicas, definidas em lei, que:
>
> I - comprovem finalidade não lucrativa e apliquem seus excedentes financeiros em educação;
>
> II - assegurem a destinação de seu patrimônio a outra escola comunitária, filantrópica ou confessional, ou ao Poder Público, no caso de encerramento de suas atividades.

Ora, o que caracteriza a autonomia de um ramo do Direito é o conjunto de disposições diferenciadas em relação aos outros, que se encontram no texto constitucional.

Como se percebe, pela sequência dos dispositivos retromencionados, há toda uma preocupação do Constituinte, que promulgou a Constituição "sob a proteção de Deus", de caracterizar o respeito aos valores daqueles que constituem a esmagadora maioria da população que acredita em Deus –, dando-lhe garantias diferenciais para gozo de sua liberdade religiosa.

A resposta à quarta questão, portanto, é:

I. O tratamento diferencial a outros ramos do Direito na Lei Suprema;

II. Sim, a disciplina jurídica distinta implica a existência de princípios, normas e regras diferentes;

III. Sim, como demonstrei no presente trabalho;

IV. São aqueles enunciados no corpo desta resposta.

O DIREITO À EDUCAÇÃO E O PREÂMBULO CONSTITUCIONAL

Luiz Gonzaga Bertelli[1]

José Tadeu de Barros Nóbrega[2]

Sumário: 1. Introdução – 2. O Preâmbulo da Constituição – 3. O direito fundamental à educação à luz do Preâmbulo – 4. Primazia da família sobre o Estado na Educação – 5. Ensino religioso nas escolas públicas – 6. Conclusão – Bibliografia.

Resumo: Do Preâmbulo Constitucional podem ser extraídos certos elementos, como o contexto histórico e o "espírito da Constituição". O Preâmbulo ressalta que a Constituição foi promulgada sob a proteção de Deus. O Preâmbulo é considerado como norma jurídica, inclusive para fundamentar decisões do Supremo Tribunal Federal. A educação é um dever do Estado e da família. O pleno desenvolvimento da pessoa impõe uma educação integral, que passa pela formação do homem. Os direitos da família e do Estado, no que diz respeito à educação, podem e devem estar em harmonia com a supereminência da Igreja. O Estado apenas deve atuar subsidiariamente e sempre com vistas ao bem comum. A família cumpre a sua missão principalmente pela educação dos filhos. O direito dos pais de educarem seus filhos não é absoluto, pois deve

---

1. Consultor de empresas, advogado, jornalista e professor universitário. Presidente da UJUCASP e da Academia Paulista de História (APH).

2. Mestre em Direito Constitucional pela Pontifícia Universidade Católica de São Paulo. Professor de Direito Constitucional e Direito Administrativo. Analista Processual no Ministério Público Federal. Diretor Secretário da UJUCASP.

subordinar-se ao fim último e à lei natural e divina. O Supremo Tribunal Federal reconheceu a possibilidade do oferecimento na rede pública, em igualdade de condições e de forma facultativa, do ensino religioso confessional. Cabe a cada religião definir o conteúdo do ensino religioso confessional que será passado aos alunos. As condições do ensino religioso católico nas escolas públicas devem ser definidas pelo Bispo do local.

Palavras-chave: Direito Constitucional – Preâmbulo Constitucional – Direitos fundamentais – Direito à educação — Ensino religioso – ADI 4439 – Princípio da subsidiariedade – Família, Estado e Igreja.

1. Introdução

O presente trabalho procura traçar um paralelo entre o direito à educação, garantido na Constituição, sob as luzes do Preâmbulo Constitucional.

Para tanto, avançaremos nos estudos sobre o Preâmbulo, sobretudo para identificarmos o seu alcance normativo. Destaca-se, para este estudo, a expressão "sob a proteção de Deus", contida no Preâmbulo. Isso teria algum impacto em relação ao exercício de direitos, em especial o direito à educação?

O direito à educação está previsto constitucionalmente. Mas, antes disso, trata-se de um direito natural, que garante aos pais o poder de educarem seus filhos. As discussões que, por vezes, se colocam dizem respeito ao papel do Estado na educação.

Ora, até onde pode ir o Estado na disciplina e promoção da educação? O que se considera uma injusta intervenção frente ao direito de os pais educarem seus filhos? Somam-se a isso os direitos da Santa Igreja, que é *Mater et Magistra* – Mãe e Mestra.

Sobre o tema, ganha contornos relevantes a questão do ensino religioso confessional nas escolas públicas, enfrentado pelo Supremo Tribunal Federal na ADI 4439. Nessa ocasião, a União dos Juristas Católicos de São Paulo (UJUCASP) tomou parte no processo como *amicus curiae*; é, pois, mais uma razão para voltarmos os nossos olhos a essa discussão.

Por fim, uma vez admitida, pelo Supremo Tribunal Federal, a possibilidade de ensino religioso confessional nas escolas públicas, avançaremos, com breves traços, sobre como deve se dar, na prática, esse ensino religioso.

2. O Preâmbulo da Constituição

Em 5 de outubro de 1988, foi promulgada a Constituição que atualmente vige em nosso País. Como se sabe, nenhuma Constituição é eterna, mas quando de sua promulgação, a intenção é de que ela persevere no tempo, ainda que admita alterações em seu Texto.

Desse modo, é comum – embora não obrigatório – que os constituintes, no preâmbulo constitucional, relatem às gerações futuras em que condições se deu a elaboração e a promulgação ou a outorga da Constituição.

Na Constituição de 1988, o Preâmbulo foi assim redigido:

> Nós, representantes do povo brasileiro, reunidos em Assembleia Nacional Constituinte para instituir um Estado Democrático, destinado a assegurar o exercício dos direitos sociais e individuais, a liberdade, a segurança, o bem-estar, o desenvolvimento, a igualdade e a justiça como valores supremos de uma sociedade fraterna, pluralista e sem preconceitos, fundada na harmonia social e comprometida, na ordem interna e internacional, com a solução pacífica das controvérsias, promulgamos, sob a proteção de Deus, a seguinte CONSTITUIÇÃO DA REPÚBLICA FEDERATIVA DO BRASIL.[3]

Da leitura do Preâmbulo, podemos extrair algumas interessantes considerações.

Em primeiro lugar, temos que a Constituição de 1988 advém dos trabalhos de "representantes do povo brasileiro, reunidos em Assembleia Nacional Constituinte". Aqui temos um

---

3. Disponível em: https://bit.ly/2Twf3Hu Acesso em: 24 jul. 2021.

registro histórico de que a Constituição de 1988 foi promulgada e não outorgada.

Para ficar clara a diferença, segundo a classificação mais usual entre os constitucionalistas, *outorgadas* são aquelas Constituições impostas, de modo unilateral, por alguém ou um grupo de pessoas. As Constituições *promulgadas* gozam de uma pressuposta legitimidade, uma vez que é fruto da deliberação de representantes eleitos pelo povo.

Outro aspecto importante a ser extraído do Preâmbulo é a finalidade da reunião daquela Assembleia Nacional Constituinte. Desse modo, observa-se outra característica possível do preâmbulo, que é indicar o "espírito da Constituição".

A opção do Constituinte foi, então, a de instituir um Estado Democrático. O termo "democracia" pode ensejar muitas interpretações, das mais variadas formas. No entanto, prevalece que o Estado brasileiro levaria em consideração os anseios populares, geralmente representados pelo voto.

Esse novo Estado Democrático, instituído pela Constituição de 1988, deve assegurar o exercício dos direitos sociais e individuais.[4] E o Constituinte enumera quais são os valores supremos: a liberdade, a segurança, o bem-estar, o desenvolvimento, a igualdade e a justiça valores supremos.

Além disso, define qual o tipo de sociedade que deseja: fraterna, pluralista e sem preconceitos, fundada na harmonia social e comprometida, na ordem interna e internacional, com a solução pacífica das controvérsias.

Por fim, ressalta que a Constituição da República Federativa do Brasil foi promulgada sob a proteção de Deus.

Essa referência, a bem da verdade, nem mesmo seria necessária. O Senhor protege seu povo independentemente

---

4. A promulgação de uma nova Constituição resulta na criação de uma nova ordem jurídica, por isso institui um novo Estado. O Poder Constituinte originário, como destaca Manoel Gonçalves Ferreira Filho, "edita atos juridicamente iniciais, porque dão origem, dão início, à ordem jurídica, e não estão fundados nessa ordem, salvo o direito natural".

de qualquer previsão preambular na Constituição. De todo modo, a expressa menção a Deus tem seus efeitos positivos.

Vale dizer que, mesmo com a triste constatação de que muitos brasileiros perderam a Fé, o nome de Deus na Constituição lembra a esta e às futuras gerações a essência e a vocação desta Pátria.[5] O Brasil nasceu católico e, desde o Descobrimento, os portugueses sabiam que o melhor fruto que poderiam obter desta Terra de Santa Cruz seria a salvação das almas.[6]

A expressão "sob a proteção de Deus", inserida no Texto Constitucional, tem servido também para fundamentar a existência de direitos religiosos, uma vez que a ordem constitucional vigente reconhece e se submete a Deus.

Trata-se de um argumento interessante, porém, é necessário esclarecer que os direitos da Religião são direitos naturais e, como tais, independem de qualquer previsão do direito positivo.

Analisados os aspectos gerais sobre o tema, importa-nos avançarmos sobre as discussões acerca do alcance normativo de um preâmbulo.

Jorge Miranda leciona que há três posições doutrinárias sobre isso. A primeira, de irrelevância jurídica, pela qual o preâmbulo não se insere no domínio do Direito, mas no da Política. A segunda, de que o preâmbulo tem plena eficácia, ou seja, reconhece-se ao preâmbulo a mesma eficácia jurídica de quaisquer outras disposições constitucionais. Por fim, a terceira posição é de que o preâmbulo possui relevância jurídica indireta, desempenhando um papel orientador na identificação das características da Constituição, mas não se confunde com suas normas.[7]

---

5. Sobre o tema, cf. NÓBREGA, José Tadeu de Barros. Liberdade e a vocação do Brasil. *In*: Liberdade religiosa e liberdade de expressão, coord. Ives Gandra da Silva Martins (et al.), 1. Ed. São Paulo: Noeses, 2020, p. 401-422.

6. O relato do descobrimento do Brasil pode ser lido na Carta de Pero Vaz de Caminha, disponível eletronicamente em: https://bit.ly/3eSXclE Acesso em: 24 jul. 2021.

7. MIRANDA, Jorge. *Estudos sobre a Constituição*. Lisboa: Petrony, 1977, pp. 22-24.

Em *Reading Law: The Interpretation of Legal Texts*, Antonin Scalia e Bryan A. Garner destacam o pensamento de Joseph Story, expresso em seus *Commentaries on the Constitution of the United States* (1833), de que

> *The preamble of a statute is a key to open the mind of the makers, as to the mischiefs, which are to be remedied, and the objects, which are to be accomplished by the provisions of the statute.*[8]

Do ponto de vista prático, é imperioso reconhecer que o Constituinte não inseriria, no Texto Constitucional, inscrições desnecessárias. Assim, o Preâmbulo não pode ser desprezado na aplicação das normas constitucionais.

Entretanto, ainda que venha a assumir a feição de uma norma jurídica imperativa, a sua aplicabilidade não é tão simples assim. Isso porque, como facilmente se observa, o Preâmbulo é dotado de termos e expressões vagos, como "sociedade fraterna", "sem preconceitos", "harmonia social" e outros.

No início deste século, por ocasião do julgamento da ADI 2076, o Supremo Tribunal Federal enfrentou a questão se a referência à proteção de Deus seria norma de reprodução obrigatória na Constituição do Estado do Acre. Na ocasião, o Tribunal Pleno decidiu que essa não constituiria norma central, razão pela qual não seria de reprodução obrigatória, não tendo força normativa (portanto, seria norma não cogente), como se lê na ementa a seguir:

> EMENTA: CONSTITUCIONAL. CONSTITUIÇÃO: PREÂMBULO. NORMAS CENTRAIS. Constituição do Acre. I. - Normas centrais da Constituição Federal: essas normas são de reprodução obrigatória na Constituição do Estado-membro, mesmo porque, reproduzidas, ou não, incidirão sobre a ordem local. Reclamações 370-MT e 383-SP (RTJ 147/404). II. - Preâmbulo da Constituição: não constitui norma central. Invocação da proteção de Deus: não se trata de norma de reprodução obrigatória na Constituição estadual, não tendo força normativa. III. - Ação direta de inconstitucionalidade julgada improcedente. (STF – ADI

8. SCALIA, Antonin; GARNER, Bryan A. Reading Law: The Interpretation of Legal Texts. St. Paul: Thomson/West.

2076, Tribunal Pleno, Rel. Min. Carlos Velloso, Data do julgamento: 15/08/2002, Data da publicação: 08/08/2003).

A argumentação é, no mínimo, curiosa. Trata-se de uma norma da Constituição, que não é central, mas é norma. Ainda assim, ela não tem força normativa. Ora, se é norma, por que não teria força normativa?

Fato é que o Supremo Tribunal Federal, em diversas relatorias, tem constantemente utilizado o Preâmbulo como fundamento em seus julgados.[9]

Isso posto, parece-nos que, à medida que o Preâmbulo é considerado como norma jurídica, inclusive para fundamentar as decisões do Supremo Tribunal Federal, não haveria que escolher o que no texto tem e o que não tem força normativa, sob pena de conduzir à arbitrariedade da interpretação jurisdicional.

Assim, temos que o Constituinte inseriu a expressão "sob a proteção de Deus" para relembrar, ao Povo Brasileiro, a vocação desta Pátria: a santificação das almas. E, então, deve o Estado perseguir essa finalidade, sempre sob a proteção de Deus.

3. O direito fundamental à educação à luz do Preâmbulo

Não há dúvidas de que um dos meios para que o Brasil obtenha êxito no cumprimento de sua vocação é pela Educação.

De acordo com o art. 6º da Constituição, o direito à educação é um direito social fundamental. Nesse sentido, o Estado deve atuar positivamente para proporcionar os meios de acesso à educação, sendo competência comum da União, dos Estados, do Distrito Federal e dos Municípios, como prevê o art. 23, V, da Constituição.

---

9. Nesse sentido, pode-se verificar a ACO 3373 AgR (Rel. Min. Alexandre de Moraes), ACO 3121 (Rel. Min. Rosa Weber), ADPF 738 MC-Ref (Rel. Min. Ricardo Lewandowski), AP 1021 (Rel. Min. Luiz Fux) e outras.

O art. 205 da Constituição, por sua vez, dispõe:

> Art. 205. A educação, direito de todos e dever do Estado e da família, será promovida e incentivada com a colaboração da sociedade, visando ao pleno desenvolvimento da pessoa, seu preparo para o exercício da cidadania e sua qualificação para o trabalho.

O Constituinte, portanto, entendeu que a educação envolve uma série de atores, que concorrem para o pleno desenvolvimento da pessoa.

Desse modo, a educação é um direito de todos, ou seja, universal. O acesso à educação não comporta, portanto, qualquer distinção. É um direito dos ricos e dos pobres, dos homens e das mulheres, dos negros e dos brancos, das crianças e dos velhos. Isso mesmo! Não há sexo, cor, raça, religião, nem mesmo idade para o acesso à educação.

É evidente que a forma de exercício do direito à educação pode variar de uma pessoa para a outra. Ninguém espera um adulto matriculado em uma creche; ou uma criança na universidade. Mas é plausível, por exemplo, um idoso em uma faculdade.

A educação é, também, um dever do Estado e da família. O Constituinte foi muito claro ao manifestar uma parceria entre o Estado e a família na Educação. A Educação não é apenas um dever do Estado, mas requer a efetiva participação da família.

Na verdade, a participação da família é superior à do próprio Estado. Isso porque, como bem observou o Papa Pio XI na Encíclica *Quadragesimo Anno*, fortalecendo o princípio da subsidiariedade: "O fim natural da sociedade e da sua acção é coadjuvar os seus membros, não destruí-los nem absorvê-los".[10]

José Pedro Galvão de Sousa leciona:

> O princípio [da subsidiariedade] assim enunciado fornece um critério para a ação social do Estado, segundo o qual sempre que

10. PAPA PIO XI, Encíclica *Quadragesimo Anno,* 1931, disponível em: https://bit.ly/3x0MYpC Acesso em: 24 jul. 2021.

> os particulares podem, sem inconveniente, fazer alguma coisa, no domínio que lhes é próprio, não devem de maneira nenhuma ser embaraçados na sua atuação. Ao Estado cumpre respeitar, proteger e, se for o caso, auxiliar a iniciativa particular. Assim, por exemplo, deve assegurar a legítima liberdade de ensino e as obras particulares de assistência social, fomentando-as e dando ajuda a estabelecimentos assistenciais idôneos.[11]

O Estado e a sociedade, em colaboração com as famílias, promovem a Educação voltada ao pleno desenvolvimento da pessoa, seu preparo para o exercício da cidadania e sua qualificação para o trabalho.

O pleno desenvolvimento da pessoa impõe uma Educação integral, que passa pela formação do homem e não apenas com o intuito de aprovar nos vestibulares das universidades mais concorridas.

Segundo o Texto Constitucional, a Educação visa também ao preparo para o exercício da cidadania. No entendimento moderno, a cidadania seria o conjunto de direitos e obrigações existentes entre os indivíduos e o Estado a que pertencem.

No entanto, é muito válida a crítica de José Pedro Galvão de Sousa *et al.*, de que

> [...] frágil é o conceito de cidadania que se baseia tão somente no relacionamento indivíduo-Estado. A vinculação de cada indivíduo com a família e o grupo ou grupos em que ele está naturalmente inserido – pelo estado civil e pela profissão – permite-lhe saber-se realmente integrado na sociedade, portando dignidade inalienável e responsabilidade social efetiva. [...]
>
> Por isso, a verdadeira cidadania requer simultaneidade no gozo dos direitos e no cumprimento dos deveres, uns e outros inerentes à participação na vida da sociedade política. Cidadão incompleto é aquele que está sempre pronto a exigir respeito a direitos, mas tende a ignorar os deveres cujo cumprimento lhe incumbe.[12]

---

11. SOUSA, José Pedro Galvão de. *Iniciação à teoria do Estado*. 2. ed. rev. pelo autor. São Paulo: Revista dos Tribunais, 1976, pp. 110-111.

12. SOUSA, José Pedro Galvão de et al. *Dicionário de Política*. São Paulo: T.A. Queirós Editor, 1998, pp. 92-93.

Por fim, a educação visa à qualificação para o trabalho. Por essa razão, sobretudo nos cursos superiores, é fundamental a associação de aulas teóricas com as práticas, complementadas com o estágio.

O estágio é uma estratégia de profissionalização e um mecanismo de integração do estudante ao mundo do trabalho em termos de aprendizado prático, aperfeiçoamento técnico-atitudinal, científico e de relacionamento humano, que permite tanto à organização como à escola (ou faculdade) a participação no processo de formação profissional.[13]

O trabalho é essencial. Por meio dele é que o homem pode sustentar-se a si mesmo e a sua família, garantindo-lhe alimentos, moradia, segurança e conforto. E isso é muito importante.

Mas é possível vermos o trabalho também com um fundamento sobrenatural, como o meio de santificação que temos para nós e por aqueles que nos circundam.

Em suas reflexões, Ives Gandra da Silva Martins afirma que

> Se tivéssemos mais pessoas trabalhando por Deus e pelo mundo, com espírito de santificação, santificando o trabalho ordinário, santificando-nos com o trabalho ordinário, santificando os outros com o nosso trabalho ordinário, certamente o mundo seria melhor e sem crises.[14]

A efetivação do direito à educação se dá de várias formas na família e na sociedade. O Estado atua primordialmente no ensino (que é livre à iniciativa privada), com educação básica obrigatória e gratuita dos 4 aos 17 anos de idade, assegurada inclusive sua oferta gratuita para todos os que a ela não tiveram acesso na idade própria (art. 208, I, da Constituição).

---

13. BERTELLI, Luiz Gonzaga. Estágios de estudantes. In G. M. Boog (Org.), *Manual de gestão de pessoas e equipes*, v. 2, São Paulo: Editora Gente, 2002, pp. 325-330.

14. MARTINS, Ives Gandra da Silva. Minhas reflexões sobre Caminho de São Josemaría Escrivá. Disponível em: https://bit.ly/3y3UykB Acesso em: 24 jul. 2021.

Mas, é claro, que, considerando a Educação como integral, o Estado também pode promovê-la, com incentivo aos desportos, à música, à cultura e outros. A discussão sobre o ensino religioso será oportunamente enfrentada neste trabalho.

Infelizmente, temos percebido que a educação em nosso País, há tempos, caminha muito mal. As deficiências são inúmeras e incluem professores até mesmo professores sem qualquer graduação.

Como sabemos,

> O debate sobre as deficiências da educação está recheado de "causas" para essa persistente precariedade, que vão desde a baixa atratividade do magistério até a desmotivação e o perfil inadequado dos profissionais. Todas elas estão, provavelmente, corretas e vêm se agravando ao longo dos anos, num círculo pernicioso que se retroalimenta. Afinal é consenso que, sem bons professores, não há bom aprendizado.[15]

Não bastam, no entanto, apenas bons e valorizados professores. É preciso despertar, principalmente nos jovens o interesse pelo aprendizado e pela própria formação integral, que produz cidadãos de valores íntegros e sólidos.

Preocupado com isso, o Papa Pio XI publicou, em 1929, a Encíclica *Divini Illius Magistri*, acerca da Educação cristã da juventude.

O Papa, que foi professor, fez a seguinte consideração:

> É, portanto, da máxima importância não errar na educação, como não errar na direção para o fim último com o qual está conexa íntima e necessariamente toda a obra da educação. Na verdade, consistindo a educação essencialmente na formação do homem como ele deve ser e portar-se, nesta vida terrena, em ordem a alcançar o fim sublime para que foi criado, é claro que, assim como não se pode dar verdadeira educação sem que esta seja ordenada para o fim último, assim na ordem actual da Providência,

---

15. BERTELLI, Luiz Gonzaga. *A situação embaraçosa da educação brasileira:* soluções. 1ª ed., 2018, São Paulo: Miró Editorial, p. 26.

> isto é, depois que Deus se nos revelou no Seu Filho Unigênito que é o único "caminho, verdade e vida", não pode dar-se educação adequada e perfeita senão a cristã.[16]

4. Primazia da família sobre o Estado na Educação

Na Encíclica *Divini Illius Magistri*, o Papa Pio XI esclarece que "a educação é obra necessariamente social e não singular".[17]

Além disso, afirma que a educação que considera todo o homem individual e socialmente, na ordem da natureza e da graça, pertence a três sociedades necessárias (a Igreja, a família e a sociedade civil), em proporção diversa e correspondente, segundo a atual ordem de Providência estabelecida por Deus, à coordenação de seus respectivos fins.

Como se vê, são duas sociedades de ordem natural e uma de ordem sobrenatural, que é a Igreja. Comecemos nossas reflexões por esta, ainda que de modo bastante breve.

O Código de Direito Canônico de 1983 aponta, no Cân. 217, que:

> os fiéis, uma vez que pelo baptismo são chamados a levar uma vida conforme com a doutrina evangélica, têm direito à educação cristã com a qual sejam convenientemente ensinados a atingir a maturidade da pessoa humana e ao mesmo tempo a conhecer e viver o mistério da salvação.[18]

O Papa Pio XI demonstra, na referida Encíclica, que

> pertence à Igreja dum modo sobre-eminente a missão educativa, e como toda a inteligência livre de preconceitos não possa conceber

---

16. PIO XI, Encíclica *Divini Illius Magistri*, 1929. Disponível em: https://bit.ly/3rBMEML Acesso em: 24 jul. 2021.

17. *Idem, ibidem.*

18. CÓDIGO DE DIREITO CANÔNICO. Disponível em: https://bit.ly/3rvoR0U Acesso em: 24 jul. 2021.

> motivo algum racional para combater, ou impedir à Igreja, aquela mesma obra de cujos benéficos frutos goza agora o mundo.[19]

Os direitos da família e do Estado no que diz respeito à educação podem e devem estar em harmonia com a supereminência da Igreja.

A família precede ao Estado na missão educadora, pois recebe

> imediatamente do Criador a missão e consequentemente o direito de educar a prole, direito inalienável porque inseparavelmente unido com a obrigação rigorosa, direito anterior a qualquer direito da sociedade civil e do Estado, e por isso inviolável da parte de todo e qualquer poder terreno.[20]

Nos dizeres do Papa Leão XIII, na Encíclica *Rerum Novarum*,

> "Os filhos são alguma coisa de seu pai"; são de certa forma uma extensão da sua pessoa, e, para falar com justiça, não é imediatamente por si que eles se agregam e se incorporam na sociedade civil, mas por intermédio da sociedade doméstica em que nasceram.[21]

Nesse sentido, ressoa Santo Tomás de Aquino, para quem "é de direito natural [que] esteja o filho, antes do uso da razão, sob os cuidados do pai".[22]

Por sua vez, o Papa São João Paulo II, na Encíclica *Evangelium Vitae*, aponta que "a família cumpre a sua missão de anunciar o *Evangelho da vida,* principalmente através da *educação dos filhos*".[23]

---

19. PIO XI, *op. cit.*

20. *Idem, ibidem.*

21. PAPA LEÃO XIII, Encíclica *Rerum Novarum*, 1891. Disponível em: https://bit.ly/3eQeCzc Acesso em: 24 jul. 2021.

22. SANTO TOMÁS DE AQUINO. Sum. Teol., 11-II, q. 10, a. 12.

23. PAPA SÃO JOÃO PAULO II, Encíclica *Evangelium Vitæ*. Disponível em: https://bit.ly/3rB7RXo Acesso em: 24 jul. 2021.

Prescreve o Cân. 793, § 1º, do Código de Direito Canônico de 1983, que

> Os pais, e os que fazem as suas vezes, têm a obrigação e gozam do direito de educar os filhos; os pais católicos, além disso, têm o dever e o direito de escolher os meios e as instituições com que, segundo as circunstâncias dos lugares, possam providenciar melhor à educação católica dos filhos.[24]

O Papa Leão XIII cita diretamente o socialismo, mas a seguinte crítica pode se estender sempre que os governos quiserem substituir os pais em sua missão: "[...] substituindo a providência paterna pela providência do Estado, os socialistas vão contra a justiça natural e quebram os laços da família".[25]

A ideia de um Estado que assume para si a condição de educador no lugar dos pais remete-nos a distopias literárias, como a de *Admirável Mundo Novo*, de Aldous Huxley, que parecem cada vez mais próximas.

Evidentemente que o direito dos pais, embora seja inviolável, não é absoluto, pois deve subordinar-se ao fim último e à lei natural e divina.[26] Sobre isso, tratou o Papa Leão XIII, na Encíclica *Sapientiae Christianae*:

> *[...] infatti i genitori hanno dalla natura il diritto di educare coloro che hanno procreato, con il conseguente dovere che la loro educazione corrisponda alla grazia di avere avuto dei figli in dono da Dio. È dunque necessario che i genitori, reagendo, si sforzino di respingere in questo campo ogni intromissione ingiuriosa e rivendichino il diritto di educare come conviene i figli nel costume cristiano, specialmente tenendoli lontani da quelle scuole nelle quali corrono il pericolo di assorbire il veleno dell'empietà.*[27]

---

24. CÓDIGO DE DIREITO CANÔNICO. Disponível em: https://bit.ly/3rvoR0U Acesso em: 24 jul. 2021.

25. PAPA LEÃO XIII, *Op. cit.*

26. PIO XI, *Op. cit.*

27. PAPA LEÃO XIII, Encíclica *Sapientiæ Christianæ*, 1890. Disponível em: https://bit.ly/3i46Kfm Acesso em: 24 jul. 2021.

O Estado, por sua vez, como já dissemos, apenas deve atuar subsidiariamente e sempre com vistas ao bem comum.

No *Dicionário de Política*, José Pedro Galvão de Sousa, Clóvis Lema Garcia e José Fraga Teixeira de Carvalho lecionam que "o bem comum e o bem da pessoa coincidem sob o aspecto de bem humano, mas há entre eles uma diferença formal, pois o bem comum é a forma de ser do bem humano na vida social".[28]

Eles ainda afirmam que:

> Nem abstencionista, nem intervencionista deve ser o Estado a fim de que seja alcançado o verdadeiro bem comum. Se fundada no respeito à dignidade humana e à ordem natural das coisas, a organização jurídico-política da sociedade tem condições de efetivar a realização do bem comum enquanto bem humano.[29]

O Estado, conforme o Magistério de Pio XI, tem dupla função: "proteger e promover, e de modo nenhum absorver a família e o indivíduo, ou substituir-se-lhes".[30] Assim, o Estado tem o dever de proteger com as leis o direito da família sobre a educação cristã da prole e também respeitar o direito sobrenatural da Igreja no que diz respeito à Educação cristã.

Aí está o limite do Estado. Este não pode suplantar a liberdade dos pais na Educação de seus filhos, tolhendo-lhes o direito de dar às crianças uma educação verdadeiramente católica.

5. Ensino religioso nas escolas públicas

Um tema que ganhou espaço nas discussões jurídicas foi quanto à possibilidade ou não de o Estado oferecer ensino religioso nas escolas públicas.

---

28. SOUSA, José Pedro Galvão de et al. *Op. cit*, p. 60.

29. *Idem*, p. 61.

30. PAPA PIO XI, *Op. cit.*

A polêmica girava em torno do confronto entre a regra da laicidade do Estado frente à previsão constitucional do art. 210, § 1º, da Constituição, pelo qual "o ensino religioso, de matrícula facultativa, constituirá disciplina dos horários normais das escolas públicas de ensino fundamental".

Em nosso entendimento, a discussão nem teria lugar, uma vez que a norma do art. 210, § 1º, é originária da Constituição, não admitindo, portanto, a declaração de sua inconstitucionalidade.

De todo modo, o caso foi levado ao Supremo Tribunal Federal por meio da ADI 4439.

A UJUCASP tomou parte no processo e julgamento dessa ADI como *amicus curiae*, sob a liderança do Dr. Ives Gandra da Silva Martins e a sustentação oral do Dr. Paulo Henrique Cremoneze.

O julgamento reconheceu a possibilidade do oferecimento na rede pública, em igualdade de condições e de forma facultativa, do ensino religioso confessional. A decisão restou assim ementada:

> ENSINO RELIGIOSO NAS ESCOLAS PÚBLICAS. CONTEÚDO CONFESSIONAL E MATRÍCULA FACULTATIVA. RESPEITO AO BINÔMIO LAICIDADE DO ESTADO/LIBERDADE RELIGIOSA. IGUALDADE DE ACESSO E TRATAMENTO A TODAS AS CONFISSÕES RELIGIOSAS. CONFORMIDADE COM ART. 210, §1º, DO TEXTO CONSTITUCIONAL. CONSTITUCIONALIDADE DO ARTIGO 33, *CAPUT* E §§ 1º E 2º, DA LEI DE DIRETRIZES E BASES DA EDUCAÇÃO NACIONAL E DO ESTATUTO JURÍDICO DA IGREJA CATÓLICA NO BRASIL PROMULGADO PELO DECRETO 7.107/2010. AÇÃO DIRETA JULGADA IMPROCEDENTE. 1. A relação entre o Estado e as religiões, histórica, jurídica e culturalmente, é um dos mais importantes temas estruturais do Estado. A interpretação da Carta Magna brasileira, que, mantendo a nossa tradição republicana de ampla liberdade religiosa, consagrou a inviolabilidade de crença e cultos religiosos, deve ser realizada em sua dupla acepção: (a) proteger o indivíduo e as diversas confissões religiosas de quaisquer intervenções ou mandamentos estatais; (b) assegurar a laicidade do Estado, prevendo total liberdade de atuação estatal em relação aos dogmas e princípios religiosos. 2.

A interdependência e complementariedade das noções de Estado Laico e Liberdade de Crença e de Culto são premissas básicas para a interpretação do ensino religioso de matrícula facultativa previsto na Constituição Federal, pois a matéria alcança a própria liberdade de expressão de pensamento sob a luz da tolerância e diversidade de opiniões. 3. A liberdade de expressão constitui um dos fundamentos essenciais de uma sociedade democrática e compreende não somente as informações consideradas como inofensivas, indiferentes ou favoráveis, mas também as que possam causar transtornos, resistência, inquietar pessoas, pois a Democracia somente existe baseada na consagração do pluralismo de ideias e pensamentos políticos, filosóficos, religiosos e da tolerância de opiniões e do espírito aberto ao diálogo. 4. A singularidade da previsão constitucional de ensino religioso, de matrícula facultativa, observado o binômio Laicidade do Estado (CF, art. 19, I)/Consagração da Liberdade religiosa (CF, art. 5º, VI), implica regulamentação integral do cumprimento do preceito constitucional previsto no artigo 210, §1º, autorizando à rede pública o oferecimento, em igualdade de condições (CF, art. 5º, *caput*), de ensino confessional das diversas crenças. 5. A Constituição Federal garante aos alunos, que expressa e voluntariamente se matriculem, o pleno exercício de seu direito subjetivo ao ensino religioso como disciplina dos horários normais das escolas públicas de ensino fundamental, ministrada de acordo com os princípios de sua confissão religiosa e baseada nos dogmas da fé, inconfundível com outros ramos do conhecimento científico, como história, filosofia ou ciência das religiões. 6. O binômio Laicidade do Estado/Consagração da Liberdade religiosa está presente na medida em que o texto constitucional (a) expressamente garante a voluntariedade da matrícula para o ensino religioso, consagrando, inclusive o dever do Estado de absoluto respeito aos agnósticos e ateus; (b) implicitamente impede que o Poder Público crie de modo artificial seu próprio ensino religioso, com um determinado conteúdo estatal para a disciplina; bem como proíbe o favorecimento ou hierarquização de interpretações bíblicas e religiosas de um ou mais grupos em detrimento dos demais. 7. Ação direta julgada improcedente, declarando-se a constitucionalidade dos arts. 33, *caput* e §§ 1º e 2º, da Lei 9.394/1996, e do art. 11, § 1º, do Acordo entre o Governo da República Federativa do Brasil e a Santa Sé, relativo ao Estatuto Jurídico da Igreja Católica no Brasil, e afirmando-se a constitucionalidade do ensino religioso confessional como disciplina facultativa dos horários normais das escolas públicas de ensino fundamental.

(STF - ADI 4439, Tribunal Pleno, Rel. Min. Roberto Barroso, Rel. p/ Acórdão: Min. Alexandre de Moraes, Data do julgamento: 27/09/2017, Data da publicação: 21/06/2018).

Uma vez superadas as divergências quanto à possibilidade do oferecimento de ensino religioso facultativo nas escolas públicas, é desnecessário para o momento debruçarmo-nos sobre os fundamentos da decisão.

Fato é que, à luz da previsão constitucional, bem como do Acordo Brasil- Santa Sé relativo ao Estatuto Jurídico da Igreja Católica no Brasil admite-se o ensino religioso facultativo nas escolas públicas.

O ponto em que queremos avançar nesta oportunidade diz respeito à forma como deve ser executada a previsão do ensino religioso nas escolas públicas.

Em primeiro lugar, temos que o ensino religioso facultativo pode ser confessional. Assim, cabe a cada religião definir o conteúdo do ensino religioso confessional que será passado aos alunos.

Dessa forma, com o respeito às doutrinas religiosas e às crenças dos estudantes e suas famílias, o permissivo constitucional do art. 210, § 1º, não sobrepõe à vedação do art. 19, I, de que a União, os Estados, o Distrito Federal e os Municípios estabeleçam cultos religiosos ou igrejas, subvencione-os, embarace-lhes o funcionamento ou mantenha com eles ou seus representantes relações de dependência ou aliança.

Trata-se, na verdade, de uma verdadeira colaboração das religiões com o Estado, uma vez que a Constituição atribuiu caráter de interesse público ao ensino religioso nas escolas públicas de ensino fundamental.

Não seriam respeitados a Constituição e o Acordo Brasil-Santa Sé, caso o Estado avocasse para si a responsabilidade de passar o conteúdo do ensino religioso para seus alunos, seguindo um programa por ele mesmo criado, que pode, no mais das vezes, ser avesso à devida profissão de uma religião.

Assim, quanto ao ensino religioso católico nas escolas, entendemos que compete ao Ordinário do local, ou seja, ao Bispo, definir em que condições será ministrado, inclusive quanto ao conteúdo programático.

Esse ensino religioso, como prevê a Constituição, é de matrícula facultativa, competindo aos pais decidirem se a criança ou adolescente deverá participar dessas aulas e qual religião escolhida.

Vale dizer que cabe aos representantes de cada religião oferecer as aulas no ambiente da escola estadual, não podendo exigir do Estado que promova lições de uma doutrina específica.

Assim, a título de exemplo, se os budistas não oferecerem aulas de Budismo nas escolas públicas de uma cidade do interior, nada há que se exigir do Estado, pois a iniciativa do ensino confessional é daqueles que professam essa religião.

O Estado, contudo, não pode atrapalhar o oferecimento do ensino religioso confessional. Além disso, deverá permitir a inserção na grade curricular normal no ensino fundamental das escolas públicas, segundo prevê o art. 210, §1º, da Constituição. Desse modo, caso os representantes das religiões queiram ministrar a disciplina de modo confessional poderão fazê-lo.

6. Conclusão

Neste trabalho, vimos que o Preâmbulo Constitucional é norma jurídica, mas a sua aplicação hoje depende da boa vontade do intérprete que, em algumas ocasiões dá-lhe efetividade, em outras, não.

A "proteção de Deus" relatada no Preâmbulo não é algo inventado pelo Constituinte, nem uma figura de linguagem, mas é uma realidade, que independe de qualquer texto escrito. Deus protege esta Pátria e é preciso que esta revisite a sua vocação e seja instrumento de santificação de seus filhos.

O direito à educação, por sua vez, é facilmente observado no Texto Constitucional, que disciplina diversas formas para assegurar o seu exercício. Uma delas é por meio do ensino religioso confessional e facultativo, como disciplina dos horários normais das escolas públicas de ensino fundamental.

O ensino religioso confessional deve ser ministrado e promovido pelas religiões que se interessarem em fazê-lo. Quando o ensino religioso for de confissão católica deve ser definido pelo Bispo do local, inclusive em relação à escolha dos professores e do conteúdo programático.

A Educação verdadeira é aquela que considera o homem individual e socialmente, na ordem da natureza e da graça, buscando santificar as almas. De nada adianta a cultura e o conhecimento científico se for perdida a Salvação.

Por isso, a atuação da Igreja (que é sobrenatural e, por isso, superior), a da família e do Estado devem ser devidamente coordenadas, sendo que este só deve agir subsidiariamente, dentro de seu espaço, respeitando os direitos da família e da Igreja.

Lembremo-nos de que Nosso Senhor Jesus Cristo morreu na Cruz para a remissão dos pecados de todos e de cada um de nós. Desse modo, sob a proteção de Deus, busquemos promover uma Educação verdadeira, que é aquela que conduz as almas para Ele.

Bibliografia

AYUSO, Miguel. *La Constitución Cristiana de los Estados.* Barcelona: Ediciones Scire, S.L., 2008.

BERTELLI, Luiz Gonzaga. *A situação embaraçosa da educação brasileira*: soluções. 1. ed., São Paulo: Miró Editorial, 2018.

______. Estágios de estudantes. In G. M. Boog (Org.), *Manual de gestão de pessoas e equipes*, v. 2, São Paulo: Editora Gente, 2002.

CIFUENTES, Rafael Llano. *Relações entre Igreja e Estado.* São Paulo: José Olympio, 1989.

DIP, Ricardo. 'O Estado Laico e o Magistério Eclesial: Acolhimento Arrependido da Modernidade ou Apostasia Objetiva das Nações Católicas?' In: ______; FERNANDES, André

Gonçalves. (org.) *Laicismo e laicidade no direito.* São Paulo: Quartier Latin, 2017. pp. 271-278.

______. *ABC do direito natural.* 1. ed., São Paulo: Editorial Lepanto, 2020.

MARTINS, Ives Gandra da Silva. Minhas reflexões sobre Caminho de São Josemaría Escrivá. Disponível em: https://bit.ly/3y3UykB Acesso em: 24 jul. 2021.

MIRANDA, Jorge. *Estudos sobre a Constituição.* Lisboa: Petrony, 1977.

NÓBREGA, José Tadeu de Barros. Liberdade e a vocação do Brasil. In*: Liberdade religiosa e liberdade de expressão.* Ccoord. Ives Gandra da Silva Martins (et al.), 1. Ed. São Paulo: Noeses, 2020, p. 401-422.

OLIVEIRA, Plinio Corrêa de. *Revolução e Contra-Revolução.* Disponível em: https://bit.ly/3x2fiYF Acesso em: 24 jul. 2021.

PAPA SÃO JOÃO PAULO II, *Catecismo da Igreja Católica.* Texto típico latino, Libreria Editrice Vaticana, 1997. São Paulo: Edições Loyola, 1998.

PAPA SÃO JOÃO PAULO II, 1995. *Encíclica Evangelium Vitæ.* Disponível em: https://bit.ly/3rB7RXo Acesso em: 24 jul. 2021.

PAPA LEÃO XIII. *Encíclica Sapientiae Christianae*, 1890. Disponível em: https://bit.ly/3i46Kfm Acesso em: 24 jul. 2021.

______. *Encíclica Rerum Novarum*, 1891. Disponível em: https://bit.ly/3eQeCzc Acesso em: 24 jul. 2021.

PIO XI, *Encíclica Divini Illius Magistri,* 1929. Disponível em: https://bit.ly/3rBMEML Acesso em: 24 jul. 2021.

______. *Encíclica Quadragesimo Anno*, 1931. Disponível em: https://bit.ly/3x0MYpC Acesso em: 24 jul. 2021.

SCALIA, Antonin; GARNER, Bryan A. Reading Law: The Interpretation of Legal Texts. St. Paul: Thomson/West, 2012.

SOUSA, José Pedro Galvão de; GARCIA, Clovis Lema; CARVALHO, José Fraga Teixeira de. *Dicionário de Política.* São Paulo: T.A. Queirós Editor, 1998.

_______. *Iniciação à teoria do Estado.* 2. ed. rev. pelo autor. São Paulo: Revista dos Tribunais, 1976.

VATICANO. Código de Direito Canônico. Disponível em: https://bit.ly/3rvoR0U Acesso em: 24 jul. 2021.

CONSTITUIÇÃO BRASILEIRA E DIREITO CANÔNICO: APROXIMAÇÕES E DISTINÇÕES

Ricardo Mariz de Oliveira[1]

Resumo: o intento deste artigo é, partindo do preâmbulo da Constituição da República Federativa do Brasil, comparar esse preâmbulo com suas normas constitucionais e com o Código de Direito Canônico, primeiramente em caráter geral e depois mais especificamente quanto ao matrimônio.

Palavras-Chave: preâmbulo – epígrafe – ementa – Deus – solidariedade –fraternidade – sacramento do matrimônio – casamento civil.

Sumário: 1. Introdução – 2. Preâmbulos de leis em geral e preâmbulo da Constituição Brasileira – 3. Deus no preâmbulo da Constituição Brasileira – 4. Sacramento do matrimônio e casamento civil – 5. Conclusão – Bibliografia.

1. Introdução

No desenvolvimento deste artigo destinado a mais uma coletânea organizada pela União dos Juristas Católicos de São Paulo – UJUCASP, denominada "Preâmbulo Constitucional

---

1. Graduado em Ciências Jurídicas e Sociais pela Faculdade de Direito da USP em 1963. Especialista em Direito Civil pela mesma faculdade. Presidente do Instituto Brasileiro de Direito Tributário – IBDT e membro de diversas entidades, como a ABDF, o IET e a FESDT. Professor em cursos de pós-graduação "lato sensu" do IBDT e do CEU-IICS, e professor convidado por várias faculdades e entidades no País. Palestrante em vários congressos sobre direito tributário. Autor de vários artigos e livros, inclusive do *Fundamentos do Imposto de Renda*. Advogado em São Paulo.

e o Direito Religioso no Brasil", pretende-se abordar o tema proposto por seus ilustres organizadores sem responder isoladamente cada uma das questões que formularam, mas sob sua orientação e de modo a delas tratar ao longo da exposição.

2. Preâmbulos de leis em geral e preâmbulo da Constituição Brasileira

O preâmbulo da Constituição da República Federativa do Brasil, promulgada em 5 de outubro de 1988, reza literalmente o seguinte:[2]

> *"Nós, representantes do povo brasileiro, reunidos em Assembleia Nacional Constituinte para instituir um Estado Democrático, destinado a assegurar o exercício dos direitos sociais e individuais, a liberdade, a segurança, o bem-estar, o desenvolvimento, a igualdade e a justiça como valores supremos de uma sociedade fraterna, pluralista e sem preconceitos, fundada na harmonia social e comprometida, na ordem interna e internacional, com a solução pacífica das controvérsias, promulgamos,* ***sob a proteção de Deus****, a seguinte CONSTITUIÇÃO DA REPÚBLICA FEDERATIVA DO BRASIL."*

O destaque que apus através de caracteres em negrito constitui o cerne das perquirições a serem feitas no presente trabalho.

Na dogmática jurídica, preâmbulos, epígrafes e ementas, assim como títulos de capítulos, de seções ou de outras partes de textos legislativos, geralmente não são considerados normas, mas simples referenciais para boa distribuição das verdadeiras regras estatuídas pelos textos legais, com vistas a direcionar e facilitar o conhecimento e a interpretação desses textos.

Porém, essa visão não se constitui numa diretriz que exclua a possibilidade de alguma consideração sobre o papel daqueles elementos em cada texto normativo de per si, pois é possível, dependendo das peculiaridades de cada um, que tais elementos

2. Neste artigo, todos os destaques em negrito ou itálico não constam dos respetivos textos originais.

contribuam para conclusões relevantes na correta exegese da lei em que se encontrem e das normas nela expressas.

Com razão, numa lei pode haver uma ementa ou um preâmbulo mencionando simplesmente que "baixa normas sobre o matrimônio", ou "altera artigos do Código Civil", casos em que essa introdução não possui qualquer conteúdo normativo, sendo meramente informativa.

Mas pode haver uma ementa nesse tom genérico e um preâmbulo contendo afirmações essenciais para a própria compreensão do sentido dos artigos, parágrafos e incisos que compõem a respectiva lei.

Algumas vezes temos o artigo inicial da lei prescrevendo uma norma de caráter tão geral e abrangente que seus dizeres bem poderiam (deveriam) estar na ementa. Por exemplo: "Art. 1º - Esta lei regula o casamento civil".

Mas é possível que tal artigo passe a conter alguma norma, como, por exemplo, se disser: "Art. 1º - Esta lei regula o casamento civil e seus requisitos de validade a partir do primeiro dia do ano seguinte ao da sua publicação".

No ordenamento positivo, encontramos artigos inaugurais que contêm normas bem gerais, mas ainda assim normas, tal como o exemplo retirado do art. 1º da Lei 12.973, segundo o qual *"o Imposto sobre a Renda das Pessoas Jurídicas - IRPJ, a Contribuição Social sobre o Lucro Líquido - CSLL, a Contribuição para o PIS/Pasep e a Contribuição para o Financiamento da Seguridade Social – Cofins serão determinados segundo as normas da legislação vigente, com as alterações desta Lei".*

Antes de avançarmos nestas considerações preliminares e gerais, convém verificar o que a respeito dispõe a Lei Complementar 95, de 26.2.1998.

Essa lei, como se sabe, decorre da própria Constituição, que no parágrafo único do art. 59 determina que *"lei complementar disporá sobre a elaboração, redação, alteração e consolidação das leis".*

O objetivo da prescrição constitucional foi disciplinar a feitura das normas jurídicas, de modo a ordená-las e evitar o caos legislativo decorrente de técnica legislativa inadequada.

No cumprimento desse desiderato, a lei complementar de 1998 representa uma verdadeira "cartilha" sobre a confecção de leis, para emprego pelo legislador, cabendo destacar que se aplica à elaboração de quaisquer textos legislativos, em quaisquer níveis, desde emendas à Constituição até atos infralegais, passando por leis ordinárias, medidas provisórias, decretos e outros. Porém, para simplificação redacional doravante vou referir-me apenas à "lei".

É claro que a Constituição vigente não se subordinou a essa lei complementar, não somente porque ela é a própria fonte primária do ordenamento, inclusive de tal lei, como também porque a antecede temporalmente.

Não obstante, a Lei Complementar 95 oferece-nos elementos interessantes sobre o tema, que também servirão para a pesquisa em torno do preâmbulo da nossa Constituição, pois determina como devem ser estruturadas as leis, dizendo:

> Art. 3º. A lei será estruturada em três partes básicas:
>
> I - *parte preliminar*, compreendendo a epígrafe, a ementa, o **preâmbulo**, o enunciado do objeto e a indicação do âmbito de aplicação das disposições normativas;
>
> II - *parte normativa*, compreendendo o texto das normas de conteúdo substantivo relacionadas com a matéria regulada;
>
> III - *parte final*, compreendendo as disposições pertinentes às medidas necessárias à implementação das normas de conteúdo substantivo, às disposições transitórias, se for o caso, a cláusula de vigência e a cláusula de revogação, quando couber.

Vê-se, pois, que o art. 3º seguiu a orientação geralmente reconhecida no sentido de separar a parte normativa propriamente dita dos introitos que a lei possa conter, e dentre estes refere-se aos preâmbulos como parte preliminar, parte esta que, logicamente, a despeito de não ser normativa, deve ter alguma função dentro do contexto da respectiva lei.

As funções dos componentes da parte preliminar não ficaram omissas ou ocultas nessa didática lei complementar, pois ela identifica:

- a epígrafe, como sendo destinada a propiciar a especificação numérica singular da lei, a ser formada pelo título designativo da espécie normativa, pelo número respectivo e pelo ano de promulgação (art. 4º);
- a ementa, para explicitar, de modo conciso e sob a forma de título, o objeto da lei (art. 5º);
- e o preâmbulo, para indicar o órgão ou instituição competente para a prática do ato e sua base legal (art. 6º).

Vale acrescentar que o Decreto 9.191, de 01.11.2017, que é o atual regulamento da lei complementar, no art. 5º reproduz as partes em que a lei deve ser estruturada, nos exatos termos do art. 3º da lei que regulamenta, mas na alínea "b" do inciso I explicita convenientemente o conteúdo dos preâmbulos, "in verbis":

> *b) o preâmbulo, com:*
>
> *1. a autoria;*
>
> *2. o fundamento de validade; e*
>
> *3. quando couber, a ordem de execução, o enunciado do objeto e a indicação do âmbito de aplicação da norma;*

Para melhor compreensão e mesmo exemplificação, recorramos à própria Lei Complementar 95/98, em cujo topo encontramos o seguinte:

> *LEI COMPLEMENTAR N. 95, DE 26 DE FEVEREIRO DE 1998* (**epígrafe**)
>
> *Dispõe sobre a elaboração, a redação, a alteração e a consolidação das leis, conforme determina o parágrafo único do art. 59 da Constituição Federal, e estabelece normas para a consolidação dos atos normativos que menciona.* (**ementa**)
>
> *O PRESIDENTE DA REPÚBLICA Faço saber que o Congresso Nacional decreta e eu sanciono a seguinte Lei Complementar:* (**preâmbulo**)

Como já dito, evidentemente a Constituição de 1988 não se sujeita à Lei Complementar 95, mas vem nos demonstrar a validade da afirmação, feita anteriormente, de que é possível retirar deste ou daquele preâmbulo não uma disposição normativa, mas uma manifestação do legislador quanto ao seu intento e, possivelmente, uma espécie de justificação para as normas que irá estatuir e que pode orientar a intelecção destas.

O preâmbulo da Carta não se amolda por completo à noção conceitual exarada pela lei complementar e por seu regulamento, mas dela não se distancia inteiramente.

Assim, ao abrirmos o texto da Constituição, verificamos que ele tem uma epígrafe segundo a noção da lei complementar, mas não tem ementa e tem um preâmbulo que, tal como prescreve a lei complementar, reflete sua autoria e seu fundamento de validade: *"Nós, representantes do povo brasileiro, reunidos em Assembleia Nacional Constituinte para instituir um Estado Democrático ..."*.

Não obstante, diferentemente do que ocorre com as leis infraconstitucionais e os outros atos normativos (ao menos em geral), a Constituição emprega o preâmbulo para manifestar uma verdadeira carta de intenções ao elencar as características e virtudes do Estado que estava implantando: *"um Estado Democrático, destinado a assegurar o exercício dos direitos sociais e individuais, a liberdade, a segurança, o bem-estar, o desenvolvimento, a igualdade e a justiça como valores supremos de uma sociedade fraterna, pluralista e sem preconceitos, fundada na harmonia social e comprometida, na ordem interna e internacional, com a solução pacífica das controvérsias, [...]"*.

Por fim, no preâmbulo, o constituinte invoca a proteção de Deus para o ato que estava realizando: *"[...], promulgamos,* ***sob a proteção de Deus,*** *a seguinte CONSTITUIÇÃO DA REPÚBLICA FEDERATIVA DO BRASIL"*.

Portanto, uma primeira observação é no sentido de que a conceituação de preâmbulo, segundo a Lei Complementar 95/98, certamente não corresponde integralmente ao preâmbulo da Constituição.

Esta é uma constatação inquestionável, da qual poderia decorrer uma segunda, esta outra, contudo, passível de questionamento, qual seja, de que o preâmbulo da Constituição não faria parte da parte preliminar e não normativa como ocorre com as leis em geral, tal como a divisão prevista na lei complementar, e consequentemente possuiria conteúdo normativo.

Entretanto, é mais apropriado dizer que o preâmbulo constitucional tem natureza de enunciado programático.

Esta afirmação, para ser confirmada, tem que ser submetida a um processo intelectivo mais completo do que aquele simples raciocínio inicial, processo este que exige e recomenda verificar a compatibilidade do preâmbulo com as disposições da Constituição que inequivocamente contêm suas normas jurídicas (seus princípios e suas regras).

Ou seja, aqui a proposta é de uma exegese sistemática, comparando o preâmbulo com o restante da Constituição.

Ora, outra certeza é de que não se encontra qualquer contrariedade entre o preâmbulo e qualquer artigo da Constituição, incluindo seus parágrafos e incisos.

Com razão, a declaração de propósitos feita no preâmbulo encontra repercussão em inúmeras disposições da Carta, muitas vezes em mais de uma delas, revelando que a Lei Fundamental é um todo orgânico e coerente desde seu preâmbulo até seu último dispositivo, a despeito de ser extensa, detalhista e prolixa.

Já se encontra a confirmação desta assertiva nos princípios fundamentais estatuídos no primeiro título do texto constitucional, logo a seguir ao preâmbulo, com o elenco de fundamentos (art. 1º[3]) que se amoldam perfeitamente aos propósitos declarados preambularmente, o mesmo se percebendo, sem qualquer esforço, na descrição dos objetivos fundamentais da

3. "Art. 1º. A República Federativa do Brasil, formada pela união indissolúvel dos Estados e Municípios e do Distrito Federal, constitui-se em Estado Democrático de Direito e tem como fundamentos: I - a soberania; II - a cidadania; III - a dignidade da pessoa humana; IV - os valores sociais do trabalho e da livre-iniciativa; V - o pluralismo político. [...]."

República então instaurada (art. 3º[4]), e até na independência e harmonia dos Poderes da União, com as quais se visa à segurança para obtenção desses desideratos (art. 2º[5]).

Todavia, é particularmente notável a coincidência entre o preâmbulo, especialmente quanto à invocação da sua autoridade e ao Estado Democrático que declara instituir, e o parágrafo único do art. 1º, que preceitua e prescreve o fundamento basilar de qualquer democracia ao dizer que *"todo o poder emana do povo, que o exerce por meio de representantes eleitos ou diretamente, nos termos desta Constituição"*.

Pela interpretação sistemática também se sabe que as normas aplicáveis à determinada situação fática, ou para determinada finalidade, não se encontram sempre e necessariamente em um único dispositivo, pois defluem da integralidade da lei, entendida esta não somente como o diploma legal em que esteja inserida uma norma, mas todo o ordenamento jurídico em vigor.

Isto é assim porque todas as normas vigentes agem e interagem sem se excluir mutuamente, e do conjunto pode derivar uma norma concretamente aplicável a determinado caso.

Neste sentido, havendo paridade em um preâmbulo que decline valores e objetivos e as normas da mesma lei, que sejam destinadas a concretizar os mesmos valores e objetivos, o preâmbulo, embora não participe da normatização jurídica juntamente com as normas propriamente ditas, presta-se a dar o tom geral que o legislador quis imprimir ao seu labor.

Penso, inclusive, que pode ocorrer de o preâmbulo conter manifestação de verdadeiros princípios que devem nortear a

---

4. "Art. 3º. Constituem objetivos fundamentais da República Federativa do Brasil: I - construir uma sociedade livre, justa e solidária; II - garantir o desenvolvimento nacional; III - erradicar a pobreza e a marginalização e reduzir as desigualdades sociais e regionais; IV - promover o bem de todos, sem preconceitos de origem, raça, sexo, cor, idade e quaisquer outras formas de discriminação."

5. "Art. 2º - São Poderes da União, independentes e harmônicos entre si, o Legislativo, o Executivo e o Judiciário."

interpretação e a aplicação das normas da respectiva lei, sem que estas percam sua função, caso haja alguma dúvida quanto à eventual contrariedade com a parte não normativa da lei.

De fato, a depender do conteúdo de um preâmbulo que não se limite ao mínimo previsto na Lei Complementar 95/98 e se estenda na manifestação de valores e objetivos, não há como olvidá-lo ao se interpretar e aplicar qualquer das normas da mesma lei em que ele esteja.

É o que se pode dizer a respeito do preâmbulo da Constituição de 1988, que tem uma feição introdutória (preambular) ao lado de um conteúdo programático, e sua existência evidencia que, em tese, também é possível haver um preâmbulo recheado de valor propositivo.

Destarte, quando os representantes do povo brasileiro promulgaram, em 5 de outubro de 1988, a Constituição da República Federativa, e no preâmbulo declararam solenemente que esta se destinava a *"instituir um Estado Democrático, destinado a assegurar o exercício dos direitos sociais e individuais, a liberdade, a segurança, o bem-estar, o desenvolvimento, a igualdade e a justiça como valores supremos de uma sociedade fraterna, pluralista e sem preconceitos, fundada na harmonia social e comprometida, na ordem interna e internacional, com a solução pacífica das controvérsias"*, essas palavras não podem ser consideradas como meras filigranas literárias ou afirmações protocolares, pois carregam fortíssimo conteúdo diretivo que vai se confirmar ao longo de muitas disposições posteriores. Não se trata de aplicar o preâmbulo em detrimento das normas, pois isto subverteria a estrutura da Constituição e até dispensaria a existência destas, mas se trata de aplicar as normas tal como elas existem e apenas iluminadas pelo preâmbulo.

Enfim, o preâmbulo somente abre a Constituição e introduz sentimentos e valores que se esparramam por seus muitos artigos para que adquiram concretude e não sejam meras declarações teóricas ou românticas de propósitos não confirmados.

3. Deus no preâmbulo na Constituição Brasileira

E Deus? Qual a razão para a sua menção no preâmbulo da Constituição de 1988? Qual o significado da sua menção?

De pronto se constata que o nome de Deus foi invocado não aleatoriamente, mas com a finalidade específica de proteção para a própria promulgação da Constituição: *"[...] promulgamos, **sob a proteção de Deus**,[...]"*.

Isto evidencia que os legisladores constituintes – *"os representantes do povo brasileiro"* – com toda a autoridade de que estavam investidos por se tratar de uma Assembleia Nacional Constituinte originária, sentiram a necessidade de recorrer à proteção divina!

Vamos esmiuçar um pouco o sentido e o alcance dessa postura, considerando que não podemos ignorá-la, tanto quanto não podemos deixar de atribuir relevância para o restante declarado no preâmbulo.

A invocação da proteção divina não se constitui em qualquer regra jurídica, não apenas face aos pressupostos observados no tópico precedente, como também porque Deus tem sua própria Lei, inscrita na consciência humana, verbalizada organizadamente desde Moisés e aperfeiçoada por Jesus Cristo para ser bem compreendida e bem aplicada.

Além disso, o Deus da invocação preambular não é necessariamente o Deus dos judeus, dos católicos ou de qualquer outra denominação cristã, nem é o Deus dos muçulmanos ou de outra nação ou grupo social ou religioso.

Ele é simplesmente **Deus**, o ser que a maioria da humanidade e a quase totalidade dos povos ocidentais acreditam ter criado o universo e ser o destino final de todos os que nele existem.

Tal afirmação tem sentido no próprio contexto da Constituição, que instituiu um Estado laico e assegurou liberdade de consciência e de crenças religiosas, vale dizer, não impôs uma determinada divindade e assegurou que cada um professe livremente a sua fé, mesmo que distinta da fé da maioria do povo.

Entretanto, se isto é verdadeiro, também é inequívoco que o Deus do preâmbulo se identifica com o Deus cristão, não apenas porque a maioria da nação brasileira professe a fé nesse Deus,[6] mas principalmente em face do próprio conteúdo do preâmbulo, quando confrontado com os princípios constitucionais e as regras nela existentes.

Vemos isto na própria dicção do preâmbulo: *"[...] Estado Democrático, destinado a assegurar o exercício dos direitos sociais e individuais, a liberdade, a segurança, o bem-estar, o desenvolvimento, a igualdade e a justiça como valores supremos de uma sociedade fraterna, pluralista e sem preconceitos, fundada na harmonia social e comprometida, na ordem interna e internacional, com a solução pacífica das controvérsias, promulgamos,* ***sob a proteção de Deus****, a seguinte CONSTITUIÇÃO DA REPÚBLICA FEDERATIVA".*

Agora, compare-se o preâmbulo com a doutrina de Jesus cristalizada no "Sermão da Montanha", e ver-se-á que o preâmbulo constitucional de outubro de 1988 ajusta-se a ela e ao restante da pregação daquele dia de dois mil anos atrás, como, de resto, também se dá com todas as demais passagens do Evangelho de Nosso Senhor Jesus Cristo.

Com razão, não passa de consequência dos procedimentos humanos recomendados no sermão de Jesus a proteção do exercício dos direitos sociais e individuais, da liberdade, da segurança, do bem-estar, do desenvolvimento, da igualdade e da justiça, tal como proclamada no preâmbulo constitucional.

Do mesmo modo, em nada difere da vontade divina proclamada por Jesus na Galileia a adoção, como valores supremos, dos ideais de uma sociedade fraterna, pluralista e sem preconceitos, fundada na harmonia social e comprometida, na ordem interna e internacional, com a solução pacífica das controvérsias.

---

6. O que não deixa de ser um dado relevante, porque as leis, para serem acatadas, devem refletir a realidade social e não se distanciar dela. Isto é tão importante sob este aspecto quanto perante o anseio de liberdade e democracia que permeava a sociedade brasileira em 1988, cujo anseio influenciou marcadamente a Constituição de outubro daquele ano.

Assume realce especialíssimo e sintetizador a intenção de termos uma *"sociedade fraterna"*, pois a síntese total dos valores e objetivos declarados no preâmbulo é o resultado que se encontra com a fraternidade entre os homens, e fraternidade é tudo que o Pai Celeste deseja que impere neste mundo, conforme nos transmitiu por seu Filho, para quem essa virtude é o sinal distintivo da cristandade: *"É pelo fato de vos amardes uns aos outros que todos conhecerão que sois meus discípulos"* (Jo 13,35).

A fraternidade é tão essencial na doutrina cristã que se ama a Deus amando seu próximo, e toda a Lei de Deus se resume a isto: *"Amarás o Senhor teu Deus de todo o teu coração, de toda a tua alma, e de todo o teu entendimento! Esse é o maior e o primeiro mandamento. O segundo é semelhante a esse: Amarás o teu próximo como a ti mesmo. Toda a Lei e os profetas dependem desses dois mandamentos"* (Mt 22,36-40).

É até bom recordar que a recente Carta Encíclica do Papa Francisco – *Fratelli Tutti* – rememorando lema de São Francisco de Assis, discorre sobre a fraternidade entre todos num mundo de sombras e fechado, bem como sobre a busca de um mundo aberto, propondo diálogo e amizade social, e terminando com a colocação das religiões a serviço da fraternidade no mundo.

Essa encíclica, dirigida a cristãos e não cristãos, revela o extraordinário conhecimento do Pontífice Romano sobre todas as realidades do mundo atual, e a sua percepção sobre como torná-lo mais fraterno.

Nos meios jurídicos fala-se muito em solidariedade social, a qual equivale à fraternidade, porém não qualificada. De fato, a solidariedade, ou a fraternidade, é pré-requisito para haver a dignidade humana erigida em princípio da República pelo inciso III do art. 1º, mas a fraternidade (do latim "frater, fratris") é a solidariedade elevada à condição de prática no convívio entre irmãos, no sentido exposto por Jesus, de que todos os homens são irmãos porque têm um único Pai (Mt 23,8-9).

A fraternidade, da qual brota a caridade, supera a simples solidariedade social, que é importante, mas mero princípio constitucional, submetido a ser aplicado em conjunto com outros princípios e com as regras jurídicas, ao passo que a caridade é a dação voluntária que se apresenta naturalmente, que supõe a liberdade para ser ou não praticada, e que vem de dentro do indivíduo para se exteriorizar numa infinidade de atitudes próprias de irmãos, muito mais do que as da simples solidariedade social coletiva.

Neste sentido, o Papa Francisco, discorrendo sobre liberdade, igualdade e fraternidade, nos assevera que *"a fraternidade não é o resultado apenas de condições nas quais se respeitam as liberdades individuais, tampouco na prática de certa equidade. Embora sejam condições que a tornam possível, não bastam para que surja, como resultado necessário, a fraternidade. Ela tem* ***algo de positivo*** *a oferecer à liberdade e à igualdade".*[7] E, mais adiante, sobre o serviço das religiões, acrescenta que *"a razão, por si só, é capaz de ver a igualdade entre os homens e estabelecer uma convivência cívica entre eles, mas não consegue fundar a fraternidade".*[8]

E é porque existe fraternidade que, como bem coloca João Carlos Biagini, *"a Doutrina Cristã condena o pecado, absolve o pecador e não investe contra ninguém".*[9] Acrescento que é somente com ela que se pode atingir o *"amor social"* e o *"amor político"* defendidos pelo Papa.

Enfim, onde existe fraternidade existe solidariedade, mas esta pode aparecer sem aquela.

Do mesmo modo, somente pode existir uma sociedade livre, justa e solidária (objetivos prescritos no art. 3º, inciso I, da Constituição) se seus componentes olharem e agirem uns para outros com sentimento de solidariedade, mas melhor atingirão esses desideratos se se considerarem irmãos.

Outros objetivos dados como fundamentais pelo art. 3º da Constituição, tais como erradicar a pobreza e a marginalização,

---

7. FRANCISCO, 2020, parágrafo 103.

8. FRANCISCO, 2020, parágrafo n. 272.

9. BIAGINI, 2020, p. 30.

reduzir as desigualdades sociais e regionais, promover o bem de todos, sem preconceitos de origem, raça, sexo, cor, idade e quaisquer outras formas de discriminação, certamente encontram-se com as razões que levaram Deus Pai a enviar seu Filho a este mundo.

E assim poderíamos seguir adiante, detendo-nos não somente nos direitos e garantias do art. 5º como também em muitos outros, sempre conseguindo identificá-los com a doutrina cristã, ou ao menos, quando topicamente contrários a esta, entender que seu significado está na liberdade, na dignidade humana e em outros valores cristãos. Em sua encíclica, Francisco não se cansa de defender a dignidade humana em todas as mais diversas situações da vida das pessoas e das nações.

Isto se deve a que o contexto constitucional de 1988 é coerente com o preâmbulo, e certamente os constituintes estavam imbuídos do espírito de instalar um Estado cuja sociedade se guiasse pelas normas que inseriram na Constituição.

Na realidade humana, não há perfeição, o que explica as falhas que se encontram na Lei Básica, inclusive as influências de interesses individualistas, mas em seu todo ela está impregnada pelos bons propósitos declarados no preâmbulo.

Em suma, por ser assim, a Constituição do Brasil é uma Constituição de inspiração cristã, e mesmo a liberdade religiosa por ela assegurada não colide com essa feição, pois o catolicismo respeita a multiplicidade de crenças e luta pela dignidade de todas e pela harmonia entre as religiões.

Neste particular aspecto, a coincidência de propósitos se revela em alguns detalhes, como:

- na inviolável liberdade de consciência e de crença, com a segurança do livre exercício dos cultos religiosos e a garantia da proteção aos locais de culto e a suas liturgias (inciso VI do art. 5º);
- na segurança da prestação de assistência religiosa nas entidades civis e militares de internação coletiva (inciso VII do art. 5º);

- na garantia, como regra, de que ninguém será privado de direitos por motivo de crença (inciso VIII do art. 5º);
- na vedação, aos Poderes Públicos, para estabelecer cultos religiosos ou igrejas, subvencioná-los, embaraçar-lhes o funcionamento ou manter com eles ou seus representantes relações de dependência ou aliança, ressalvada, na forma da lei, a colaboração de interesse público (inciso I do art. 19);
- na garantia para prestação de serviço alternativo aos que, em tempo de paz, após alistados, alegarem imperativo de consciência, inclusive se decorrente de crença religiosa, para se eximirem de atividades de caráter essencialmente militar (§ 1º do art. 143);
- na previsão de que o ensino religioso, de matrícula facultativa, constituirá disciplina dos horários normais das escolas públicas de ensino fundamental (§ 1º do art. 210).

Em suma, não há incompatibilidade entre a liberdade religiosa e a doutrina cristã, pois os cristãos estão convictos de que Deus criou o homem, atribuindo-lhe consciência livre para escolher seus caminhos neste mundo, o que se denomina "livre arbítrio".

Com isto, cada um é livre para escolher sua religião, ou nenhuma delas, ou sequer acreditar na existência de Deus.

Isto é assim no Brasil por direito constitucional, e também é assim na Igreja Católica, Apostólica, Romana, porque Deus não obriga qualquer um a seguir seus Mandamentos, os quais, apesar do nome, não são ordens, mas verdadeiros ensinamentos de boa conduta e convites à sua prática. Nem se entende como seria possível haver liberdade de consciência sem liberdade de escolha.

Por fim, penso que, mesmo sendo imperfeitos, os constituintes foram sinceros ao invocar a proteção de Deus e que por isso Deus atendeu a seu chamado, dado que Jesus Cristo nos assegurou que *"onde estão dois ou três reunidos em meu nome, eu estou lá entre eles"* (Mt 18,20).

Oxalá seus propósitos se concretizem entre os que vivem no solo brasileiro, para que todos se beneficiem dos resultados da desejada sociedade fraterna.

4. Sacramento do matrimônio e casamento civil

Para a Igreja Católica, Apostólica, Romana, o matrimônio é sacramento que une um homem e uma mulher, ao passo que para o ordenamento jurídico brasileiro o casamento é uma união de pessoas com consequências jurídicas, inclusive de ordem patrimonial.

Uma curiosidade reside em que a Constituição de 1988 não emprega a palavra "matrimônio", referindo-se oito vezes a "casamento". No Código Civil de 2002, "matrimônio" aparece apenas duas vezes, contra muito mais de cem vezes em que há menção a "casamento".

Nos dicionários, as duas palavras são dadas como sinônimas e assim são empregadas no linguajar comum, embora com predominância para casamento, mas o casamento do direito brasileiro, também denominado "casamento civil", difere muito do sacramento do matrimônio.

Ainda sobre as palavras, o termo técnico correto segundo o Código de Direito Canônico[10] é "matrimônio", em que a palavra "casamento" aparece uma vez do Cân. 1089, relativo ao arrebatamento violento de mulher com intuito de "casamento", e duas vezes no Cân. 1121 aludindo ao "Livro de Casamentos". Isto, na tradução portuguesa, porque no original latino, o termo "matrimonium" é empregado mesmo nesses cânones.

O importante, contudo, é a profunda distinção conceitual e de efeitos jurídicos entre o casamento civil e o matrimônio

10. **Importante:** Adoto a tradução da Conferência Nacional dos Bispos do Brasil para o Código de Direito Canônico que o Papa João Paulo II determinou fosse publicado em 25.1.1983, conforme a edição Loyola de 1987.

da Igreja Católica, além de diferenças relacionadas a requisitos de validade, ritos e outras.

O Código de Direito Canônico trata do matrimônio do Cân. 1055 ao Cân. 1165, portanto, com uma grande quantidade de disposições que consagram e visam a assegurar a natureza sacramental do ato e a sua existência natural. Tais disposições tratam da validade do sacramento, da sua preservação, dos cuidados em torno dele, dos impedimentos para sua realização, do consentimento dos nubentes, da sua forma de celebração, dos seus efeitos, da sua convalidação ou sua sanação, passando pelos cuidados pastorais em torno dele e também da separação dos cônjuges.

Tal como na concepção cristã, a Constituição de 1988 declara no art. 226 que a família é a base da sociedade e, para isto, tem proteção especial do Estado, sendo, pela mesma razão, gratuito o casamento civil. Não se trata de uma declaração vazia, pois inúmeros dispositivos constitucionais visam à proteção das famílias, destacando-se o art. 203.[11]

Entretanto, ao longo do tempo a concepção original de "família" foi se modificando no direito civil brasileiro, por alterações legislativas ou por construção jurisprudencial, e uma distinção marcante em relação ao matrimônio religioso é a sua dissolubilidade por divórcio, prevista no § 6º do mesmo art. 226, e que veio a ser facilitada em 2010 pela Emenda Constitucional 66.

As referências anteriores já revelam a existência não apenas de diferentes noções em torno do casamento civil e do matrimônio religioso católico, mas verdadeiramente a ocorrência de regimes jurídicos separados, pois, se se tratasse de um único regime legal, não haveria espaço para distinções.

11. "Art. 203. A assistência social será prestada a quem dela necessitar, independentemente de contribuição à seguridade social, e tem por objetivos: I - a proteção à família, à maternidade, à infância, à adolescência e à velhice; II - o amparo às crianças e adolescentes carentes; III - a promoção da integração ao mercado de trabalho; IV - a habilitação e reabilitação das pessoas portadoras de deficiência e a promoção de sua integração à vida comunitária; V - a garantia de um salário mínimo de benefício mensal à pessoa portadora de deficiência e ao idoso que comprovem não possuir meios de prover à própria manutenção ou de tê-la provida por sua família, conforme dispuser a lei."

Especificamente quanto ao matrimônio, a distinção começa pela base conceitual de que, no sacramento, os cônjuges se dão, e querem se dar continuamente, para o que não precisam de coerções jurídicas porque o fazem por sua espontânea vontade e pelo amor que os une.

Entretanto, a existência de regimes jurídicos distintos entre o civil e o eclesiástico, que é igual à que ocorre quanto aos ordenamentos de Estados diferentes, e que se confirma pelo Decreto 7.107, de 11.02.2010 (*Promulga o Acordo entre o Governo da República Federativa do Brasil e a Santa Sé, relativo ao Estatuto Jurídico da Igreja Católica no Brasil, firmado na Cidade do Vaticano, em 13 de novembro de 2008*), não se manifesta apenas em relação ao matrimônio, pois é própria da separação entre o Estado laico e a Igreja, inclusive porque, como adverte Ives Gandra da Silva com precisão:

> É importante lembrar que a ideia da laicidade decorre do que deveria ser natural, na formatação do Estado Moderno, ou seja, que o Poder Religioso não se confunde com o Poder Político. O Poder Religioso cuida das relações do homem com Deus e o Poder civil, das relações dos homens entre si, em sociedade, ou nas sociedades organizadas em Estados.[12]

Mesmo Jesus Cristo já não excluía o devido respeito aos deveres civis e sua distinção em relação às coisas do reino de ele tratava, do que nos dá conta sua célebre afirmação de que se deve dar a Cesar o que é de Cesar e a Deus o que é de Deus (Mt 22,21), a qual revela sua habilidade em não se deixar cair na armadilha que os herodianos e fariseus lhe preparavam, ao mesmo tempo em que não se comprometeu com a oposição aos romanos, liderada por Judas, o Galileu, nem tomava posição contrária. É evidente a lição que ele passou aos que o provocaram, erigindo a supremacia das coisas de Deus independentemente do poder político, mas sem renegá-lo.

Como não poderia deixar de ser, a Igreja Católica pratica esse ensinamento desde a educação das crianças e jovens

12. MARTINS, 2020, p. 5.

(Cân. 795), impondo, aos fiéis, a obrigação de se esforçarem para que, na sociedade civil, a formação dos jovens seja devidamente considerada pelas respectivas leis (Cân. 799). O Cân. 227 também é muito significativo no reconhecimento canônico da integração dos fiéis com a sociedade terrena, pois segundo ele, é direito dos fiéis leigos que lhes seja reconhecida, nas coisas dessa sociedade, aquela liberdade que compete a todos os cidadãos, sendo recomendado que, no uso dessa liberdade, procurem imbuir nas suas atividades o espírito evangélico.

Relativamente ao matrimônio, o § 2º do art. 226 da Carta Constitucional de 1988 decreta que *"o casamento religioso tem efeito civil, nos termos da lei"*, não no sentido de que sejam iguais, mas com o claro objetivo de proteção dos "casados na Igreja" e da sua prole, principalmente quanto a direitos e obrigações patrimoniais.

Essa norma do § 2º não se dirige especificamente ao matrimônio perante a Igreja Católica, e sua "ratio essendi" é a mesma que leva outros tipos de união de fato a receberem tratamentos semelhantes aos conferidos aos casamentos civis realizados segundo a lei.

Em suma, o direito civil brasileiro tem um regime jurídico para o casamento que é distinto do regime jurídico previsto para o matrimônio no Código de Direito Canônico da Igreja de Roma, com princípios e regras não coincidentes, e com consequências bem diversas. Mas, na mesma linha antes mencionada, do respeito ao direito comum, o direito canônico não repudia o civil quanto às suas normas sobre o casamento, reconhecendo explicitamente as diferentes jurisdições.

Assim, a par da prescrição da Constituição brasileira, acima referida, o Cân. 1059 do Código de Direito Canônico é explícito ao estatuir que *"o casamento dos católicos, mesmo que só uma das partes seja católica, rege-se não só pelo direito divino, mas também pelo canônico, salva a competência do poder civil sobre os efeitos meramente civis desse matrimônio"*.[13]

13. Nesse Código, há outras referências à legislação civil. Assim, já tratando de

Aos juristas brasileiros, mesmo que habituados apenas com a lei civil, as diferenças de regimes já podem ser notadas nos parágrafos 1 e 2 do Cân. 1055 e no Cân. 1056, que vale reproduzir com destaques que as evidenciam:

> Cân. 1055 - § 1. O pacto matrimonial, pelo qual **o homem e a mulher**[14] constituem consórcio de **toda a vida,**[15] por sua **índole natural ordenado ao bem dos cônjuges e à geração e educação da prole,**[16] entre batizados foi **por Cristo Senhor elevado à dignidade de sacramento.**
>
> § 2. Portanto, entre batizados não pode haver **contrato matrimonial válido, que não seja por isso mesmo sacramento.**
>
> [...]
>
> Cân. 1056 – As **propriedades essenciais** do matrimônio são a **unidade e a indissolubilidade**[17] que, no matrimônio cristão, recebem firmeza especial em virtude do sacramento.

Paralelamente, o parágrafo 1 do Cân. 1096 coloca o conhecimento da natureza do sacramento, por ambos os nubentes, como requisito para que possa haver o seu consentimento válido e necessário:

> Cân. 1096 - § 1. Para que possa haver consentimento matrimonial, é necessário que os contraentes não ignorem, pelo menos, que **o matrimônio é um consórcio permanente entre homem**

---

aspectos processuais, sobre o foro competente, o Cân. 1672 declara que as causas relativas aos efeitos meramente civis do matrimônio competem exclusivamente ao magistrado civil, a não ser que o direito particular estabeleça que elas podem ser conhecidas e decididas pelo juiz eclesiástico quando tratadas incidente e acessoriamente. E o parágrafo 1 do Cân. 1675 determina que o matrimônio que não tiver sido acusado de nulidade estando vivos ambos os cônjuges, não pode sê-lo após a morte de um ou de ambos os cônjuges, a não ser que a validade seja uma prejudicial para a solução de outra controvérsia no foro canônico ou no civil.

14. Não homem e homem, ou mulher e mulher.

15. Não apenas por algum tempo, o tempo que for conveniente, mas enquanto viverem.

16. Na natureza, tal como criada por Deus, somente pode haver procriação com a participação de homem e mulher.

17. O matrimônio cristão é único, não comportando outra união dos cônjuges com um terceiro estranho, e essa unidade faz dos dois uma só carne, para sempre.

> **e mulher, ordenado à procriação da prole** por meio de **alguma cooperação sexual.**[18]

A característica fundamental do sacramento também é reiterada quando o Cân. 1134 trata dos efeitos do matrimônio, o qual gera vínculo perpétuo e exclusivo, além de graça para os nubentes cumprirem os respectivos deveres:

> Cân. 1134 – Do matrimônio válido origina-se entre os cônjuges um **vínculo que, por sua natureza, é perpétuo e exclusivo**[19]; além disso, no matrimônio cristão, **os cônjuges são robustecidos e como que consagrados, com sacramento especial, aos deveres e à dignidade do seu estado.**[20]

Por esses cânones, observa-se a seriedade da indissolubilidade do vínculo matrimonial católico, que, ao contrário do que pode se dar na vida civil das pessoas, somente termina com a morte. É o que diz o Cân. 1141, "in verbis": *"O matrimônio ratificado e consumado **não pode ser dissolvido por nenhum poder humano nem por nenhuma causa, exceto a morte**"*.

Há quem critique a Igreja Católica por sua postura a este respeito, alegando que ela deveria se atualizar, certamente para que houvesse perante ela as mesmas facilidades para as separações de casais que hoje se observam em nossa sociedade, as quais inclusive independem de requisitos robustos. Muitas dessas separações terminam por interesses individualistas e egoísticos de um dos cônjuges, ferindo os sentimentos do outro e causando males à prole, ou seja, são atos de

---

18. O cânon completa a origem e função natural do matrimônio, e como se concretiza pelo ato sexual entre pessoas dos dois sexos.

19. Temos aí a natureza de unidade exclusiva e inalterável do matrimônio religioso.

20. Todos os sacramentos conferem alguma graça, não sendo apenas atos cultuais ostensivos. No matrimônio válido, é acrescentada uma graça ao cabedal de dotes pessoais dos dois que se unem, que é uma força interior para que se apoiem nas dificuldades com vistas a superá-las em conjunto, se rejubilem com as alegrias de um deles, enfim, que continuem se amando e se dedicando mutuamente um ao outro. É o robustecimento dessa consagração que permite aos que conscientemente se uniram pelo matrimônio enfrentar as dificuldades e discórdias que tenham ao longo de anos e anos de convivência.

desamor contrários ao mandamento fulcral do amor ao próximo, e ninguém é mais próximo do que os cônjuges entre si.

Ocorre que a Igreja Católica, encabeçada pelo Papa, é depositária e guardiã dos ensinamentos de Jesus Cristo, os quais deram concreção muito humana à Lei de Deus, e, neste terreno do sacramento do matrimônio, guia-se pela sua feição natural e original da união de um homem e uma mulher em caráter inextinguível antes do falecimento de um deles.

Alguém certa vez interpelou Jesus sobre a certidão de divórcio, que Moisés permitira ser passada pelos homens para repudiar suas mulheres, e sua resposta foi drástica e incisiva: *"Ele vos deu este mandamento por causa da dureza de vosso coração. Mas no início da criação Deus os fez homem e mulher. Por isso, o homem deixará seu pai e sua mãe e se unirá a sua mulher, e os dois se tornarão uma só carne. Assim já não são dois, mas uma só carne. Portanto, o que Deus uniu, o homem não separe"* (leia-se Mc 10,2-16).

Em Mateus lemos o mesmo, com palavras diferentes: *"Jesus respondeu: 'Moisés vos permitiu repudiar vossas mulheres por causa da vossa dureza de coração. Mas, no princípio não foi assim. Por isso eu vos digo: quem se divorcia da própria mulher – exceto em caso de união ilegal – e se casa com outra, comete adultério'"* (Mt 19,8-9).

A exceção referida por Mateus – *"união ilegal"* – também é seguida pela Igreja, e daí o Código de Direito Canônico referir-se repetidamente a matrimônio válido. De fato, há normas sobre a nulidade (invalidade) do matrimônio, algumas de natureza substantiva, e outras regras processuais sobre os procedimentos destinados ao reconhecimento dos impedimentos para o matrimônio.

Não existe a mínima contrariedade entre a nulidade e a indissolubilidade do matrimônio, eis que aquela torna inexistente o sacramento, e, se não houve o sacramento, não há que se cogitar da sua indissolubilidade, porque somente se pode dissolver o que existe e não o que não existiu. Dizendo de outro modo, somente é indissolúvel o matrimônio que ocorreu validamente, e não quando o sacramento não se completou, ainda que tenha havido a solenidade das núpcias, e mesmo que haja filhos, além que independe do tempo decorrido.

Todavia, as causas de nulidade estão estatuídas no Código de Direito Canônico, e rigorosamente são somente elas que podem ser reconhecidas e declaradas pelo tribunal eclesiástico competente.[21]

Mas a Igreja é cautelosa na proteção do vínculo, pois, como diz o Cân. 1060, *"o matrimônio goza do favor do direito; portanto, em caso de dúvida, deve-se estar pela validade do matrimônio, enquanto não se prova o contrário"*.

Não cabe neste espaço aprofundar a perquirição sobre as nulidades, podendo-se, contudo, mencionar que os impedimentos dirimentes tornam a pessoa inábil para contrair validamente o matrimônio (Cân. 1073), havendo disposições sobre os impedimentos dirimentes em geral (Cân. 1073 a 1082) e sobre dirimentes em especial (Cân. 1083 e seguintes). Os impedimentos dirimentes são proibições legais para o casamento[22] e são objetivamente estabelecidos em torno de circunstâncias pessoais anteriores.[23]

Mesmo em tais regras, há muita cautela quanto à certeza das causas de nulidade e à fidelidade à natureza do matrimônio.

---

21. Esses tribunais contam com o concurso de advogados especializados, que podem orientar as partes e requerer o que for cabível.

22. Em português, o verbo "dirimir" pode ter o sentido de esclarecimento, mas também significa impedir totalmente, criar obstáculo, tornar nulo. Igualmente, o advérbio "dirimente" pode referir-se ao que resolve, que é conclusivo ou terminante, mas também à circunstância que retira a eficácia do ato. O Dicionário Houaiss inclusive esclarece que no direito canônico é a circunstância que impede a realização do matrimônio. O texto em latim do Cân. 1073, não deixa margem a dúvidas quanto ao sentido em que a palavra é empregada: *"Impedimentum dirimens personam inhabilem reddit ad matrimonium valide contrahendum"*.

23. São as circunstâncias que envolvem a capacidade dos nubentes manifestarem conscientemente seu consentimento para assumirem o vínculo matrimonial e seu desejo de fazê-lo tal como ele deve ser, circunstâncias essas que são de ordem orgânica e mental.

Por isso, os dois primeiros parágrafos do Cân. 1084 prescrevem:

> Cân. 1084 - §1. A **impotência** para copular, **antecedente** e perpétua, absoluta ou relativa, por parte do homem ou da mulher, **dirime o matrimônio por sua própria natureza.**
>
> §2. Se o impedimento da impotência for **duvidoso, por dúvida quer de direito quer de fato**, não se deve impedir o matrimônio nem, permanecendo a dúvida, declará-lo nulo.

E, ao tratar do processo relativo às causas de nulidade do matrimônio, o Cân. 1680 determina que o juiz empregue um ou mais peritos quando se tratar de impotência ou de falta de consentimento por motivo de doença mental, quando as circunstâncias não tornarem evidente a inutilidade de tal providência.

Ainda sobre o cuidado com o vínculo matrimonial, o Código de Direito Canônico disciplina o ofício dos juízes, e começa determinado que, antes de aceitar uma causa para declaração de nulidade, o juiz, sempre que perceber esperança de sucesso, use meios pastorais a fim de que os cônjuges sejam levados eventualmente a convalidar o matrimônio e restabelecer a convivência conjugal (Cân. 1676).

Em continuidade, o Cân. 1085 determina que tenta invalidamente contrair matrimônio quem esteja ligado pelo vínculo de matrimônio anterior, mesmo que este matrimônio não tenha sido consumado, sendo acrescentado que, ainda que o matrimônio anterior tenha sido nulo ou dissolvido por qualquer causa, não é lícito contrair outro antes que conste legitimamente e com certeza a nulidade ou a dissolução do primeiro.

Sobre o casamento não consumado, há a hipótese especial do Cân. 1142, segundo o qual *"o matrimônio não consumado entre batizados, ou entre uma parte batizada e outra não batizada, pode ser dissolvido pelo Romano Pontífice por justa causa, a pedido de ambas as partes ou de uma delas, mesmo que a outra se oponha"*.

Em vista das referências anteriores, vale explicar os termos do Código de Direito Canônico, com base no parágrafo 1 do Cân. 1061, no qual a natureza do matrimônio é reafirmada ao ser tratada uma situação crítica:

> Cân. 1061 - §1. O matrimônio válido entre os batizados chama-se só ratificado, se não foi consumado; ratificado e consumado, se os cônjuges realizaram entre si, de modo humano, o ato conjugal apto por si para a geração de prole, ao qual por sua natureza se ordena o matrimônio, e pelo qual os cônjuges se tornam uma só carne.[24]

Enfim, terminado o processo de reconhecimento da nulidade com a decisão da apelação em segunda instância, é expedido um decreto declarando as partes como pessoas hábeis a contrair novo matrimônio, se quiserem, exatamente como efeito da invalidade do ato anterior (Cân. 1684).[25]

Muitas pessoas têm dificuldade para compreender ou aceitar esse resultado, porque se prendem a fatos exteriores, tais como a cerimônia ocorrida no templo perante muita gente, a casa que os dois adquiriram e na qual moraram, os filhos que geraram etc. Entretanto, a explicação é simples: o sacramento é concretizado com o necessário concurso íntimo dos nubentes, que devem ter conhecimento exato do seu sentido (por isto inclusive devem ser orientados previamente) e dos seus efeitos e consequências, e devem ter capacidade para aceitar livremente, com sinceridade e determinação, o ato que estão praticando, de tal modo que, se faltar este requisito, somente terão ocorrido ações exteriores, mas não a realização do sacramento.

Ao contrário, quando ocorre o matrimônio válido pelo concurso dos seus requisitos, isto é, quando não se trata de *"união ilegal"* (conforme Mt 19,9), o matrimônio é indissolúvel, mas, mesmo na permanência do vínculo sacramental válido e indissolúvel, há situações de convivência tão difícil por fatores supervenientes que a Igreja, procedendo conforme os

24. Cabe notar mais uma manifestação sobre as propriedades do matrimônio religioso.

25. Sem isto, o vínculo subsiste.

ritos dos Cân. 1692 e seguintes, pode autorizar a separação física dos cônjuges visando ao bem de ambos e dos filhos, embora com essa separação os cônjuges não fiquem habilitados a novo matrimônio, porque não seria novo, dado que enquanto viverem o matrimônio válido permanecerá.

Em poucas palavras, o sacramento do matrimônio é muito sério, não permite mudança de ideia ou uma nova vontade capaz de anular a anterior, e somente deve ser buscado por quem esteja realmente disposto a assumir uma existência em comum com alguém do outro sexo, por toda a vida, ambos amando-se e ajudando-se em todos os momentos, bons ou ruins, gerando filhos e cuidando deles, enquanto a morte não os separar.

É isto o que ouvimos em todas as cerimônias religiosas nas quais dois se unem, mas é isto que deve acontecer efetivamente ao longo da vida de todos os que sentirem o chamado para o matrimônio, que é uma missão a ser cumprida, a qual carrega consigo a divisão do eu e a recepção de parte da divisão de outro eu, para que juntos partilhem uma unidade de amor mais forte do que outras formas de amar o próximo.

5. Conclusão

Apesar das nítidas distinções tópicas entre o direito constitucional brasileiro e o direito canônico consagrado no Código de Direito Canônico da Igreja Católica, Apostólica, Romana, especialmente quanto ao matrimônio, distinções estas que evidenciam a existência de regimes jurídicos separados, com princípios e regras próprios, a Constituição da República Federativa do Brasil, promulgada em 5 de outubro de 1988, está, também nitidamente, inspirada em princípios cristãos desde o seu preâmbulo.

Afinal, a laicidade não significa que o Estado seja ateu, e nem poderia ser ignorado o fato de que na sociedade brasileira a maioria de 82% da população professa alguma crença em Deus, e mais da metade é composta por cristãos.

A despeito disso, no tocante à união de pessoas, o sacramento do matrimônio conserva, na Igreja Católica, suas características naturais existentes por vontade divina desde a criação do homem e da mulher, e é por esta razão que difere em muito do casamento civil.

Bibliografia

BIAGINI, João Carlos. *O sobreprincípio da felicidade.* In: MARTINS, Ives Gandra da Silva. CARVALHO, Paulo de Barros. BERTELLI, Luiz Gonzaga. BIAGINI, João Carlos (Coord.). *Liberdade religiosa e liberdade de expressão.* São Paulo: Noeses, 2020.

Código de Direito Canônico. Publicado em 25.1.1983 por ordem do Papa João Paulo II. São Paulo: Lyola, 1987. Tradução da Conferência Nacional dos Bispos do Brasil.

FRANCISCO. Carta Encíclica *Fratelli Tutti. Sobre a Fraternidade e a Amizade Social.* São Paulo: Paulus, 2020, parágrafos 103 e 272.

MARTINS, Ives Gandra da Silva. *Direito religioso.* In: MARTINS, Ives Gandra da Silva. CARVALHO, Paulo de Barros. BERTELLI, Luiz Gonzaga. BIAGINI, João Carlos (Coord.). *Liberdade religiosa e liberdade de expressão.* São Paulo: Noeses, 2020.

O VALOR NORMATIVO DO PREÂMBULO E A LAICIDADE DO ESTADO CONSTITUCIONAL BRASILEIRO

André L. Costa-Corrêa[1]

Maressa Oliveira de Abreu[2]

Sumário: 1. Introdução – 2. Os preâmbulos das Constituições brasileiras – 3. As ideologias do preâmbulo da Constituição – 4. A função dos preâmbulos constitucionais – 5. A invocação de Deus para a proteção da promulgação da Carta Constitucional de 1988 – 6. A relação entre religião e o Estado constitucional brasileiro – Bibliografia.

---

1. Professor, conferencista e consultor em direito público. Coordenador e professor do Núcleo de Direito Tributário da Escola de Direito do Instituto Internacional de Ciências Sociais (IICS). Professor e Pró-Reitor de graduação do UNICIESA (AM). Diretor e Professor da Faculdade da Amazônia Ocidental (FAAO). Professor e pesquisador visitante na Brooklyn Law School e do Centro Didático Euroamericano sulle Politiche Constituzionali (CEDEUAM) da Università del Salento. Mestre e Doutor em Direito pela Pontifícia Universidade Católica de São Paulo (PUC/SP). Especialista em Direito Tributário pela PUC/SP e pelo CEU. Membro da Academia Paulista de Letras Jurídicas (APLJ) – cadeira 26. Membro da União dos Juristas Católicos de São Paulo e da International Fiscal Association e da Associação Brasileira de Direito Financeiro. Membro do Conselho Superior de Direito da FECOMERCIO. Membro do Núcleo de Estudos Estratégicos em Tributação (NEET).

2. Advogada. Mestre em Direito pela Universidade de Marília (UNIMAR).

1. Introdução

A União dos Juristas Católicos de São Paulo busca através da presente obra a discussão de questões primordiais para a comunidade católica, para a sociedade e para o sistema jurídico nacional. Em especial, qual o impacto da menção de Deus no preâmbulo da Constituição Federal brasileira e qual relação entre o preâmbulo da Constituição Federal de 1988 e a própria laicidade do Estado constitucional brasileiro, i. e., busca-se compreender qual a relação entre a previsão do preâmbulo de que a Carta Constitucional foi promulgada sob a "proteção de Deus" e a previsão de que o Estado brasileiro, por força do inciso I do art. 19, não deve estabelecer cultos religiosos ou igrejas, bem como subvencioná-las ou lhes embaraçar o funcionamento ou manter com essas ou com seus representantes quaisquer elações de dependência ou de aliança – salvo as colaborações de interesse público. Haveria, assim, um conflito entre o preâmbulo da Constituição e a laicidade do Estado? Qual a função do preâmbulo para a Constituição?

2. Os preâmbulos das Constituições brasileiras

Preâmbulos constitucionais são a parte do texto constitucional que precedem os enunciados articulados das Constituições. Funcionam como expressão solene de propósitos, de princípios, valores, anseios e diretivas políticas, morais ou filosóficas do sentimento constitucional ou do pensamento que dominou a Assembleia Constituinte ou dos responsáveis pelo texto constitucional. E, por vezes, funcionam como cláusula de promulgação ou como ordem de obediência aos ditames constitucionais.[3] Tal função será mais amplamente discutida em tópico posterior.

Todavia, concorda-se com Afonso Arinos de Melo Franco[4] de que nem todas as Constituições apresentam preâmbulos

3. Nesse sentido, ver: SILVA, José Afonso da. *Comentário contextual à Constituição.* São Paulo: Malheiros, 2005, p. 21 e ss.

4. FRANCO, Afonso Arinos de Melo. O preâmbulo nas Constituições, in *Revista de*

significativos e que a sua ausência ou insignificância não exclui a importância de que eles podem se revestir quando enriquecem as Constituições que os adotam. Em especial, porque se concorda com o mencionado autor que:

> Os preâmbulos, do ponto de vista jurídico-formal, não se inserem no texto das Constituições, nas quais figuram como uma espécie de declaração genérica de intenções inspiradoras para a interpretação dos textos regulatórios; ou como princípios norteadores da evolução jurídica, inevitável e constante, do conjunto das disposições operativas.
>
> No entanto já vimos e ainda veremos, os preâmbulos constitucionais, na teoria e na prática, são também considerados às vezes normativos pela doutrina, e têm servido de base a decisões judiciais e administrativas, o que lhes atribui o caráter de verdadeiras normas de direito. Em resumo, dependendo da forma que adotem e das intenções que abriguem, os preâmbulos variam quanto ao significado e ao alcance dos respectivos conteúdos.
>
> Em certos casos traduzem aspirações e inspirações de uma sociedade em certa fase da sua existência, casos que devem ser expressos em termos capazes de evoluir historicamente, dentro da sociedade em referência.[5]

Nesse sentido, analisar os preâmbulos constitucionais de nossa história constitucional pode facilitar a compreensão da existência de um sentimento que permeie nossas Constituições, bem como compreender qual os vetores que moldaram e que moldam as nossas Cartas Magnas. Cabe, então, analisar os preâmbulos; para tanto, cabe primeiramente conhecê-los.

A história constitucional brasileira começa com a Constituição do Império do Brasil de 1824, promulgada pelo Imperador Dom Pedro I, a mesma apresentava como preâmbulo o seguinte texto:

> Dom Pedro Primeiro, por graça de Deus, e unânime aclamação dos Povos, Imperador Constitucional, e defensor perpetuo do

---

Ciência Política. Rio de Janeiro, ano 29, n. 04, out./dez., 1986, pg. 38-48, p. 38.

5. FRANCO, Afonso Arinos de Melo. O preâmbulo nas Constituições, in *Revista de Ciência Política*. Rio de Janeiro, ano 29, n. 04, out./dez., 1986, pg. 38-48, p. 40.

> Brasil: fazemos saber a todos nossos súditos, que tendo-nos requeridos os Povos deste Império, juntos em Câmaras, que Nós quanto antes jurássemos e fizéssemos jurar o Projeto de Constituição, que havíamos oferecido às suas observações para serrem depois presentes à nova Assembleia Constituinte mostrando o grande desejo, que tinham, de que ele se observasse já como Constituição do Império, por lhes merecer a mais plena aprovação, e dele esperarem a sua individual e geral felicidade política: Nós juramos o sobredito Projeto para observarmos e fazermos observar, como Constituição, que dora em diante fica sendo deste Império a qual é do teor seguinte: [...]

Por outro lado, a primeira Constituição republicana brasileira teve como preâmbulo o seguinte texto: "nós, os representantes do povo brasileiro, reunidos em Congresso Constituinte, para organizar um regime livre e democrático, estabelecemos, decretamos e promulgamos a seguinte...". Percebe-se, assim, uma forte influência da Constituição norte-americana (1787) no preâmbulo da Constituição brasileira de 1891 porque aquela apresenta como preâmbulo o seguinte textículo: "Nós, o povo dos Estados Unidos, a fim de formar uma União mais perfeita, estabelecer a justiça, assegurar a tranquilidade interna, prover a defesa comum, promover o bem-estar, e garantir para nós e para nossos descendentes os benefícios da liberdade, promulgamos e estabelecemos esta Constituição para os Estados Unidos da América".

A Constituição de 1934 inaugurou a relação teísta nos preâmbulos constitucionais brasileiros ao apresentar o seguinte preâmbulo: "Nós, os representantes do povo brasileiro, pondo a nossa confiança em Deus, reunidos em Assembleia Nacional Constituinte para organizar um regime democrático, que assegure à Nação a unidade, a liberdade, a justiça e o bem-estar social e econômico, decretamos e promulgamos a seguinte...".

Aparentemente, a relação teísta no preâmbulo constitucional brasileiro durou pouco porque foi, quase que imediatamente, retirado do texto da Constituição de 1937. Ressalte-se que essa Constituição apresentava um preâmbulo que apresentava uma justificativa ditatorial do presidente da República para a revogação da Carta anterior. Vejamos:

> O Presidente da República dos Estados Unidos do Brasil
>
> Atendendo às legítimas aspirações do povo brasileiro à paz política e social, profundamente perturbada por conhecidos fatores de desordem, resultantes da crescente agravação dos dissídios partidários, que, uma, notória propaganda demagógica procura desnaturar em luta de classes, e da extremação, de conflitos ideológicos, tendentes, pelo seu desenvolvimento natural, resolver-se em termos de violência, colocando a Nação sob a funesta iminência da guerra civil;
>
> Atendendo ao estado de apreensão criado no País pela infiltração comunista, que se torna dia a dia mais extensa e mais profunda, exigindo remédios, de caráter radical e permanente;
>
> Atendendo a que, sob as instituições anteriores, não dispunha, o Estado de meios normais de preservação e de defesa da paz, da segurança e do bem-estar do povo;
>
> Sem o apoio das forças armadas e cedendo às inspirações da opinião nacional, umas e outras justificadamente apreensivas diante dos perigos que ameaçam a nossa unidade e da rapidez com que se vem processando a decomposição das nossas instituições civis e políticas;
>
> Resolve assegurar à Nação a sua unidade, o respeito à sua honra e à sua independência, e ao povo brasileiro, sob um regime de paz política e social, as condições necessárias à sua segurança, ao seu bem-estar e à sua prosperidade, decretando a seguinte Constituição, que se cumprirá desde hoje em todo o País.

Corroborando o afastamento teísta do preâmbulo constitucional, a Constituição de 1946, resgatando, por outro lado, o viés democrático de nosso país, apresentava o seguinte preâmbulo: "A Mesa da Assembleia Constituinte promulga a Constituição dos Estados Unidos do Brasil e o Ato das Disposições Constitucionais Transitórias, nos termos dos seus artigos 218 e 36, respectivamente, e manda a todas as autoridades, às quais couber o conhecimento e a execução desses atos, que os executem e façam executar e observar fiel e inteiramente como neles se contêm".

Posteriormente, com a promulgação da Carta Constitucional de 1967 a relação teísta do preâmbulo é resgatada, visto que a referida Carta apresentava como singelo preâmbulo o seguinte texto: "O Congresso Nacional, invocando a proteção de Deus, decreta e promulga a seguinte...". Ressalte-se que o preâmbulo da Constituição se manteve com a Emenda Constitucional n. 1 de 1969, a qual modificou extensivamente o texto da Carta Constitucional pretérita.

E, finalmente, a Constituição Federal de 1988 manteve a relação teísta em seu preâmbulo. Vejamos:

> Nós, representantes do povo brasileiro, reunidos em Assembleia Nacional Constituinte para instituir um Estado Democrático, destinado a assegurar o exercício dos direitos sociais e individuais, a liberdade, a segurança, o bem-estar, o desenvolvimento, a igualdade e a justiça como valores supremos de uma sociedade fraterna, pluralista e sem preconceitos, fundada na harmonia social e comprometida, na ordem interna e internacional, com a solução pacífica das controvérsias, promulgamos, sob a proteção de Deus, a seguinte Constituição.

Há uma efetiva tradição no constitucionalismo brasileiro de se utilizar preâmbulos nas Cartas Constitucionais. Não houve, até o presente momento, a edição de Constituição sem a utilização de um preâmbulo – mesmo sendo os preâmbulos das Constituições de 1946 e de 1967 meras declarações de promulgação e de imposição de eficácia dos enunciados constitucionais (o que em parte evidencia o caráter não tão popular das referidas Cartas Constitucionais; ressalte-se, inclusive, que o texto de promulgação da Carta Constitucional da quarta república contrariava, em parte, os anseios democráticos da sociedade à época de sua promulgação). E, analisando a história constitucional brasileira, a representação teísta nos preâmbulos constitucionais apresenta maior tempo de vigência constitucional do que os textos em que não há tal previsão, o que indica que há uma clara aproximação cultural entre o sentimento constitucional brasileiro e o respeito a Deus e, consequentemente, que esse respeito se espraia pelo texto constitucional – mesmo com o reconhecimento de que o

Estado brasileiro é laico (condição que, também, será melhor discutida em tópico posterior).

Por outro lado, é possível afirmar que os preâmbulos constitucionais brasileiros refletem as múltiplas ideologias que nortearam os trabalhos constituintes e que inspiraram o nosso sentimento constitucional. Em especial, compreende-se que tanto no preâmbulo quanto nos enunciados constitucionais é possível identificar uma diversidade de ideologias,[6] de objetivos e de valores que espelham o sentimento constitucional – sendo que esse pode ser identificado quando analisado apenas um texto constitucional isoladamente ou quando analisada uma série evolutiva de textos constitucionais.

3. As ideologias do preâmbulo da Constituição

Em face disso, cabe uma rápida consideração sobre as ideologias que norteiam o preâmbulo da Constituição.

Preliminarmente, é importante mencionar que se compreende, em concordância com Sérgio Luiz Souza Araújo,[7] que o preâmbulo, enquanto expressão ideológica, extrai sua legitimidade da representação dos constituintes do povo brasileiro e é uma "claríssima demonstração de fé na democracia, de fé no povo como fonte de todo o poder".

Em face disso, concorda-se com Sérgio Luiz Souza Araújo de que as ideologias presentes no preâmbulo da Constituição revelam uma clara manifestação axiológica que se nutre das aspirações da sociedade, razão pela qual "todo o texto constitucional há que ser interpretado em íntima conexão com as ideologias perfiladas no Preâmbulo."[8]

---

6. Nesse sentido, ver: MORAIS, Márcio Eduardo Pedrosa. *Liberdade religiosa:* o ensino religioso na Assembleia Nacional Constituinte de 1987-1988. Curitiba: Juruá, 2015, p. 188.

7. ARAÚJO, Sérgio Luiz Souza. O preâmbulo da Constituição brasileira de 1988 e sua ideologia, in *Revista de Informação Legislativa*, ano 36, n. 143, jul./set., 1999, p. 05-14, p. 05.

8. Idem, p. 13.

Nesse sentido, a análise dos preâmbulos constitucionais brasileiros implica reconhecer que "liberdade" e "democracia" são importantes vetores de nosso sentimento constitucional, mesmo que muitas de nossas Cartas Constitucionais tenham sido fruto de movimentos autoritários ou que tenham sido construídas por meio de projetos constitucionais não representativos dos interesses sociais – em especial, por terem sido criadas por juristas e não pelos representantes eleitos do povo brasileiro. Bem como, a "promoção do bem-estar social e econômico" é importante vetor para a construção da sociedade justa e livre que o espírito constitucional brasileiro visa a construir.

Nesse sentido, concorda-se com Sérgio Luiz Souza Araújo de que "a ideologia constitucional impõe que a prosperidade coletiva tenha clara primazia em relação aos direitos de índole individualista". E, também, que o "Preâmbulo da Constituição brasileira de 1988 impõe, assim, como primeira meta a realização da justiça social. É esse o fenômeno ideológico maior que condiciona todas as demais metas traçadas no Preâmbulo. É, portanto, a partir dessa ideologia que se pode configurar com clareza a ordem jurídica introduzida e a sua efetiva possibilidade de eficácia."[9]

Por fim, pode-se atestar também que as Constituição de 1934, 1967 e de 1988 (além da própria Constituição imperial que reconhecia a graça divina ao Imperador) expressavam uma forte relação teísta da sociedade brasileira porque buscavam, sob a proteção ou na confiança de Deus, que a promulgação de Cartas Constitucionais promovesse a liberdade e a dignidade dos seus cidadãos. Então, o respeito e a proteção da relação religiosa é um importante vetor ideológico de nosso sistema constitucional – mesmo que não evidenciado no preâmbulo de algumas de nossas Cartas políticas – porque é refletido, além da menção retórica preambular, na própria

9. ARAÚJO, Sérgio Luiz Souza. O preâmbulo da Constituição brasileira de 1988 e sua ideologia, in *Revista de Informação Legislativa*, ano 36, n. 143, jul./set., 1999, p. 05-14, p. 08.

formatação do modelo de Estado laico que a Constituição busca proteger.

4. A função dos preâmbulos constitucionais

Em face do exposto até aqui, compreende-se por oportuno discutir qual a função dos preâmbulos constitucionais.

Preâmbulos são textos que precedem, integram e apresentam outro texto. Nesse sentido, concorda-se com Paulo de Barros Carvalho de que "preâmbulo, ementa e exposição de motivos cumprem, de certo modo, o mesmo objetivo: fixam dêiticos de conteúdo que identificam aspectos relevantes da substância discursiva. Assumem o papel de enunciação enunciada e permitem o ingresso do receptor da mensagem no teor do que nela foi transmitido."[10] Preâmbulos apresentam, portanto, caráter sumular, compendial e explicativa do texto que precedem. Consequentemente, preâmbulos constitucionais são textos introdutórios que precedem os demais enunciados constitucionais e que expõem, ao lado dos objetivos e fins esperados para o sistema constitucional, as razões pelas quais houve a atuação do poder constituinte. Nesse sentido, Javier Tajadura Tejada[11] compreende que aqueles são os elementos que manifestam a continuidade das distintas estruturas de poder que ligam o passado – a situação que motivou a deflagração do poder constituinte – com o futuro – representado pelos fins que o Estado deseja alcançar no texto constitucional que visam a apresentar.

Adota-se nesse estudo, assim, a compreensão de que o preâmbulo constitucional é o texto que, nos mesmos termos

---

10. CARVALHO, Paulo de Barros. O preâmbulo e a prescritividade constitutiva dos textos jurídicos, in *Revista Direito GV*. São Paulo: Editora FGV, ano 6, n. 1, jan.-jun., 2010, p. 295-312, p. 301, p. 305.

11. TEJADA, Javier Tajadura. Valor jurídico y función política de los preámbulos constitucionales, in *Revista Peruana de Derecho Constitucional*, ano 9, n. 11, p. 251-274, p. 252.

expostos por Afonso Arino de Melo Franco,[12] funciona como um indicador textual para os elementos valorativos, matriciais, axiomáticos, principiológico do trabalho constituinte[13-14] e, consequentemente, do modelo de Estado constitucional que se procura estabelecer a partir dos enunciados constitucionais. São, portanto, um resumo objetivo dos caminhos, ideias, e dos valores que norteiam a lei fundamental e, consequentemente, o Estado e o sistema jurídico.

Nesse sentido, os preâmbulos se tornaram, na história constitucional, "parte integrante da técnica redacional das Constituições e elemento textual constitucional."[15] Não sendo, entretanto, elemento indispensável para a composição de uma Carta Constitucional. Porém, em face de comporem o texto da Constituição, compreende-se, mesmo que de forma contrária à tradição brasileira, que o preâmbulo constitucional faz parte do corpo normativo,[16] propriamente dito,

---

12. FRANCO, Afonso Arinos de Melo. O preâmbulo nas Constituições, in *Revista de Ciência Política*. Rio de Janeiro, ano 29, n. 04, out./dez., 1986, pg. 38-48, p. 40.

13. Nesse sentido, ver: BORGES, Alexandre Walmott; ALVES, Paula Fernanda Pereira de Araújo e. Análise funcional do preâmbulo constitucional com a utilização pelos métodos tradicionais de interpretação constitucional, in *Revista Brasileira de Direito Constitucional*, n. 18, jul./dez., 2011, p. 125-141, p. 126; MORAIS, Márcio Eduardo Pedrosa. *Liberdade religiosa:* o ensino religioso na Assembleia Nacional Constituinte de 1987-1988. Curitiba: Juruá, 2015, p. 187.

14. Nesse sentido, afirmam que pela utilização do método exegético é possível compreender o preâmbulo como "importante documento do elucidar a vontade do legislador. O preâmbulo é a peça que permite captar o que o legislador expressou, no momento de produção da Constituição. O espírito da Constituição capta-se na parte introdutória que é o preâmbulo. Na verdade, a função do preâmbulo, para o método exegético, é de indicação da vontade do legislador. Com o preâmbulo visualizam-se as intenções originais do legislador" (BORGES, Alexandre Walmott; ALVES, Paula Fernanda Pereira de Araújo e. Análise funcional do preâmbulo constitucional com a utilização pelos métodos tradicionais de interpretação constitucional, in *Revista Brasileira de Direito Constitucional*, n. 18, jul./dez., 2011, p. 125-141, p. 139).

15. BORGES, Alexandre Walmott; ALVES, Paula Fernanda Pereira de Araújo e. Análise funcional do preâmbulo constitucional com a utilização pelos métodos tradicionais de interpretação constitucional, in *Revista Brasileira de Direito Constitucional*, n. 18, jul./dez., 2011, p. 125-141, p. 126.

16. Nesse sentido, ver: NERY JÚNIOR, Nelson. *Constituição Federal comentada e legislação constitucional*. 5ª ed. São Paulo: Ed. RT, 2014, p. 182.

da Constituição – em especial, porque se compreende que o "sistema está ordenado de forma que as disposições textuais ocupem espaços definidos dentro de sistema mais amplo que o envolve."[17] E também porque estando os preâmbulos constitucionais inseridos nos documentos constitucionais, não deveria haver controvérsia em compreendê-los como parte efetiva da estrutura constitucional.

Nesse sentido, Javier Tajadura Tejada[18] afirma que

> *[...] na cabe duda que los preámbulos son parte del texto jurídico en el que se encuentran situados. A favor de esta tesis juegan los siguientes argumentos:*
>
> *a) a los efectos de su tramitación parlamentaria, las asambleas, legislativas o constituyentes, consideran los textos introductorios que luego se convertirán en preámbulos, como una disposición más, como un artículo cualquiera, al que se pueden presentar enmiendas. La única especialidad procedimental radica en que dichos textos introductorios y las enmiendas a ellos presentadas son discutidas al final del articulado.*
>
> *b) los preámbulos que preceden al articulado de las leyes o constituciones figuran siempre tras la fórmula de promulgación.*

Então, sendo os preâmbulos elementos textuais constitucionais, cabe compreender a sua função dentro da estrutura constitucional.

Preliminarmente, compreende-se que os preâmbulos apresentam, como mencionado alhures, uma função simbólica de ser uma síntese da decisão política fundamental, i. e., um prelúdio das tendências e do espírito do que os demais enunciados constitucionais preveem. E, também, apresentam uma função simbólica porque os mesmos devem ser

---

17. BORGES, Alexandre Walmott; ALVES, Paula Fernanda Pereira de Araújo e. Análise funcional do preâmbulo constitucional com a utilização pelos métodos tradicionais de interpretação constitucional, in *Revista Brasileira de Direito Constitucional*, n. 18, jul./dez., 2011, p. 125-141, p. 138.

18. TEJADA, Javier Tajadura. Valor jurídico y función política de los preámbulos constitucionales, in *Revista Peruana de Derecho Constitucional*, ano 9, n. 11, p. 251-274, p. 253.

compreendidos como um fator de integração nacional e de preservação do sentimento constitucional.[19]

Poder-se-ia, assim, afirmar que o preâmbulo da Constituição Federal de 1988 evidencia a síntese da "*decisão política fundamental*" de nosso Estado Democrático de Direito constitucional. Em especial, porque o preâmbulo da Constituição enfatiza que os demais enunciados constitucionais, enquanto pilares do Estado Democrático brasileiro, destinam-se a "assegurar o exercício dos direitos sociais e individuais, a liberdade, a segurança, o bem-estar, o desenvolvimento, a igualdade e a justiça como valores supremos de uma sociedade fraterna, pluralista e sem preconceitos". Tal compreensão se baseia no entendimento de que, mesmo não havendo expressa menção de que a garantia desses valores é a vontade expressa da sociedade brasileira, a previsão preambular de que o Estado de Direito brasileiro deve possibilitar a preservação do exercício de tais valores expressa a decisão política fundamental dos representantes da sociedade brasileira quando do processo constituinte; e, portanto, a síntese da decisão política fundamental (da norma hipotética fundamental).

Todavia, é importante frisar que a função de síntese dos preâmbulos não possibilita com que esses se equiparem, por exemplo, com os textos das exposições de motivos (ou com a exposição de vetos) ou com as ementas. Nessas declarações "pré-normativas", os legisladores indicam de forma clara quais as razões jurídicas que possibilitaram com que determinadas escolhas fossem adotadas ou não – configurando-se, assim, em perfeito elemento de identificação da "vontade do legislador". Os preâmbulos, em sentido similar, indicam valores e/ou aspirações que os legisladores constituintes ou os outorgantes buscaram se nutrir para elaborar as normas constitucionais, mas, nem sempre, como evidenciado acima,

---

19. Nesse sentido, ver: TEJADA, Javier Tajadura. Valor jurídico y función política de los preámbulos constitucionales, in *Revista Peruana de Derecho Constitucional*, ano 9, n. 11, p. 251-274, p. 263.

indicam de forma clara quais são esses anseios e axiomas[20] e, por vezes, apenas fazem, como o da Constituição de 1946, uma mera declaração de vigência.

Nesse sentido, concorda-se com Paulo de Barros Carvalho de que os preâmbulos apresentam um caráter retórico de apresentação da matriz axiológica do texto que precedem. Diferenciando-se, entretanto, das ementas e da exposição de motivos. A saber. Enquanto a "ementa visa, antes de tudo, a resumir o produto legislado, extratando-o, reduzindo-o à sua expressão mais simples[21]" e "exposição de motivos costuma dar ênfase ao clima histórico-institucional em que o diploma foi produzido, discutindo, muitas vezes, as teses em confronto na circunstância da elaboração, para justificar (dar os motivos) a eleição de determinada tendência dogmática;"[22] o preâmbulo visa a representar os valores e expectativas do sentimento constitucional. Além disso, concorda-se com Paulo de Barros Carvalho de que a "exposição de motivos, constando da enunciação-enunciada, manifesta-se mais próxima ao processo de enunciação do 'ato de fala' jurídico, porém mais inclinadas ao enunciado do que, propriamente, ao processo de enunciação";[23] enquanto o preâmbulo é enunciativo em si.

Não obstante, concorda-se com Ildete Regina Vale da Silva e Paulo de Tarso Brandão[24] de que, mesmo que o preâmbulo constitucional não apresente forma e conteúdo estritamente

---

20. Exemplo dessa questão é o preâmbulo da Carta Constitucional de 1937, o qual expressou o anseio e o interesse do outorgante.

21. CARVALHO, Paulo de Barros. O preâmbulo e a prescritividade constitutiva dos textos jurídicos, in *Revista Direito GV*. São Paulo: Editora FGV, ano 6, n. 1, jan.-jun., 2010, p. 295-312, p. 305.

22. Idem.

23. Ibidem.

24. SILVA, Ildete Regina da; BRANDÃO, Paulo de Tarso. *Constituição e fraternidade*: o valor normativo do preâmbulo da Constituição. Curitiba: Juruá Editora, 2015, p. 81-83.

jurídicos ("*caráter normativo direto*"[25-26]), o preâmbulo é um elemento linguístico constitucional que, servindo como uma vitrine, apresenta o Estado Constitucional[27] para os próprios homens que compõem a sociedade que promulga a Carta Constitucional, e que, compondo a cultura constitucional,[28] desvenda os aspectos culturais constitucionais para a sociedade que muitas vezes estão ocultos na obra constituinte e, sobretudo, busca otimizar a comunicação, a integração e a oportunidade de criar uma identidade cultural para os cidadãos a fim de conferir legitimidade ao Estado Constitucional. Em especial, porque "os textos dos preâmbulos contêm fórmulas de compromisso e harmonização elaboradas pelos constituintes do Estado Constitucional para transmitir, mais ou menos conscientemente, uma linguagem justa para

---

25. Nesse sentido, ver: NERY JÚNIOR, Nelson. *Constituição Federal comentada e legislação constitucional*. 5ª ed. São Paulo: Ed. RT, 2014, p. 182, TEJADA, Javier Tajadura. Valor jurídico y función política de los preámbulos constitucionales, in *Revista Peruana de Derecho Constitucional*, ano 9, n. 11, p. 251-274, p. 254.

26. Segundo Javier Tajadura Tejada, as disposições de valor normativo indireto são aquelas que "que por sí solas no permiten extraer normas, pero que combinadas, por el intérprete, con las anteriores, contribuyen a la determinación de su significado" (TEJADA, Javier Tajadura. Valor jurídico y función política de los preámbulos constitucionales, in *Revista Peruana de Derecho Constitucional*, ano 9, n. 11, p. 251-274, p. 259).

27. Concorda-se com José Afonso da Silva de que "a Assembleia Nacional Constituinte se propôs instituir (criar) não 'o' Estado Democrático, mas 'um' Estado Democrático. Quer-se, com isso, dizer que não se cogitava de adotar o Estado Democrático clássico, como mero Estado de Direito como Estado contraposto ao Estado gendarme e ao Estado despótico. O artigo indefinido 'um' tem, no contexto, função diretiva importante, conotativa da ideia de que o objetivo era instituir um tipo diferente de Estado Democrático, com nova destinação – qual seja, a de sociedade fraterna, pluralista e sem preconceitos. Esse objetivo se realiza no art. 1° com concretização normativa do Estado Democrático de Direito, que, como veremos, não é simples soma dos princípios do Estado Democrático tradicional e do Estado liberal de Direito. Significa isso que onde a Constituição fala em 'Estado Democrático' está se referindo a esse que ela instituiu no art. 1° em cumprimento ao previsto no Preâmbulo. É sua existência e sua vigência que a Constituição garante com mecanismos expressamente estabelecidos nos arts. 5°, XLIV, e 91, §1°, IV, e no Título V" (SILVA, José Afonso da. *Comentário contextual à Constituição*. São Paulo: Malheiros, 2005, p. 23).

28. SILVA, Ildete Regina da; BRANDÃO, Paulo de Tarso. *Constituição e fraternidade*: o valor normativo do preâmbulo da Constituição. Curitiba: Juruá Editora, 2015, p. 129.

sintonizar o texto constitucional positivo sinalizado pela via da Cultura[29]" – sobretudo, porque "o preâmbulo contém uma visão geral do contexto histórico e cultural da Constituição, fazendo com que seja, sempre, a quintessenza do contexto da Constituição."[30]

Logo, mesmo que os preâmbulos sejam compostos por linguagem descritiva[31] (em vez de linguagem prescritiva empregada nos enunciados normativos), compreende-se que os mesmos apresentam caráter jurídico e, portanto, são enunciados (dispositivos[32]) normativos constitucionais – mesmo que "*pré-prescritivos*" – porque são capazes de produzirem normas constitucionais pelos demais agentes comunicantes legítimos em um dado sistema jurídico-constitucional. E, sobretudo, porque podem interferir diretamente na construção das significações dos demais enunciados constitucionais.

Nesse sentido, pode-se afirmar que os preâmbulos não apenas precisam ser interpretados, mas valem como "orientação para a interpretação e aplicação das normas constitucionais". Em especial, porque, nos termos de José Afonso da Silva,[33] os mesmos "fazem referência explícita ou implícita a uma situação passada indesejável, e postulam a construção de uma ordem constitucional com outra direção, ou uma situação de luta na perseguição de propósitos de justiça e liberdade;

---

29. SILVA, Ildete Regina da; BRANDÃO, Paulo de Tarso. *Constituição e fraternidade*: o valor normativo do preâmbulo da Constituição. Curitiba: Juruá Editora, 2015, p. 82.

30. Idem, p. 83.

31. Nesse sentido, Javier Tajadura Tejada afirma que "nadie discute que la norma deba poder ser enunciada como proposición imperativa, pero nada impide que tal proposición no sea formulada directamente por el legislador, sino que deba ser inferida de un texto redactado formalmente en términos descriptivos" (TEJADA, Javier Tajadura. Valor jurídico y función política de los preámbulos constitucionales, in *Revista Peruana de Derecho Constitucional*, ano 9, n. 11, p. 251-274, p. 254).

32. Nesse sentido, ver: TEJADA, Javier Tajadura. Valor jurídico y función política de los preámbulos constitucionales, in *Revista Peruana de Derecho Constitucional*, ano 9, n. 11, p. 251-274, p. 257.

33. SILVA, José Afonso da. *Comentário contextual à Constituição*. São Paulo: Malheiros, 2005, p. 22.

outras vezes exprimem um princípio básico, político, social e filosófico, do regime instaurado pela Constituição". E, principalmente, porque os preâmbulos apresentam eficácia interpretativa e integrativa.

Destarte, concorda-se com Paulo de Barros Carvalho de que o constituinte inseriu, nos domínios do direito posto (Constituição Federal), proposições de ordem introdutória (preâmbulo), as quais expõem os motivos e anunciam, em tom prescritivo, "o quadro sobre o qual deve o exegeta manter sua interpretação da mensagem constitucional."[34]

Em face disso, concorda-se com Javier Tajadura Tejada de que "no resulta lícito negar carácter normativo (o prescriptivo) a toda disposición no escrita en lenguaje normativo. De hacerlo, habríamos de admitir que no sólo el preámbulo, sino otras muchas disposiciones del articulado de una Constitución, carecen de valor normativo."[35] Assim como, também, que, em nosso sistema jurídico, não há qualquer norma que negue valor normativo aos preâmbulos.[36]

Além disso, se analisada a questão dos preâmbulos em nível infraconstitucional encontrar-se-á respaldo de seu caráter normativo quando analisado o art. 3º da Lei Complementar 95/98 (a qual dispõe sobre elaboração, a redação, a alteração e a consolidação das leis, nos termos da previsão do parágrafo único do art. 59 da Constituição Federal) porque aquele enunciado prescreve que uma lei é estruturada em 03 (três) partes básicas: **a parte preliminar** (compreendendo a epígrafe, a ementa, o *preâmbulo*, o enunciado do objeto e a indicação

---

34. CARVALHO, Paulo de Barros. O preâmbulo e a prescritividade constitutiva dos textos jurídicos, in *Revista Direito GV*. São Paulo: Editora FGV, ano 6, n. 1, jan.-jun., 20210, p. 295-312, p. 301.

35. TEJADA, Javier Tajadura. Valor jurídico y función política de los preámbulos constitucionales, in *Revista Peruana de Derecho Constitucional*, ano 9, n. 11, p. 251-274, p. 255.

36. Em especial, não há qualquer menção de que deverá haver sempre caráter prescritivo em relação aos enunciados normativos. Analise-se, nesse sentido, as previsões do Decreto-lei n. 4.657/1942 (com redação dada pela Lei n. 12.376/2010).

de aplicação das disposições normativas), a **parte normativa** (compreendendo o texto das normas de conteúdo substantivo relacionadas com a matéria regulada) e a **parte final** (que compreende as disposições pertinentes às medidas necessárias à implementação das normas de conteúdo substantivo, às disposições transitórias, e cláusulas de vigência e de revogação). Logo, se o preâmbulo é parte, mesmo que preliminar, de uma lei, não há sentido em não compreender o preâmbulo constitucional como parte efetiva da Constituição Federal. E como tal, como enunciado constitucional.

Por outro lado, concorda-se que os preâmbulos, mesmo que não sejam considerados como elementos constitucionais normativos por serem mero elemento intrassistêmico ou subalterno ao conjunto normativo constitucional,[37] devem, como texto, ser interpretados[38] porque apresentam significado. Ou seja, entendendo-se o preâmbulo como texto, compreende-se que esse texto é passível de ser interpretado e sua interpretação, em face de sua forma sintética de seu enunciado, é passível de auxiliar na interpretação e na integração dos demais enunciados constitucionais.

Ressalte-se que isso é devido, também, ao texto do preâmbulo constitucional, enquanto texto, apresentar, além de sua mera composição textual passível de análise semiótica, uma representação praxiológica (de natureza social) e uma psicológica (gnosiológica) que possibilitam a interação de sua dimensão textual com o texto dos demais enunciados constitucionais.

Então, qual a importância dos preâmbulos constitucionais para a aplicação das normas constitucionais?

---

37. BORGES, Alexandre Walmott; ALVES, Paula Fernanda Pereira de Araújo e. Análise funcional do preâmbulo constitucional com a utilização pelos métodos tradicionais de interpretação constitucional, in *Revista Brasileira de Direito Constitucional*, n. 18, jul./dez., 2011, p. 125-141, p. 140.

38. Idem, p. 127.

Segundo Javier Tajadura Tejada, "los preámbulos tienen así un valor normativo indirecto, en cuanto el intérprete puede obtener la norma valiéndose – o combinando – tanto de las disposiciones del articulado como de las del preámbulo. Por supuesto, que nos encontramos con unas disposiciones cuya intensidad normativa es menor que las del articulado, pero se trata de una diferencia de grado y de forma".[39] Então, os preâmbulos constitucionais devem ser articulados com os demais enunciados constitucionais a fim de produzir normas constitucionais que não sejam contrárias às declarações previstas naqueles. Logo, pode-se afirmar que os preâmbulos constitucionais, em regra geral, quando revestidos de forma meramente declarativa (descritiva), apresentam importante vetorização centrípeta à interpretação dos demais enunciados constitucionais e se configuram como cláusulas centrífugas de implementação às normas constitucionais.

Por outro lado, concorda-se com Ildete Regina Vale da Silva e Paulo de Tarso Brandão de que o preâmbulo é um dos elementos da cultura constitucional, razão pela qual se compreende que "o conteúdo cultural de seu texto confere maior validade e capacidade vinculativa à interpretação constitucional."[40]

Porém, apesar disso, é importante mencionar que não é possível se compreender – diferentemente do que previsto por Javier Tejadura Tejada[41] – que, em face do caráter descritivo dos preâmbulos e de uma possível menor intensidade normativa desses em relação aos demais enunciados constitucionais: (a) os demais enunciados constitucionais devem prevalecer em relação ao texto dos preâmbulos quando se verificar

---

39. TEJADA, Javier Tajadura. Valor jurídico y función política de los preámbulos constitucionales, in *Revista Peruana de Derecho Constitucional,* ano 9, n. 11, p. 251-274, p. 258-259.

40. SILVA, Ildete Regina da; BRANDÃO, Paulo de Tarso. Constituição e fraternidade: *o valor normativo do preâmbulo da Constituição.* Curitiba: Juruá Editora, 2015, p. 129.

41. TEJADA, Javier Tajadura. Valor jurídico y función política de los preámbulos constitucionales, in *Revista Peruana de Derecho Constitucional,* ano 9, n. 11, p. 251-274, p. 259.

qualquer discrepância de significado entre tais enunciados; (b) o enunciado dos preâmbulos não é capaz de gerar normas constitucionais sem a combinação com os demais enunciados constitucionais e; (c) que os preâmbulos não podem, em regra, ser utilizados como fundamento para se declarar inconstitucional uma dada lei.

Logo, não se compreende que haja uma prevalência entre normas constitucionais porque todas estão no mesmo nível hierárquico e apresentam a mesma importância teleológica e axiológica para o sistema constitucional, bem como porque se compreende como possível a enunciação prescritiva a partir do texto do preâmbulo constitucional e que aqueles possam ser o fundamento de invalidade constitucional de outras normas jurídicas infraconstitucionais.

Evidencia essa compreensão a demonstração exercida por Afonso Arino de Melo Franco ressalta, com base nas lições de Bernard Chantebout, que o Conselho Constitucional francês limitou a ação do legislador em face de disposição do preâmbulo da Carta Constitucional de 1958 (que adotou o preâmbulo da Constituição de 1946), a fim de declarar inconstitucional lei de 30 de julho de 1971, que dispunha que o chefe de polícia de Paris poderia impedir a formação de associações até que a autoridade judiciária declarasse sua legalidade – legislação que se opunha à previsão preambular que reconhecia o direito de livre associação.[42] Logo, se possível na sistemática constitucional francesa, possível também na sistemática constitucional brasileira.

Por outro lado, pode-se afirmar que, em nosso sistema constitucional, o preâmbulo evidencia a existência do Estado de Democrático de Direito brasileiro, o qual visa a assegurar o exercício de determinados valores supremos. Logo, o preâmbulo apresenta uma função de garantia dogmático-constitucional para o exercício dos valores supremos de

42. FRANCO, Afonso Arinos de Melo. O preâmbulo nas Constituições, in *Revista de ciência política*. Rio de Janeiro, ano 29, n. 04, out./dez., 1986, pg. 38-48, p. 44-45.

nosso sentimento constitucional. Nesse sentido, concorda-se com José Afonso da Silva de que o preâmbulo constitucional apresenta uma função pragmática porque tem como objetivo "prescrever ao Estado uma ação em favor da efetiva realização dos ditos valores em direção (função diretiva) de destinatários das normas constitucionais que dão a esses valores conteúdo específico."[43]

Mas, infelizmente, essa posição não prevaleceu no Supremo Tribunal Federal visto que, quando do julgamento da ADIn 2.076 (Rel. Min. Carlos Velloso, D. J. 08.08.2003), houve o estabelecimento da posição de que:

> I- Normas centrais da Constituição Federal: essas normas são de reprodução obrigatória na Constituição do Estado-membro, mesmo porque, reproduzidas, ou não, incidirão sobre a ordem local. Reclamações 370-MT e 383-SP (RTJ 147/404). II- Preâmbulo da Constituição: não constitui norma central. Invocação da proteção de Deus: não se trata de norma de reprodução obrigatória na Constituição estadual, não tendo força normativa.

Prevaleceu, portanto, a compreensão do Min. Rel. Carlos Velloso de que "o preâmbulo [...] não se situa no âmbito do Direito, mas no domínio da política, refletindo posição ideológica do constituinte". Ou seja, de que o preâmbulo não contém relevância jurídica e não se constitui como norma central da Constituição, ou seja, não se lhe impõe a condição de norma constitucional de reprodução obrigatória pelos Estados-membros.

Apesar de tal posicionamento, importante mencionar que o Min. Rel. Carlos Velloso reconheceu, quando do julgamento da ADIn 2.076 (Rel. Min. Carlos Velloso, D. J. 08.08.2003), que o

> preâmbulo contém, de regra, proclamação ou exortação no sentido dos princípios inscritos na Carta: princípio do Estado Democrático de Direito, princípio republicano, princípio dos direitos e garantias etc. Esses princípios, sim, inscritos na Constituição, constituem normas centrais de reprodução obrigatória, ou que

---

43. SILVA, José Afonso da. *Comentário contextual à Constituição*. São Paulo: Malheiros, 2005, p. 23.

> não pode a Constituição do Estado-membro dispor de forma contrária, dado que, reproduzidos, ou não, na Constituição estadual, incidirão na ordem local.

Em relação à invocação de Deus no preâmbulo da Constituição, o Min. Rel. Carlos Velloso, quando do julgamento da referida ADIn, ponderou que “essa invocação, todavia, posta no preâmbulo da Constituição Federal, reflete, simplesmente, um sentimento deísta e religioso, que não se encontra inscrito na Constituição, mesmo porque o Estado brasileiro é laico, consagrando a Constituição a liberdade de consciência e de crença (C.F., art. 5º), certo que ninguém será privado de direitos por motivo de crença religiosa ou de convicção filosófica ou política (C.F., art. 5º, VIII)”. Razão pela qual defendeu que “a referência ou a invocação à proteção de Deus não tem maior significação, tanto que Constituições de Estados cuja população pratica, em sua maioria, o teísmo, não contêm essa referência”. Em face, concluiu que a Constituição é de todos, não distinguindo entre deístas, agnósticos ou ateístas.

Em igual sentido, o Min. Sepúlveda Pertence afirmou, quando do julgamento da mencionada ADIn, que

> [...] tomado em seu conjunto, esta locução “sob a proteção de Deus” não é uma norma jurídica, até porque não se teria a pretensão de criar obrigação para a divindade invocada. Ela é uma afirmação de fato – como afirmou Clemente Mariani, em 1946, na observação recordada pelo eminente Ministro Celso de Mello – jactanciosa e pretensiosa, talvez – de que a divindade estivesse preocupada com a Constituição do Brasil. De tal modo, não sendo norma jurídica, nem princípio constitucional, independentemente de onde esteja, não é ela de reprodução compulsória pelos Estados-membros.

Da mesma forma, o Min. Marco Aurélio, concordando com a posição do Min. Rel., quando do julgamento da ADIn 2.076 (Rel. Min. Carlos Velloso, D. J. 08.08.2003), ressaltou que “o introito não integra o corpo da própria Constituição. Portanto, não pode repercutir a ponto de se adentrar o campo da simetria, exigindo-se que haja adoção uniforme em todas as unidades da Federação".

Ressalte-se, porém, que apesar do posicionamento firmado quando do julgamento da ADIn 2.076 (Rel. Min. Carlos Velloso, D. J. 08.08.2003), compreende-se que o preâmbulo é texto constitucional e, portanto, integra a Constituição na mesma medida que um prefácio integra, compõe, uma obra literária. E como texto possui significado, e como texto constitucional expressa valores que expressam as ideias dos legisladores constituintes.

Nesse sentido, concorda-se com Paulo de Barros Carvalho de que

> Ora, em posição que opõe pelo vértice, com o respeito que o ilustre magistrado sem dúvida alguma merece, creio que suas asserções não devam prevalecer com a força dogmática que delas se pretende extrair. No subdomínio das significações dos enunciados, cumprem as cláusulas do preâmbulo papel prescritivo da mais elevada importância, impregnando, devido à sua hierarquia e pelo próprio efeito da derivação lógica que desencadeiam, todas as unidades normativas do direito infraconstitucional. É o que se vê no caso da "segurança", do "bem-estar", do "desenvolvimento", anunciados no preâmbulo como valores supremos a serem perseguidos por uma sociedade que se apresenta por "fraterna, pluralista e sem preconceitos".
>
> Na amplitude dessa providência, vários são os enunciados de forte carga axiológica aduzidos no preâmbulo, todos eles partes constitutivas das formulações proposicionais disciplinadoras de condutas intersubjetivas, bastando lembrar que alguns desses magnos princípios, manipulados pelos juristas, pertencem à subclasse dos implícitos, como os primados da justiça, da segurança jurídica e da certeza do direito, que não são retomados expressamente no texto da Constituição, mas que, é certo, hão de repercutir com intensidade controlada em todas as normas do ordenamento. Esclareço logo que tal implicitude diz respeito ao corpo articulado de preceitos, pois encontram-se literalmente mencionados na declaração preambular.[44]

44. CARVALHO, Paulo de Barros. O preâmbulo e a prescritividade constitutiva dos textos jurídicos, in *Revista Direito GV.* São Paulo: Editora FGV, ano 6, n. 1, jan.-jun., 2010, p. 295-312, p. 302.

Ressalte-se, porém, que quando de análise transversal, a Min. Cármen Lúcia, quando do julgamento da ADIn 2.649 (Rel. Min. Cármem Lúcia), assim se expressou:

> 11. Vale, assim, uma palavra, ainda que brevíssima, ao Preâmbulo da Constituição, no qual se contém a explicitação dos valores que dominam a obra constitucional de 1988. Ali se esclarece que os trabalhos constituintes se desenvolveram "para instituir um Estado democrático, destinado a assegurar o exercício dos direitos sociais e individuais, a liberdade, a segurança, o bem-estar, o desenvolvimento, a igualdade e a justiça como valores supremos de uma sociedade fraterna, pluralista e sem preconceitos...".
>
> Não apenas o Estado haverá de ser convocado para formular as políticas públicas que podem conduzir ao bem estar, à igualdade e à justiça, mas a sociedade haverá de se organizar segundo aqueles valores, a fim de que se afirmar como uma comunidade fraterna, pluralista e sem preconceitos.
>
> 12. É certo que parte da doutrina não considera o Preâmbulo como dotado de força normativa. Observava Kelsen que o Preâmbulo "expressa as ideias políticas, morais e religiosas que a Constituição tende a promover. Geralmente, o Preâmbulo não estipula normas definidas em relação com a conduta humana e, por conseguinte, carece de um conteúdo juridicamente importante. Tem um caráter antes ideológico que jurídico" (KELSEN, Hans. *Teoría General del Derecho y del Estado,* 2ª ed., p. 309). Diversamente, Karl Scnmitt defendia ser no Preâmbulo da Constituição que se estampariam as decisões políticas que a caracterizariam, pelo que não cuidaria ele apenas de dar notícia histórica do texto ou de ser mera enunciação de decisões. Seria o Preâmbulo parte integrante da ordem jurídica constitucional, dando o verdadeiro significado das normas que a compõem.
>
> No Brasil, cuidando com especificidade o tema, leciona José Afonso da Silva que os Preâmbulos, "as mais das vezes...fazem referência explícita ou implícita a uma situação passada indesejável, e postulam a construção de uma ordem constitucional com outra direção, ou uma situação de luta na perseguição de propósitos de justiça e liberdade; outras vezes, seguem um princípio básico, político, social e filosófico, do regime instaurado pela Constituição. [...] em qualquer dessas hipóteses, os Preâmbulos valem como orientação para a interpretação e aplicação das normas constitucionais. Têm, pois, eficácia interpretativa e integrativa" (comentário contextual à Constituição. Malheiros, 2006, p. 22).

> E, referindo-se, expressamente, ao Preâmbulo da Constituição brasileira de 1988, escolia José Afonso da Silva que "O Estado Democrático de Direito destina-se a assegurar o exercício de determinados valores supremos. 'Assegurar' tem, no contexto, função de garantia dogmático-constitucional; não, porém, de garantia dos valores abstratamente considerados, mas do seu 'exercício'. Este signo desempenha, aí, função pragmática, porque, com o objetivo de 'assegurar', tem o efeito imediato de prescrever ao Estado uma ação em favor da efetiva realização dos ditos valores em direção (função diretiva) de destinatários das normas constitucionais que dão a esses valores conteúdo específico" (Idem, ibidem).
>
> 13. Na esteira destes valores supremos explicitados no Preâmbulo da Constituição brasileira de 1988 é que se afirma, nas normas constitucionais vigentes, o princípio jurídico da solidariedade.

Logo, se, como evidenciado pela Min. Cármen Lúcia, o Preâmbulo Constitucional explicita valores supremos e os mesmos possibilitam, inclusive, nos termos propostos pela Ministra, afirmar princípios constitucionais (como, por exemplo, o da solidariedade), dever-se-ia considerar o preâmbulo constitucional como efetivo texto constitucional e dotá-lo de significado constitucional para que o mesmo tivesse reconhecido a sua qualidade interpretativa vetorial para os demais enunciados jurídicos de nosso sistema e sua qualidade integrativa para os enunciados constitucionais que introduz.[45]

---

45. Nesse sentido, concorda-se com Paulo de Barros Carvalho de que "é intuitivo crer que a geração de sentido de uma oração prescritiva qualquer já pressupõe a atinência a esses enunciados que funcionam como se fora um texto implícito, ou melhor, um contexto a ser levado em conta no ato mesmo da atividade interpretativa das formulações legais. De fato, a circunstância de figurarem expressamente na organização do corpo textual, ou separadamente da distribuição em livros, seções, capítulos, artigos, parágrafos, incisos e alíneas, tal condição não modifica o *quantum* de prescritividade que o preâmbulo ostenta, pois, de todo modo, funciona como vetor valorativo, penetrando as demais regras do sistema e impregnando-lhes, fortemente, em sua dimensão semântica. Por isso mesmo é colocado no altiplano da Constituição. De lá, no lugar preciso de onde começam todos os processos de positivação das normas jurídicas, irradiam-se aqueles primados para os vários escalões da ordem legislada, até atingir as regras terminais do sistema, timbrando os preceitos que ferem diretamente as condutas em interferência intersubjetiva, com a força axiológica dos mandamentos constitucionalmente consagrados" (CARVALHO, Paulo de Barros. O preâmbulo e a prescritividade constitutiva dos textos jurídicos, in *Revista Direito GV*. São Paulo: Editora FGV, ano 6, n. 1, jan.-jun., 2010, p. 295-312, p. 302).

Reforça a crítica ao posicionamento exarado pelo Supremo Tribunal Federal, quando do julgamento da ADIn 2.076 (Rel. Min. Carlos Veloso), a posição de Paulo de Barros Carvalho de que:

> Ao redigir o texto do preâmbulo, a Assembleia Constituinte seguiu itinerário previsto na norma fundamental que lhe deu competência e, portanto, fundamento de validade. O preâmbulo, uma vez enunciado, torna-se norma válida, tendo em vista que é produzido por órgão competente perante o sistema e consoante o procedimento nele admitido, realizando o próprio direito. O domínio de fatos produzidos pela Assembleia Constituinte é recepcionado pela ordem jurídica na medida em que se lhes atribui teor de juridicidade. São eles tomados na qualidade de enunciação e não de enunciados, formando, nesse ponto, a região das fontes do direito posto. Fecha-se assim o conjunto, isolado na especificidade de seu objeto, uniforme porque composto tão somente de normas jurídicas, de tal modo que nele, conjunto, não encontraremos senão descritores e prescritores, bem como suas contrapartes factuais: fatos jurídicos e relações jurídicas.
>
> O corolário natural desse quadro de indagações é que o direito positivo, integrado unicamente por normas jurídicas, não comportaria a presença de outras entidades. Ora, tudo isso aplicado ao preâmbulo não é compatível com a existência de textos que componham o direito posto sem, contudo, revestir caráter prescritivo. Figura desse jaez de forma alguma caberia ao lado de normas, coparticipando da integridade do ordenamento. Não poderia compartilhar o mesmo campo de objetos que reúne as unidades normativas, justapondo-se ou contrapondo-se a elas. Se porventura estivessem, seriam formações linguísticas portadoras de uma estrutura sintática própria. E qual seria essa configuração lógica? Ninguém, certamente, saberá responder a tal pergunta, porque o preâmbulo é formado por "normas jurídicas" carregadas de intensa conotação axiológica, influindo vigorosamente sobre a orientação de todos os segmentos da ordem positiva.
>
> [...]
>
> Por isso, o preâmbulo não pode ser desconsiderado na feição de sua juridicidade. Como feixe de marcas deixadas no curso do processo de enunciação do direito, assume indiscutível relevância, auxiliando e orientando a atividade do intérprete. Aliás, precisa ficar claro que o Poder Constituinte não foi eleito para propor sugestões, emitir opiniões, tecer comentários, formular conselhos, conceber hipóteses ou elaborar proposições

> independentes de metalinguagem sobre o discurso de estruturação do Estado brasileiro que adveio de seu trabalho. No caso do preâmbulo, admite-se tão só a função metalinguística dentro do texto, como função de glosa, mas projetada sobre o mesmo código que está sendo empregado, vale dizer: é prescrição sobre prescrições, preceitos de sobrenível voltados para o mister de resumir, imperativamente, cumprem sua missão disciplinadora de comportamentos intersubjetivos.[46]

5. A invocação de Deus para a proteção da promulgação da Carta Constitucional de 1988

Transpostas as considerações sobre o papel funcional dos preâmbulos nas Cartas Constitucionais – e, sobretudo, em nosso sistema constitucional – cabe avançarmos sobre a outra temática desse estudo, a saber: a invocação de Deus no preâmbulo da Constituição.

Inicialmente, como mencionado alhures, compreende-se que a menção a Deus no preâmbulo de nossa Constituição reforça o caráter simbólico desse texto para nosso sistema constitucional. Em especial, porque concorda-se com Ildete Regina Vale da Silva e Paulo de Tarso Brandão de que a "invocação a Deus é uma referência de respeito a um aspecto cultural, sem que essa referência gere alguma obrigação à prática de qualquer culto religioso, ao contrário, a garantia é de liberdade religiosa, de comportamento indiferente ou contrário à religião."[47]

Nesse sentido, José Afonso da Silva[48] ressalta que:

---

46. CARVALHO, Paulo de Barros. O preâmbulo e a prescritividade constitutiva dos textos jurídicos, in *Revista Direito GV.* São Paulo: Editora FGV, ano 6, n. 1, jan.-jun., 2010, p. 295-312, p. 311.

47. SILVA, Ildete Regina da; BRANDÃO, Paulo de Tarso. *Constituição e fraternidade:* o valor normativo do preâmbulo da Constituição. Curitiba: Juruá Editora, 2015, p. 128.

48. SILVA, José Afonso da. *Comentário contextual à Constituição.* São Paulo: Malheiros, 2005, p. 25.

> De fato, um Estado leigo não deveria invocar Deus em sua Constituição. Mas a verdade também é que o sentimento religioso do povo brasileiro, se não impede tal invocação, a justifica. Por outro lado, para os religiosos ela é importante. Para os ateus, há de ser indiferente. Logo, não há por que condená-la. Razão forte a justifica: o sentimento popular, de quem provém o poder constituinte.

Em igual sentido, Nelson Nery Júnior pondera que a "menção a Deus no preâmbulo da Constituição tem a ver com valores culturais, inspirados pela religiosidade do povo brasileiro, e tem nisso sua razão de ser, mesmo sendo o Brasil um Estado laico."[49] Em especial, porque a menção teísta expressa uma "possível variante cultural do Estado constitucional" e é "com ele compatível porque não se faz menção a nenhuma religião determinada, indicando a separação entre Estado e religião."[50] Em especial, porque não há uma identificação específica de qual Deus se está pedindo proteção ao se promulgar a Constituição brasileira de 1988 – não sendo, portanto, possível afirmar que se buscou a proteção do Deus cristão, judaico ou muçulmano ou de qualquer outra representação divina específica qualquer quando da representação da figura divina na invocação preambular constitucional; sobretudo, porque se pediu apenas e tão somente *que um* Deus e não *o* Deus protegesse os enunciados constitucionais (mesmo que a tradição cultural brasileira possibilite com que a maioria da população compreenda que a figura divina invocada no preâmbulo é o Deus uno e trino da feição cristã). Logo, como não há uma escolha divina a ser representada no pedido de proteção realizado pelos constituintes no preâmbulo constitucional, pode-se manter a afirmação de Nelson Nery Júnior de que o pedido de proteção em nada afasta a compreensão laica do Estado brasileiro imposta pelo inciso I do art. 19 da própria Carta Constitucional.

---

49. NERY JÚNIOR, Nelson. *Constituição Federal comentada e legislação constitucional*. 5ª ed. São Paulo: Ed. RT, 2014, p. 182.

50. Idem.

Ainda em relação à expressão "sob a proteção de Deus", Sérgio Luiz Souza Araújo afirma que

> [...] quando o Preâmbulo faz a invocação da proteção de Deus, está a demonstrar algo extraordinário: a importância de Deus. Isso torna relativa toda soberania social. Afasta-se toda tirania absolutista que sacraliza o poder e pretende fazer de um dirigente um Deus na terra. A economia, a política, a ciência e as artes não podem separar-se da fé que lhes determina seus fins divinos e humanos. A vida, em todas as dimensões, encontra em Deus sua unidade. "Ele é a origem e o fim, o exterior e o interior". Ademais, mostra fé na transcendência da pessoa humana, pois o homem, assediado por suas cobiças e pelas solicitações exteriores, é constantemente ameaçado de se dispersar no múltiplo. A fé é de modo indivisível essa reintegração de nosso ser fragmentário à unidade e à liberdade divinas. É com fé em Deus que se encontra o caminho e a esperança de transformação da sociedade para melhor.

Destarte, a invocação e a deferência de Deus no preâmbulo da Constituição Federal de 1988 remete o leitor a conferir ao texto constitucional o mesmo respeito, honra, fidelidade, veracidade e autoridade que se confere a qualquer promessa realizada em nome de Deus, i. e., em submissão ao poder divino. Busca-se, portanto, com o pedido de proteção, que os homens encontrem no texto constitucional a mesma veracidade e autoridade reconhecida a Deus, i. e., busca-se, pela expressão cultural ao teísmo (juramento teísta), que as escolhas realizadas quando da Assembleia Constituinte estejam verdadeiramente expressas nos enunciados e normas constitucionais e que a autoridade normativa dessas imponha aos membros da comunidade política do Estado brasileiro o mesmo respeito e fidelidade que os crentes observam a Deus.

Em parte, tal desejo é derivado da tentativa de o legislador constituinte estabelecer uma efetiva ligação entre a compreensão das qualidades do divino e as qualidades das normas constitucionais e, consequentemente, transpor os atributos de onisciência, onipotência, onipresença, simplicidade e, dentre outras, de necessidade e perenidade atribuídas ao divino às normas constitucionais. Ou seja, o legislador constituinte não busca pela referência à proteção de Deus no preâmbulo constitucional brasileiro uma efetiva chancela divina às normas constitucionais ou uma efetiva guarda daquele às escolhas humanas que nortearão o sistema jurídico, mas, sim, que os valores culturais que dão significado ao divino perenizem e atribuam valor aos enunciados constitucionais. Busca, portanto, que a sociedade não encontre quaisquer respostas para as suas necessidades que não aquelas que possam encontrar respaldo nos enunciados constitucionais. Ou seja, que a Constituição seja o todo e que nada possa fundamentar as práticas sociais que não tenha referência explícita ou implícita apenas nas normas constitucionais. Sendo a Constituição compreendida como o caminho, a verdade e a referência de poder para uma dada sociedade.

Assim, quando o legislador constituinte "promulga, sob a proteção de Deus, a Constituição" o faz no sentido de jurar e manter o juramento de que as normas constitucionais deverão, sempre, "assegurar o exercício dos direitos sociais e individuais, a liberdade, a segurança, o bem-estar, o desenvolvimento, a igualdade e a justiça como valores supremos de uma sociedade fraterna, pluralista e sem preconceitos, fundada na harmonia social e comprometida, na ordem interna e internacional, com a solução pacífica das controvérsias". Em outros termos. Reconhece que as normas constitucionais deverão ser mantidas intactas até que haja uma efetiva necessidade de revisão, ou seja, que estas devam ser preservadas frente aos frugais desejos da comunidade política, aos devaneios autoritários ou descompassados com a realidade do Estado de Direito constitucional e com os valores constitucionais. Em especial, porque os legisladores constituintes reconhecem (e, de certa forma, impõem) que, do contrário, o legislador constituinte derivado, os legisladores infraconstitucionais responsáveis pela integração dos enunciados constitucionais à ordem jurídica pátria e, inclusive, os intérpretes da Constituição Federal estarão cometendo um grave perjúrio ao sentimento constitucional expresso no preâmbulo da Carta e, consequentemente, ao próprio texto constitucional que juraram defender e proteger.

Mas, após essas considerações a respeito do valor constitucional relacionado à invocação de Deus quando da promulgação da Constituição Federal de 1988, cabem algumas breves considerações sobre a figura efetiva de "Deus" no preâmbulo constitucional.

Primeiramente, compreende-se que a referência a "Deus" no preâmbulo constitucional indica que não há um anseio de proteção descaracterizado e impessoal de uma divindade qualquer. Pelo contrário. Há a expressão de um anseio de proteção por parte de um Deus – representado por uma expressão monoteísta (ou profética) e não pluriteísta ou mística.[51] Esse Deus, em face da tradição cultural brasileira, deve e pode ser compreendido como a representação abraâmica de Deus que está presente nas escrituras das tradições religiosas dos hebreus, dos cristãos e dos muçulmanos, i. e., no Deus uno e único expresso na mística cristã, na kabala judaica e no sufismo islâmico.[52]

Assim, se há uma relação cultural entre a representação abraâmica de Deus e a invocação desse no preâmbulo constitucional, tal relação em nada se contrapõe ao equilíbrio religioso que a própria Constituição visa a construir a partir da compreensão do Estado laico porque no preâmbulo constitucional não há um favorecimento ou uma "perseguição" em relação a outras divindades, bem como não há o reconhecimento de que apenas a representação abraâmica de Deus será protegida pelo Estado constitucional brasileiro.

---

51. Nesse sentido, ver: TEIXEIRA, Faustino. A experiência de Deus nas religiões, in NUMEN: *Revista de estudos da religião*. Juiz de Fora, v. 03. N. 1, p. 111-148, p. 116.

52. Segundo Faustino Teixeira, "a concepção cristã de Deus descarta, por si mesma, toda perspectiva monolítica e fechada de Deus: Existe, pois, uma 'dimensão 'plural em Deus'. Rico em sua unidade de relações, o Deus cristão não é nem o 'Um' do monoteísmo estrito (de tipo plotiniano), nem o 'Vários' do politeísmo. Trata-se de um Deus que 'integra o plural. Um monoteísmo que integra, ousaria dizer, a inquietude, o sussurro, a riqueza do plural" (TEIXEIRA, Faustino. A experiência de Deus nas religiões, in NUMEN: *Revista de estudos da religião*. Juiz de Fora, v. 03. N. 1, p. 111-148, p. 127).

Nesse sentido, inclusive, o Supremo Tribunal Federal já se pronunciou sobre a necessidade de preservação dos cultos de religiões não abraâmicas – vide a decisão do RE 494.601 (Rel. Min. Marco Aurélio, DJ 19.11.2019). Em especial, o Min. Marco Aurélio, quando do julgamento do referido recurso extraordinário, ressaltou que "cumpre ao Supremo harmonizar valores constitucionais e atividades religiosas" porque a religião desempenha papel importante em vários aspectos da vida da comunidade, porque tal centralidade foi consagrada no inciso VI do art. 5º da Constituição Federal e, também, porque a laicidade do Estado não permite o menosprezo ou a supressão de rituais religiosos, especialmente no tocante a religiões minoritárias ou revestidas de profundo sentido histórico e social (como, por exemplo, as de matriz africana), na medida em que a "proteção ao exercício da liberdade religiosa deve ser linear" em nosso sistema constitucional. Nesse sentido, afirmou o Min. Marco Aurélio que

> No Estado laico, não se pode ter proteção excessiva a uma religião em detrimento de outra. À autoridade estatal é vedado, sob o ângulo constitucional, distinguir o conteúdo de manifestações religiosas, procedendo à apreciação valorativa das diferentes crenças. É dizer, a igualdade conforma, no Estado de Direito, o âmbito de proteção da liberdade religiosa. Sem o tratamento estatal equidistante das diversas crenças, a própria laicidade cai por terra.
>
> Inexistindo distinção substancial entre os cultos a justificar o tratamento desigual, ou seja, sendo a prática religiosa em jogo o sacrifício de animais, descabe limitar a permissão constitucional a religiões de matriz africana.

6. A relação entre religião e o Estado constitucional brasileiro

Compreender a relação entre a menção a Deus do preâmbulo e a previsão no inciso I do art. 19 da Constituição Federal de 1988 que prevê a laicidade do Estado brasileiro importa em determinar efetivamente o que seria laicidade e a sua formatação em nosso Estado constitucional.

Laicidade é um fenômeno político e jurídico relacionado ao Estado. O qual implica que o Estado esteja efetivamente neutro (imparcial), separado e desvinculado de qualquer ordem ou identidade religiosa, mas que, em seu afastamento, não cause também qualquer embaraço, favorecimento ou impedimento a qualquer religião ou que se relacione de forma desigual com uma ou mais religiões. Mantendo-se, assim, a autonomia das organizações religiosas em relação ao Estado e desse com aquelas – reforçando, por consequência, a compreensão de que a legitimidade do Estado decorre da vontade soberana da sociedade e não do divino.

A laicidade, porém, não implica que haja um afastamento total entre concepções, valores e símbolos religiosos e o Estado – seja em relação ao próprio ordenamento jurídico ou em relação aos prédios e espaços públicos.

A Constituição Federal, no inciso I do seu art. 19, prevê que é vedado à União, aos Estados, ao Distrito Federal e aos Municípios estabelecer cultos religiosos ou igrejas, subvencioná-los, embaraçar-lhes o funcionamento ou manter com eles, ou seus representantes, relações de dependência ou aliança, ressalvada, na forma da lei, a colaboração de interesse público. Por outro lado, o preâmbulo da Constituição prevê que os

> representantes do povo brasileiro, reunidos em Assembleia Nacional Constituinte para instituir um Estado democrático, destinado a assegurar o exercício dos direitos sociais e individuais, a liberdade, a segurança, o bem-estar, o desenvolvimento, a igualdade e a justiça como valores supremos de uma sociedade fraterna, pluralista e sem preconceitos, fundada na harmonia social e comprometida, na ordem internacional, com a solução pacífica das controvérsias, promulgamos, sob a proteção de Deus, a seguinte Constituição da República Federativa do Brasil.

Verifica-se, portanto, que apesar do posicionamento do inciso I do art. 19 da Constituição Federal não há uma não identificação absoluta entre o Estado brasileiro e religião. Então, o modelo constitucional adotado é de um Estado laico, mas não laicista. Logo, não há incoerência entre a previsão do inciso I do art. 19 da Constituição Federal de 1988 e a menção a Deus no preâmbulo da mesma.

Assim, o Estado democrático de direito brasileiro, configurado pela Constituição de 1988, promove uma efetiva separação entre Estado e entidades religiosas porque reconhece que os assuntos religiosos são de cunho privado e unicamente de responsabilidade das entidades religiosas e de seus membros. Mantendo, assim, uma relação de neutralidade, a qual reconhece a possibilidade de cooperação e de solidariedade entre o Estado e as entidades religiosas sempre que houver interesse público. Logo, a neutralidade imposta pelo inciso I do art. 19 da Constituição Federal estabelece uma ponte entre a liberdade e a laicidade para possibilitar com que o Estado brasileiro, renunciando a qualquer competência em matéria de religião, permaneça fiel ao princípio de não identificação confessional.

Bibliografia

ARAÚJO, Sérgio Luiz Souza. O preâmbulo da Constituição brasileira de 1988 e sua ideologia, in *Revista de Informação Legislativa*, ano 36, n. 143, jul./set., 1999, p. 05-14.

BORGES, Alexandre Walmott; ALVES, Paula Fernanda Pereira de Araújo e. Análise funcional do preâmbulo constitucional com a utilização pelos métodos tradicionais de interpretação constitucional, in *Revista Brasileira de Direito Constitucional*, n. 18, jul./dez., 2011, p. 125-141.

CARVALHO, Paulo de Barros. O preâmbulo e a prescritividade constitutiva dos textos jurídicos, in *Revista Direito GV*. São Paulo: Editora FGV, ano 6, n. 1, jan.-jun., 2010, p. 295-312.

FRANCO, Afonso Arinos de Melo. O preâmbulo nas Constituições, in *Revista de ciência política*. Rio de Janeiro, ano 29, n. 04, out./dez., 1986, pg. 38-48.

MORAIS, Márcio Eduardo Pedrosa. *Liberdade religiosa:* o ensino religioso na Assembleia Nacional Constituinte de 1987-1988. Curitiba: Juruá, 2015.

NERY JÚNIOR, Nelson. *Constituição Federal comentada e legislação constitucional.* 5ª ed. São Paulo: Ed. RT, 2014.

SABAINI, Wallace Tesch. *Estado e religião*: uma análise à luz do direito fundamental à liberdade de religião no Brasil. São Paulo: Universidade Presbiteriana Mackenzie, 2010.

SILVA, Ildete Regina da; BRANDÃO, Paulo de Tarso. *Constituição e fraternidade*: o valor normativo do preâmbulo da Constituição. Curitiba: Juruá Editora, 2015.

SILVA, José Afonso da. *Comentário contextual à Constituição.* São Paulo: Malheiros, 2005.

TEJADA, Javier Tajadura. La función política de los preámbulos constitucionales, in Cuestiones constitucionales *Revista Mexicana de Derecho Constitucional,* n. 05, julio-diciembre, 2001. Disponível em: https://bit.ly/3y8Yi47 Acesso em: 26 jul. 2021.

_____. Valor jurídico y función política de los preámbulos constitucionales, in *Revista Peruana de Derecho Constitucional,* ano 9, n. 11, p. 251-274. Disponível em: https://bit.ly/3x-1ZRzv Acesso em: 26 jul. 2021.

TEIXEIRA, Faustino. A experiência de Deus nas religiões, in NUMEN: *Revista de estudos da religião.* Juiz de Fora, v. 03. N. 1, p. 111-148.

A CONSTITUIÇÃO FEDERAL, SEU PREÂMBULO E O DIREITO RELIGIOSO

***Marilene Talarico Martins Rodrigues*[1]**

Sumário: 1. Introdução – 2. O preâmbulo das constituições brasileiras – 3. A jurisprudência do STF sobre o preâmbulo da Constituição de 1988 – 4. Os debates da Assembleia Constituinte de 1946 – 5. Os debates da Assembleia Constituinte de 1946 – 6. Conclusão – Bibliografia.

1. Introdução

O presente trabalho procura examinar aspectos **religiosos da Constituição Federal de 1988** e sobre a essência e interpretação do seu **Preâmbulo** e do vocábulo – "Sob a proteção de Deus" –, destacando esse aspecto fundamental, considerando que a Constituição foi promulgada sob a doutrina cristã.

---

1. Advogada, sócia da **Advocacia Gandra Martins**, Especialista em Direito Tributário pelo **Centro de Extensão Universitária CEU Law School**, Membro do Conselho Superior de Direito da **FECOMÉRCIO - SP**, Membro do **IASP**, Membro da Diretoria da Academia Brasileira de Direito Tributário - **ABDT**, Membro do Instituto Brasileiro de Direito Tributário - **IBDT**, Membro da Academia Paulista de Letras Jurídicas – **APLJ**, Membro da União de Juristas Católicos de São Paulo – **UJUCASP**, Membro do Instituto Brasileiro de Estudos de Direito Administrativo, Financeiro e Tributário – **IBEDAFT**.

2. O preâmbulo das constituições brasileiras

Todas as Constituições brasileiras foram precedidas de um preâmbulo, com exceção das Constituições de 1891 e de 1937, sempre houve menção à *invocação a Deus no texto* introdutório, ainda que a separação entre Igreja e Estado tenha sido prevista desde 1891, apontando para a existência de influência do humanismo cristão na sociedade brasileira.

Assim, a laicidade deve ser interpretada como separação dos poderes político e religioso e não mais a exclusão da religião do campo social, razão pela qual não se deve confundir laicidade com ateísmo, para que seja reconhecida a crença espiritual e a fé de cada pessoa, apenas sem a proclamação de uma religião oficial.

A Constituição de 1988 foi aprovada pela Assembleia Nacional Constituinte, sob o clima de democracia e de renovação.

Em seu preâmbulo, foi inserida a figura de Deus, elegeu o regime democrático como aquele a ser adotado pelo legislador constituinte. Nele, estão projetados a Democracia, os direitos fundamentais, a justiça como valor informativo do Brasil, o princípio da não discriminação. A sintetização do novo momento democrático foi feita em palavras solenes de compromisso com o povo brasileiro e vinculante para o legislador ordinário. Há nele uma remissão àqueles que estabeleceram a Constituição (o povo brasileiro) com o fim específico de (instituir um Estado Democrático de Direito), objetivos definidos (assegurar o exercício de direitos sociais e individuais, como a liberdade, a segurança, o bem estar, o desenvolvimento, a igualdade e a justiça), fundada em valores (harmonia social), comprometida na ordem interna e internacional, com a solução pacífica das controvérsias.

Com esse objetivo serão examinadas as questões propostas pela Comissão Organizadora da UJUCASP, como segue:

1ª QUESTÃO: Como interpretar o Preâmbulo da Constituição, visto que sem ele não teria sido promulgada?

O Preâmbulo da Constituição de 1988 está assim disposto:

> Nós, representantes do povo brasileiro, reunidos em Assembleia Nacional Constituinte para instituir um Estado Democrático, destinado a assegurar o exercício dos direitos sociais e individuais, a liberdade, a segurança, o bem-estar, o desenvolvimento, a igualdade e a justiça como valores supremos de uma sociedade fraterna, pluralista e sem preconceitos, fundada na harmonia social e comprometida, na ordem interna e internacional, com a solução pacífica das controvérsias, promulgamos, *SOB A PROTEÇÃO DE DEUS*, a seguinte *CONSTITUIÇÃO DA REPÚBLICA FEDERATIVA DO BRASIL*. (grifamos)

O Preâmbulo da CF/88 apresenta os princípios e a ideologia do momento histórico de sua elaboração, que devem ser considerados na interpretação do texto constitucional.

O Preâmbulo da Constituição deixa claro que ao estabelecer a legitimidade dos representantes do povo, reunidos em Assembleia Nacional Constituinte para instituir um *Estado Democrático de Direito*, destinado a assegurar os direitos sociais e individuais, a liberdade, a segurança, o bem-estar, o desenvolvimento, a igualdade e a justiça como valores supremos de uma sociedade fraterna, pluralista, sem preconceitos, fundada na harmonia social e comprometida, na ordem interna e internacional, com a solução pacífica das controvérsias.

Nele são resumidos o modelo de Estado que se pretendeu instituir, além do caráter político e direitos sociais e individuais, estabelece valores comprometidos com o desenvolvimento nacional, comprometidos com igualdade e a justiça.

Os constitucionalistas divergem do *grau de eficácia jurídica* que o Preâmbulo de uma Constituição contém, filiando-se, em síntese, de alguma forma a uma das quatro correntes de interpretação:[2]

---

2. Ver BARROSO, Luís Roberto e BARCELLOS, Ana Paula de – *Comentários à Constituição do Brasil* – Coord. Gomes Canotilho, Gilmar Mendes, Ingo W. Sarlet e Lenio Streck. São Paulo: Saraiva/Almedina – Série IDP, 2014, p. 105 – Preâmbulo da CF.

A *Primeira corrente* considera o Preâmbulo irrelevante do ponto de vista jurídico, possuindo valor meramente político, moral ou religioso. A ele caberia apenas apresentar o texto constitucional; suas intenções e as circunstâncias de seu surgimento, reduzindo-se a uma referência ideológica, no âmbito da filosofia e da história. Não seria o Preâmbulo, portanto, parte integrante da Constituição sob o ponto de vista material, mas apenas formal.

A *Segunda corrente*, por sua vez, confere valor jurídico legal ao Preâmbulo. Este seria dotado de significado normativo, mas apenas infraconstitucional, e não jurídico – constitucional.

A *Terceira corrente* sustenta que o Preâmbulo é dotado de valor jurídico constitucional direto, sendo possível cogitar de previsões normativas identificadas somente a partir de sua dicção. Para os integrantes dessa corrente, o preâmbulo é parte da Constituição e, como tal, além de sua significação política, detém a mesma dignidade e eficácia das normas constitucionais, estando acima das leis infraconstitucionais. A principal justificativa para essa posição reside na origem do Preâmbulo, uma vez que ele emana do Poder Constituinte originário, tendo sido aprovado sob as mesmas condições que o corpo da Constituição. Seria, portanto, parte integrante do texto constitucional, sob perspectiva formal e também material. Essa orientação foi adotada na França, segundo decisão do Conselho Constitucional que reconheceu a existência de um bloco de constitucionalidade, formado pelo texto da Constituição de 1958 e também por outros diplomas referidos em seu Preâmbulo: a Declaração dos Direitos do Homem e do Cidadão e o próprio Preâmbulo da Constituição de 1946. Em menor escala, a normatividade (possível) do Preâmbulo foi reconhecida também pelo Tribunal Constitucional Alemão, em decisão de 1985, quando extraiu do Preâmbulo da Lei Fundamental um mandamento de reunificação (*wiedervereinigungsgebot*), impondo-se aos órgãos estatais o dever de agir para afastar os impedimentos fáticos e jurídicos à reunião das então duas Alemanhas.

A *Quarta corrente* sustenta o valor jurídico-constitucional indireto do Preâmbulo. Como já referido, o Preâmbulo ostenta a mesma origem das demais previsões constitucionais, não sendo consistente a posição de lhe negar, em caráter geral, qualquer valor jurídico, sobretudo em razão da unidade da Constituição. Esta conclusão, entretanto, não resulta em autonomia do preâmbulo, que deve ser entendido como vetor interpretativo – e em alguma medida de integração – das normas constitucionais, não detendo, portanto, a mesma eficácia das demais previsões contidas na Carta. Por estar fora do corpo da Constituição – no qual se encontram as decisões constitucionais explícitas –, o preâmbulo valeria, sobretudo, como pauta hermenêutica.

E concluem, Luís Roberto Barroso e Ana Paula Barcellos:

> Assim, o preâmbulo e as demais normas constitucionais apresentarão características diversas quanto à eficácia e ao papel que desempenham. O preâmbulo pode ser invocado em conjunto com as demais normas constitucionais – sobretudo para aclarar ou reforçar o seu sentido – mas não de forma independente. Também por isso, não seria possível a declaração de inconstitucionalidade por violação direta e exclusiva, ao preâmbulo: a invalidade poderia ser caracterizada na medida em que se verifique ofensa ao preâmbulo em conjunto com as demais normas constitucionais. De modo geral, e tendo em vista o caso específico da Constituição de 1988, não parece difícil identificar preceitos constitucionais específicos que correspondem às ideias gerais contidas no preâmbulo.[3]

Pela tese da Plena Eficácia, o Preâmbulo da Constituição de 1988, – na qual me filio ao entendimento dessa corrente (terceira corrente) – , por entender que o preâmbulo tecnicamente é parte integrante da Constituição, esclarecendo a ideologia e a intenção dos Constituintes na inauguração de um novo Estado, derivado do Poder Constituinte Originário, e tendo o mesmo valor que as normas constitucionais colocando-o acima das leis ordinárias.

---

3. Obra citada p. 106/107.

O Preâmbulo da Carta de 1988, também tem por objetivo assegurar valores constitucionais, mencionando a liberdade, a segurança, o bem-estar, o desenvolvimento, a igualdade e a justiça como valores supremos da sociedade brasileira, sendo parte integrante formal e materialmente da Constituição, com cláusulas emanadas diretamente pelo Poder Constituinte Originário e possui força normativa suficiente para vincular a atuação do legislador e a função jurisdicional, em nada diferenciando o texto preambular da parte dogmática.

Ao discorrer sobre o tema, Jorge Miranda denomina a tese da plena eficácia, também, como "tese da eficácia idêntica à de quaisquer dispositivos constitucionais", atribuindo ao Preâmbulo da Constituição as mesmas características jurídicas do articulado, enunciando um conjunto de princípios com força normativa suficiente para vincular direitos e obrigações".[4]

Esse, entretanto, não foi o *entendimento do Supremo Tribunal Federal,* como a seguir será demonstrado.

3. A jurisprudência do Supremo Tribunal Federal sobre o preâmbulo da Constituição de 1988

O STF teve oportunidade de se manifestar sobre a eficácia jurídica do Preâmbulo em dois julgados:

Na Ação Direta de Inconstitucionalidade 24.645, ajuizada pelo PSL – Partido Social Liberal, em que foi discutida a necessidade de reprodução da expressão *"sob a proteção de Deus"*, constante do Preâmbulo da Carta da República, também nas Constituições dos Estados. No caso, tratava-se da Constituição do Estado do Acre.

O Ministro Relator Carlos Velloso, votou pela improcedência da ADI 2.076, com fundamento na doutrina de Raul Machado Horta, entendendo que o Preâmbulo da Constituição

4. MIRANDA, Jorge. *Manual de direito constitucional* – 2º vol. – 4ª ed. Editora Coimbra, 2000, p. 239.

Federal não constitui norma central de reprodução obrigatória pelas Constituições dos Estados-Membros e afirmou, expressamente, a tese da irrelevância jurídica ao reconhecer que "o dispositivo preambular não cria direitos e deveres, não serve como parâmetros para a declaração de inconstitucionalidade e que está no âmbito da política, refletindo a posição ideológica do Poder Constituinte Originário, ressaltou também o Ministro Relator, que a Constituição Federal de 1988 consagra *"a liberdade de consciência e de crença, sendo destinada a todos e sem distinção de deístas, agnósticos ou ateístas"*.

O Supremo Tribunal Federal entendeu que não existia simetria obrigatória em relação a tal reprodução e afirmou, nas palavras do Relator, Ministro Carlos Velloso, que o *"Preâmbulo não estaria situado no âmbito do Direito, mas sim no domínio da política e, desta forma, refletiria apenas uma posição ideológica do constituinte"*. A ação foi julgada improcedente, por unanimidade.

Em outro julgado da Suprema Corte na *Medida Cautelar* em Mandado de Segurança 24.645, ajuizada por Deputados Federais: Luiz Carlos Jorge Hauly e Outros *x* A Mesa da Câmara dos Deputados, com objetivo de fazer cessar a tramitação do Projeto de Emenda à Constituição 41/2003, que tramitava da reforma tributária, na Câmara dos Deputados, ao argumento de que o projeto violaria as "diretrizes interpretativas do Preâmbulo da Constituição".

O Ministro Relator Celso de Mello, no trecho que nos interessa, argumentou em seu voto que o "Preâmbulo da Constituição Federal não tem valor normativo e força cogente", mencionando a decisão unânime do Plenário do Supremo Tribunal Federal no julgamento da ADI 2.076, antes referida, e manifestou novamente a tese da "irrelevância jurídica para determinar que o dispositivo preambular não restringe o Poder Reformador outorgado ao Congresso Nacional."

Ocorre, porém, que posteriormente, em outro julgamento no Recurso Ordinário em Mandado de Segurança – RMS

26.071 – da Relatoria do Ministro Carlos Ayres Britto, julgado em 13.11.2007, a 1ª Turma do STF, decidiu, por unanimidade, pela procedência da Ação Mandamental.

A questão tratava-se de recurso ordinário contra acórdão do Tribunal Superior do Trabalho, que denegou Mandado de Segurança impetrado por José Francisco de Araújo contra ato que negou ao impetrante o direito de concorrer, na condição de portador de deficiência, a uma das vagas abertas pelo edital de concurso público para provimento de cargo de Técnico Judiciário no próprio Tribunal Superior do Trabalho.

A negativa se deu sob a justificativa de que o requerente, conquanto seja cego do olho esquerdo, tem plena capacidade visual do olho direito. Nessa perspectiva, teria de concorrer em pé de igualdade com os candidatos não portadores de deficiência.

Conforme consta do Relatório do Ministro Relator, o ato foi exarado com apoio no Decreto 3.298/99, que regulamentou a Lei 7.853/89. É que de acordo com o inciso III do art. 4º desse ato regulamentar, somente é de se considerar portadora de deficiência visual a pessoa que tenha visão igual ou menor que 0,05 no "melhor olho". Daí que alcançando o olho direito do candidato o máximo de sua capacidade (20/200), já não havia como incidir o regulamento em questão. Em suma, a falta de visão num olho é mais comprometedora do que a perda parcial de visão nos dois órgãos"?

Liminar anterior garantiu ao candidato a participação no concurso, como portador de deficiência. Nessa condição obteve classificação, em sexto lugar. Entretanto, o acórdão recorrido, por maioria, denegou a segurança. Razão pela qual houve recurso ordinário ao Supremo Tribunal Federal.

O Ministro Ayres Britto, Relator do caso, consignou em seu voto: "No tocante ao mérito, começo por dizer que, na forma do § 2º do art. 5º da Lei nº 8.112/90, **"às pessoas portadoras de deficiência é assegurado o direito de se inscrever em concurso público para provimento de cargo cujas atribuições**

sejam compatíveis com a deficiência de que são portadoras; para tais pessoas serão reservadas até 20% das vagas oferecidas no concurso". Aqui, é bom realçar que "**essa disposição cumpre o comando do inciso VIII do art. 37 da CF.**"

O laudo médico revela que o impetrante tem acuidade visual de 20/40 no olho direito, sem correção, e 20/20 com correção; ou seja, *visão completa com o uso de lente adequada.* Já no olho esquerdo, a acuidade é insignificante, praticamente nula, na ordem de 20/40, com ou sem correção. Daí a conclusão da perícia no sentido de que o requerente possui visão apenas *monocular,* isto é, padece de cegueira no olho esquerdo, tecnicamente chamada de *"ambliopia".*

"Ora, quem com um olho só, obviamente sofre de grave insuficiência visual. Uma insuficiência igual, na melhor das hipóteses, a 50% do campo visual de uma pessoa que enxerga pelas duas janelas da alma (como se disse, alhures, dos olhos humanos)."

Nesse contexto no RMS 26.071, o Ministro Relator Carlos Ayres Britto, ao dar provimento ao Recurso, fundamentou o seu voto afirmando que:

> *Nunca é demasiado lembrar que o preâmbulo da Constituição de 1988 exige a igualdade e a justiça, entre outros valores supremos de uma sociedade fraterna, pluralista e sem preconceitos.* Sendo certo que reparar ou compensar os fatores de desigualdade factual com medidas de superioridade jurídica e política de ação afirmativa que se inscreve, justamente, nos quadros da sociedade fraterna que a nossa Carta Republicana idealiza a partir das suas disposições preambulares.
>
> Neste ponto, devo reconhecer que as razões acima expostas, aliadas à compreensão de que o valor social do trabalho constitui um dos fundamentos da República, já seriam suficientes para o provimento do Recurso. (grifamos)

Essa última decisão do STF (RMS 26.071), demonstra a importância do Preâmbulo e que a Constituição Federal de 1988 é o resultado final dos trabalhos do Poder Constituinte Originário e representa o fundamento de validade de todo ordenamento jurídico, sendo estruturada com uma parte *preambular*, um corpo *permanente* e as *disposições transitórias*.

A Carta Maior é, portanto, um conjunto de decisões políticas de variadas influências, dotada de força normativa. O Preâmbulo, que foi elaborado igualmente pela Assembleia Nacional Constituinte – fruto do Poder Constituinte Originário – deve ter a mesma força cogente do texto Constitucional, em sua interpretação, ao contrário do entendimento do STF nas decisões antes mencionadas.

O Preâmbulo da Constituição foi escrito pelo Poder Constituinte Originário; compõe a estrutura da Constituição Federal de 1988, tem a origem política idêntica aos dispositivos constitucionais e ganha eficácia jurídica juntamente com os demais mandamentos, com a promulgação da Lei Maior. E pelo princípio da máxima efetividade e pelo constitucionalismo moderno suas palavras não podem ser consideradas meramente políticas e inúteis juridicamente.

Dessa forma, o enunciado do Preâmbulo da CF/88 *deve ser interpretado pela tese da plena eficácia, com força normativa, cogência e eficácia jurídica para vincular o ordenamento jurídico infraconstitucional*. O Poder Reformador outorgado pelo Congresso Nacional serve como parâmetro para declaração de inconstitucionalidade e orientar a atividade interpretativa do Texto Constitucional, que declara expressamente os valores supremos da sociedade brasileira.

Concluo a resposta à primeira indagação, dizendo que:

O Preâmbulo é parte integrante da Constituição, elaborada pelo Poder Constituinte Originário, que tem como características ser um poder político, ilimitado juridicamente, incondicionado e soberano, sendo, portanto, obra do legislador originário. Possui supremacia hierárquica sobre todo o ordenamento jurídico infraconstitucional.

O Preâmbulo da Constituição Federal de 1988 retrata uma posição ideológica do Poder Constituinte e é escrito em um momento político que inaugura uma nova Constituição e um novo Estado.

2ª QUESTÃO: Haveria razão de ter a locução "sob a proteção de Deus" sido votada e aprovada por maioria expressiva, se fosse considerada irrelevante?

Sim. Penso que a importância dessa locução *"sob a proteção de Deus"* tem relevância jurídica por representar um liame, unindo Deus e as coisas do Estado, para que os homens, em todas atuações parlamentares, tenham a proteção de Deus para tomarem decisões certas em favor do país.

Sobre o tema, ao longo da história, foram travados amplos debates parlamentares, principalmente nas discussões das Assembleias Constituintes de 1946 e 1988.

4. Os debates da Assembleia Constituinte de 1946

Claudio Pacheco observa que, na Constituinte de 1946, "foram formuladas justificações que aclaram os pressupostos e os motivos da referência à Divindade e que cabem à constitucionalização de 1988".[5]

Francisco Adalberto Nobrega menciona que o Desembargador José Duarte, lembra que na Constituição de 1946, o Deputado Caires de Brito, do Partido Comunista, apresentou emenda eliminando a invocação "sob a proteção de Deus", sustentando que a "Constituição deve ser um campo neutro onde se encontram todos os homens, sendo certo, ademais, que o preâmbulo é secundário, interessando apenas o texto Constitucional.[6]

No sentido da aprovação, várias vozes se fizeram ouvir. Merece destaque algumas intervenções, por exemplo o Deputado Ataliba Nogueira, em certo trecho, manifestou-se:

---

5. PACHECO, Claudio. *Novo Tratado das Constituições Brasileiras*. São Paulo: Saraiva, Vol. I, 1990.

6. NÓBREGA, Francisco Adalberto. *Deus e a Constituição*. Petrópolis: – Editora Vozes, 1998, p. 32.

> Deus é o Supremo Princípio e nós temos que invocá-lo, somente com Deus conseguiremos a ordem que desejamos para o Brasil. Só com Deus poderemos conseguir a ordem, a distinção e a subordinação entre os homens. Só em Deus temos um fundamento absoluto. Com Deus temos a verdadeira realidade humana. Só Deus é o autorizado modelo da providência dos governos. Com Deus o limite do arbítrio e nós sabemos que é de todo impossível separar a obra humana do legislador, de um limite mais ou menos largo do arbítrio. Afirmemos Deus. Busquemos sua proteção para todo o trabalho de elaboração constitucional, reconhecendo a dependência entre a ordem externa e a interna.

O Deputado Gilberto Freire também se manifestou, após fazer comentários aos dispositivos constitucionais, que se relacionaram com a matéria religiosa e depois de referir-se à condição cristã, independentemente das convicções sectárias ou teológicas pontuou:

> De modo que sociologicamente ou culturalmente, é natural que a constituição de um povo como o brasileiro, seja no seu espírito e na sua forma cristã ou católica e não anticristã ou sequer acatólica.
>
> Sendo assim, não me parece que o nome de Deus esteja deslocado na Constituição de uma gente ou de um país, onde os próprios ateus são capazes de dar graças a Deus por um sucesso, como o ateu da anedota do celebre.[7]

5. Os debates da Assembleia Constituinte de 1988

Os mesmos debates e antagonismos registrados em 1946, separando espiritualistas e materialistas foram registrados por ocasião da votação da Constituição de 1988.

O Deputado José Genoíno apresentou emenda supressiva de 000523/87, com vistas a retirar do texto constitucional a expressão: "Reunidos sob a proteção de Deus".

---

7. *Apud* NÓBREGA, Francisco Adalberto. *Deus e a Constituição*. Petrópolis: Ed. Vozes, 1998, p. 33.

Com a palavra o Deputado José Genoíno, para que não se alegasse sua condição de marxista, mencionou as constituições da Itália, da França, dos Estados Unidos e de Portugal, que não se referem a Deus. E concluiu uma justificativa:

> Sr. Presidente, para concluir esse encaminhamento, é com uma visão aberta ao pluralismo ideológico, filosófico, ético e moral, à modernidade dos nossos dias, que defendemos a supressão da expressão sob a proteção de Deus.

Ainda no encaminhamento da votação, falaram, sustentando a permanência da expressão, os Deputados Daso Coimbra e Enoc Vieira.

Merece destaque trecho da sustentação oral do Deputado Daso Coimbra em que se lê:

> Deus em sua Excelsa paciência tem tolerado a ignorância dos incrédulos, mas não tolera o desprezo daqueles que o conhecendo, o negam e o recusam.[8]

A emenda supressiva que pretendia a retirada da invocação a Deus do texto constitucional, foi rejeitada na Comissão de Sistematização por 74 votos contrários e apenas um voto favorável. O representante do Partido Comunista, Roberto Freire, em declaração de voto, mencionou "não querer desrespeitar um sentimento deísta e religioso do povo brasileiro, razão pela qual também votou pela rejeição da emenda, mantendo a súplica no texto constitucional".

Isto demonstra que os constituintes, ao registrarem a invocação a Deus, nada mais fizeram que trazer, para o corpo constitucional, as dimensões sociológicas e axiológicas dominantes na consciência nacional.

Nesse sentido reveste-se de atualidade, a observação antes referida do sociólogo e então Deputado Federal Gilberto Freire, sob o fundamento sociológico da invocação. Com

---

8. *Diário da Assembleia Nacional Constituinte*, "Suplemento C", p. 871 de 27.01.1988.

efeito, em pesquisa encomendada, à época, por uma revista de circulação nacional, 99% dos entrevistados responderam crer em Deus.[9]

Constata-se, assim, que a base sociológica da menção a Deus, no preâmbulo da Constituição continua inalterada, o que comprova o acerto da decisão da Assembleia Constituinte, de manter a tradição de longa data consagrada.

Francisco Adalberto Nobrega, fala em *"A alma constitucional"*, ao mencionar a existência e a lembrança dessas dimensões constitucionais que remetem os operadores jurídicos à importantíssima questão da interpretação constitucional.[10]

Sem uma visão adequada dessas particularidades, o intérprete não captará o significado preciso do tema e a razão da inclusão do vocábulo *"sob a proteção de Deus"*, em nossas constituições, que representa conceito abrangente dos valores, que formam a estrutura do ordenamento jurídico.

O prof. Gomes Canotilho dá ênfase ao processo interpretativo, do método *científico-espiritual*, capaz de propiciar uma "captação espiritual" do conteúdo axiológico constitucional.[11]

Nossa última Carta Política de 1988 está incluída por inteiro na pós-modernidade, que em alguns momentos foi dominada pelo pensamento da exclusão de Deus, do preâmbulo da Constituição, mas não teve acolhida essa pretendida exclusão. A invocação a Deus constante do preâmbulo representa o compromisso do homem em preservar os volumes que formam a estrutura do ordenamento jurídico, na interpretação da Constituição e o compromisso com a Justiça em dar a cada um o que é seu, da melhor forma possível, sob a proteção de Deus. O que demonstra a relevância e a importância do

9. TOLEDO, Roberto Pompeu, "Crer em Deus hoje", p. 96-100, *apud* Nóbrega, Francisco Adalberto. Rio de Janeiro: Ed. Vozes, antes mencionada.

10. NÓBREGA, Francisco Adalberto, obra citada – p. 35.

11. Gomes Canotilho J. J. *Direito Constitucional.* 5ª ed. Coimbra: Ed. Almedina, 1991, p. 221.

preâmbulo da Constituição, que coloca em relevo os valores que norteiam a Constituição e que devem servir de orientação para a correta interpretação e aplicação das normas constitucionais.

Por oportuno, menciono trecho do voto da Ministra Cármem Lúcia, na ADI nº 2649, referindo-se expressamente ao Preâmbulo da Constituição brasileira de 1988, citando José Afonso da Silva, afirma que "O Estado Democrático de Direito destina-se a assegurar o exercício de determinados valores supremos. Assegurar tem no contexto, função de garantia dogmático-constitucional; não, porém, de garantia dos valores abstratamente considerados, mas do seu exercício"; Este signo desempenha, aí, função pragmática, porque o "**objetivo de assegurar tem o efeito imediato de prescrever ao Estado uma ação em favor da efetiva realização dos ditos valores em direção (função diretiva) de destinatários das normas constitucionais que dão a esses valores conteúdo específico. [...] Na esteira destes valores supremos explicitados no Preâmbulo da Constituição brasileira de 1988 é que se afirma nas normas constitucionais vigentes, o princípio jurídico da solidariedade**".[12](grifamos)

3ª QUESTÃO: O § 2º do art. 226 da CF/88 faz menção ao casamento religioso distinto do casamento civil, cujos efeitos seriam os mesmos. Não estaria, tal distinção de regime jurídico com princípios próprios a demonstrar a existência de um direito religioso como ramo autônomo do direito positivo?

O art. 226, § 2º da Constituição está assim conformado:

> Art. 226. A família, base da sociedade, tem especial proteção do Estado.
>
> [...]
>
> § 2º. O casamento religioso tem efeito civil, nos termos da lei.

12. ADI nº 2.649, voto da Rel. Min. Cármen Lúcia, julgamento em 15/08/2002 – Plenário, *DJ* de 8-8-2003.

A família é a base da sociedade e, constitucional e legalmente, tem especial proteção do Estado.

A tutela legal da família dá-se, principalmente, por meio da monogamia matrimonial, baseada na fidelidade conjugal, com perfeita sintonia entre os dogmas cristãos e jurídicos.

Da mesma forma há proteção do Estado para o casamento religioso, ao determinar a Carta da República que "o casamento religioso tem efeito civil, nos termos da lei."

E a lei que disciplina o casamento religioso é o Código Civil brasileiro, nos seguintes dispositivos:

> Art. 1.515. O casamento religioso que atender às exigências da lei para validade do casamento civil, equipara-se a este, desde que registrado no registro próprio, produzindo efeitos a partir da data de sua celebração.

Casamento religioso com efeitos civis. O casamento religioso terá validade se, observados os *impedimentos* (arts. 1.521 e 1.522 do CC), as *causas suspensivas* (arts, 1.521 e 1.524 do CC), a *capacidade matrimonial* (arts. 1.517 a 1.520) e as prescrições da lei, assim o requerer, o celebrante ou qualquer interessado, contanto que seja o ato inscrito em registro público.

Efeitos "*ex tunc*". Registrado o casamento religioso, *irradiará efeitos civis a partir da data de sua celebração e não a partir do ato registrário.* Feito o registro, o estado civil passará a ser o de casados, *desde a data da solenidade religiosa.* O registro não é, portanto, meramente probatório, por ser ato essencial para atribuição de efeitos civis, e as consequências do casamento.

> Art. 1.516. O registro do casamento religioso submete-se aos mesmos requisitos exigidos para o casamento civil.
>
> § 1º. O registro civil do casamento religioso deverá ser promovido dentro de noventa dias de sua realização, mediante comunicação do celebrante ao ofício competente, ou por iniciativa de qualquer interessado, desde que haja sido homologada

> previamente a habilitação regulada neste Código. Após o referido prazo, o registro dependerá de nova habilitação.
>
> § 2º. O casamento religioso, celebrado sem as formalidades exigidas neste Código, terá efeitos civis se, a requerimento do casal, for registrado, a qualquer tempo, no registro civil, mediante prévia habilitação perante a autoridade competente e observado o prazo do art. 1.532.
>
> § 3º. Será nulo o registro civil do casamento religioso se, antes dele, qualquer dos consorciados houver contraído com outrem casamento civil.

O *casamento religioso* para irradiar efeitos civis deverá ser lavrado no *livro de registro público*, seguindo o Oficial as exigências dos arts. 1.525 a 1.527, 1.531 e 1.536, I a VII, do Código Civil, mediante habilitação matrimonial perante a autoridade competente.

Nulidade do registro civil do casamento religioso em razão da bigamia. Se, antes do casamento religioso registrado, algum dos nubentes já havia contraído com outrem casamento civil, *nulo será o registro civil do ato nupcial eclesiástico, em razão da bigamia,* que constitui impedimento matrimonial (art. 1.521, VI do CC).

O casamento – religioso ou civil – gera efeitos que alcançam toda sociedade, tais como: Responsabilidade para manutenção da família, adoção do sobrenome do cônjuge, se assim o desejar ou permanecer com o nome de solteira, planejamento familiar, fidelidade recíproca, vida em comum no domicílio conjugal, mútua assistência, sustento, guarda e educação dos filhos, respeito e consideração mútuos (art. 1.566 do CC).

O casamento religioso, embora seja distinto do regime jurídico do casamento civil, como determina o § 2º do art. 226 da CF, *há obrigatoriedade de atendimento das exigências de lei (arts. 1.515 e 1.516 do Código Civil), devendo ser registrado no cartório de registro civil, no livro de registro público, perante a autoridade competente, nos termos do Código Civil brasileiro, para surtir os mesmos efeitos do casamento civil.*

O casamento religioso com regime jurídico distinto do casamento civil, com princípios próprios, *denota a existência de um direito religioso como ramo autônomo do direito positivo, que, entretanto, precisa ser aperfeiçoado.*

E confirma, entretanto, que a *liberdade religiosa garantida pela Constituição Federal (art. 5º, inciso VI) assegura a liberdade de crença, e o livre exercício de cultos religiosos.*

A Constituição protege a liberdade de religião para facilitar que as pessoas possam viver sua fé. O reconhecimento da liberdade religiosa também tem por si a formação moral e a livre escolha do casamento religioso a que faz menção o § 2º do art. 226 da Constituição Federal, com o mesmo valor do casamento civil.

A missão religiosa da Igreja de propiciar o bem das pessoas coincide com o objetivo da República Federativa do Brasil, de "promover o bem de todos" (art. 3º, IV da CF), em que se garantem os meios eficazes para o desempenho da missão religiosa, e para aqueles que livremente escolhem uma religião, recebem o sacramento do casamento religioso de acordo com os preceitos da religião que escolheu e propagar a sua fé, com a liberdade assegurada pela Constituição, como um dos direitos fundamentais.

4ª QUESTÃO: O que caracteriza a autonomia de um ramo do direito? Princípios, normas e regras com aspectos diferenciais dos outros ramos? Se assim for, não haveria no concernente à religião princípios, normas e regras diferenciais, dentro do direito positivo? Se sim, quais seriam?

A Constituição de 1988, *ao reconhecer os direitos fundamentais* – direitos de liberdade, de participação política e os chamados direitos sociais, com fundamento desses valores na *dignidade da pessoa humana,* assegurou amplamente em seu texto a *liberdade em seus mais diversos aspectos, como direito fundamental, que consistem em cláusulas pétreas e como tal, insuscetíveis de alteração por meio de emenda constitucional.* A liberdade constitui um *núcleo essencial* do texto constitucional.

Entre esses direitos constantes do art. 5º da CF/88, estão a *liberdade religiosa* e a *liberdade de expressão* que derivam da liberdade de opinião de expressar o pensamento de cada indivíduo.

A Liberdade Religiosa consiste na livre escolha pelo indivíduo de uma religião para demonstrar a sua fé, em conformidade com os preceitos estabelecidos, para fundamentar a sua crença.

Para a *liberdade e a existência dessa prática religiosa se concretizar,* é preciso também a *liberdade de culto* como um dos elementos fundamentais para a *liberdade religiosa*, assim como a *liberdade de organização desses cultos,* para que as igrejas possam divulgar a suas *liturgias, seus ritos religiosos,* sem qualquer interferência do Estado, na forma da lei.

Essas liberdades fundamentais são essenciais para o Estado Democrático de Direito, instituído por seu povo, a partir do *preâmbulo da Constituição.*

Robert Alexy ensina que:

> Os direitos fundamentais e humanos são institutos indispensáveis para a democracia, ou seja, são normas fundantes do Estado Democrático e sua violação descaracteriza o próprio regime democrático. Aquele que estiver interessado também em democracia e, necessariamente, em direitos fundamentais e humanos. O verdadeiro significado e importância desse argumento está em quem se dirige, precipuamente, aos direitos fundamentais e humanos como realizadores dos procedimentos e instituições da democracia e faz com que reste patente a ideia de que esse discurso só pode realizar-se num Estado Constitucional Democrático, no qual os direitos fundamentais e democracia, apenas de todas as tensões, entram em uma inseparável associação.[13]

A liberdade religiosa é base para qualquer Estado Democrático Constitucional em decorrência de sua nuclear pluralidade de ideias e pensamentos. A liberdade permeia os

13. ALEXY, Robert. *Direito, razão, discurso, estudos para a filosofia do Direito*. Porto Alegre: Livraria do Advogado, –2009, p. 130-1.

principais textos universais que consagram os direitos e garantias fundamentais do homem e a sua dignidade.

Manoel Gonçalves Ferreira Filho pontua que:

> Uma das principais causas do surgimento dos princípios fundamentais, entre eles o da Dignidade da Pessoa Humana, decorre da ordem religiosa e, mais especificamente, dos dogmas cristãos e dos mais remotos ensinamentos bíblicos, corroborando o dito acima quanto à influência judaico-cristã em nosso Estado Constitucional.
>
> A causa profunda do conhecimento de direitos naturais e intangíveis em prol do indivíduo, decorrentes imediatamente da natureza humana, é de ordem filosófico-religiosa. De ordem religiosa porque decorre, sem saltos, dos dogmas cristãos. A igualdade fundamental de natureza entre todos os homens, criados à imagem e semelhança de Deus, a liberdade fundamental de fazer o bem, ou de não fazer, decorrem dos mais remotos ensinamentos bíblicos.[14]

Resta evidente o fato de que a liberdade consagrada na Constituição tem especial destaque na manutenção do Estado Democrático e dos valores supremos de uma sociedade fraterna, pluralista e sem preconceitos como determinado pelo Constituinte (art. 3º, I e IV).

Com efeito, o valor da pessoa humana é traduzido juridicamente pelos *princípios da dignidade humana, da igualdade e da liberdade.*

Em linhas gerais, o *princípio da dignidade da pessoa humana* representa as exigências fundamentais do ser humano com o escopo de lhe assegurar os recursos de que dispõe a sociedade para a manutenção de uma existência digna, resguardando-lhe ainda as condições indispensáveis para o desenvolvimento de suas potencialidades. Assim, os princípios em causa protegem várias dimensões da *realidade humana como a honra, a imagem, a educação, a saúde, a assistência social, a liberdade religiosa etc.*

---

14. FERREIRA Filho, Manoel Gonçalves. *Curso de direito constitucional* - 26ª edição. São Paulo: Ed. São Paulo, 1999 – p. 28.

De tal forma que nenhuma ponderação de interesse do governo, *poderá resultar em desrespeito à dignidade do homem, por representar objetivo estrutural perseguido pela Constituição Federal.*

Essa proteção da dignidade da pessoa humana representa o seu valor que deve ser interpretado juntamente com o princípio da liberdade religiosa.

A Constituição Federal em diversos dispositivos consagra a liberdade religiosa que caracteriza a autonomia desse ramo de direito, como segue:

> Art. 5º. Todos são iguais perante a lei, sem distinção de qualquer natureza, garantindo-se aos brasileiros e aos estrangeiros residentes no País a inviolabilidade do direito à vida, à liberdade, à igualdade, à segurança e à propriedade, nos termos seguintes:
>
> [...]
>
> IV - é livre a manifestação do pensamento, sendo vedado o anonimato;
>
> [...]
>
> VI - é inviolável a liberdade de consciência e de crença, sendo assegurado o livre exercício dos cultos religiosos e garantida, na forma da lei, a proteção aos locais de culto e a suas liturgias;
>
> VII - é assegurada, nos termos da lei, a prestação de assistência religiosa nas entidades civis e militares de internação coletiva;
>
> VIII - ninguém será privado de direitos por motivo de crença religiosa ou de convicção filosófica ou política, salvo se as invocar para eximir-se de obrigação legal a todos imposta e recusar-se a cumprir prestação alternativa, fixada em lei.

Outros dispositivos constitucionais mencionam o direito religioso, por exemplo a *"dignidade da pessoa humana"* (art. 1º, III), *"promover o bem de todos, sem preconceitos de origem, raça, sexo, cor, idade e quaisquer outras formas de discriminação"* (art. 3º, IV), *"prevalência dos direitos humanos"*, *"defesa da paz"* (art. 4º, II e VI), *"o casamento religioso tem efeito civil, nos termos da lei"* (§ 2º, art. 226).

E o art. 5º, §§ 1º e 2º da CF, estabelecem garantias com aplicação imediata, como segue:

> § 1º. As normas definidoras dos direitos e garantias fundamentais têm aplicação imediata.
>
> § 2º. Os direitos e garantias expressos nesta Constituição não excluem outros decorrentes do regime e dos princípios por ela adotados, ou dos tratados internacionais em que a República Federativa do Brasil seja parte.

O direito religioso e as religiões de uma forma geral procuram em seus preceitos promover o bem e a paz social, razão pela qual é de extrema relevância, que seja aperfeiçoado referido direito.

Por ocasião do II Congresso Nacional da UJUCASP, que teve como tema *"Liberdade Religiosa e Liberdade de Expressão"*, que norteou o evento, na apresentação do 1º painel, foi debatido o tema, em que Ives Gandra da Silva Martins em sua palestra, discorreu sobre *"A Autonomia do direito Religioso como Ramo do Direito"*.

Merece destaque o seguinte trecho de sua palestra.

> A liberdade religiosa é garantida pela Constituição de 1988 e está descrita no art. 5º, que possui 77 incisos sobre os direitos fundamentais garantidos aos cidadãos. Podemos dizer que há autonomia do direito religioso, que foi a origem de todos os direitos, antes do direito romano, que estava vinculado à existência de próprio direito, naquele período pré-direito romano. E que hoje temos regras próprias, que conformam a existência dentro do direito positivo e do direito romano. Não só a Constituição garantiu diversos dispositivos, como, por exemplo, na dignidade da pessoa humana, a não discriminação é um princípio que vem do direito natural. A assistência religiosa com a participação de sacerdote dentro do serviço militar é um desses direitos, pois se reconhece que o homem tem necessidade de Deus. Mencionou alguns outros direitos garantidos na Constituição, como a quem não quiser prestar serviço militar por questão religiosa, pode receber um serviço alternativo, exceto em tempos de guerra e o reconhecimento do casamento religioso para efeito civil, nos termos da lei, § 2º do art. 226, que trata da família.

> É por essa razão [...] que tenho defendido que há uma autonomia do direito religioso que temos que resguardar, com princípios e regras próprias.

Dentro desse contexto, fez referência ao Tratado Brasil-Santa Sé:

> É de extrema relevância e mostra a importância de um tratamento diferencial que se dá às relações entre dois estados, no que diz respeito à presença do Estado da Santa Sé dentro do território nacional, na autonomia que a Constituição garante ao direito religioso.[15]

E para finalizar, menciono recente decisão proferida em 26/11/2020 pelo STF, no RE 611.874 e no ARE 1.099.099, com *repercussão geral*, de grande relevância.

No caso, discutiu-se o direito de um cidadão que prestou concurso público e foi aprovado na primeira fase. Posteriormente a segunda fase foi designada em data que caíra no sábado.

O candidato então recorreu para que pudesse fazer a prova em data diferenciada, *por questões religiosas que não permitiam fazê-la no sábado.* Para tanto, fundamentou o seu direito no art. 5º, inciso VIII da CF/88, *"ninguém será privado de direitos por motivo de crença religiosa ou de convicção filosófica ou política, salvo se as invocar para eximir-se de obrigação legal a todos imposta e recusar-se a cumprir prestação alternativa, fixada em lei".*

O recurso interposto foi acolhido com aplicação do art. 5º, VIII, por entender o STF, que a norma constitucional foi aplicada de forma razoável e equilibrada, e que a possibilidade da realização de etapas em concurso público em datas e horários distintos dos previstos no edital, por candidato que invocou *escusa de consciência por motivos de crença religiosa,* desde que "presente a *razoabilidade da alteração, a preservação da igualdade entre todos os candidatos e que não acarrete ônus*

15. Boletim – UJUCASP – nº 6 – out/nov/dez – 2020 – Ano I.

desproporcional à administração pública, que deverá decidir de maneira fundamentada, bem como ser plenamente cabível à administração pública estabelecer critérios alternativos para o regular exercício dos deveres funcionais inerentes aos cargos públicos, inclusive durante o estágio probatório, aos servidores que invocam escusa de consciência por motivos de crença religiosa, desde que presente a mesma razoabilidade antes mencionada e não acarrete ônus desproporcional à administração pública".

O que se percebe, nesse julgado, é que ao decidir pela proteção da liberdade religiosa aos "sabatistas", o STF agiu com observância aos princípios da *razoabilidade e isonomia*, além de levar em consideração as peculiaridades dos casos em julgamento.

No caso em comento, *a proteção à liberdade religiosa foi o centro das atenções, o que demonstra um direito religioso que foi protegido.*

6. Conclusão

Pode-se afirmar que o Estado laico não significa que não se pode ter uma religião para demonstrar a sua fé. A adoção de um sistema que garanta a plena liberdade religiosa contribui para que seja reduzida a intolerância religiosa e ao mesmo tempo demonstra o respeito à crença a uma religião, de modo que a sociedade possa seguir seu curso *promovendo a paz de todos.*

Bibliografia

ALEXY, Robert. *Direito, razão, discurso, estudos para a filosofia do Direito.* Porto Alegre: Livraria do Advogado, 2009.

BARROSO, Luís Roberto e BARCELLOS, Ana Paula de – *Comentários à Constituição do Brasil* – Coord. Gomes Canotilho, Gilmar Mendes, Ingo W. Sarlet e Lenio Streck. São Paulo: Saraiva/Almedina – Série IDP, 2014, p. 105 – Preâmbulo da CF.

Diário da Assembleia Nacional Constituinte, "Suplemento C", p. 871 de 27.01.1988.

FERREIRA Filho, Manoel Gonçalves. *Curso de direito constitucional* - 26ª edição. São Paulo: Ed. São Paulo, 1999.

GOMES CANOTILHO, J. J. *Direito Constitucional*. 5ª ed. Coimbra: Ed. Almedina, 1991.

MIRANDA, Jorge. *Manual de direito constitucional* – 2º vol. – 4ª ed. Editora Coimbra, 2000.

NÓBREGA, Francisco Adalberto. *Deus e a Constituição*. Petrópolis: – Editora Vozes, 1998.

PACHECO, Claudio. *Novo Tratado das Constituições Brasileiras*. São Paulo: Saraiva, Vol. I, 1990.

O PREÂMBULO DA CONSTITUIÇÃO E O PRINCÍPIO DA LIVRE CONVICÇÃO DO MAGISTRADO

O ato de julgar e a consciência da proteção de Deus

Paulo Henrique Cremoneze[1]

1. Advogado, Especialista em Direito do Seguro e em Contratos e Danos pela Universidade de Salamanca (Espanha), pós-graduado em Direito "lato sensu" e Mestre em Direito Internacional Privado pela Universidade Católica de Santos, acadêmico da Academia Brasileira de Seguros e Previdência, diretor jurídico do Clube Internacional de Seguros de Transportes, membro efetivo da AIDA – Associação Internacional de Direito de Seguro, do IASP – Instituto dos Advogados de São Paulo e da IUS CIVILE SALMANTICENSE (Universidade de Salamanca), presidente do IDT – Instituto de Direito dos Transportes, vice-presidente da UJUCASP – União dos Juristas Católico de São Paulo, professor convidado da ENS – Escola Nacional de Seguros, associado (conselheiro) da Sociedade Visconde de São Leopoldo (entidade mantenedora da Universidade Católica de Santos), autor de artigos publicados em revistas especializadas e de livros de Direito do Seguro, Direito Marítimo e Direito dos Transportes, pós-graduado em Formação Teológica pela Faculdade de Teologia Nossa Senhora da Assunção (Ipiranga), hoje vinculada à Pontifícia Universidade Católica de São Paulo, Patrono do Tribunal Eclesiástico da Diocese de Santos, professor de cursos modulares da ENS (em parceria com o CIST) sobre seguros, logística e transportes (tema: avaria grossa), ex-professor de Direito Constitucional e de Ciência Política da Faculdade de Direito da Universidade Católica de Santos (por quase dez anos), professor convidado da ADESG-Santos (Associação dos Diplomados da Escola Superior de Guerra), colunista do Caderno Porto & Mar do Jornal A Tribuna de Santos, comentarista regular de programas da Rádio Jovem Pan e da TV Cultura em Santos e região, ex-membro e membro atual de comissões temáticas e de prerrogativas da OAB-SP e OAB-Santos e laureado pela OAB-Santos pelo exercício ético e exemplar da advocacia.

Sumário: 1. Introdução – 2. Dos princípios fundamentais – 3. Do princípio da livre convicção do magistrado – 4. Conclusão – Bibliografia.

> *"Tudo o que existe na natureza tem que ser movido por alguma outra coisa. Da mesma forma, esta outra coisa, na medida em que está em movimento, deve também ser movida por algo mais. Mas essa cadeia de eventos não pode retroceder para sempre, porque se o fizesse não poderia haver um primeiro motor e portanto nenhum outro. Pois os segundos motores não podem se mover a não ser que sejam movidos por um primeiro motor, da mesma forma que uma vareta não move nada a não ser que seja movida por uma mão. Dessa forma devemos chegar a um motor primeiro que não seja movido por nada. E todos compreendemos que este é Deus."*
>
> São Tomás de Aquino (Suma Teológica)

Do preâmbulo da Constituição Federal

> *"Nós, representantes do povo brasileiro, reunidos em Assembleia Nacional Constituinte, para instituir um Estado Democrático, destinado a assegurar o exercício dos direitos sociais e individuais, a liberdade, a segurança, o bem-estar, o desenvolvimento, a igualdade e a justiça como valores supremos de uma sociedade fraterna, pluralista e sem preconceitos, fundada na harmonia social e comprometida, na ordem interna e internacional, com a solução pacífica das controvérsias, promulgamos, sob a proteção de Deus, a seguinte Constituição da República Federativa do Brasil".*

Ao melhor estilo tomista, coloco o problema: dizem alguns que o preâmbulo da Constituição não é norma. Mas, diferente de Santo Tomás, anteciparei a solução: não, norma não é, mas possui imensa importância jurídica.

E será esse o ponto de partida do presente estudo.

O preâmbulo não é norma, porém exerce influência sobre a interpretação e a aplicação das normas constitucionais. Influência indireta, é verdade, porém veraz e necessária; e em não poucas medidas, equipara-se ao princípio.

Mas, afinal, se não é norma, o que o preâmbulo é?

Luiz Carlos Martins Alves Junior explica:

> o Preâmbulo é o conjunto de enunciados formulado pelo legislador constituinte originário, situado na parte preliminar do texto constitucional, que veicula a promulgação, a origem, as justificativas, os objetivos, os valores e os ideais de uma Constituição, servindo de vetor interpretativo para a compreensão do significado das suas prescrições normativas e solução dos problemas de natureza constitucional.[2]

Por isso é que se afirma que o Brasil é um Estado teísta, que tem em Deus o fundamento de validade de seu ordenamento jurídico.

A Constituição Federal é o fundamento de validade do ordenamento jurídico brasileiro, certo?

Certo. E a Constituição foi elaborada pelos representantes do povo brasileiro, reunidos em assembleia nacional constituinte, certo?

Certo. E a quem os representantes constituintes do povo pedem proteção?

A Deus. Logo, Deus, sendo o seu protetor último, é o fundamento de validade da Constituição, por conseguinte, de todo o sistema legal e, portanto, do ordenamento jurídico.

O cético pode duvidar da existência de Deus. Esse é um direito que lhe assegura essa Constituição promulgada sob a proteção dos divinos dedos. Porém, juridicamente, o intérprete do Direito não pode duvidar da existência de Deus. Esta não só fica admitida como premissa como é nela que a Constituição ganha legitimidade. Diz a mesma Constituição que o povo é o titular soberano do poder. Todavia, o soberano mesmo é o próprio Deus, a quem os seus representantes invocam e suplicam a proteção. Ironia das ironias: ao menos no caso do Brasil, o maior aliado do Direito Natural é o Direito positivo.

Apesar das discussões que houve na época, prevaleceu o entendimento da maioria dos legisladores constituintes. Deus

2. ALVES Jr., Luís Carlos Martins. O preâmbulo da Constituição brasileira de 1988. Disponível em: https://bit.ly/3BPdKoz Acesso em: 27 jul. 2021.

se fez presente no texto, como o coração do preâmbulo e de toda a Constituição. E diante da liberdade religiosa que existe no país, de que Deus se trata?

Evidentemente: do Deus judaico-cristão.

Quando se leva em consideração contextos como o histórico e o social, a afirmação é lógica e absolutamente correta.

O Brasil nasceu de um grande esforço apostólico de Portugal, teve como primeiro nome o de Terra de Santa Cruz e por primeira bandeira a da Cruz da Ordem de Cristo. O primeiro ato oficial foi a celebração da santa Missa e durante muito tempo o catolicismo foi a religião oficial.

Hoje, é a fé professada por mais de 50% da população. Quando se substitui o adjetivo católico por cristão, há um salto quantitativo para quase 85%. Daí dizer-se que os legisladores constituintes adotaram o Deus comum aos judeus, aos cristãos e aos muçulmanos, as grandes religiões monoteístas e que descendem do *Lech Lechá*[3] de Abrãao.

Sobre tudo isso, comentei, antes, em artigo que integrou outro livro publicado pela UJUCASP – União dos Juristas Católicos de São Paulo, cujos argumentos aproveito em parte, aqui neste momento, porque oportunos e pertinentes.

O Brasil, assim como toda a civilização ocidental, nasceu das mãos da Igreja. Portugal tinha evidentemente interesses comerciais e econômicos quando se aventurou pelos mares, mas também tinha o ardente desejo de levar aos cantos do mundo a luz e a cruz de Cristo, difundir a santa e verdadeira fé.

Não por menos o primeiro nome do Brasil foi Terra de Santa Cruz e sua vestibular bandeira – a mais bela, por sinal – ostentava no fundo alvo a majestosa cruz da Ordem de Cristo, a mesma que se via estampada nas caravelas desbravadoras,

---

3. A expressão em hebraico transliterado significa a grande viagem de Abrãao, que deixa a casa paterna rumo à Terra Prometida, aquela onde o leite e o mel escorriam. A grande jornada que deu origem ao povo de Deus.

até então a mais avançada e versátil embarcação da história, orgulho do engenho navegador português.

Nesse contexto histórico, o primeiro ato solene realizado nas terras do país em gestação foi a celebração da Santa Missa, o que sulcou para sempre a identidade do Brasil. Diante disso tudo, inevitável dizer que o Brasil é um país marcado pelo signo da fé católica.

Com o golpe de estado republicano e o fim do regime monárquico, o catolicismo perdeu a condição de religião oficial do Estado brasileiro. Em um primeiro momento, a tendência do bom católico é a de lamentar a perda de tal condição, mas em um segundo, ela parece até boa, senão para o país em termos gerais, ao menos para a Igreja, que ficou desonerada dos erros governamentais. Além disso, não há como negar que a liberdade religiosa é um valor importantíssimo, do qual a Igreja, oficialmente e em todo o mundo, partilha.

Nenhuma religião é mais enfática em defender a pluralidade e a liberdade religiosas do que o catolicismo, fazendo-o também com o peso político de ser a Igreja um Estado Soberano, a Cidade do Vaticano, e um ente jurídico em que se fundem os planos material e espiritual, a Santa Sé.

Em que pesem a pluralidade religiosa do Brasil contemporâneo e o fato de a Igreja não gozar de primazia formal em relação as demais religiões, é inegável sua importância invulgar e sua condição especial no tecido social do país.

A fé católica é, ainda, praticada pela maior parte da população do país e a que melhor se anela à identidade nacional. Muitas cidades e estados brasileiros carregam nomes de santos católicos ou remetem aos elementos constituidores da fé católica. Não poucas dessas cidades foram fundadas por sacerdotes e religiosos católicos, incumbidos de transmitir aos povos nativos a Verdade, mantendo a fé que os primeiros colonizadores trouxeram de Portugal.

Caso notável é o da maior e principal cidade de São Paulo, antiga Vila de Piratininga, fundada por sacerdotes e religiosos jesuítas, que tem por epicentro uma igreja, ainda hoje em ativo funcionamento, a Igreja São José de Anchieta, também conhecida por Pátio do Colégio, um espaço sagrado onde, segundo letras estampadas em belos azulejos na fachada, *"se entra para louvar a Deus, Nosso Senhor Jesus Cristo, e se sai para amar os irmãos"*.

Um exemplo mais recente? A Capital do país. Brasília foi construída nas coordenadas geográficas indicadas por um sonho profético de um sacerdote, Dom Bosco, santo, cuja obra em vida foi cuidar amorosamente dos jovens por meio da fé e da educação.

A Igreja católica foi inicialmente a única responsável pela educação no país e, ainda hoje, embora não mais sozinha, cumpre tão importante missão por meio de centenas de escolas e colégios, bem como dezenas de Universidades ou Faculdades. Em sua sublime missão social, a Igreja também é a responsável direta por muitos hospitais, casas de saúde e incontáveis instituições de caridade e de promoção humana, todas eficazmente integradas com a sociedade e promotoras do bem comum, atendendo anualmente a milhares, senão milhões, de brasileiros e estrangeiros, independentemente de suas respectivas confissões de fé ou convicções ideológicas.

Muito aproveita dizer que a Igreja caminha na vanguarda e na retaguarda dos direitos e garantias fundamentais, sempre a respeitar a ordem jurídica do país, e à disposição para contribuir socialmente ao lado do Estado e da sociedade brasileiros, defendendo não apenas seus legítimos interesses, mas os das demais religiões e os dos brasileiros em geral.

Não há, pois, nada de importante na história do Brasil, como na vida contemporânea, que não tenha algum dedo da Igreja.

Em contraposição a isso, existe uma tendência atual para "desconstruir" a identidade católica e os valores fundamentais cristãos. Ideologias que se fundam na mentira e na luta de classes atacam a Igreja há mais de cem anos, golpeando-a de todos os modos possíveis e imagináveis, quase sempre por meios escusos e inconfessáveis.

Para que uma mentira possa ser disseminada socialmente, é preciso que a Verdade saia de cena e dos corações das pessoas. Por isso, os defensores das ideologias e da ditadura do relativismo moral tentam impedir que a voz da Igreja seja ouvida e difundida. Dela que sempre foi a "Mãe e Mestra da Verdade", o dique de contenção do avanço do mal no mundo.

Entre os muitos artifícios contra a presença da Igreja no palco social brasileiro, encontra-se a deformação do conceito jurídico de Estado laico. Ele tem sido entendido não como aquilo que é, de fato e de direito, mas como aquilo que as ideologias anticlericais desejam que seja: um Estado antirreligioso, senão ateu. Ora, o Estado laico é aquele que não se investe de religião oficial, mas que respeita profundamente as religiões, garantindo a liberdade plena de cultos, sem jamais avançar sobre seus respectivos campos.

Há, porém, um histerismo infundado sobre o conceito de Estado laico, levado ao cume do extremismo, no sentido de tolher a manifestação pública das religiões, especialmente da católica. Crucifixos em espaços públicos foram retirados em claro sinal de intolerância religiosa, e muito se discute se eles devem ou não permanecer onde se encontram. A retirada de um crucifixo há muito entronizado em um espaço público, comum, não significa o respeito plural aos muitos sentimentos religiosos e filosóficos que informam a sociedade brasileiro, mas um ato hostil, despropositado, contra uma religião em especial, intimamente conectada a história do país e que ainda é a da maioria da população.

O exemplo acima é um dos muitos que posso pinçar, sem muito esforço, para exibir o lamentável estado de perseguição à fé católica que hoje ocorre no Brasil. Diante desse quadro negativo e conflituoso não causa surpresa alguma a onda de ataques ao Acordo Internacional entre o Brasil e a Santa Sé.

Além de a mais influente religião do mundo em todos os tempos, o catolicismo também detém um Estado Soberano, reconhecido pela comunidade internacional como Pessoa Jurídica Internacional de Direito Público e membro observador da ONU – Organização das Nações Unidas. O Vaticano, o menor Estado em termos físicos, mas o maior no plano sobrenatural, na ordem moral e em número de "súditos", com quase um bilhão e meio de pessoas a ele vinculadas, ainda que indiretamente.

Exatamente por isso é que a Igreja, por meio da Santa Sé, celebra concordatas internacionais com muitos países em todo o mundo, garantindo sua liberdade de ação e os legítimos interesses dos católicos, cidadãos nos países e fiéis da Verdade que propaga, defende e dissemina zelosamente há dois mil anos.

Mostra a História a importância desses acordos, porque não foram poucos os trágicos momentos em que governos tirânicos usurparam bens da Igreja, tentaram sufocar-lhe as ações, inibiram a propagação da fé, prenderam, feriram e até mesmo mataram sacerdotes, religiosos e fiéis leigos. Quem conhece um pouco o palco dos eventos históricos sabe que a vida da Igreja foi uma vida de perseguição. E que um dos seus grandes tesouros é o sangue dos mártires, anônimos ou canonizados, mortos por ódio à reta fé. Daí a necessidade de que se invista de mecanismos jurídicos que lhe possam garantir seus bens, sua liberdade e, principalmente, sua missão evangelizadora em cada país. Exatamente por isso que existe entre o Brasil e a Santa Sé um acordo internacional.

A Concordata entre o Brasil e a Santa Sé foi assinada na Cidade do Vaticano em 13 de novembro de 2008, redigida nos idiomas italiano e português, e incorporada ao ordenamento jurídico brasileiro no dia 11 de fevereiro de 2010, pelo Decreto 7.107, cuja introdução diz: "*Promulga o Acordo entre o Governo da República Federativa do Brasil e a Santa Sé relativo ao Estatuto Jurídico da Igreja Católica no Brasil [...]*".

Esse Acordo Internacional é norma jurídica em sentido estrito, com status constitucional ou supraconstitucional, que tem que ser fielmente observado e obedecido por ambas as partes signatárias. Vale a pena insistir nesse ponto: não se trata de mero acordo de boa-vontade, mas de instrumento normativo de índole especial e natureza cogente.

Pelos termos substanciais e formais do Acordo, não pode o Estado Brasileiro avançar de modo algum sobre o espaço da Igreja, e esta não pode se escusar de seguir a ordem jurídica do Brasil, ao menos enquanto ela se mantiver justa, legítima e informada pela dignidade.

Existem muitos pontos interessantes na Concordata, os quais reconhecem a importância histórica da Igreja na formação da identidade cultural do Brasil, bem como salvaguardam sua liberdade de atuação. Por outro lado, a Igreja compromete-se a cooperar em tudo, dentro de suas pias finalidades, para a busca do bem geral do povo brasileiro, colocando-se à disposição do Estado brasileiro.

Sobre a importância do preâmbulo, o afirmado contexto histórico-social e a certeza de Deus, cuja proteção foi invocada pelos legisladores ser o judaico-cristão, repito o que escreveu **Ovídio Rocha Barros Sandoval.**[4]

O artigo de **Sandoval** é breve, porém profundo, contundente e de felicidade ímpar; em certo momento afirma:

> A invocação feita da "proteção de Deus", como está no preâmbulo da vigente Constituição, "significa que o Estado que se organiza e estrutura mediante sua lei maior reconhece um fundamento metafísico anterior e superior ao direito positivo". Se o preâmbulo da Constituição invoca a "proteção de Deus", somente pode referir-se à proteção do Deus dos cristãos – Jesus Cristo – pois sob sua proteção e dentro dos ensinamentos evangélicos foi construída a Nação brasileira.

A pergunta a ser feita na esteira dessas colocações é: contribui o preâmbulo para que se tenha ainda mais fortalecidas

4. SANDOVAL, Ovídio Rocha Barros. A proteção de Deus no preâmbulo da Constituição. Disponível em: https://bit.ly/3BQhIgo Acesso em: 27 jul. 2021.

a garantia constitucional da liberdade religiosa e a presença de Deus no tecido social?

Acredito que sim. E, sem que se tenha por minimamente prejudicada ou esvaziada qualquer confissão de fé distinta, a figura do Deus judaico-cristão é, juridicamente, a informadora de todo o ordenamento jurídico e os valores que a circundam, essenciais, primazes e fundamentais para a edificação do Direito.

É preciso levar tudo isso em consideração para interpretar muitas normas constitucionais e as regras em geral. A interpretação de qualquer norma do Direito brasileiro se dá (ou pelo menos deveria se dar) sempre ao sabor dos valores fundamentais conectados a Deus.

Parece algo muito subjetivo, mas não é. Muito aproveita lembrar a lição de **Peter Häberle**, segundo quem o preâmbulo de toda Constituição:

> *é uma "profissão de fé" de uma verdadeira "religião civil" da comunidade política, cujo conteúdo revela as posturas valorativas, os altos ideais, convicções, motivos, em suma, a imagem refletida do próprio legislador constituinte.*[5]

Ao comentar o entendimento de **Häberle**, o já citado **Luiz Carlos Martins Alves Junior** afirma:[6]

> Peter Häberle assinala que o Preâmbulo exerce a função de "ponte do tempo", recordando (ou negando) o passado, demonstrando o presente e perspectivando o futuro, revelando a necessidade dos elementos de identidade que integrem a comunidade política, ao estabelecer vínculos de comprometimento entre as pessoas com a coletividade da qual faz parte.
>
> Nessa função de "ponte do tempo", continua Peter Häberle, o Preâmbulo expressa desejos e esperanças, contendo um excesso "concreto-utópico", um "esboço do futuro", introduzindo um

---

5. *El Estado constitucional*, Cidade do México: UNAM, pp. 274-285, *apud* Martins Alves Junior, Luiz Carlos, in https://bit.ly/3BPdKoz Acesso em: 27 jul. 2021.

6. Idem, ibidem.

pedaço da tensão entre "desejo" e "realidade" na Constituição (e na política).

Vê-se pela "ponte do tempo" que o legislador constituinte brasileiro, representando a vontade do povo, recordou as raízes históricas do país, o desenho social, o acervo cultural, a adesão ao Direito Natural e a vocação teísta.

Reafirmou a primazia de Deus, Nosso Senhor Jesus Cristo, e, consequentemente, todos os valores que o envolvem.

Há nessa forma de enxergar o preâmbulo e o Direito o respeito, também, ao princípio democrático, e na sua forma mais genuína e digna: a vontade da maioria sem se descuidar do respeito inatacável aos direitos e interesses da minoria, já que a todos é garantida ampla liberdade de culto e de cosmovisão.

A reafirmação do legislador constituinte é direcionamento ao Estado, que não pode deixar de observar religiosamente a invocação de Deus na proteção de todo o ordenamento jurídico e, por conseguinte, do sistema social.

Vive-se, entretanto, uma agonia endêmica no Brasil contemporâneo, pois criam-se normas, ou interpretam-se as já existentes, ao arrepio das velas morais da nação, ignorando o preâmbulo da Constituição e, mesmo, enorme parte dos direitos e garantias fundamentais, sem falar dos princípios, que deixaram de ser lidos juridicamente para serem guiados pelas perigosas lanternas da Ideologia. Então, o assunto não é tão subjetivo como parece; é essencialmente objetivo, desde que respeitadas a lógica, a hermenêutica e a exegese. Torna-se, pois, objetivo quando o preâmbulo passa a se equiparar, em certo sentido, aos princípios.

Evidentemente que não advogarei a ideia de que o preâmbulo tem o mesmo peso dos princípios e de que, portanto, reclama idêntica exegese, mas defendo, sim, hermenêutica saudável, que o põe, junto dos princípios, no rol de tudo o que é vetor, tudo o que há de influenciar positiva e decisivamente o Direito em exercício.

1. Dos princípios fundamentais

Preâmbulo: espécie de princípio?

Para que se possa estabelecer justa comparação entre o preâmbulo e os princípios constitucionais, faz-se necessário um estudo de principiologia.

Fala-se muito da importância do Direito Constitucional. Comenta-se a superioridade hierárquica da Constituição Federal em relação ao ordenamento jurídico brasileiro; todavia, não se vive essa importância. Existe, no Brasil, uma enorme distância entre o discurso acadêmico e o exercício prático do Direito: o que se estuda não é o que se faz.

Têm ainda os aplicadores do Direito brasileiro grande dificuldade em trabalhar o sistema legal segundo os ditames do Direito Constitucional contemporâneo, especialmente seus princípios.

Nesse sentido, impossível é a simples leitura de uma regra legal sem as lentes do texto constitucional, sem seu preâmbulo e seus princípios. Deles tudo flui e deflui. Tão importante quanto os tijolos de um prédio é a armação que o sustenta. Ambos são realidades fundidas quando se observa o prédio, e fato é que aquela permite a eficaz existência deste. Tal ilustração cabe anel ao dedo em termos de Direito infraconstitucional e Direito Constitucional.

É o casamento entre o Direito teórico e o Direito prático que definirá, nos próximos anos, o papel do profissional do Direito brasileiro, ou seja, se elevará templos à virtude ou se cavará mais fundo a masmorra do vício. Infelizmente, ainda se perde tempo discutindo questões de menor importância, típicas do formalismo pelo formalismo, em vez de enfretamento das questões essenciais ao objeto último do Direito, ou seja, a pacificação social — a Justiça.

Daí a importância do estudo e da absorção dos princípios constitucionais, desde logo rotulados como mecanismos de calibragem do ordenamento jurídico, ferramentas pelas quais o engenheiro atento edifica uma obra harmoniosa, perfeita e suficientemente hábil para atingir bem seus derradeiros objetivos. Esse interesse pelos princípios decorre da melhor definição de Direito como sendo "*a constante e perpétua vontade de atribuir a cada um o que é seu*", segundo o famoso Código Justiniano.

Ora, quer parecer que o conceito Justiniano de Direito em muito se assemelha ao de Justiça, resgatando a ideia de *Diké* dos gregos antigos, segundo a qual Direito e Justiça são faces de uma mesma moeda, expressões nada distintas de realidade unívoca, ainda que aparentemente bipartida. Pode-se dizer que a definição de Direito como a *constante e eterna vontade de dar a cada um o que é seu* decorre, invariavelmente, da cosmovisão cristã que influenciou a construção de todo o Direito ocidental. Equilíbrio, proporcionalidade, razoabilidade e espírito de Justiça são encontrados nas palavras e na vida de Jesus Cristo, as quais assumem, a um só tempo, signos teológicos e jurídicos.

Por isso, afirma-se que a base do Direito ocidental é, mais do que romana, fundamentalmente cristã, conforme o magistério da Igreja. Gostem ou não os juristas atuais, a influência é inegável. E o conceito Justiniano, que se remete à *Diké* e funde Direito e Justiça, segue os arquétipos cristãos, os quais geraram o que hoje entendemos por princípios fundamentais, muitos dos quais explicitamente abraçados pela Constituição Federal.

A invocação da moral cristã é válida, sem qualquer conotação impositiva, porém filosófica. Há união de fé e razão, de tal modo que esta se aproveita daquela, tirando disso um ótimo proveito. A famosa Encíclica de São João Paulo II, Fé e Razão, ajuda a bem compreender a importância de não se desprezar a fé quando do tratamento da ciência.

Assim, afirma-se que a análise dos princípios fundamentais é, sim, questão aqui "metafísica", "teológica" ou, mesmo, "religiosa", no sentido de ligar o homem àquilo que é divino. E, nessa linha, há de se afirmar que, ao menos no Ocidente, o fundamento último e primeiro de toda moralidade é cristão. E, por isso, não se trataria jamais de afirmar valores relativos, porém de apontar Jesus Cristo como o absoluto.

Todos os princípios jurídicos beberam dessa fonte e isso se escancara facilmente. O problema reside na obstinação atual em negar essa realidade ontológica e empreender interpretações ou criações jurídicas que, na verdade, são essencialmente antijurídicas.

A moral cristã influenciou (e deveria continuar a influenciar) o Direito, gerou as bases fundamentais do Constitucionalismo e deve sempre orientar aquele que interpreta e aplica a norma a lutar constantemente pela Justiça.

Justiça que é a palavra que mais aparece nas Sagradas Escrituras, em ambos os Testamentos e que constitui, no plano terreno, a maior preocupação da Igreja, cuja estrutura primitiva absorveu em muito a do antigo Império e Direito Romanos.

Muito se discute acerca do fundamento de validade da Constituição, mas pouco se admite que esse fundamento é o próprio Deus (no caso da Constituição brasileira isso é evidente pelo preâmbulo). Não é tema próprio do Direito, mas de outros ramos do conhecimento humano, como a Sociologia e a Política.

E é amparado em outros ramos do conhecimento que se afirma solenemente que que a moral cristã é o fundamento de validade do texto constitucional e, por conseguinte, de todo o sistema legal.

Embora sem acenar para uma bandeira religiosa em especial, até porque o Brasil é um Estado laico, importante lembrar que o legislador constituinte originário fez questão de invocar a proteção de Deus ao texto constitucional brasileiro, legitimando-o e tutelando-o. E isso tem a ver com o já comentado contexto histórico-constitucional-social que informa os princípios fundamentais.

Em virtude do preâmbulo afirma-se, pois, que juridicamente Deus existe e é o grande legitimador do sistema normativo brasileiro. Migrar-lhe o conteúdo para o campo da legitimação é tarefa complexa, mas válida, na medida em que justifica o império da Constituição, deixando, pois, de ser apenas dogma jurídico.

E os princípios constitucionais são os arcanjos de Deus, os grandes anunciadores que levam aos homens os Seus desígnios. Da mesma forma que José atendeu ao comando do Anjo que o visitou, deve o estudioso do Direito, ao cotejar uma dada regra legal, considerar e aplicar os princípios constitucionais, cumprindo assim a essência da moral cristã, matriz da Constituição e do Direito brasileiro.

Vencida esta etapa mais subjetiva do estudo, surge a indagação: como a Constituição se relaciona com o ordenamento jurídico, sobretudo no que tange aos seus princípios fundamentais?

A resposta exige certa esgrima de conceitos e entendimentos.

A Constituição fundamenta-se a si própria. Sua característica lógica é complexa (signos utilizados no plano sintático), embora suas normas sejam estruturalmente simples. Há dois planos de análise da estrutura da Constituição. O semântico, que se refere ao seu objeto (significado), e o pragmático, que trata das regras de interação. A norma jurídica possui caráter coordenativo. Na Constituição, há ampla denotação e baixa conotação, implicando maior amplitude semântica.

A Constituição, como sabido, é fundamento de validade de todo o sistema jurídico (que se realiza pelas relações de competência, não se tratando de um sistema descritivo e/ou dedutivo como o matemático), e o preâmbulo, por sua vez, o próprio solo validador, nele se enfronhando e retroalimentando os princípios, em autopoiese.

A ciência do Direito é descritiva, o ordenamento jurídico é prescritivo. A primeira observa e analisa; o segundo comanda e ordena. Paradoxalmente, os princípios são descritivos e, ao mesmo tempo, ordenativos, embora haja inexplicável insistência de muitos em não reconhecer esta segunda e mais importante qualidade.

A proposição de toda norma jurídica (não o seu enunciado) é, sempre, um comando. A descrição, o esclarecimento são interessantes à ciência do Direito, mas não propriamente à funcionalidade do ordenamento jurídico.

Enquanto ordem, o sistema jurídico é pautado em princípios de autoridade. (relações de autoridade nas quais não se cogita sobre a validade do sentimento de Justo). Mesmo quando se estuda o conteúdo das normas, o que se busca é sua autoridade. A norma superior condiciona a inferior por essa relação. Logo, é correto dizer que a norma inferior só existe porque a superior determina ou lhe autoriza a existência.

Quem defende os princípios hermenêuticos, o faz com diferenças em relação aos de selo ordenativo e aos considerados normativos. Os princípios constitucionais são normas jurídicas por excelência e têm mais poder do que todas as leis ordinárias e normas inferiores a estas. Obedecem-se aos princípios porque eles determinam que se deva obedecê-los.

As normas jurídicas, além das relações de autoridade, também se relacionam por coordenação. Princípio constitucional não é superior a outra norma constitucional, só é mais amplo, dizendo respeito a todo o universo de objetos constitucionais, e sua principal característica é a semântica. Um conceito influencia o significado do outro e os princípios, conjuntamente, modulam as regras e agem sobre seus conteúdos. A Constituição é a infraestrutura do Direito e os princípios são, pois, a infraestrutura da Constituição.

Sobre os princípios constitucionais, diz **Jorge Miranda:**[7]

> A Constituição deve ser tomada, a qualquer instante, como um todo, na busca de uma unidade e harmonia de sentido. O apelo ao elemento sistemático consiste aqui em procurar recíprocas implicações de preceitos e princípios em que aqueles fins se traduzem em situá-los e defini-los na sua inter-relacionação e em tentar, assim, chegar a uma idônea síntese globalizante, creditável e dotada de energia normativa.

---

7. *Manual de direito constitucional*, T. 2, p. 228.

Essa afirmação se ajusta bem ao que se defende aqui, a primazia e a orientação dos princípios na inteligência de todo o ordenamento jurídico; evidencia a importância invulgar da orientação sistêmica do Direito.

O princípio se destina a um universo maior. E influencia mais do que a regra específica, não por uma relação de autoridade, mas pela natureza semântica que lhe é afeta. Da mesma forma, é **inválida** qualquer norma infraconstitucional que infrinja um princípio constitucional. O Direito brasileiro não pode aceitar uma regra que ofenda princípios e, comparativa e logicamente, o preâmbulo.

A norma infraconstitucional deve ser interpretada à luz do princípio constitucional, sendo certo que todos foram promulgados *sob a proteção de Deus*. É errada, pois, toda interpretação que vise a enfraquecer princípios constitucionais. Importante ressaltar que mera divergência interpretativa não se confunde com erro.

O princípio constitucional e a norma jurídica devem ser sempre interpretados sistematicamente em relação ao ordenamento jurídico. Essa é a melhor de todas as interpretações do Direito, porque próxima ao conceito de equidade e se extrai da seguinte ideia: sistema é um universo de elementos entendidos de forma coordenada, vale dizer, com nexo, alicerçado numa ordem. Pois o mundo mesmo é um caos que, no alcance de suas ações, o homem busca ordenar. O conhecimento científico busca a verdade. Com o Direito não é diferente, já que essa busca pela verdade, que em muito se confunde com justiça, é que concede aos princípios certa primazia.

Princípio é uma categoria em termos de construção lógica. Qualquer norma jurídica é produzida em linguagem idiomática e não formal como na matemática. A norma jurídica visa a incidir na realidade, por isso lhe é mais próxima, ao contrário da formal, que não se aproxima tanto da experiência.

A Constituição não deve conter normas ou princípios vazios. Como qualquer discurso ordenativo (ao contrário dos descritivos-científicos), faz repetições, que servem para realçar a vontade do legislador constituinte. A identificação é instrumento importante porquanto, no plano objetivo, trate do significado do objeto em estudo. Neste sentido, o conceito de República não se confunde com o de Democracia.

A tradução prática reclama, pois, um constante diálogo entre as fontes, de tal sorte que não mais se admite o expurgo de uma norma, pura e simplesmente, sem a interpretação sistêmica de todo o ordenamento jurídico.

Essa ideia, que tem por escopo a busca da Justiça, algo que autoriza até mesmo, observados os devidos limites, a flexibilização da própria segurança jurídica, ampara-se naquilo que os alemães chamam de *Verhältnismässigkeitsmaxime*, o princípio dos princípios, o instrumento eficaz de aplicação do sistema normativo que reside no binômio *proporcionalidade-razoabilidade*.

É inválida, senão nula de pleno direito, qualquer norma infraconstitucional que infrinja um princípio constitucional. A norma infraconstitucional deve ser interpretada à luz dele, e não contra ele.

Serve perfeitamente ao ato de julgar o mesmo raciocínio, dentro do comentado binômio *proporcionalidade-razoabilidade*. O livre convencimento do magistrado, que é um princípio constitucional encartado em outro (*Due Process of Law*), não prescinde do reconhecimento da inteligência sistêmica dos princípios, mas antes se guia por ela; razão pela qual se percebe a existência de muitas decisões judiciais que, embora transitadas em julgado, são inegavelmente antijurídicas e inconstitucionais.

Nenhuma interpretação será bem-feita com o desprezo do princípio. Estrela máxima do universo ético-jurídico, ele sempre há de influenciar no conteúdo e alcance de todas as normas. Sobre o assunto, **Luiz Antonio Rizzatto Nunes**[8] as-

---

8. *O princípio constitucional da dignidade da pessoa humana:* doutrina e jurispru-

sim discorre sobre a importância dos princípios constitucionais dentro do cenário jurídico brasileiro:

> E essa influência tem uma eficácia relativa, real, concreta. Não faz parte apenas do plano abstrato do sistema. É de ser levada em conta na determinação do sentido de qualquer norma, como exigência de influência plena e direta. Vale dizer: o princípio, em qualquer caso concreto de aplicação de normas jurídicas, da mais simples *à* mais complexa, desce das altas esferas do sistema ético-jurídico em que se encontra para imediata e concretamente ser implantado no caso real que se está a analisar.
>
> Não é preciso, pois, nada aguardar, nada postergar, nem imaginar que o princípio fique apenas edulcorando o universo ético, como a constelação iluminando o céu. Ele é real, palpável, substancial e por isso está presente em todas as normas do sistema jurídico, não podendo, por consequência, ser desprezado.

A diferença da norma jurídica das demais normas reside na natureza do descumprimento (sanção). A sanção não está na norma isolada, mas no ordenamento. Diante disso, mesmo quando se interpreta uma lei isoladamente, está-se interpretando dentro de um sistema. Pode-se, aliás, afirmar que o **princípio** é **imediatamente aplicável**, a todo e qualquer caso concreto.

Mais uma vez, invoca-se **Rizzatto Nunes**[9] para tratar da efetividade dos princípios constitucionais, especialmente o da dignidade da pessoa humana:

> Está mais do que na hora de o operador do Direito passar a gerir sua atuação social pautado no princípio fundamental estampado no Texto Constitucional. Aliás, é um verdadeiro supraprincípio constitucional que ilumina todos os demais princípios e normas constitucionais e infraconstitucionais. E por isso não pode o Princípio da Dignidade da Pessoa Humana ser desconsiderado em nenhum ato de interpretação, aplicação ou criação de normas jurídicas.
>
> O esforço é necessário porque sempre haverá aqueles que pretendem dizer ou supor que Dignidade é uma espécie de enfeite,

---

dência. São Paulo: Saraiva, 2002.

9. *Op. Cit.*

> um valor abstrato de difícil captação. Só que é bem ao contrário: não só esse princípio é vivo, real, pleno e está em vigor como deve ser levado em conta sempre, em qualquer situação.

Errada, pois, toda e qualquer interpretação contrária à plena validade e máxima eficácia dos princípios. E nem poderia ser diferente, afinal, princípio é início e é regra. A doutrina de **Ruy Samuel Espíndola**[10] enfatiza a condição normativa do princípio:

> [...] No Direito Constitucional é que a concepção de fundamento da ordem jurídica como ordem global se otimiza diante da teoria principialista do Direito. Assim, os princípios estatuídos nas Constituições – agora princípios constitucionais –, "postos no ponto mais alto da escala normativa, eles mesmos, sendo normas, se tornam, doravante, as normas supremas do ordenamento".

Nisso consiste o propósito maior do presente estudo, demonstrar que o princípio é a base inicial do Direito e regra legal por excelência. O preâmbulo não é regra, mas, analogamente ao princípio, deve ser direto influenciador.

Em verdade, o princípio é a mais importante das regras legais.

Segundo **Miguel Reale:**[11]

> Princípios são, pois verdades ou juízos fundamentais, que servem de alicerce ou de garantia de certeza a um conjunto de juízos, ordenados em um sistema de conceitos relativos à dada porção da realidade. Às vezes também se denominam princípios certas proposições, que apesar de não serem evidentes ou resultantes de evidências, são assumidas como fundantes da validez de um sistema particular de conhecimentos, como seus pressupostos necessários.

Em se tratando de um princípio constitucional, rotulado como fundamental, ainda mais importante é a sua posição

---

10. *Conceito de princípios constitucionais*: elementos teóricos para uma formulação dogmática constitucionalmente adequada. São Paulo: Revista dos Tribunais, 1999, p. 74.

11. *Filosofia do direito*. 11. ed. São Paulo: Saraiva, 1986, p. 60.

dentro da completude do Direito. O princípio jurídico não se confunde com valor. O valor integra o princípio, que é mais do que valor porque é, por excelência, regra cogente.

Sobre a relação princípio e valor, novamente **Rizzatto Nunes:**[12]

> O princípio é, assim, um axioma inexorável e que, do ponto de vista do Direito, faz parte do próprio linguajar desse setor de conhecimento. *Não* é possível afasta-lo, portanto. O valor sofre toda influência de componente histórico, geográfico, pessoal, social, local etc. e acaba se impondo mediante um comando de poder que estabelece regras de interpretação — jurídicas ou não. Por isso, há muitos valores e são indeterminadas as possibilidades de deles falar. Eles variarão na proporção da variação do tempo e do espaço, na relação com a própria história corriqueira dos indivíduos. O princípio, não. Uma vez constatado, impõe-se sem alternativa de variação.

Não é exagero dizer que o princípio é o valor elevado à enésima potência, um valor tão forte que transcendeu a própria natureza e assumiu qualidade de regra. A primazia do princípio é o maior postulado do Direito. Por isso, há sempre de ser pesado, medido, reconhecido e aplicado, seja pelo legislador, seja, mais ainda, pelo julgador.

O festejado constitucionalista **Celso Antônio Bandeira de Mello**[13] adverte sobre os efeitos de sua inobservância:

> Princípio - já averbamos alhures - é, por definição, mandamento nuclear de um sistema, verdadeiro alicerce dele, disposição fundamental que se irradia sobre diferentes normas compondo-lhes o espírito e servindo de critério para sua exata compreensão e inteligência, exatamente por definir a lógica e a racionalização do sistema normativo, no que lhe confere a tônica e lhe dá sentido harmônico. É o conhecimento dos princípios que preside a intelecção das diferentes partes componentes do todo unitário que há por nome sistema jurídico positivo [...]. Violar um princípio é muito mais grave que transgredir uma norma qualquer. A desatenção

12. *Op. Cit.*

13. *Curso de Direito Administrativo.* 12. ed. São Paulo: Malheiros, 2000, p. 747/748.

> ao princípio implica ofensa não apenas a um específico mandamento obrigatório, mas a todo o sistema de comandos. É a mais grave forma de ilegalidade ou de inconstitucionalidade, conforme o escalão do princípio atingido, porque representa insurgência contra todo o sistema, subversão de seus valores fundamentais, contumélia irremissível a seu arcabouço lógico e corrosão de sua estrutura mestra. Isto porque, com ofendê-lo, abatem-se as vigas que os sustêm e alui-se toda a estrutura nelas esforçada.

Sua existência torna desnecessária até mesmo a chamada interpretação alternativa do Direito,[14] já que se trata de regra positiva e que pode e deve ser imediatamente aplicada. Logo, o juiz não desprezará a ordem jurídica e o Direito posto, mas ao contrário, se valerá deste quando buscar a solução mais adequada ao caso concreto em termos de contração de Justiça.

Aqui se defende a tese da primazia do princípio, pois se acredita tratar do início, meio e fim de qualquer aplicação justa e equilibrada do Direito, sempre tendo por objetivo maior a concretização da Justiça.

É o que parece também entender o Ministro **Luís Roberto Barroso:**[15]

> [...] são o conjunto de normas que espelham a ideologia da Constituição, seus postulados básicos e seus fins. Dito de forma sumária, os princípios constitucionais são as normas eleitas pelo constituinte como fundamentos ou qualificações essenciais da ordem jurídica que institui.

Embora assim se posicione, o ilustre componente do Supremo Tribunal Federal deixou de reconhecer seu próprio entendimento em alguns dos seus votos, contrários que foram a

14. Destaque-se, por absolutamente necessário, que embora haja inegável preferência por interpretação mais flexível do Direito e do desprendimento de amarras excessivamente formais, para lá de garantistas, não há, aqui, qualquer simpatia pela interpretação alternativa do Direito. O Direito não tem interpretação alternativa, tem interpretação correta, sistêmica, orientada pela e para a justiça.

15. *Interpretação e aplicação da Constituição:* fundamentos de uma dogmática constitucional transformadora. São Paulo: Saraiva, 1999, p. 147

importantes princípios constitucionais, o que ora se observa respeitosamente, com intuito puramente acadêmico e dentro do leque democrático do debate jurídico. Em não poucos litígios sobre o que se costuma chamar de pauta dos costumes, seus votos sempre foram de encontro a importantes princípios.

Com base neles, o juiz, sem deixar de lado as talas legais, poderá conferir ao fato a melhor aplicação do Direito, ainda que esta não se revele nos moldes mais tradicionais.

Os princípios estão aí, positivados. Podem e devem ser aplicados imediatamente, sobretudo à luz de um dado caso concreto. Autorizam, por excelência e por autoridade, eventual julgamento contra texto literal de lei desde que os fundamentos da decisão correspondam aos propósitos dos seus respectivos enunciados.

É o princípio, como já inferido neste texto e até explicitamente exposto, poderoso mecanismo de calibragem, mola legal por que o operador do Direito pode melhor compreender a ciência objeto do seu trabalho e a Justiça efetivamente construída numa dada lide forense.

Princípio é Direito e, ao mesmo tempo, Justiça. Reclama aplicação inteligente do sistema legal, permitindo aos envolvidos numa disputa judicial, especialmente ao juiz, distribuir a Justiça sem ofender a ideia de segurança jurídica, um dos principais postulados do Direito e do Estado Democrático.

Nem é preciso mais cogitar em eventual aplicação alternativa do Direito, pois os instrumentos positivos são suficientemente hábeis para a concretização da Justiça, bastando, para tanto, o reconhecimento da primazia dos princípios constitucionais fundamentais e o constante influxo dos demais ramos do conhecimento humano.

O Direito não é uma ciência pura nem se encontra distante dos demais ramos do conhecimento humano. Muito pelo contrário, em que pese sua natureza formal e abstrata, existe para ser aplicado e, assim o sendo, para a construção coerente da Justiça mister se faz o uso contínuo e corajoso dos princípios.

2. E quando se tem que o preâmbulo, mesmo não sendo um deles, pode e deve ser equiparado aos princípios, reconhece-se que seu conteúdo não pode ser desprezado e que sua parte mais importante, a que diz que a Constituição foi promulgada *"sob a proteção de Deus"*, há sempre de prevalecer. Os valores que derivam de Deus, que o circundam e Dele emanam, gozam de primazia na arte interpretativa, são informadores dos próprios princípios e devem ser considerados quando da criação e da aplicação do Direito. Do princípio da livre convicção do magistrado

Liberdade orientada pelos valores implícitos no preâmbulo

Um dos princípios mais importantes do sistema processual-constitucional brasileiro é o da livre convicção do magistrado. Existe na maior parte dos Estados democráticos de Direito e garante, a um só tempo, a autonomia da atividade judicante e os mais legítimos interesses dos jurisdicionados. Derivado do *Due Process of Law,* protege os magistrados e a sociedade.

O devido processo legal – ensina a melhor doutrina –

> como princípio constitucional, significa o conjunto de garantias de ordem constitucional, que de um lado asseguram às partes o exercício de suas faculdades e poderes de natureza processual e, de outro, legitimam a própria função jurisdicional.[16]

Sobre esse importantíssimo princípio, muito didático é **Eduardo Bello Leal Lopes da Silva:**[17]

---

16. CINTRA, GRINOVER e DINAMARCO. *Teoria geral do processo.* 22ª ed. São Paulo: Malheiros, 2006, p. 88.

17. SILVA, Eduardo Bello Leal Lopes da. Devido processo legal processual e material. Disponível em: https://bit.ly/3ybwZGm Acesso em: 27 jul. 2021.

> O princípio do Devido Processo Legal é norma dotada de positividade que serve para orientar a correta interpretação das demais normas isoladas e determina condutas obrigatórias ou, pelo menos, impede a adoção de comportamentos incompatíveis com o seu conteúdo. Nessa perspectiva, os processualistas (FERRAZ e DALLARI, 2007, p. 68) conceituam a expressão "processo legal devido" assim:
>
> Processo – sequência de atos concatenados e encadeados em que todos os interessados tenham forças idênticas.
>
> Legal – a anatomia e a fisiologia, ou seja, o aparato e o procedimento hão de estar previamente estabelecidos em lei, inteiramente reverentes à axiologia constitucional pertinente.
>
> Devido – o processo legal há de ser eficiente, proporcional, transparente e isonômico no equacionamento da deflagração e do favorecimento das instâncias judiciais.

Pelo devido processo legal tem-se a garantia de que o julgamento será justo, baseado nas regras legais, na paridade de forças entre as partes litigantes, na ampla defesa, na produção de provas, no juízo natural, na transparência e na publicidade (salvo quando sua limitação se justificar), enfim, em tudo aquilo que é necessário para que o Estado, em sua função de dizer o Direito ao caso concreto, não abuse jamais do poder nem imponha ao jurisdicionado nada que não for correto, moralmente ordenado.

Pode-se dizer que o *Due Process of Law* é a tutela dos direitos e garantias fundamentais, o instrumento pelo qual forma e substância se confundem positivamente e protegem os indivíduos. Curiosamente, contempla o **Livre Convencimento do Magistrado** e é mais bem exercido por ele. Um caso raro em que o "mais" é, de certa forma, instrumentalizado pelo "menos".

Isso porque só se pode falar realmente em processo devido, legal, orientado para a busca da justiça e administração do bem se o juiz não se subordinar a nada que não seja sua consciência, seu convencimento, desimpedido, descompromissado com fato externo ao Direito e à aspiração à verdade.

Dignos de notas são os comentários de **Ricardo Fachin Cavalli** sobre este importantíssimo princípio:

> Segundo o Princípio do Livre Convencimento, o magistrado tem liberdade quando da avaliação das provas produzidas no processo desde que fundamente o porquê chegou àquele resultado.
>
> Assim dispõe Tucci (1987, p. 16):
>
> "[...] sem a incumbência de ater-se a um esquema rígido ditado pela lei (sistema da prova legal), o juiz monocrático, bem como o órgão colegiado, ao realizar o exame crítico dos elementos probatórios, tem a faculdade de apreciá-los livremente, para chegar à solução que lhe parecer mais justa quanto à vertente fática."
>
> Em virtude da adoção do princípio acima, o magistrado poderá julgar de acordo com o seu livre convencimento os fatos trazidos e produzidos no processo. Esta liberdade acha limites na impossibilidade de julgamento contrário às provas trazidas aos autos, isto, para evitar a volta ao arbítrio.
>
> Neste sentido, importante o comentário de Nery Júnior (2004, p. 519):
>
> "O juiz é soberano na análise das provas produzidas nos autos. Deve decidir de acordo com o seu convencimento. Cumpre ao magistrado dar as razões de seu convencimento. Decisão sem fundamentação é nula *pleno jure* (CF 93 IX). Não pode utilizar-se de fórmulas genéricas que nada dizem. Não basta que o juiz, ao decidir, afirme que defere ou indefere o pedido por falta de amparo legal; é preciso que diga qual o dispositivo de lei que veda a pretensão da parte ou interessado e porque é aplicável no caso concreto."
>
> [...]
>
> o professor Theodoro Jr (2007, p. 476) cita alguns parâmetros que o magistrado deve se ater:
>
> "a) embora livre o convencimento, este não pode ser arbitrário, pois fica condicionado às alegações das partes e às provas dos autos; b) a observância de certos critérios legais sobre provas e sua validade não pode ser desprezada pelo juiz (arts. 335 e 366) nem as regras sobre presunções legais; c) o juiz fica adstrito às regras de experiência, quando faltam normas legais sobre as provas, isto é, os dados científicos e culturais do alcance do magistrado são úteis e não podem ser desprezados na decisão da lide; d) as sentenças devem ser sempre fundamentadas, o que impede julgamentos arbitrários ou divorciados da prova dos autos".[18]

---

18. CAVALLI, Ricardo Fachin. Princípio do livre convencimento motivado do juiz. Disponível em: https://bit.ly/3zEdxCH Acesso em: 27 jul. 2021.

Indubitável, portanto, a necessidade de se garantir, sempre, a liberdade do magistrado no ato de julgar. Liberdade que se traduz em soberania e, consequentemente, em máxima proteção à sociedade.

Toda liberdade, porém, tem algum tipo de limite. A vida é feita desses paradoxos. O paradoxo da democracia é a liberdade que alguém tem de defender posições antidemocráticas. O paradoxo do ministério da Cátedra de São Pedro é saber que a mais importante de todas as funções se traduz em servidão absoluta (O Papa é o servo dos servos de Deus). O paradoxo do livre convencimento do magistrado é que sua liberdade se molda por poderoso critério: a lei, guiada por critérios subjetivos e objetivos dispostos também por ela, porém fundados em algo que a transcende e que lhe é essencial, fundamental e vetor.

O juiz deve obedecer apenas a sua consciência, mas esta, no ato de julgar, não é absolutamente livre, mas modulada pelos princípios fundamentais e/ou constitucionais.

Então, pode-se afirmar que a liberdade do magistrado no ato de julgar se submete aos princípios, fundamentais, constitucionais, supraconstitucionais, gerais de Direito, sob pena de a lei ser aplicada de forma inoportuna, para não dizer infeliz e injusta. A convicção do magistrado é livre, mas informada necessariamente pelos princípios.

São eles as talas que o próprio Direito oferece para sua melhor interpretação e sua justa aplicação. Ferramentas que constroem a liberdade do juiz e as lanternas do seu caminho.

E evidentemente que, ao se falar de princípios, fala-se também dos valores, nascidos de contextos bem determinados, que estão explícita e implicitamente previstos no preâmbulo.

Com o perdão pela repetição, mas é de sempre se destacar que, ao invocar a proteção de Deus, Nosso Senhor Jesus Cristo, o legislador constituinte, em nome do povo brasileiro, reafirmou os valores de sempre e tudo o que efetivamente informa a ordem jurídica do país. O que se dizia ontem, diz-se hoje e se dirá amanhã, pois a verdade que se extrai dessa orientação divina não se altera ao capricho das modas e dos gostos de ocasião.

Mesmo o juiz ateu – e lhe é garantido o inalienável direito de descrer – tem que se lembrar, no ato de julgar, que opera um sistema legal protegido por um Deus conhecido, vivo, que deu ao seio social valores e que se encontra enfronhado nele.

Isso não é afirmação de fé, pelo menos não só. Seu caráter é essencialmente jurídico, fomentado pela análise do jogo dos vasos comunicantes das normas, dando a cada um o que é seu e aos princípios a primazia, da qual comunga o preâmbulo, o fundamento de validade do ordenamento jurídico e que ordena, obviamente, o princípio da livre convicção do magistrado.

3. Conclusão

Em nome da brevidade e aspirando, não sem alguma pretensão, a uma natureza mais didática ao presente estudo, fica a conclusão sob a forma de tópicos, resumo do exposto e propostas de exercício prático do Direito.

I) O preâmbulo não é norma constitucional, mas também não é irrelevante. Pelo contrário. Trata-se de fundamento de validade da Constituição que, por sua vez, é o fundamento de validade da ordem jurídica. Afirmando-se isso, tem-se que seu conteúdo não pode ser desprezado, e há de se encarado como orientador da criação, interpretação e aplicação de todas as regras.

II) A Constituição é a infraestrutura do Direito; o preâmbulo, portanto, é a infraestrutura da infraestrutura. Paradoxalmente, o preâmbulo se apresenta no topo e na base na pirâmide jurídica, não se admitindo o desprezo de seu conteúdo.

III) Segundo a teoria da "ponte do tempo", o preâmbulo representa a afirmação (ou a negação) do conteúdo histórico-jurídico-político-moral-social do povo. O legislador constituinte considera tudo isso ao redigi-lo, seja para manter, seja para romper com a tradição. Ao invocar a proteção de Deus para a Constituição Federal, o legislador reafirmou a condição do brasileiro como povo teísta, que reconhece toda a carga de valores que lhe são implícitos ou explícitos.

IV) E que Deus é este de que trata o preâmbulo? Inegavelmente, o Deus judaico-cristão. Essa afirmação não fere de modo algum a condição a natureza laical do Estado nem qualquer sensibilidade religiosa ou filosófica. Reverbera apenas o contexto histórico do país e o sentimento da maior parte do povo. Conecta-se ao envasamento cultural e ao acervo de tradições e costumes.

V) Nasceu o Brasil de um grande esforço apostólico de Portugal. Seu primeiro nome oficial foi Terra de Santa Cruz e a bandeira que tremulou no país antes de todas foi a da Cruz da Ordem de Cristo. O ato oficial que fundou o país foi a Santa Missa e, durante muito tempo, o catolicismo foi a religião oficial. O Brasil, assim como a civilização ocidental, foi construído pela Igreja e o cristianismo é a religião da maioria da população. Daí a certeza de que o Deus mencionado pelo legislador constituinte foi o Deus de Abrãao, Isac e Jacó, o Deus de Israel, o Deus que falou pelos Profetas, deu aos homens a Palavra e, na plenitude dos tempos, se fez homem em Nosso Senhor Jesus Cristo.

VI) Todos os princípios fundamentais e/ou constitucionais são diretamente informados pela moral cristã, que é a gênese do Direito Ocidental. O preâmbulo reafirma essa condição e orienta a inteligência do

Direito, fazendo incidir, como selo indelével, os valores dessa cosmovisão na criação, interpretação e aplicação das normas legais.

VII) A forma objetiva que existe para a afirmação positiva e eficaz do preâmbulo é a sua comparação imediata aos princípios constitucionais. O princípio é norma e é orientador de outras normas. Toda norma há de ser guiada pelos princípios. Considerando-se a qualidade orientadora do preâmbulo, é coerente, razoável, que se lhe empreste a força dos princípios e não se permita esquecê-lo.

VIII) O princípio é norma, porém revestida de valor muito maior que as normas em geral. É norma que guia outras normas e que tem que influenciar seu criador, seu intérprete e seu aplicador. Não se pode ignorar o princípio, muito menos subverter seu conteúdo. O princípio tem que ser sempre levado em consideração e obedecido. Errada, pois, toda norma gerada ao arrepio de um princípio e toda interpretação normativa que desautorize, ainda que tangencialmente, qualquer princípio, seja em análise direta e isolada, seja em inteligência indireta ou sistêmica.

IX) O livre convencimento do magistrado é princípio encartado pelo *Due Process of Law*. Constitui garantia fundamental e perspectiva concreta de julgamento justo. Sabidamente, o juiz deve obediência a sua consciência. Embora importantíssima e desimpedida, livre de fatores e influências externas, a liberdade de convencimento encontra limite efetivo na lei e naquilo que tem de mais forte, os princípios. O juiz não pode julgar contra os princípios fundamentais e/ou constitucionais sob pena de sua decisão se tornar antijurídica. Os princípios ordenam as decisões e guiam os convencimentos. Nenhuma decisão pode deixar de observar a proporcionalidade, a razoabilidade, a isonomia, a equidade, o bom-senso e todos os valores que comandam e embasam a ordem jurídica. O juiz é livre na formação do seu convencimento, mas há de ser sempre submetido ao conteúdo dos princípios.

X) Sabe-se que o preâmbulo não é exatamente norma, tampouco princípio (a norma das normas), mas é algo a ser considerado e que pode, em não poucas medidas, ser comparado aos princípios. Representa, sumariamente, a sociedade a que a Constituição se destina e, consequentemente, o conjunto de valores que se infere do seu contexto histórico-cultural-político. Esse contexto multifacetado influencia o sistema legal e a ordem jurídica. A formação do Direito e o seu exercício. Quando o preâmbulo deixa claro que a Constituição é elaborada e promulgada sob a proteção de Deus (e se sabe, pelo mesmo contexto, que esse Deus é o judaico-cristão ou, ainda mais especificamente, Jesus Cristo), todas as normas recepcionadas, por serem criadas, também estarão sob a mesma proteção. E devem se fazer merecedoras disso.

XI) A afirmação contida na nota imediatamente precedente não é contraditória à laicidade do Estado nem mesmo ofende o princípio da liberdade religiosa. Muito pelo contrário. Respeita o princípio democrático, já que as inclinações na maioria são absorvidas sem que se tenha por desrespeitadas as das minorias. Ninguém é obrigado a crer nesse Deus e a se conduzir por seus valores. A determinação é direcionada ao Estado, respeitando-se a história, os costumes, as tradições, a cultura do povo, titular do poder. Respeita-se, a despeito de discussões acadêmicas, o Direito Natural, influenciador modular dos sistemas jurídicos ocidentais. O Estado, em suas três porções do Direito, não pode administrar, legislar e julgar sem manter em alça de mira a invocada proteção a Deus e tudo o que isso significa. Seu magistério, seus comandos diretos e indiretos, sua catequese, são elementos – ou ao menos deveriam ser – constitutivos dos atos administrativos, dos programas políticos, da legislação e dos julgamentos.

XII) O preâmbulo é o muro de contenção aos atos estatais contrários à vontade de Deus, sendo que o escrutínio dessa vontade é muito menos subjetivo do que parece ser, já que, definidos os critérios por contextos evidentes, se delineiam bem as fontes de esclarecimento e de certeza. O legislador não pode criar leis que contrariem os princípios constitucionais e que ignorem os valores professados na invocação protetória divina. O juiz não pode, em que pese a força incomensurável do princípio do seu livre convencimento, desprezar outros princípios e o preâmbulo ao julgar. Daí a crítica contundente, porém respeitosa, acadêmica, democrática e produtiva ao debate jurídico, que se faz a algumas recentes decisões do Supremo Tribunal Federal, contrárias aos princípios constitucionais e ao espírito geral do preâmbulo, por cujas letras todos os temas da chamada agenda de costumes têm que ser orientados, já que o preâmbulo é, ele próprio, um orientador dos costumes. Nenhuma norma pode ser interpretada e aplicada pelo juiz sem essas orientações.

Essas doze apostólicas notas defendem a primazia do preâmbulo e dos princípios em todos os atos do Estado, especialmente os direcionados ao dever de julgar.

E quando se fala em julgamento, não se fala apenas dos casos que tratam de costumes e temas morais, dos de natureza penal ou os de Direito Administrativos, mas se fala de absolutamente todos, sem exceção.

Os litígios de Direito Empresarial também se submetem ao crivo inevitável dos princípios constitucionais (ou fundamental e até supraconstitucionais) e da proteção de Deus de que trata o preâmbulo.

Enfim, ele orienta os princípios todos (gerais, constitucionais, supraconstitucionais, infraconstitucionais, metajurídicos), e estes guiam, submetem as normas e seu efetivo exercício. Isso é tão certo quanto o sol que nasce ao fim da noite; faz parte da ordem natural, universal, criada pelo próprio Deus que protege o ordenamento jurídico brasileiro.

Proporcionalidade, isonomia, equidade, razoabilidade, transparência, moralidade, eficiência, boa-fé, acesso à jurisdição, autonomia da vontade, bom senso, autonomia dos negócios jurídicos (uns aos outros), reparação civil integral, vedação às cláusulas abusivas, proibição do abuso do direito de demandar, entre outros, são princípios que vinculam o juiz no ato de julgar.

A liberdade do juiz é ampla, praticamente soberana, curvando-se somente ao manancial de princípios e ao espírito do preâmbulo. O juiz pode quase tudo, menos desprezar aquilo que informa o Direito e, ao mesmo tempo, está em seu cume.

A invocada proteção a Deus é a mesma que reside na gênese da civilização ocidental e do Direito desde que Constantino adotou o cristianismo como a fé oficial do Império Romano. Essa proteção não é apenas um simbolismo na abertura da Constituição, mas, segundo a "ponte do tempo" é a reafirmação histórico-cultural do povo brasileiro.

Essa invocação tem peso de bigorna e valor de ouro, é a justificação plena de que a Palavra de Deus transcende o sentimento religioso e tem peso jurídico, gostem ou não os agentes políticos de Estado.

Não se trata de preferência ou de ideologia, mas de ortodoxia jurídica empregada ao bem comum imaginado e querido pelo legislador constituinte.

Não à toa, sabe-se bem, a presença da expressão "*sob a proteção de Deus*" foi alvo de muitos debates à época da Assembleia Nacional Constituinte. Salvo engano, o tema mais pesquisado na Biblioteca do Congresso Nacional. Prevaleceu, com sobras, segundo o juízo da esmagadora maioria dos representantes do povo.

Sua presença não é mero adorno para a edulcorar a pintura constitucional. Não. É presença marcante, orientadora, veraz e primaz; que grita como gritarão as pedras se todos se calarem; que se impõe por si mesma, assim como se impõem a Verdade e a Beleza. Deus é fiel, e essa fidelidade implica justiça.

Os princípios e os preâmbulos existem exatamente para que essa justiça seja constantemente lembrada e aplicada, fielmente, pelos juízes. Quando se lembra da justiça divina, a literalidade da lei importa menos do que os princípios, e do que o preâmbulo.

A justiça é equilibrada, é proporcional, é razoável, é integral, é protetiva. Protege a vítima, o credor insatisfeito; pune adequadamente o causador de atos ilícitos, repara danos, e, depois disso, sendo possível, reergue os caídos.

Gosto de lembrar que Jesus perdoou Dimas e o levou consigo para o Reino dos Céus. Perdoou porque sondou o coração de Dimas e lhe sentiu o sincero e contrito arrependimento.

Na cruz, pegando a pena por seus crimes, Dimas sinceramente se arrependeu. Viveu sua *metanoia*, sua conversão fulminante.

Como se pode afirmar isso? Pelo contexto. O contexto que ampara o preâmbulo constitucional autoriza dizer que Dimas realmente se arrependeu de seus crimes.

Admoestou o outro ladrão crucificado que blasfemava e insultava Jesus. Reconheceu que sua condenação dolorosa era justa, merecida, punição devida, mas se indignou com a crucifixão de Jesus, um justo.

Viu um Deus no homem macerado na cruz, ensanguentado, desfigurado. Chamou-o de Senhor. Professou ali a fé. Não viu Deus em Jesus quando operava milagres ou proferia o Sermão da Montanha, mas quando padecia no escárnio do

Gólgota. Eis aí um tipo de fé que talvez um cristão atual dificilmente consiga professar.

E ainda mais importante: Dimas pediu o Reino dos Céus, para ser lembrado, para ser protegido por Deus, mas não pediu para ser isento de pena, para lhe ser tirado o sofrimento que o acossava, para ser exonerado da justa e integral reparação dos seus erros.

Isso é conversão, é abraçar a justiça, é autêntica fé.

Jesus reconheceu a conversão e a sinceridade de Dimas, escancarou-lhe as portas do Céu, perdoou seus pecados, mas não o livrou da cruz, não o tirou do calvário, não o isentou da pena, porque justa, devida, ainda que extremamente dura e imersa em sofrimento.

Todos os valores, regras, princípios, foram pesados e considerados naquele momento ímpar, o Direito de então aplicado segundo a reta razão e a misericórdia. A reta razão se viu na manutenção da pena que se cumpria, a justa e integral reparação do dano, determinada pelo juiz natural do caso de Dimas; a misericórdia se deu na redenção do criminoso verdadeiramente arrependido, porém depois de eficazmente cumprida a pena.

A arte de ser justo é talvez a mais difícil de todas. Exatamente para isso que existem os princípios. E o preâmbulo. Ser justo não é aplicar irrefletidamente o Direito: o juiz não é mero carimbador de normas. Ser justo é outra coisa. Para auxiliar o juiz, para iluminar os caminhos do seu convencimento, o próprio Direito tem seus aliados, sentinelas, anjos da guarda. Que antes de dizê-lo ao caso concreto, mesmo nos litígios aparentemente mais simples, cada juiz se lembre, a despeito de suas convicções filosóficas e de fé (ou mesmo à falta dela), que o julgamento não pode ser feito segundo a simples leitura da lei, ou conforme ideologias e preferências pessoais, mas sempre sob a divina proteção. Porque isso pesa. E pesa muito.

No outono de 2021, Tempo Comum +.

Bibliografia

ALVES Jr., Luís Carlos Martins. O preâmbulo da Constituição brasileira de 1988. Disponível em: https://bit.ly/3BPdKoz Acesso em: 27 jul. 2021.

BARROSO, Luís Roberto. *Interpretação e aplicação da Constituição:* fundamentos de uma dogmática constitucional transformadora. São Paulo: Saraiva, 1999.

CAVALLI, Ricardo Fachin. Princípio do livre convencimento motivado do juiz. Disponível em: https://bit.ly/3zEdxCH Acesso em: 27 jul. 2021.

CINTRA; GRINOVER; DINMARCO. *Teoria geral do processo.* 22ª ed. São Paulo: Malheiros, 2006.

ESPÍNDOLA: Ruy Samuel. *Conceito de princípios constitucionais*: elementos teóricos para uma formulação dogmática constitucionalmente adequada. São Paulo: Revista dos Tribunais, 1999.

MELLO, Celso Antônio Bandeira de. *Curso de Direito Administrativo*. 12. ed. São Paulo: Malheiros, 2000.

MIRANDA, Jorge. *Manual de direito constitucional*, T. 2. *Apud* DANTAS, Paulo Roberto de Figueiredo Dantas. Direito Processual Constitucional. 8ª ed. São Paulo: Saraiva, 2018.

NUNES, Luiz Antonio Rizzatto. *O princípio constitucional da dignidade da pessoa humana:* doutrina e jurisprudência. São Paulo: Saraiva, 2002.

REALE, Miguel. *Filosofia do Direito.* 11. ed. São Paulo: Saraiva, 1986.

SANDOVAL, Ovídio Rocha Barros. A proteção de Deus no preâmbulo da Constituição. Disponível em: https://bit.ly/3B-QhIgo Acesso em: 27 jul. 2021.

SILVA, Eduardo Bello Leal Lopes da. Devido processo legal processual e material. Disponível em: https://bit.ly/3ybwZGm Acesso em: 27 jul. 2021.

A INTERPRETAÇÃO DO PREÂMBULO DA CONSTITUIÇÃO FEDERAL DE 1988 - A ALUSÃO À EXPRESSÃO "SOB A PROTEÇÃO DE DEUS" - E A AUTONOMIA DO DIREITO RELIGIOSO BRASILEIRO, CONFERIDA PELA LEI MAIOR

THE INTERPRETATION OF THE PREAMBLE OF THE 1988 FEDERAL CONSTITUTION - THE ALLUSION TO THE EXPRESSION "UNDER THE PROTECTION OF GOD" - AND THE AUTONOMY OF BRAZILIAN RELIGIOUS LAW CONFERRED BY THE MAJOR LAW

Oswaldo Othon de Pontes Saraiva Filho[1]

Resumo: Este artigo é fruto de um breve estudo acerca do preâmbulo da Constituição brasileira, onde há referência à *proteção de Deus*, reconhecendo nele a função de servir como afirmação dos valores consagrados nos demais princípios e nas demais normas constitucionais e como um importante vetor interpretativo tanto dos princípios e normas constitucionais como das regras infraconstitucionais. Este artigo numera vários princípios e normas constitucionais que demonstram que a Carta Magna, de 1988, constituiu um Estado

---

1. Mestre em Direito. Professor de Direito Financeiro e de Direito Tributário da Faculdade de Direito da Universidade de Brasília – UnB. Ex-procurador da Fazenda Nacional de categoria especial (aposentado). Ex-consultor da União (1996-2015). Sócio sênior do escritório MJ Alves e Burle Advogados e Consultores. Advogado e parecerista.

laico colaborativo, tendo sido impregnada pelos valores religiosos, nomeadamente, a liberdade de crença, de culto e de suas liturgias. Diante do grande número de princípios e normas constitucionais relacionados com as religiões, chega-se à dedução de que autonomia do Direito Religioso é proclamada pelo próprio Texto Constitucional.

Abstract: This article is the result of a brief study about the preamble of the Brazilian Constitution, where there is reference to the *protection of God*, recognizing in it the function of serving as an affirmation of the values enshrined in the other constitutional norms and as an important interpretative vector of both constitutional and infraconstitutional norms. This article lists several constitutional principles and norms that demonstrate that the 1988 Constitution constituted a collaborative secular state, having been impregnated by religious values, especially, freedom of belief, worship and its liturgies. In view of the large number of constitutional principles and norms related to religions, it is concluded that the autonomy of Religious Law is proclaimed by the Constitutional Text itself.

Palavras-chave: Estado Laico. Liberdade de Crença. Liberdade de Culto. Direito Religioso.

Keywords: *Secular State. Freedom of Belief. Freedom of worship. Religious Law.*

Sumário: 1. Dedicatória – 2. Introdução – 3. A interpretação do preâmbulo da Constituição brasileira federal e a autonomia do Direito Religioso – 4. Conclusão –Bibliografia.

1. Dedicatória

Inicialmente, dedica-se este sinóptico trabalho acadêmico ao saudoso amigo, grande jurista e brilhante advogado o Dr. João Carlos Biagini, *in memorium*, que até há poucos meses ocupou, com exemplar dedicação e competência, o múnus de diretor-secretário da União dos Juristas Católicos de São Paulo – UJUCASP.

2. Introdução

Neste artigo, serão respondidas as seguintes controvérsias: Como interpretar o preâmbulo da Constituição brasileira, na parte da locução "sob a proteção de Deus", já que ela fora votada e aprovada por maioria expressiva? Seria tal invocação irrelevante? O §2º do art. 226 da Constituição Federal de 1988 faz menção ao casamento religioso distinto do casamento civil, cujos efeitos seriam os mesmos. Não estaria, tal distinção de regime jurídico com princípios próprios a demonstrar a existência de um direito religioso como ramo autônomo do direito positivo? O que caracteriza a autonomia de um ramo do direito? Princípios, normas e regras com aspectos diferenciais dos outros ramos? Se assim for, não haveria, no concernente à religião, princípios, normas e regras diferenciais, dentro do direito positivo? Se sim, quais seriam?

3. A interpretação do preâmbulo da Constituição Federal e a autonomia do direito religioso brasileiro

A evolução dos Direitos, tanto do ramo do público – onde predomina o interesse estatal e da sociedade (Direito Constitucional, Direito Administrativo, Direito Penal e assim por diante) quanto do privado (Direito Civil, Direito Comercial, Direito do Trabalho etc.) – onde prevalecem os interesses particulares dos indivíduos, tem decorrido da crescente complexidade de cada espécie do mesmo gênero da Ciência Jurídica, fruto do surgimento de vários princípios próprios e normas específicas, proporcionadoras do inevitável reconhecimento da autonomia de novos Direitos.

Vale avivar que, na primeira metade do século passado, além do Direito Constitucional, existia, por exemplo, o Direito Administrativo, entendido como o ramo do Direito público composto pelo *conjunto harmônico de princípios jurídicos (sistematização de normas e doutrinas jurídicas) que regem os órgãos, os agentes e a atividades públicas* [além dos bens públicos], *tendentes a realizar concreta, direta e imediatamente os fins desejados pelo Estado.*[2]

2. MEIRELLES, Hely Lopes. *Direito administrativo brasileiro*, 42ª edição, José Emmanuel Burle Filho e Carla Rosada Burle (atualizadores), São Paulo: Malheiros, 2016, p. 42.

Já o Direito Financeiro, que pode ser conceituado como o ramo do Direito público interno, que disciplina o aspecto jurídico das finanças públicas, regulando a atividade financeira do Estado e de entes públicos descentralizados, quanto às receitas originárias e derivadas, inclusos o crédito público, as despesas públicas e os orçamentos, tendo como elementos essenciais seus princípios e suas normas cogentes, devido a sua especialização, desprendeu-se do Direito Administrativo, passando a cuidar de um único tipo de serviço público: a atividade financeira da Administração direta e indireta.

A seu turno, devido também a sua especialização, do Direito Financeiro surgiu um novo broto: o *direito tributário*, que trata de uma das receitas públicas derivadas, a da espécie tributária, tornando-se um outro ramo do direito público que cuida, através de seus princípios e normas próprios, da tributação ou das relações jurídicas entre o Fisco e os contribuintes ou responsáveis tributários.

Cumpre colimar, pois, que, constantemente, emerge o reconhecimento da autonomia de uma nova espécie ou subespécie do Direito, decorrente da complexidade e especialização de seus princípios e preceitos, alguns deles encontrados na própria Constituição do País, do aparecimento de uma doutrina própria em obras especializadas, pelo fato de, didaticamente, passar essa nova espécie ou subespécie a ser ministrada e estudada em uma disciplina apartada nas faculdades de Direito.

No entanto, autonomia não significa independência. Entrelaça-se cada nova espécie do Direito com outros ramos do Direito e até com outras ciências. Embora existindo autonomia, não existe uma divisão estanque em nenhuma área do Direito. Não significa divorciar-se dos princípios gerais de Direito.

Ora, quase tudo do que foi dito acima se aplica ao Direito Religioso no Brasil, isto é, ao Direito das instituições religiosas e de seus fiéis, de modo que, como se explicitará adiante, não há como não reconhecer a este Direito a autonomia que outras espécies de Direito também já obtiveram, mormente porque esta autonomia exsurge de inúmeras passagens do próprio Texto Constitucional.

De fato, já no próprio preâmbulo da Constituição da República, votado e aprovado por maioria expressiva dos constituintes originários de 1988, ainda que não tenha sido promulgado, reluz a feliz e pertinente locução "sob a proteção de Deus".[3]

Embora haja divergência sobre a obrigatoriedade quanto à eficácia do preâmbulo da Constituição Brasileira de 1988,[4-5] não se pode deixar de reconhecer a relevância dele, uma vez que traz afirmações de princípios, revelando as intenções dos constituintes originários e os valores perenes, pela Carta Magna consagrados, de cunho político ou ideológico, filosófico, religioso, moral e social, de modo que o prólogo da Lei Maior possui ingente relevância, devendo ser levado em conta quando da interpretação das normas constitucionais e infraconstitucionais.[6]

Já esses princípios e valores positivados no corpo da Constituição, constituem, sim, sem quaisquer divergências doutrinárias

---

3. Assim reza o preâmbulo da CF/1988: "Nós, representantes do povo brasileiro, reunidos em Assembleia Nacional Constituinte para instituir um Estado Democrático, destinado a assegurar o exercício dos direitos sociais e individuais, a liberdade, a segurança, o bem-estar, o desenvolvimento, a igualdade e a justiça como valores supremos de uma sociedade fraterna, pluralista e sem preconceitos, fundada na harmonia social e comprometida, na ordem interna e internacional, com a solução pacífica das controvérsias, promulgamos, *sob a proteção de Deus*, a seguinte Constituição da República Federativa do Brasil."

4. Na lição de Pinto FERREIRA: "O preâmbulo de uma Constituição nunca deve ser considerado mera fórmula [...]. Ele é, ao contrário, parte integrante da Constituição. Tem, assim, o mesmo valor que a Constituição e está acima das leis ordinárias (in *Curso de direito constitucional*, 12ª edição, São Paulo: Saraiva, p. 71).

5. O Pleno do STF, por ocasião do julgamento da ADI nº 2.076/AC, rel. min. Carlos Velloso, *DJ* de 8/8/2003, p. 86, decidiu, no sentido de que o Preâmbulo da Constituição de 1988 não tem força obrigatória, não cria direitos, nem obrigações, *não constitui norma central da Constituição, de reprodução obrigatória na Constituição do Estado-membro. O que acontece é que o "Preâmbulo" contém, de regra, proclamação ou exortação no sentido dos princípios inscrito na Carta.* [...] *esses princípios, sim, inscritos na Constituição, constituem normas de reprodução obrigatória.*

6. FERREIRA FILHO, Manoel Gonçalves. *Comentários à Constituição Brasileira de 1988*, volume 1. São Paulo: Saraiva, 1990, p. 15.

ou jurisprudencial, preceptivos constitucionais imperativos e de reprodução obrigatória pelas constituições estaduais e pelas leis orgânicas do Distrito Federal e dos Municípios.

Sobre significado interpretativo do anteâmbulo da Constituição, traga-se à colação o comentário de Francisco Gérson Marques de Lima,[7] *in verbis*:

> O *preâmbulo* da Constituição serve de parâmetro interpretativo dos preceitos desta, além de proclamar seus princípios básicos. Por força do *Preâmbulo*, a Constituição irradia uma pauta de valores, entre os quais se situa a justiça, a orientar não só a interpretação constitucional, mas a aplicação de todo o ordenamento jurídico, eis que no esquema de validez hierárquica, este deve obedecer à Carta Magna. O *Preâmbulo* traça as diretrizes políticas, filosóficas e ideológicas da Constituição, e expressa objetivamente a ordem que transcende a própria Lei Maior, na medida em que condensa todo o seu espírito e o seu fundamento. E isto deve orientar o atuar jurídico e a prática judicial, vale dizer, todo o processo de aplicação do Direito. Enfim, no *Preâmbulo,* está o espírito da Constituição, funcionando ele como uma justificação do constituinte e do povo e um resumo do teor da nova Carta.

Consoante o magistério do festejado constitucionalista José Afonso da Silva,[8] *verbo ad verbum*:

> O Estado Democrático de Direito destina-se a assegurar o exercício de determinados *valores supremos*. "Assegurar" tem, no contexto, função de garantia dogmática-constitucional; não, porém, de garantia dos valores abstratamente considerados, mas do seu "exercício". Este signo desempenha, aí, função pragmática, porque como objeto de "assegurar", tem o efeito imediato de prescrever ao Estado uma ação em favor da efetiva realização dos ditos valores em direção (função diretiva) de destinatários das normas constitucionais que dão a esses valores conteúdo específico. [...] os valores ali enumerados [no preâmbulo] como *supremos* recebem depois, cada qual deles, tratamento normativo específico no contexto da Constituição (arts. 3º e 5º).

7. LIMA, Francisco Gérson Marques de. *Fundamentos constitucionais do processo.* São Paulo: Malheiros, 2002, p. 20 e 21.

8. SILVA, José Afonso da. *Comentário contextual à Constituição*, 7ª edição. São Paulo: Malheiros, 2010, p. 25 e 26.

Sobre a força normativa constitucional do preâmbulo da Constituição Federal, transcreva-se o comentário de Paulo Gustavo Gonet Branco[9], *ipsis litteris*:

> Não há inconstitucionalidade por violação ao preâmbulo por si mesmo – o que há é a inconstitucionalidade por desconcerto com princípio mencionado pelo Preâmbulo e positivado no corpo da Constituição.
>
> Não se pode recusar ao Preâmbulo um relevante papel, todavia, no âmbito da interpretação e aplicação do direito constitucional. Ao desvendar as linhas estruturantes da Constituição, os objetivos que movem a sua concepção. O Preâmbulo se torna de préstimo singular para a descoberta do conteúdo dos direitos inscritos na Carta e para que se descortinem as finalidades dos institutos e instituições a que ela se refere; orienta, enfim, os afazeres hermenêuticos do constitucionalista.
>
> Não é incomum que os valores e objetivos expressos no Preâmbulo da Carta sejam invocados como reforço argumentativo em decisões de adjudicação de direitos.[10]

A locução "sob a proteção de Deus",[11] da introdução da Constituição do Brasil, demonstra o justo respeito e adesão dos constituintes originários à tradição, à história, à cultura e ao regime democrático, sem que tenha ocorrido sequer o menor arranhão ao fato de a República Federativa do Brasil se proclamar um Estado laico, tendo em vista, ainda, que a referência ao Ser Supremo é inter-religioso ou ecumênico, tendo em vista também, o fato de nossa sociedade ser pluralista.

Aliás, em pesquisas recentes, dos duzentos e dez milhões de habitantes no nosso País, apenas a minoria gritante de

9. BRANCO, Paulo Gustavo Gonet. MENDES, Gilmar Ferreira. *Curso de direito constitucional*, 13ª edição, São Paulo: Saraiva, 2018, p. 76 e 77.

10. Nesse sentido, cf. STF: RMS 26.071/DF, 1ª T., rel. min. Carlos Britto, *RTJ* 205-1, p. 203; HC 94.163/RS, 1ª T., rel. min. Carlos Britto, *DJe*-200 23/10/2009; HC 92.435/SP, 1ª T., rel. min Carlos Britto, *RTJ* 208-1, p. 287.

11. Com exceção apenas da Constituição da República Federativa do Brasil de 1891 e da outorgada de 1937, todas as demais Cartas Políticas do Brasil referem-se à proteção Deus.

quinze milhões se confessou ateu ou agnóstico, assim mesmo parcela deles devem ter exclamado: “sou ateu/agnóstico, graças a Deus”.

Assim, jamais poderia ser olvidado que a Constituição brasileira, promulgada em 5 de outubro de 1988, se ocupou, logo no seu primeiro artigo, de constituir um Estado Democrático de Direito, alicerçado na dignidade da pessoa humana, onde todo poder emana do povo (CF, art. 1º, parágrafo único).[12]

Alguns confundem Estado laico como se fosse um Estado ateu ou agnóstico, este que até mesmo proíbe, restringe ou tolhe a liberdade das instituições religiosas e de seus fiéis, como tem sucedido nos Países comunistas,[13]-[14] e criticam a referência do preâmbulo constitucional à proteção de Deus, e procuraram desqualificar e afastar os valores das religiões[15]

---

12. CF/1988. Art. 1º. [...] Parágrafo único. Todo o poder emana do povo, que o exerce por meio de representantes eleitos ou diretamente, nos termos desta Constituição.

13. Em primeiro lugar entre os países que mais perseguem as religiões, por elas pregam, entre outros valores, a liberdade, está a Coreia do Norte, seguida pelo Afeganistão. Disponível em: https://bit.ly/3yngoPY Acesso em: 02 ago. 2021.

14. Cf. TORRES, Daniel Chagas. *A cristofobia no século XXI:* entendendo a perseguição aos cristãos no terceiro milênio, *ebook*, Charleston: Createspace, 2015. A respeito da situação da China em relação às religiões, transcrevam-se os seguintes trechos desta obra: “As Igrejas não autorizadas, entre elas a Igreja Católica Apostólica Romana, ligada ao Vaticano, tem que promover suas atividades de forma subterrânea. Há mais cristãos presos na China que em qualquer outro país no mundo. [...] Por mais que isso possa soar como revelador, a China é signatária do tratado de direitos humanos da ONU. Logo, pela liberdade religiosa fazer parte dos direitos humanos, podemos sim considerar um absurdo completo o que ocorre neste país. Qualquer atividade religiosa não oficial é alvo de desconfiança e de repressão. Para os Católicos, foi criada uma Associação Católica Patriótica Chinesa (ACPC) que não obedece às normas do Vaticano, mas sim ao partido. Sem nenhum mandato papal, inúmeros bispos são *autoeleitos* e *autoconsagrados*. A Santa Sé já se manifestou explicando que o mandato papal é essencial para a fé católica e uma necessidade básica do credo. [...] Em boa parte dessas ordenações esdrúxulas, [...] às vezes, o próprio candidato pode estar contra a intervenção indevida [...], o que provoca descontentamento dos fiéis e do próprio Vaticano. (Posições 2097, 2164 e 2181).

15. A CF/1988, consagra, no “caput” do seu art. 5º, o direito fundamental à vida, direito humano este protegido por cláusula pétrea (CF, art. 60, § 4º, IV). Aliás, o Pacto de São José da Costa Rica, promulgado pelo Decreto nº 678, de 06.11.1992, com o *status* de diploma supralegal – acima da legislação infraconstitucional e abaixo da Constituição (art. 5º, §§2º e 3º), conforme definido pelo Pleno do STF no julgamento

e as opiniões de pessoas religiosas de todo e qualquer debate político ou relacionado com os interesses públicos ou da Administração pública.

Em verdade, e contrariamente a essa ingênua concepção, a laicidade do Estado apenas significa que tal Estado não tem uma religião oficial – como, diversamente, acontece em alguns Estados islâmicos –, que o Estado não pode impor aos seus cidadãos uma única crença em uma determinada Divindade, de modo que as instituições públicas e religiosas não se confundem e são separadas e autônomas.

A única norma constitucional, que cuida dessa separação e autonomia entre o Estado e as diversas instituições religiosas, é o inciso I do art. 19,[16] que veda à União, aos Estados, ao Distrito Federal e aos Municípios estabelecer cultos religiosos

---

do HC 87.585/TO, rel. min. Marco Aurélio (*DJe*-118 de 26/6/2009) –, define, no seu art. 4º-1, que *todo ser humano é pessoa e que a vida deve ser protegida* ***desde a concepção.*** No entanto, no uso da técnica de hermenêutica constitucional de ponderação de princípios e valores constitucionais, o Pleno do STF descriminou a interrupção da gravidez de embrião humano anencéfalo, ainda que a destruição de ovo de tartaruga continue sendo considerado como crime contra a fauna, sob o argumento de prevalência, em uma república laica, de princípios bem gerais como os relativos à liberdade sexual e reprodutiva, a *dignidade humana* e autodeterminação (ADPF nº 54/DF, rel. min. Marco Aurélio, *RTJ* vol. 226-1, p. 11).

16. BRASIL, STF-Pleno. ADI 3.478/RJ, rel. min. Edson Fachin, j. 20.12.2019, *DJe*-35 de 19.02.2020. DIREITO CONSTITUCIONAL. AÇÃO DIRETA DE INCONSTITUCIONALIDADE. ART. 91, §12, DA CONSTITUIÇÃO DO ESTADO DO RIO DE JANEIRO. DESIGNAÇÃO DE PASTOR EVANGÉLICO PARA ATUAR NAS CORPORAÇÕES MILITARES DAQUELE ESTADO. OFENSA À LIBERDADE DE RELIGIOSA. REGRA DA NEUTRALIDADE. PROCEDÊNCIA DA AÇÃO. 1. A regra de neutralidade do Estado não se confunde com a imposição de uma visão secular, mas consubstancia o respeito e a igual consideração que o Estado deve assegurar a todos dentro de uma realidade multicultural. Precedentes. 2. O direito à liberdade de religião, como expectativa normativa de um princípio da laicidade, obsta que razões religiosas sejam utilizadas como fonte de justificação de práticas institucionais e exige de todos os cidadãos, os que professam crenças teístas, os não teístas e os ateístas, processos complementares de aprendizado a partir da diferença. 3. O direito dos militares à assistência religiosa exige que o Estado abstenha-se de qualquer predileção, sob pena de ofensa ao art. 19, I, da CRFB. Norma estadual que demonstra predileção por determinada orientação religiosa em detrimento daquelas inerentes aos demais grupos é incompatível com a regra constitucional de neutralidade e com o direito à liberdade de religião. 4. Ação Direta de Inconstitucionalidade julgada procedente.

ou igrejas,[17] subvencioná-los, embaraçar-lhes o funcionamento ou manter com eles ou seus representantes relações de dependência ou aliança, que inviabilizasse a própria liberdade de crença ou a atuação livre das diversas denominações religiosas, já que a República Federativa do Brasil não é um Estado confessional, ressalvada, assim mesmo, na forma da lei, a colaboração de interesse público ou a promoção do bem de todos (CF, art. 3º, IV).

De modo que a União, os Estados, do Distrito Federal e os Municípios, em todas suas esferas de poder, cumprem não embaraçar o exercício dos cultos religiosos e protegê-los, impedindo que outros os atrapalhem, podendo o Estado recorrer às instituições religiosas com o intuito de obter colaboração delas em assuntos de interesse público.

E essa colaboração recíproca é muitíssimo importante, indispensável e querido pela Constituição de 1988: o Estado brasileiro, por ser laico, não tem uma única religião oficial,[18] mas isso não significa que não deva atuar de forma positiva e colaborativa com todas as religiões, e a recíproca é verdadeira, todas as religiões devem colaborar com o Estado e com a sociedade, em busca do alcance do bem de todos (CF, art. 3º, IV), não só na seara do crescimento espiritual dos fiéis, mas, também, no campo da assistência social, da geração da cidadania, da educação e da saúde.

Aliás, Ives Gandra da Silva Martins e Celso Ribeiro Bastos[19] trazem o seguinte escólio ao inciso I do art. 19 da Constituição

---

17. Por meio do Concílio Vaticano II, convocado pelo Papa João XXIII, em 1961, foi aprovada a *Declaração Dignitatis Humanae* sobre liberdade religiosa de todos, independentemente de qualquer condição, e o reconhecimento de outras religiões, a qual foi promulgada pelo Papa Paulo VI, em 07.12.1965.

18. SILVA Jr., Antônio Carlos da Rosa. *Entre laicidade e laicismo:* por uma interpretação constitucional da relação entre o estado e a religião, in SILVA Jr. A.C.R.; MARANHÃO, Ney; PAMPLONA FILHO, Rodolfo (coordenadores), *Direito e cristianismo:* temas atuais e polêmicos, Rio de Janeiro: Editora Betel, 2014, p. 127.

19. BASTOS, Celso Ribeiro; GANDRA, Ives Gandra da Silva. *Comentários à Constituição do Brasil, promulgada em 5 de outubro de 1988*, 3ª edição, 2º volume, São Paulo: Saraiva, 2004, p. 55.

Federal, *verbis*: "o princípio fundamental é o de não colocação de dificuldades e embaraços à criação de Igrejas. Pelo contrário, há até um manifesto intuito constitucional de estimulá-las, o que é evidenciado pela imunidade tributária que gozam."

Ressalte-se que os direitos de crença e de liberdade de culto, de sua expressão, com suas liturgias são inerentes à dignidade humana e, portanto, protegidos até mesmo de emenda constitucional, tendente às suas abolições (CF, art. 60, § 4º, IV).[20]

Esses são direitos que jamais poderiam ser restringidos ou combatidos, embora, lastimavelmente, como é notório, alguns adeptos de ameaçadoras ideologias, fora e dentro das Igrejas, ousam perpetrar, a ponto de não considerarem essenciais, para a população, a abertura dos templos, os serviços de culto e as sagradas liturgias.

Devido a essa ignorância proveniente da confusão entre os conceitos de Estado laico – que é o Brasil – e o Estado laicista – p. ex. Coreia do Norte –, um insignificante número de pessoas, altamente intolerantes e com nenhum apreço à democracia, ao direito de expressão, à história, à cultura e às artes, tem demandado as retiradas de símbolos religiosos das repartições públicas,[21] o fim dos feriados religiosos, a remoção da minúscula expressão contida nas cédulas monetárias de Real: *Deus seja louvado*, chegando ao ridículo de defender a destruição do monumento do *Cristo Redentor* – uma das sete novas maravilhas do mundo moderno (embora por motivos óbvios, tal eleição não teve o apoio da Unesco, órgão da ONU) e de postular mudanças de nomes religiosos de estados e cidades, entretanto, no mais das vezes, felizmente, o Poder Judiciário pátrio, até aqui, tem resistido, com o esteio

---

20. CF/1988. "Art. 60. [...] §4º Não será objeto de deliberação a proposta de emenda tendente a abolir: [...] IV - os direitos e garantias individuais."

21. Cf. RODRIGUES, Eder Bomfim. *Estado laico e símbolos religiosos no Brasil*: as relações entre Estado e religião no constitucionalismo contemporâneo, Curitiba: Editora Juruá, 2014, p. 304 a 322.

na jurisprudência do STF[22] e de decisões do Conselho de Justiça Federal,[23] assentando que isso tudo não fere o princípio do Estado laico, sendo mero reflexo da cultura da sociedade brasileira ou consequência natural da cultura ocidental.

Acerca dos feriados religiosos, Gonet Branco[24] explica que o Poder Público, como aspira a Constituição da República, que, inclusive, concede as imunidades tributárias, deve amparar, na vida prática, o valor religioso, de modo que a fixação desses feriados *facilita a prática de atos da fé professada pela maioria da população ou por uma porção significativa dela*. Já sobre as festividades religiosas, explicita: *Justificam-*

---

22. Advirta-se que o Pleno do STF, no ARE 1.249.095/SP, rel. min. Ricardo Lewandowski, por unanimidade, reconheceu a existência de questão constitucional e de repercussão geral em relação à presença de símbolos religiosos em órgãos públicos. Transcreva-se a respectiva Ementa: CONSTITUCIONAL. PRESENÇA DE SÍMBOLOS RELIGIOSOS EM PRÉDIOS PÚBLICOS. ALEGAÇÃO DE AFRONTA À GARANTIA DO ESTADO LAICO. AÇÃO CIVIL PÚBLICA AJUIZADA PELO MINISTÉRIO PÚBLICO FEDERAL. RECURSO EXTRAORDINÁRIO. EXISTÊNCIA DE QUESTÃO CONSTITUCIONAL E DE REPERCUSSÃO GERAL JURÍDICA E SOCIAL RECONHECIDAS. I - A causa extrapola os interesses das partes envolvidas, haja vista que a questão central dos autos (permanência de símbolos religiosos em órgãos públicos federais e laicidade do Estado) alcança todos os órgãos e entidades da Administração Pública da União, Estados e Municípios. II - Relevância da causa do ponto de vista jurídico, uma vez que seu deslinde permitirá definir a exata extensão dos dispositivos constitucionais tidos por violados. Do mesmo modo, há evidente repercussão geral do tema sob a ótica social, considerados os aspectos religiosos e socioculturais envoltos no debate. III – Existência de questão constitucional e de repercussão geral reconhecida." (*DJe*-258., public. 27/10/2020).

23. O CJF, nos Pedidos de Providências 1.344, 1.345, 1.346 e 1.362, *decisum* public. em 25.06.2007, por maioria, não viu inconstitucionalidade na fixação de crucifixo em repartição pública, no caso, em sala de sessão de Tribunal de Justiça, como é tradição em todo País. O relator, Conselheiro Oscar Argollo, foi muito feliz em fundamentar o seu voto que "não podemos ignorar a manifestação cultural da religião nas tradições brasileiras, que hoje não representa qualquer submissão ao Poder clerical". Realçou que "o crucifixo é um símbolo que homenageia princípios éticos e representa, especialmente, a paz". Esclareceu que as disposições do inciso I do art. 19 da CF/1988 não implicam "vedação para a exposição de símbolo religioso em ambiente de órgão público, ou que a exposição faz o Estado se tornar clerical", tendo concluído que "a presença de um símbolo religioso, *in casu* o crucifixo, numa dependência de qualquer órgão do Poder Judiciário, não viola, discrimina ou, sequer, *perturba ou tolhe os direitos e a ação de outrem ou dos outros.*"

24. BRANCO, Paulo Gustavo Gonet. MENDES, Gilmar Ferreira, Obra citada, p. 325 e 326.

-se as festividades religiosas sob o amparo do Estado constitucional sempre que se refiram a símbolos que reacendem na memória coletiva as suas raízes culturais históricas que lhe conferem identidade.

Daniel Chagas Torres[25] bem diferencia o Estado laico do Estado laicista, *ipsis litteris*:

> **O Estado Laico** significa apenas que o Estado não adotará uma religião oficial, não subvencionará uma religião específica oficial, dará plena liberdade de escolha de religião aos seus cidadãos, inclusive, respeitando o direito de não crença dos ateus ou agnósticos. Em nenhum momento, está dito que os religiosos estão excluídos de defender suas ideias no campo democrático ou excluídos de poder influenciar no quadro político com seu corpo de valores oriundos de suas crenças.
>
> O Estado é laico, mas a sociedade não. Lembremos que é do povo que emana todo poder em uma sociedade democrática. Dessa forma, assim como o Estado não é um fim em si mesmo. Ele está para servir à sociedade, e não a sociedade para servir ao Estado. Toda vez que personalidade jurídica estatal quer eliminar os valores íntimos da sociedade, que geralmente se aproximam de seus valores religiosos e de consciência, há um verdadeiro desserviço social.
>
> O **Estado Laicista**, por sua vez, é o que apresenta aversão às religiões, seus valores, suas manifestações públicas. Isso é totalmente diverso da terminologia "Estado Laico", e muitos não percebem que estão defendendo o laicismo ao invés do verdadeiro Estado Laico.

Traga-se à colação a corroboração de Antônio Carlos da Rosa Silva Junior[26] sobre o Estado laicista, *verbo ad verbum*:

> A expressão laicismo, por seu turno, designaria uma ideologia marcada pelo indiferentismo ou – quando não – por uma aberta hostilidade à religião, visando *(sic)* enclausurá-la dentro do mundo da consciência e reduzi-la a um assunto de foro íntimo. Nesse caso, o Estado não apenas se absteria de intervir no domínio

---

25. TORRES, Daniel Chagas. Obra citada, *ebook*, posições 3176 e 3192.

26. SILVA JUNIOR, A.C.R. *O modelo brasileiro de laicidade estatal e sus repercussão na hermenêutica da liberdade religiosa*, obra já citada, páginas 76 e 84.

> religioso, mas adotaria atitudes tendentes a afastar qualquer influência religiosa no espaço público [...] propagaria pela negação de toda intervenção da Igreja, inclusive dos valores religiosos, na vida social e política.

Paulo Gustavo Gonet Branco[27] deixa esta questão bem esclarecida:

> A liberdade religiosa consiste na liberdade para professar fé em Deus. Por isso, não cabe arguir a liberdade religiosa para impedir a demonstração da fé de outrem ou em certos lugares, ainda que públicos. O Estado, que não professa o ateísmo, pode conviver com símbolos que não somente correspondem a valores que informam a sua história cultural do povo, como remetem a bens encarecidos por parcela expressiva de sua população – por isso, também, não é dado proibir a exibição de crucifixos ou de imagens sagradas em lugares públicos.

Em verdade, além de o preâmbulo da Constituição brasileira dispor que está instituindo um Estado Democrático, onde deve prevalecer a vontade da maioria do povo, preceito repetido no *caput* do art. 1º da mesma Carta, e de fazer referência à proteção de Deus, o que representa um importante vetor de interpretação das normas jurídicas, tal Estatuto Político, como será explicitado, consagra a possibilidade de vivência de vários valores espirituais e da existência autônoma do próprio Direito Religioso no Brasil.

Em canto algum, a Lei Maior inferioriza as crenças e as opiniões das pessoas que nutrem fé e esperança em Deus nem declara que quem acreditar em um Ser Supremo estaria alijado do debate político ou jurídico, ou seja, que não poderia exercer plenamente a sua cidadania e expressar e defender os valores democráticos e de dignidade da pessoa humana aprendidos em sua religião.

Aliás, o inciso III do mesmo art. 19 da Constituição da República dispõe que *é vedado à União, aos Estados, ao Distrito*

---

27. BRANCO, Paulo Gustavo Gonet. MENDES, Gilmar Ferreira, Obra citada, p. 326.

Federal e aos Municípios criar distinções entre brasileiros ou preferências entre si, de modo que não tem respaldo constitucional a preconceituosa noção de que as ideias e os valores das pessoas religiosas deveriam ter menos acatamento por parte dos Poderes do Estado e por parte dos agentes da Administração pública em relação às formulações e valores de indivíduos ateus ou agnósticos.

Ainda mais especificamente sobre a inafastabilidade do direito ao exercício pleno da cidadania por partes dos crentes e o seu direito de influir nas decisões políticas do Estado, o preceptivo constitucional do inciso VIII do art. 5º reconhece como direito fundamental e explicita que *ninguém será privado de direitos por motivo de crença religiosa*[28] *ou de convicção filosófica*[29] *ou políti-*

---

28. BRASIL, STF-Pleno. STA 389 AgR/MG, rel. min. Gilmar Mendes, j. 13.12.2009, *DJe*-86 de 14.05.2010. "EMENTA: Agravo Regimental em Suspensão de Tutela Antecipada. 2. Pedido de restabelecimento dos efeitos da decisão do Tribunal a quo que possibilitaria a participação de estudantes judeus no Exame Nacional do Ensino Médio (ENEM) em data alternativa ao *Shabat*. 3. Alegação de inobservância ao direito fundamental de liberdade religiosa e ao direito à educação. 4. Medida acautelatória que configura grave lesão à ordem jurídico-administrativa. 5. Em mero juízo de delibação, pode-se afirmar que a designação de data alternativa para a realização dos exames não se revela em sintonia com o princípio da isonomia, convolando-se em privilégio para um determinado grupo religioso 6. Decisão da Presidência, proferida em sede de contracautela, sob a ótica dos riscos que a tutela antecipada é capaz de acarretar à ordem pública 7. Pendência de julgamento das Ações Diretas de Inconstitucionalidade nº 391 e nº 3.714, nas quais este Corte poderá analisar o tema com maior profundidade. 8. Agravo Regimental conhecido e não provido."

29. BRASIL, STF-Pleno. ARE 1.267.879/SP, rel. min. Roberto Barroso, julgamento: 17.12.2020, *DJe*-64 de 8/4/2021. "Ementa: Direito constitucional. Recurso extraordinário. Repercussão geral. Vacinação obrigatória de crianças e adolescentes. Ilegitimidade da recusa dos pais em vacinarem os filhos por motivo de convicção filosófica. 1. Recurso contra acórdão do Tribunal de Justiça do Estado de São Paulo (TJSP) que determinou que pais veganos submetessem o filho menor às vacinações definidas como obrigatórias pelo Ministério da Saúde, a despeito de suas convicções filosóficas. 2. A luta contra epidemias é um capítulo antigo da história. Não obstante o Brasil e o mundo estejam vivendo neste momento a maior pandemia dos últimos cem anos, a da Covid-19, outras doenças altamente contagiosas já haviam desafiado a ciência e as autoridades públicas. Em inúmeros cenários, a vacinação revelou-se um método preventivo eficaz. E, em determinados casos, foi a responsável pela erradicação da moléstia (como a varíola e a poliomielite). As vacinas comprovaram ser uma grande invenção da medicina em prol da humanidade. 3. A liberdade de consciência é protegida constitucionalmente (art. 5º, VI e VIII) e se expressa no direito que toda pessoa tem de fazer suas escolhas existenciais e de viver o seu próprio ideal de vida

---

boa. É senso comum, porém, que nenhum direito é absoluto, encontrando seus limites em outros direitos e valores constitucionais. No caso em exame, a liberdade de consciência precisa ser ponderada com a defesa da vida e da saúde de todos (arts. 5º e 196), bem como com a proteção prioritária da criança e do adolescente (art. 227). 4. De longa data, o Direito brasileiro prevê a obrigatoriedade da vacinação. Atualmente, ela está prevista em diversas leis vigentes, como, por exemplo, a Lei nº 6.259/1975 (Programa Nacional de Imunizações) e a Lei nº 8.069/90 (Estatuto da Criança e do Adolescente). Tal previsão jamais foi reputada inconstitucional. Mais recentemente, a Lei nº 13.979/2020 (referente às medidas de enfrentamento da pandemia da Covid-19), de iniciativa do Poder Executivo, instituiu comando na mesma linha. 5. É legítimo impor o caráter compulsório de vacinas que tenha registro em órgão de vigilância sanitária e em relação à qual exista consenso médico-científico. Diversos fundamentos justificam a medida, entre os quais: a) o Estado pode, em situações excepcionais, proteger as pessoas mesmo contra a sua vontade (dignidade como valor comunitário); b) a vacinação é importante para a proteção de toda a sociedade, não sendo legítimas escolhas individuais que afetem gravemente direitos de terceiros (necessidade de imunização coletiva); e c) o poder familiar não autoriza que os pais, invocando convicção filosófica, coloquem em risco a saúde dos filhos (CF/1988, arts. 196, 227 e 229) (melhor interesse da criança). 6. Desprovimento do recurso extraordinário, com a fixação da seguinte tese: "É constitucional a obrigatoriedade de imunização por meio de vacina que, registrada em órgão de vigilância sanitária, (i) tenha sido incluída no Programa Nacional de Imunizações, ou (ii) tenha sua aplicação obrigatória determinada em lei ou (iii) seja objeto de determinação da União, Estado, Distrito Federal ou Município, com base em consenso médico-científico. Em tais casos, não se caracteriza violação à liberdade de consciência e de convicção filosófica dos pais ou responsáveis, nem tampouco ao poder familiar".

Após tal "Decisum", o Ministério da Saúde emitiu a Nota Informativa nº 1/2021-SECOVID-GAB/SECOVID/MS, através da qual revisou a recomendação para imunização contra COVID-19 em adolescentes de 12 a 17 anos, restringindo o seu emprego somente aos adolescentes de 12 a 17 anos, que apresentem deficiência permanente, comorbidades ou que estejam privados de liberdade, apesar da autorização pela Anvisa do uso da Vacina Cominarty (Pfizer/Biontech), com base nas seguintes premissas: I - A Organização Mundial de Saúde não recomenda a imunização de criança e adolescente, com ou sem comorbidades; II - A maioria dos adolescentes sem comorbidades acometidos pela COVID-19 apresentam evolução benigna, apresentando-se assintomáticos ou oligossintomáticos; III - Somente um imunizante foi avaliado em ECR; IV - Os benefícios da vacinação em adolescentes sem comorbidades ainda não estão claramente definidos;

V - Apesar dos eventos adversos graves decorrentes da vacinação serem raros, sobretudo a ocorrência de miocardite (16 casos a cada 1.000.000 de pessoas que recebem duas doses da vacina); VI - Redução na média móvel de casos e óbitos (queda de 60% no número de casos e queda de mais de 58% no número de óbitos por covid-19 nos últimos 60 dias) com melhora do cenário epidemiológico. A mesma Nota tranquiliza a população, reiterando que essa Secretaria, subsidiada pela Câmara Técnica Assessora de Imunização da Covid-19, revisará, sempre que necessário, suas recomendações, com base em dados de segurança e na evolução das evidências científicas.
(https://cdn.revistaforum.com.br/wp-content/uploads/2021/09/sei-ms-0022770797-nota-informativa.pdf)

ca,[30] *salvo se as invocar para eximir-se de obrigação legal a todos imposta e recusar-se a cumprir prestação alternativa, fixada em lei.*

De fato, o inciso VIII do art. 5º da Constituição brasileira deixa estreme de dúvida que a fé e as suas variadas formas de expressão não são apenas matérias de foro íntimo, podendo ser exteriorizadas, também, em ambiente público.

A propósito, as normas do §§1º e 2º do art. 143 da Constituição Federal[31] preveem, em tempo de paz, a atribuição de serviço alternativo para os que alegarem imperativo de consciência decorrente de crença religiosa e se negarem a prestar o serviço militar obrigatório, bem como asseguram isenção do serviço militar aos eclesiásticos.

A respeito dessa objeção de consciência,[32] que, acentuadamente, homenageia a liberdade de crença ou de convicções seriamente arraigadas no indivíduo,[33] Thiago Rafael Vieira[34] comenta:

---

30. BRASIL, STF-1ª Turma. RE 130.206/PR, rel. min. Ilmar Galvão, *RTJ* 138-1, p. 284. "Ementa: CONSTITUCIONAL. TRABALHISTA. NULIDADE DE ATO DE DESPEDIDA DE EMPREGADOS DE SOCIEDADE DE ECONOMIA MISTA, POR RAZOES DE ORDEM POLÍTICO-PARTIDARIA. VIOLAÇÃO DO ART. 153, PARAGRAFOS 1., 5., 6. E 8., DA CF/69. Decisão incensurável, por haver-se configurado flagrante violação ao princípio da liberdade de convicção política, constitucionalmente consagrado, ao qual estão especialmente adstritos os entes da Administração Pública. Recurso não conhecido."

31. CF/1988. "Art. 143. O serviço militar é obrigatório nos termos da lei. §1º. Às Forças Armadas compete, na forma da lei, atribuir serviço alternativo aos que, em tempo de paz, após alistados, alegarem imperativo de consciência, entendendo-se como tal o decorrente de crença religiosa e de convicção filosófica ou política, para se eximirem de atividades de caráter essencialmente militar. §2º. As mulheres e os eclesiásticos ficam isentos do serviço militar obrigatório em tempo de paz, sujeitos, porém, a outros encargos que a lei lhes atribuir."

32. Esclareça-se que a norma constitucional que cuida da alegação de imperativo de consciência possui eficácia contida, de modo que tal preceito é plenamente exercitável, sem quaisquer consequências negativas para o indivíduo, enquanto não for editada a lei que estabeleça prestação alternativa ao cumprimento de determinada obrigação. Somente após a expedição dessa norma legal é que ninguém poderá continuar alegando objeção de consciência e se negar a cumprir a prestação alternativa.

33. Se a pessoa, sem alternativa legal, não fosse dispensada de cumprir determina obrigação imposta a todos diante da objeção de consciência, que não se confunde com desobediência civil, estaria sofrendo ingente transtorno psicológico e agressão moral. Geralmente, comporta, a nível hermenêutico, o sopesamento de valores constitucionais.

34. VIEIRA, Thiago Rafael. A previsão constitucional do direito religioso no Brasil e sua autonomia constitucional, in *Dignitas – Revista Internacional do Instituto*

> O prestígio constitucional da importância do fenômeno religioso é evidente a tal ponto de excepcionar aqueles que, por motivo de crença, optarem por se eximir de atividades militares, fornecendo uma alternativa em outras modalidades de serviço. O ponto fulcral da escusa militar está no fato de o Estado soberano abrir mão de sua força militar, para dar viabilidade ao imperativo da crença religiosa. Trata-se de um ato que reafirma o Estado laico colaborativo, ao compreender o alcance da religião na vida humana: um alcance integral que deve ser respeitado e não maculado por qualquer instituição, dentre as quais se encaixa o próprio Estado.

Mencione-se que o primeiro artigo da Constituição da República Federativa do Brasil, no seu inciso III,[35] coloca como um dos fundamentos do Brasil a dignidade da pessoa humana, o que imediatamente permite constatar a inegável influência religiosa na Lei Suprema do nosso País.

A Lei Maior insere, também, no seu art. 3º, incisos I e IV, entre uns dos *objetivos fundamentais da República Federativa do Brasil* a construção de *uma sociedade livre, justa e solidária* e a promoção do *bem de todos, sem preconceitos de origem, raça, sexo, cor, idade e quaisquer outras formas de discriminação.*

No que tange especificamente à norma constitucional do inciso IV do art. 3º,[36] já fica demonstrado que um indivíduo religioso não pode sofrer qualquer tipo de discriminação ou preconceito pelo fato de ser religioso, de cultivar e defender valores espirituais, de manifestar, livremente, privada e publicamente, a sua fé ou por pertencer a esta ou àquela denominação ou instituição religiosa.

Brasileiro de Direito e Religião, volume 1, nº 1, 2020, p. 18. Disponível em: https://bit.ly/3lig3uq Acesso em: 02 ago. 2021.

35. CF/1988. "Art. 1º. A República Federativa do Brasil, formada pela união indissolúvel dos Estados e Municípios e do Distrito Federal, constitui-se em Estado Democrático de Direito e tem como fundamentos: [...] III - a dignidade da pessoa humana; [...]".

36. CF/1988. "Art. 3º. Constituem objetivos fundamentais da República Federativa do Brasil: [...] IV - promover o bem de todos, sem preconceitos de origem, raça, sexo, cor, idade e quaisquer outras formas de discriminação."

Ademais, a Lei Suprema, além de assegurar a *livre manifestação do pensamento* (art. 5º, inciso IV)[37-38], deixa expresso, no inciso VI do seu art. 5º, como um dos mais caros dos direitos fundamentais do Homem, que *é inviolável a liberdade de consciência e de crença religiosa, sendo assegurado o livre exercício dos cultos religiosos e garantida, na forma da lei, a proteção aos locais de culto e a suas liturgias.*[39-40]

---

37. Ao contrário do que a nova ordem mundial quer impor, restringindo o conteúdo do direito de expressão ao que se identifica com que ela taxa como "politicamente correto", a nossa Constituição defende o pluralismo de ideias e de suas expressões, o que leva ao diálogo propositivo desarmado em busca do encontro da verdade.

38. BRASIL, STF-Pleno. ADI 4.451/DF, rel. min. Alexandre de Moraes, j. 21/6/2018, *DJe*-44 6/3/2019. "Ementa: LIBERDADE DE EXPRESSÃO E PLURALISMO DE IDEIAS. VALORES ESTRUTURANTES DO SISTEMA DEMOCRÁTICO. INCONSTITUCIONALIDADE DE DISPOSITIVOS NORMATIVOS QUE ESTABELECEM PREVIA INGERÊNCIA ESTATAL NO DIREITO DE CRITICAR DURANTE O PROCESSO ELEITORAL. PROTEÇÃO CONSTITUCIONAL AS MANIFESTAÇÕES DE OPINIÕES DOS MEIOS DE COMUNICAÇÃO E A LIBERDADE DE CRIAÇÃO HUMORÍSTICA. 1. A Democracia não existirá e a livre participação política não florescerá onde a liberdade de expressão for ceifada, pois esta constitui condição essencial ao pluralismo de ideias, que por sua vez é um valor estruturante para o salutar funcionamento do sistema democrático. 2. A livre discussão, a ampla participação política e o princípio democrático estão interligados com a liberdade de expressão, tendo por objeto não somente a proteção de pensamentos e ideias, mas também opiniões, crenças, realização de juízo de valor e críticas a agentes públicos, no sentido de garantir a real participação dos cidadãos na vida coletiva. 3. São inconstitucionais os dispositivos legais que tenham a nítida finalidade de controlar ou mesmo aniquilar a força do pensamento crítico, indispensável ao regime democrático. Impossibilidade de restrição, subordinação ou forçosa adequação programática da liberdade de expressão a mandamentos normativos cerceadores durante o período eleitoral. 4. Tanto a liberdade de expressão quanto a participação política em uma Democracia representativa somente se fortalecem em um ambiente de total visibilidade e possibilidade de exposição crítica das mais variadas opiniões sobre os governantes. 5. O direito fundamental à liberdade de expressão não se direciona somente a proteger as opiniões supostamente verdadeiras, admiráveis ou convencionais, mas também aquelas que são duvidosas, exageradas, condenáveis, satíricas, humorísticas, bem como as não compartilhadas pelas maiorias. Ressalte-se que, mesmo as declarações errôneas, estão sob a guarda dessa garantia constitucional. 6. Ação procedente para declarar a inconstitucionalidade dos incisos II e III (na parte impugnada) do artigo 45 da Lei 9.504/1997, bem como, por arrastamento, dos parágrafos 4º e 5º do referido artigo."

39. Advirta-se que os arts. 208 a 211 do Código Penal disciplinam os crimes contra o sentimento religioso e contra o respeito aos mortos.

40. Utilizando o devido processo legal substancial com a ponderação entre os valores constitucionais do direito à vida e à saúde, e o direito humano também fundamental do livre exercício dos cultos religiosos e da proteção de suas liturgias – direitos

Thiago Rafael Vieira e Jean Marques Regina[41] ressaltam a importância do reconhecimento constitucional da essencialidade dos direitos humanos de crença, de culto e de suas correspondentes liturgias, *in verbis*:

> Dentre as inúmeras liberdades individuais tuteladas pelo estado encontram-se as liberdades de crença e de culto, dispostas no título constitucional dos Direitos e garantias fundamentais, mas especificamente em seu artigo quinto, incisos VI e VII, e se encontram no âmbito de proteção da liberdade de consciência e expressam a liberdade religiosa.
>
> A liberdade de crença é a garantia que qualquer cidadão tem, brasileiro ou não, de optar por professar qualquer religião que escolher, assim como, em razão da liberdade de consciência, também, optar por não escolher nenhuma. Da liberdade de culto decorre o livre exercício de suas liturgias, bem como da assistência religiosa nas entidades civis e militares de internação coletiva e a liberdade dos templos de qualquer culto de se organizarem.

Ressalte-se a segunda parte do inciso VI do artigo 5º da Lei Suprema, que assegura a liberdade do exercício dos cultos religiosos e garante, na forma da lei, a proteção aos locais de culto e a suas liturgias.

---

fundamentais que por normas constitucionais expressas só podem ser restringidos nas hipóteses de estada de defesa ou estado de sítio (CF, arts. 136 e 137), cuja decretação, em situações emergenciais, nos termos do inciso IX do art. 84, compete privativamente ao Presidente da República –, o guardião de nossa Constituição, por ocasião do julgamento da ADPF 811, autorizou a que prefeitos e governadores continuassem restringido o direito constitucional ao culto e à sua liturgia, como a Eucaristia, sob a justificativa de que a medida proibitiva tinha o declarado intuito de proteger a vida dos fiéis e conter a disseminação do coronavírus em tempo de pandemia. Decisão na opinião do ministro Nunes Marques inócua, já os cultos, missas e liturgias religiosas têm observado, exemplarmente, todas as recomendações sanitárias, como restrição do número de fiéis presentes, distanciamento, uso de máscaras e álcool-gel, e que o que mais tem ameaçado à saúde e à vida da população é a tolerância de alguns prefeitos e governadores a outras realidades, como argumentado por Sua Excelência, como a existência de festas, a permissão de continuarem abertos bares e prostíbulos com considerável presença dos seus frequentadores e condução de pessoas em ônibus e trens superlotados, sob a vista grossa e inércia dos tais autoridades locais. (Notícia disponível no portal: stf.jus.br, visitado no dia 14 abr. 2021).

41. VIEIRA, Thiago Rafael; REGINA, Jean Marques. *Direito religioso:* questões práticas e teóricas, 3ª edição, *ebook*, São Paulo: Vida Nova, 2020, p. 87 e 88.

Insta observar que a relevância atribuída pela Constituição Brasileira ao culto público é tão proeminente, que ela determina ao legislador infraconstitucional sua proteção por meio de lei ordinária.

A respeito da liberdade de crença, ou seja, de adesão a alguma religião, e da proteção, até pela legislação infraconstitucional, aos locais de culto e a suas liturgias, traga-se à colação o seguinte comentário de Vieira e Regina,[42] *ipsis litteris*:

> E quando reza "na forma da lei", obviamente é no sentido de proteger e assegurar que o livre exercício dos cultos religiosos ocorra e não restringi-lo e/ou impedi-lo [...] O texto constitucional é autoexplicativo: "é garantida, na forma da lei, a proteção aos locais de culto e a suas liturgias", ou seja, a lei deve PROTEGER a realização do culto e nunca RESTRINGIR! É o teor do decreto nº 119-A, de 7/1/1890 e do Código Civil brasileiro.
>
> Art. 1º. É proibido à autoridade federal, assim como, como à dos Estados federados, expedir leis, regulamentos, ou atos administrativos, estabelecendo alguma religião, ou vedando-a, e criar diferenças entre os habitantes do país, ou nos serviços sustentados à custa do orçamento, por motivo de crenças, ou opiniões filosóficas ou religiosas.
>
> Art. 2º. A todas as confissões religiosas pertence por igual a faculdade de exercerem o seu culto, regerem-se segundo a sua fé e não serem contrariadas nos atos particulares ou públicos, que interessem o exercício deste decreto.
>
> Art. 3º. A liberdade aqui instituída abrange não só os indivíduos nos atos individuais, senão também as igrejas, associações e institutos em que se acharem agremiados; cabendo a todos o pleno direito de se constituírem e viverem coletivamente, segundo o seu credo e a sua disciplina, sem intervenção do poder público [...] (Decreto nº 119-A)
>
> Art. 44. [...]
>
> §1º São livres a criação, a organização, a estruturação interna e o funcionamento das organizações religiosas, sendo vedado ao poder público negar-lhes reconhecimento ou registro dos atos constitutivos e necessários ao seu funcionamento. [Incluído pela Lei nº 10.825, de 22.12.2003] (CCB)

42. VIEIRA, Thiago Rafael. REGINA, Jean Marques. Obra citada, *e-book*, p. 298 a 300.

> Por fim, são diversos os tratados internacionais que protegem o exercício do culto, [...] Inclusive, cumpre lembrar que, na medida em que o PDM impede o funcionamento de uma organização religiosa está, também, incorrendo em discricionariedade e intolerância religiosa, discriminando a fé dos munícipes daquela cidade e sendo intolerante com sua religião. O Estado deve LUTAR contra a discriminação e a intolerância, e não o contrário!
>
> É o teor da Declaração das Nações Unidas sobre a Eliminação de Todas as Formas de Intolerância e de Discriminação Baseados em religião ou crença.[43]
>
> Artigo 4º.
>
> §1º Todos os Estados adotarão medidas eficazes para prevenir e eliminar toda discriminação por motivos de religião ou convicções, no reconhecimento, do exercício e do gozo dos direitos humanos e das liberdades fundamentais em todas as esferas da vida civil, econômica, política, social e cultural.
>
> §2º Todos os Estados farão todos os esforços necessários para promulgar ou derrogar leis, segundo seja o caso, a fim de proibir toda discriminação deste tipo e por tomar as medidas adequadas para combater a intolerância por motivos ou convicções na matéria.
>
> Concluindo: ao impedir a abertura de uma organização religiosa e, por conseguinte, o exercício do culto, o município estará incorrendo numa afronta *direta* ao preceito fundamental da dignidade da pessoa humana, expressa, neste caso, na liberdade de culto. Ao não permitir que a pessoa humana cultue seu Deus/deuses/Divindades, estará ofendendo o seu íntimo, o bem mais importante de sua alma: sua crença e fé, logo sua dignidade como pessoa humana.

Embora se possa concordar que os logradouros públicos não são, por natureza, locais de culto, admite-se que a manifestação religiosa possa ocorrer nesses locais, mesmo porque protegida pelo direito de reunião (CF, art. 5º, XVI)[44], cumprindo-se, se for o caso, as condições pertinentes.

---

43. Proclamada na Assembleia Geral das Nações Unidas, em 25.11.1981, por meio da Resolução 36/55.

44. CF/1988. "Art. 5º. [...] XVI - todos podem reunir-se pacificamente, sem armas, em locais abertos ao público, independentemente de autorização, desde que não frustrem outra reunião anteriormente convocada para o mesmo local, sendo apenas exigido prévio aviso à autoridade competente."

Impende aplaudir o reconhecimento, pelo Supremo Tribunal Federal (STF), por ocasião do julgamento da ADI nº 2.566/DF, de que a liberdade religiosa não é exercível apenas no âmbito privado, na intimidade do lar ou nos templos, mas também no espaço público, e inclui o direito de tentar convencer os outros, por meio do ensinamento e exemplo de vida, a se converter ou mudar de religião, uma vez que discurso proselitista é inerente à liberdade de expressão religiosa.[45]

Por outro lado, o STF já teve oportunidade de decidir que, a pretexto de uso da liberdade religiosa, não seja tolerável a prática de ilícitos penais, como a prática do curandeirismo.[46]

Mas não é só isso, o Estatuto Político, de 1988, no seu VII do art. 5º, assegura, *nos termos da lei, a prestação de assistência religiosa nas entidades civis e militares de internação coletiva.*[47]

---

45. BRASIL, STF-Pleno. ADI 2.566/DF, rel. p/ o ac. min. Edson Fachin, j. 16/5/2018, *DJe*-225 de 23/10/2018. "Ementa: AÇÃO DIRETA DE INCONSTITUCIONALIDADE. DIREITO CONSTITUCIONAL. LEI N. 9.612/98. RÁDIODIFUSÃO COMUNITÁRIA. PROBIÇÃO DO PROSELITISMO. INCONSTITUCIONALIDADE. PROCEDÊNCIA DA AÇÃO DIRETA. 1. A liberdade de expressão representa tanto o direito de não ser arbitrariamente privado ou impedido de manifestar seu próprio pensamento quanto o direito coletivo de receber informações e de conhecer a expressão do pensamento alheio. 2. Por ser um instrumento para a garantia de outros direitos, a jurisprudência do Supremo Tribunal Federal reconhece a primazia da liberdade de expressão. 3. A liberdade religiosa não é exercível apenas em privado, mas também no espaço público, e inclui o direito de tentar convencer os outros, por meio do ensinamento, a mudar de religião. O discurso proselitista é, pois, inerente à liberdade de expressão religiosa. Precedentes. 4. A liberdade política pressupõe a livre manifestação do pensamento e a formulação de discurso persuasivo e o uso de argumentos críticos. Consenso e debate público informado pressupõem a livre troca de ideias e não apenas a divulgação de informações. 5. O artigo 220 da Constituição Federal expressamente consagra a liberdade de expressão sob qualquer forma, processo ou veículo, hipótese que inclui o serviço de radiodifusão comunitária. 6. Viola a Constituição Federal a proibição de veiculação de discurso proselitista em serviço de radiodifusão comunitária. 7. Ação direta julgada procedente."

46. BRASIL, STF-2ª Turma. RHC 62.240/SP, rel. min. Francisco Rezek, in *RTJ* 114-3, p. 1.038.

47. A Lei nº 9.982, de 17.07.2000, dispõe sobre a prestação de assistência religiosa nas entidades hospitalares públicas e privadas, bem como nos estabelecimentos prisionais civis e militares.

A respeito da relevância, reconhecida pela Carta Magna da presença de religiosos na reestruturação do ser humano e no tratamento espiritual em ambiente prisional ou hospitalar, traga-se à colação o escólio abaixo de Thiago Vieira e Jean Regina:[48]

> A assistência religiosa a todo aquele que está segregado da sociedade e do corpo político é garantida pelo Estado Laico Brasileiro. Pouco importa se a segregação se deu por descumprimento da legislação penal (casos de prisão) ou em razão de doença. O ser humano não pode prescindir de sua dignidade, e o fenômeno religioso está intimamente vinculado à humanidade de qualquer pessoa. Assim, a assistência religiosa quando segregado é medida *sine qua non* para que não perca a própria dignidade e, em última análise, a própria humanidade.

Por sua vez, o §1° do art. 210 da nossa Constituição[49] impõe o ensino religioso facultativo nas escolas públicas do ensino básico, como mais uma demonstração da ingente relevância que o constituinte de 1988 conferiu à cultura religiosa e à fé do povo brasileiro.

Paulo Gustavo Gonet Branco,[50] ao comentar o art. 210, §1° da Lei Maior, explica que *o Estado brasileiro não é confessional, mas tão pouco é ateu, como se deduz do preâmbulo da Constituição, que invoca a proteção de Deus. Por isso, admite, ainda que sob a forma de disciplina facultativa, o ensino religioso em escolas públicas de ensino fundamental (CF, art. 210, §1°), permitindo, assim, o ensino da doutrina de uma dada religião para os alunos interessados.*

A este respeito, transcreva-se a ementa do acórdão decorrente do julgamento, pelo Supremo Tribunal Federal, da Ação Direta de inconstitucionalidade n° 4.439/DF,[51] *verbis*:

---

48. VIEIRA, Thiago Rafael; REGINA, Jean Marques. Obra citada, *e-book*, p. 248.

49. CF/1988. "Art. 210. [...] § 1°. O ensino religioso, de matrícula facultativa, constituirá disciplina dos horários normais das escolas públicas de ensino fundamental."

50. BRANCO, Paulo Gustavo Gonet. MENDES, Gilmar Ferreira, Obra citada, p. 323.

51. BRASIL, STF-Pleno. ADI 4.439/DF, rel. p/ ac. min. Alexandre de Moraes, *DJe*-123 de 21.06.2018.

ENSINO RELIGIOSO NAS ESCOLAS PÚBLICAS. CONTEÚDO CONFESSIONAL E MATRÍCULA FACULTATIVA. RESPEITO AO BINÔMIO LAICIDADE DO ESTADO/LIBERDADE RELIGIOSA. IGUALDADE DE ACESSO E TRATAMENTO A TODAS AS CONFISSÕES RELIGIOSAS. CONFORMIDADE COM ART. 210, §1°, DO TEXTO CONSTITUCIONAL. CONSTITUCIONALIDADE DO ARTIGO 33, *CAPUT* E §§ 1° E 2°, DA LEI DE DIRETRIZES E BASES DA EDUCAÇÃO NACIONAL E DO ESTATUTO JURÍDICO DA IGREJA CATÓLICA NO BRASIL PROMULGADO PELO DECRETO 7.107/2010. AÇÃO DIRETA JULGADA IMPROCEDENTE. 1. A relação entre o Estado e as religiões, histórica, jurídica e culturalmente, é um dos mais importantes temas estruturais do Estado. A interpretação da Carta Magna brasileira, que, mantendo a nossa tradição republicana de ampla liberdade religiosa, consagrou a inviolabilidade de crença e cultos religiosos, deve ser realizada em sua dupla acepção: (a) proteger o indivíduo e as diversas confissões religiosas de quaisquer intervenções ou mandamentos estatais; (b) assegurar a laicidade do Estado, prevendo total liberdade de atuação estatal em relação aos dogmas e princípios religiosos. 2. A interdependência e complementariedade das noções de Estado Laico e Liberdade de Crença e de Culto são premissas básicas para a interpretação do ensino religioso de matrícula facultativa previsto na Constituição Federal, pois a matéria alcança a própria liberdade de expressão de pensamento sob a luz da tolerância e diversidade de opiniões. 3. A liberdade de expressão constitui um dos fundamentos essenciais de uma sociedade democrática e compreende não somente as informações consideradas como inofensivas, indiferentes ou favoráveis, mas também as que possam causar transtornos, resistência, inquietar pessoas, pois a Democracia somente existe baseada na consagração do pluralismo de ideias e pensamentos políticos, filosóficos, religiosos e da tolerância de opiniões e do espírito aberto ao diálogo. 4. A singularidade da previsão constitucional de ensino religioso, de matrícula facultativa, observado o binômio Laicidade do Estado (CF, art. 19, I)/Consagração da Liberdade religiosa (CF, art. 5°, VI), implica regulamentação integral do cumprimento do preceito constitucional previsto no artigo 210, §1°, autorizando à rede pública o oferecimento, em igualdade de condições (CF, art. 5°, *caput*), de ensino confessional das diversas crenças. 5. A Constituição Federal garante aos alunos, que expressa e voluntariamente se matriculem, o pleno exercício de seu direito subjetivo ao ensino religioso como disciplina dos horários normais das escolas públicas de ensino fundamental, ministrada de acordo com os princípios de sua confissão religiosa e baseada nos dogmas da fé, inconfundível com outros ramos do conhecimento científico, como história, filosofia ou ciência das religiões.

> 6. O binômio Laicidade do Estado/Consagração da Liberdade religiosa está presente na medida em que o texto constitucional (a) expressamente garante a voluntariedade da matrícula para o ensino religioso, consagrando, inclusive o dever do Estado de absoluto respeito aos agnósticos e ateus; (b) implicitamente impede que o Poder Público crie de modo artificial seu próprio ensino religioso, com um determinado conteúdo estatal para a disciplina; bem como proíbe o favorecimento ou hierarquização de interpretações bíblicas e religiosas de um ou mais grupos em detrimento dos demais. 7. Ação direta julgada improcedente, declarando-se a constitucionalidade dos artigos 33, *caput* e §§ 1º e 2º, da Lei 9.394/1996, e do art. 11, § 1º, do Acordo entre o Governo da República Federativa do Brasil e a Santa Sé, relativo ao Estatuto Jurídico da Igreja Católica no Brasil, e afirmando-se a constitucionalidade do ensino religioso confessional como disciplina facultativa dos horários normais das escolas públicas de ensino fundamental.

Os intolerantes contra as religiões defendiam a tese de que as escolas públicas somente poderiam lecionar a história ou a sociologia das religiões – o que atenderia ao escamoteado propósito deles de transformar esse ensino, extremamente, desinteressante para muitos –, sem aprofundar a doutrina de determina religião, esta, sim, capaz de redimir o espírito humano e de formar melhores cidadãos.

Entretanto, conforme anotou Gonet Branco,[52] não faz sentido entender o *ensino religioso* como atividade acadêmica destituída do propósito de exposição e demonstração dos fundamentos de alguma crença existente. Não fosse assim, não haveria por que o constituinte se dar o cuidado de estabelecer que o ensino religioso é "matéria facultativa". Ensino religioso não se confunde com história ou sociologia das religiões. Nesse sentido, o STF decidiu que é confessional o ensino religioso, cabendo às instituições públicas de ensino disponibilizar diferentes classes, com aulas específicas ministradas por professores vinculados a diferentes religiões, justamente para atender aos variados interesses dos estudantes, que professam, individualmente, preferência por sua própria crença.

52. BRANCO, Paulo Gustavo Gonet. MENDES, Gilmar Ferreira, Obra citada, p. 323.

Nesse sentido, decidiu, com percuciência, a Corte Constitucional brasileira, ao julgar, em 31/8/2017, a ADI 4.439.

Cabe enfatizar que, evidentemente, é constitucional que instituições privadas de ensino básico ou fundamental, médio e superior, vinculadas a determinadas instituições religiosas ou Igrejas, possam ministrar aulas de religião ou disponibilizar momentos de culto e de crescimento espiritual, com base na teologia e nos livros sagrados delas próprios. Afinal de contas, quem procura essas instituições de ensino confessional já é conhecedor dessa vinculação e, justamente, não raras vezes, por isso mesmo há o interesse da pessoa de receber esse tipo de formação religiosa.

Com vista a favorecer o direito dos cidadãos à crença religiosa e a participação dos fiéis nos cultos e em suas liturgias, e, simultaneamente, obstar que o Estado crie embaraços à liberdade de religião, o art. 150, inciso VI, alínea "b" e §4º, da Constituição Federal[53-54-55] garante a imunidade subjetiva de todo e

---

53. Mencione-se que, por ocasião do julgamento, pela 1ª Turma do STF, do RE 562.351/RS, rel. min. Ricardo Lewandowski, j. 04.09.2012, *RTJ* vol. 228-1, p. 528, decidiu-se que a imunidade de impostos, conferida pelo art. 150, VI, b, da CF é restrita aos templos de qualquer culto religioso, não se aplicando à maçonaria, em cujas lojas não se professa religião alguma, nem há culto a Ser Supremo.

54. Por ocasião do julgamento do RE 578.562/, rel. min. Eros Grau, j. 21.05.2008, *RTJ* vol. 206-2, p. 906, o Pleno do STF decidiu que os cemitérios, que consubstanciam extensões de entidades de cunho religioso, estão abrangidos pela imunidade de impostos contemplada no art. 150, VI, *b*, da CF, daí a Impossibilidade da incidência de IPTU em relação a eles. Ratificou o STF que a imunidade aos tributos de que gozam os templos de qualquer culto é projetada a partir da interpretação da totalidade que o texto da Constituição e, sobretudo, do disposto nos arts. 5º, VI; 19, I; e 150, VI, b.

55. A jurisprudência do STF é assente no sentido de que a imunidade religiosa do art. 150, VI, *b*, da CF deve abranger não somente os prédios destinados ao culto, mas, também, o patrimônio, a renda e os serviços "relacionados com as finalidades essenciais das entidades nelas mencionadas". O §4º do dispositivo constitucional, que transformou tal imunidade de objetiva, como era da Carta Política pretérita, para subjetiva, serve de vetor interpretativo da alínea *b* do inciso VI do art. 150 da CF (STF-Pleno, RE 325.822/SP, rel. p/ ac. min. Gilmar Mendes, j. 18.12.2002, *DJ* de 14.05.2004, p. 42; STF-1ª Turma, ARE 658.080/SP AgR, rel. min. Luiz Fux, j. 13.12.2011, *DJe*-33 de 15.02.2012; STF-1ª Turma, AI 690.712 AgR/RJ, rel. min. Ricardo Lewandowski, j. 23.06.2009, *RT* vol. 98 nº 890, 2009, p. 176 a 178; STF-2ª Turma, AI 651.138 AgR/RJ, rel. min. Eros Grau, j. 26.06.2007, *RT* vol. 96, nº 866, 2007, p. 130 a 131).

qualquer imposto relacionado com o patrimônio, renda e serviços de templos de qualquer culto, portanto, qualquer que seja o credo, sendo que o §7º do art. 195 da mesma Carta imuniza de contribuições para a seguridade social as instituições religiosas reconhecidas como beneficentes de assistência social e que atendam às exigências estabelecidas em lei complementar.

Ademais, A República Federativa do Brasil é signatária do Pacto de São José da Costa Rica, tendo depositado sua carta de adesão internacional em 25 de setembro de 1992, e tendo sido internalizado através do Decreto promulgado 678, de 6 de novembro de 1992, publicado no *DOU* de 9 de novembro de 1992.[56]

É, também, o artigo 12 desta Convenção Americana sobre Direitos Humanos que garante a todos os seres humanos o direito à liberdade religiosa e de expressar seu credo, inclusive, no espaço público, nos termos a seguir transcritos:

> ARTIGO 12
>
> Liberdade de Consciência e de Religião
>
> 1. Toda pessoa tem direito à liberdade de consciência e de religião. Esse direito implica a liberdade de conservar sua religião ou suas crenças, ou de mudar de religião ou de crenças, bem como a liberdade de professar e divulgar sua religião ou suas crenças, individual ou coletivamente, tanto em público como em privado.
>
> 2. Ninguém pode ser objeto de medidas restritivas que possam limitar sua liberdade de conservar sua religião ou suas crenças, ou de mudar de religião ou de crenças.
>
> 3. A liberdade de manifestar a própria religião e as próprias crenças está sujeita unicamente às limitações prescritas pelas leis e que sejam necessárias para proteger a segurança, a ordem, a saúde ou moral pública ou os direitos ou liberdades das demais pessoas.

---

56. Nos termos do §§2º e 3º do art. 5º da CF/1988: "Art. 5º. [...] § 2º. Os direitos e garantias expressos nesta Constituição não excluem outros decorrentes do regime e dos princípios por ela adotados, ou dos tratados internacionais em que a República Federativa do Brasil seja parte. § 3º. Os tratados e convenções internacionais sobre direitos humanos que forem aprovados, em cada Casa do Congresso Nacional, em dois turnos, por três quintos dos votos dos respectivos membros, serão equivalentes às emendas constitucionais." (Incluído pela Emenda Constitucional nº 45/2004).

4. Os pais, e quando for o caso os tutores, têm direito a que seus filhos ou pupilos recebam a educação religiosa e moral que esteja acorde com suas próprias convicções.

Insta ressaltar que todos os direitos constitucionais, elencados neste trabalho, por cuidarem de direitos humanos fundamentais, estão protegidos pela cláusula pétrea, nos termos do art. 60, §4º, inciso IV, da Lei Maior, de modo que sequer poderão ser objeto de deliberação proposta de emenda constitucional tendente a amesquinhá-los ou aboli-los.

Cabe colimar, ainda, que o §2º do art. 226 da Constituição Federal[57] faz menção ao casamento religioso distinto do casamento civil, embora confira a ambos os mesmos efeitos, o que corrobora, sim, deixando estreme de dúvidas, que tal distinção de regime jurídico, com princípios próprios, a existência de um Direito Religioso como ramo autônomo do Direito Positivo Brasileiro.

O reconhecimento da autonomia do Direito Religioso, com supedâneo nos retrocitados preceptivos da Constituição brasileira, de 1988, é de ingente importância nos dias de hoje, em que se busca substituir os tradicionais valores, cultos religiosos e suas liturgias por uma ética laicista totalitária,[58] fundada em direitos humanos relativizados, negociáveis e modificáveis, pretensamente protetores do individualismo e em todas as formas de diversidade, mas, em boa parte, guiados ao sabor das conveniências da nova ordem ideológica mundial, em que, até mesmo, se aspira a instituir uma religião global sem Deus.[59-60]

57. CF/1988. "Art. 226. A família, base da sociedade, tem especial proteção do Estado. [...] §2º. O casamento religioso tem efeito civil, nos termos da lei."

58. Nessa nova ordem ideológica, os indivíduos têm todo direito de pensar, de se expressar, de influenciar as decisões políticas dos três Poderes do Estado, desde que seus pensamentos e expressões estejam de conformidade com o que se convencionou chamar de "politicamente correto".

59. Cf. ROCCELLA, Eugênia; SCARAFFIA, Lucetta. *Contra o cristianismo:* a ONU e a União Europeia como nova ordem ideológica, São Paulo: Editora Ecclesiai, 2014.

60. Cf. SANAHUJA, Juan Claudio. *Poder global e religião universal II*, 2ª edição, São Paulo; Katechesis, 2017.

Para encimar, mencione-se que há, ainda, diversas regras de diplomas infraconstitucionais, como a do art. 37, §4º, da Lei 9.504/1997, que veda propaganda política dentro das Igrejas; as do Decreto 119-A/1890, que proíbe a intervenção da autoridade federal e dos Estados federados em matéria religiosa e consagra a plena liberdade de cultos; as da Lei 6.923/1981, que dispõe sobre o serviço de assistência religiosa nas Forças Armadas; as da Resolução normativa do Conselho Nacional de Imigração 39/1999, que cuida da concessão de visto para ministros de confissão religiosa ou membro de instituição de vida consagrada ou confessional, e de congregação ou ordem religiosa; as da Lei 9.982/2000, que dispõem sobre a prestação de assistência religiosa nas entidades hospitalares públicas e privadas, bem como nos estabelecimentos prisionais civis e militares; as do Tratado celebrado pelo Brasil e a Santa Sé (Igreja Católica Romana) – firmado no Vaticano em 13/11/2008, ratificado em 7/10/2009 e promulgado pelo Decreto 7.107, de 11/2/2010 –, as da Resolução do Conselho Nacional de Política Criminal e Penitenciária 8/2011, que estabelece diretrizes para assistência religiosa nos estabelecimentos prisionais; as da Lei 13.796/2019, que trata de falta às aulas por motivo religioso ou de consciência; a do § 1º, do art. 44 do Código Civil, e assim por diante, tudo demonstrando que, existem, à exaustão, princípios e normas próprias e diferenciadas dentro do direito positivo brasileiro, que conferem autonomia ao Direito Religioso.

4. Conclusão

Como interpretar o preâmbulo da Constituição brasileira, na parte da locução "sob a proteção de Deus" já que ela fora votada e aprovada por maioria expressiva? Seria tal invocação irrelevante?

Resposta: O preâmbulo da Constituição brasileira, onde há invocação à *proteção de Deus* pode ser interpretado no sentido de que ele guarda a relevante função de servir como afirmação dos valores consagrados nos princípios e nas demais normas constitucionais e como um importante vetor hermenêutico tanto dos princípios e das normas constitucionais quanto das regras infraconstitucionais.

O §2º do art. 226 da Constituição Federal de 1988 faz menção ao casamento religioso distinto do casamento civil, cujos efeitos seriam os mesmos. Não estaria, tal distinção de regime jurídico com princípios próprios a demonstrar a existência de um direito religioso como ramo autônomo do direito positivo?

Resposta: Sim, essa distinção constitucional entre o matrimônio religioso e o casamento civil, embora conferindo a Constituição a eles os mesmos efeitos, deixa estreme de dúvidas que tal distinção de regime jurídico, com princípios próprios, demostra a existência de um Direito Religioso como ramo autônomo do Direito Positivo Brasileiro.

O que caracteriza a autonomia de um ramo do Direito? Princípios, normas e regras com aspectos diferenciais dos outros ramos? Se assim for, não haveria, no concernente à religião, princípios, normas e regras diferenciais, dentro do direito positivo? Se sim, quais seriam?

Resposta: Sim, princípios e normas com aspectos diferenciais dos outros ramos caracterizam a autonomia de um ramo da Ciência Jurídica, possuindo o Direito Religioso princípios e regras diferenciadas, daí a sua autonomia.

Além de o preâmbulo da Constituição Brasileira de 1988 expressar que ela é promulgada *sob a proteção de Deus*, o que representa um importante vetor de interpretação das normas jurídicas, e como foi suficientemente demonstrado, embora de forma sucinta, que o nosso Estatuto Político consagra a possibilidade de vivência de vários valores espirituais e assegura, por meio de vários princípios e normas específicos, a própria autonomia do Direito Religioso no Brasil, Direito este específico que disciplina as relações jurídicas entre religiosos e crentes e suas instituições e destas e seus fiéis com as outras pessoas e com o Poder Público.

Há, portanto, na Constituição da República, vários princípios e normas diferenciadas, pertinentes ao Direito Religioso, como as garantias da liberdade crença, do livre exercício dos cultos religiosos, da proteção aos locais de culto e a suas liturgias (CF, art. 5º, VI), da prestação de assistência religiosa nas entidades civis e militares de internação coletiva (CF, art. 5º, VII), da vedação de exclusão de direitos por motivo de crença religiosa (CF, art. 5º, VIII), da colaboração entre o Estado e as religiões para o atingimento do bem comum (CF, art. 19, I), do ensino religioso (CF, art. 210, §1º), do reconhecimento dos efeitos civis do casamento religioso (CF, art. 226, §2º), da escusa de consciência e de crença para efeito de não prestação do serviço militar (CF, art. 143, §§1º e 2º), das imunidades de impostos (CF, art. 150, VI, "b", §4º) e de contribuições para a seguridade social (CF, art. 195, §7º).

Existem, ainda, diversas regras de diplomas infraconstitucionais, cabendo citar, apenas a título ilustrativo, a do art. 37, §4º, da Lei 9.504/1997, que veda propaganda política dentro das Igrejas; as do Decreto 119-A/1890, que proíbe a intervenção da autoridade federal e dos Estados federados em matéria religiosa e consagra a plena liberdade de cultos; as da Lei 6.923/1981, que dispõe sobre o serviço de assistência religiosa nas Forças Armadas; as da Resolução normativa do Conselho Nacional de Imigração 39/1999, que cuida da concessão de visto para ministros de confissão religiosa ou membro de instituição de vida consagrada ou confessional, e de congregação ou ordem religiosa; as da Lei 9.982/2000, que dispõem sobre a prestação de assistência religiosa nas entidades hospitalares públicas e privadas, bem como nos estabelecimentos prisionais civis e militares; as do Tratado celebrado pelo Brasil e a Santa Sé (Igreja Católica Romana) – celebrado no Vaticano em 13.11.2008, ratificado em 07.10.2009 e promulgado pelo Decreto 7.107, de 11/2/2010 –, as da Resolução do Conselho Nacional de Política Criminal e Penitenciária 8/2011, que estabelece diretrizes para assistência religiosa nos estabelecimentos prisionais, as da Lei 13.796/2019, que trata de falta às aulas por motivo religioso ou de consciência; a do § 1º, do art.

44 do Código Civil, e assim por diante, tudo demonstrando que, existem, à exaustão, princípios e normas próprias e diferenciadas dentro do direito positivo brasileiro, que conferem autonomia ao Direito Religioso.

Ademais, além da existência de variada legislação infraconstitucional pertinente ao Direito Religioso no ordenamento jurídico pátrio, há, ainda, livros didáticos e revistas científicas sobre este Direito, bem como verifica-se a presença dessa disciplina com esta denominação nas Faculdades de Direito nas Universidades, tudo isso comprova, *ad nauseam*, a autonomia do Direito Religioso no Brasil.

Bibliografia

BASTOS, Celso Ribeiro; GANDRA, Ives Gandra da Silva. *Comentários à Constituição do Brasil, promulgada em 5 de outubro de 1988*, 3ª edição, 2º volume. São Paulo: Saraiva, 2004.

BRANCO, Paulo Gustavo Gonet. MENDES, Gilmar Ferreira. *Curso de direito constitucional*, 13ª edição, São Paulo: Saraiva, 2018.

BRASIL, STF-Pleno. ADI nº 2.076/AC, rel. min. Carlos Velloso, *DJ* de 8/8/2003, p. 86.

BRASIL, STF-1ª Turma. RMS 26.071/DF, rel. min. Carlos Britto, *RTJ* 205-1, p. 203.

BRASIL, STF-1ª turma. HC 94.163/RS, rel. min. Carlos Britto, *DJe*-200 23/10/2009.

BRASIL, STF-1ª Turma. HC 92.435/SP, rel. min Carlos Britto, *RTJ* 208-1, p. 287.

BRASIL, STF-Pleno. ADPF nº 54/DF, rel. min. Marco Aurélio, *RTJ* vol. 226-1, p. 11.

BRASIL, STF-Pleno. HC 87.585/TO, rel. min. Marco Aurélio *DJe*-118 de 26/6/2009.

BRASIL, STF-Pleno. ADI 3.478/RJ, rel. min. Edson Fachin, *DJe*-35 de 19-2-2020.

BRASIL, STF-Pleno. ARE 1.249.095/SP, rel. min. Ricardo Lewandowski, *DJe*-258 de 27/10/2020.

BRASIL, STF-Pleno. STA 389 AgR/MG, rel. min. Gilmar Mendes, *DJe*-86 de 14/5/2010.

BRASIL, STF-Pleno. ARE 1.267.879/SP, rel. min. Roberto Barroso, *DJe*-64 de 8/4/2021.

BRASIL, STF-1ª Turma. RE 130.206/PR, rel. min. Ilmar Galvão, *RTJ* 138-1, p. 284.

BRASIL, STF-Pleno. ADI 4.451/DF, rel. min. Alexandre de Moraes, *DJe*-44 6/3/2019.

BRASIL, STF-Pleno. ADI 2.566/DF, rel. p/ o ac. min. Edson Fachin, *DJe*-225 de 23/10/2018.

BRASIL, STF-2ª Turma. RHC 62.240/SP, rel. min. Francisco Rezek, in *RTJ* 114-3, p. 1.038.

BRASIL, STF-Pleno. ADI 4.439/DF, rel. p/ ac. min. Alexandre de Moraes, *DJe*-123 de 21/6/2018.

BRASIL, STF-1ª turma. RE 562.351/RS, rel. min. Ricardo Lewandowski, *RTJ* vol. 228-1, p. 528.

BRASIL, STF-Pleno. RE 578.562/, rel. min. Eros Grau, *RTJ* vol. 206-2, p. 906.

BRASIL, STF-Pleno. RE 325.822/SP, rel. p/ ac. min. Gilmar Mendes, *DJ* de 14/5/2004, p. 42.

BRASIL, STF-1ª Turma. ARE 658.080/SP AgR, rel. min. Luiz Fux, *DJe*-33 de 15/2/2012.

BRASIL, STF-1ª Turma. AI 690.712 AgR/RJ, rel. min. Ricardo Lewandowski, *RT* vol. 98 nº 890, 2009, p. 176 a 178.

BRASIL, STF-2ª Turma. AI 651.138 AgR/RJ, rel. min. Eros Grau, *RT* vol. 96, nº 866, 2007, p. 130 a 131.

FERREIRA, Pinto. in *Curso de direito constitucional*, 12ª edição, São Paulo: Saraiva.

FERREIRA FILHO, Manoel Gonçalves. *Comentários à Constituição Brasileira de 1988*, volume 1, São Paulo: Saraiva, 1990.

LIMA, Francisco Gérson Marques de. *Fundamentos constitucionais do processo*, São Paulo: Malheiros, 2002.

MEIRELLES, Hely Lopes. *Direito administrativo brasileiro*, 42ª edição, José Emmanuel Burle Filho e Carla Rosada Burle (atualizadores), São Paulo: Malheiros, 2016.

ROCCELLA, Eugênia; SCARAFFIA, Lucetta. *Contra o cristianismo: a ONU e a União Europeia como nova ordem ideológica*, São Paulo: Editora Ecclesiai, 2014.

RODRIGUES, Eder Bomfim. *Estado laico e símbolos religiosos no Brasil: as relações entre Estado e religião no constitucionalismo contemporâneo*, Curitiba: Editora Juruá, 2014.

SANAHUJA, Juan Claudio. *Poder global e religião universal II*, 2ª edição. São Paulo: Katechesis, 2017.

SILVA Jr., Antônio Carlos da Rosa. Entre laicidade e laicismo: por uma interpretação constitucional da relação entre o estado e a religião, in SILVA Jr. A.C.R.; MARANHÃO, Ney; PAMPLONA FILHO, Rodolfo (coordenadores). *Direito e cristianismo:* temas atuais e polêmicos. Rio de Janeiro: Editora Betel, 2014.

SILVA JUNIOR, A.C.R. O modelo brasileiro de laicidade estatal e sus repercussão na hermenêutica da liberdade religiosa, in SILVA Jr. A.C.R.; MARANHÃO, Ney; PAMPLONA FILHO, Rodolfo (coordenadores), *Direito e cristianismo:* temas atuais e polêmicos. Rio de Janeiro: Editora Betel, 2014.

SILVA, José Afonso da. *Comentário contextual à Constituição*, 7ª edição, São Paulo: Malheiros, 2010.

TORRES, Daniel Chagas. *A cristofobia no século XXI:* entendendo a perseguição aos cristãos no terceiro milênio, *ebook*, Charleston: Createspace, 2015.

VIEIRA, Thiago Rafael. A previsão constitucional do direito religioso no Brasil e sua autonomia constitucional, in *Dignitas – Revista Internacional do Instituto Brasileiro de Direito e Religião*, volume 1, nº 1, 2020, p. 18. Disponível em: https://bit.ly/3lig3uq Acesso em: 02 ago. 2021.

VIEIRA, Thiago Rafael; REGINA, Jean Marques. *Direito religioso:* questões práticas e teóricas, 3ª edição, *ebook*, São Paulo: Vida Nova, 2020.

PREÂMBULO CONSTITUCIONAL E DIREITO RELIGIOSO

Francisco Pedro Jucá[1]

Lauro Ishikawa[2]

Resumo: O Preâmbulo integra o texto da Constituição, explicita os seus postulados fundamentais de justificação e legitimação, e, portanto, tem força normativa cogente, desempenhando o papel de reger a hermenêutica e aplicação não apenas das normas constitucionais, mas, também de todo o sistema jurídico, considerando que cabe à Constituição dar unidade e sistematização à ordem jurídica. Em estando presente a invocação de Deus nos preâmbulos ao longo da história constitucional brasileira, sempre que houve a participação da sociedade e do seu parlamento na elaboração do texto, a consequência é de que dado o caráter religioso da sociedade, em virtude o qual aí estão as bases para

---

1. Membro da União dos Juristas Católicos de São Paulo – UJUCASP. Pós Doutor em Direito Público pela Universidade de Salamanca e em Direito Social pela Universidade Nacional de Córdoba. Livre Docente e Doutor em Direito do Estado pela USP e em Direito das Relações Sociais pela PUC/SP. Pertence a Academia Paulista de Letras Jurídicas e a Academia Paraense de Letras Jurídicas. Professor Titular da Faculdade de Direito de São Paulo – FADISP, na graduação, Mestrado e Doutorado. Professor Orientador do Doutorado na Universidade de Salamanca, em regime de cotutela e dupla titulação FADISP/USAL. Juiz do Trabalho de 1º Grau da 2ª Região.

2. Membro da União dos Juristas Católicos de São Paulo – UJUCASP. Doutor e Mestre em Direito das Relações Sociais pela Pontifícia Universidade Católica de São Paulo; Pós Doutor pela Universidade de Salamanca (Espanha), Professor Titular da Faculdade Autônoma de Direito de São Paulo – FADISP e Coordenador Adjunto do Doutorado e Mestrado da FADISP. Professor Orientador do Doutorado da Universidade de Salamanca em regime de cotutela e dupla titulação FADISP/USAL.

um Direito da Religião, fortalecendo e assegurando a liberdade religiosa como direito humano fundamental.

Abstract: *The Preamble integrates the text of the Constitution, makes explicit its fundamental postulates of justification and legitimation, and therefore has cogent normative force, playing the role of governing the hermeneutics and application not only of constitutional norms, but also of all the system. Considering that it is up to the Constitution to give unity and systematization to the legal order. As the invocation of God is present in the preambles throughout Brazilian constitutional history, whenever society and its parliament participated in the drafting of the text, the consequence is that given the religious character of society, by virtue of which they are there the basis for a Right to Religion, strengthening and ensuring religious freedom as a fundamental human right.*

Palavras-chave: Preâmbulo – Força vinculante – Cultura religiosa – Liberdade religiosa – Direito religioso.

Sumário: 1. Introdução. 2. Preâmbulo nas Constituições – 3. Preâmbulos das constituições brasileiras – 4. Conclusão – Bibliografia.

1. Introdução

A proposta que se faz neste pequeno ensaio é a de compreender o papel do Preâmbulo Constitucional e, mais, o alcance real e efetivo dos efeitos que pode e deve produzir, tanto em relação à ordem jurídica na sua inteireza, quanto como imperativo de controle, direto ou indireto, das condutas humanas na convivência social, naquilo que a doutrina mais avoenga chamava de comércio jurídico.

Identificado e compreendido isto, levantam-se duas hipóteses. A primeira é de que o Estado é, deve e precisa ser laico, no sentido de não interferir na vida religiosa de seus cidadãos, não beneficiar nem prejudicar nenhuma religião e sua prática, com a ressalva da ordem pública dos bons costumes. Mas, se assim é, claro também é que a sociedade, especialmente a brasileira, não é laica, eis que na maioria esmagadora da demografia há religião, valores religiosos e suas práticas. A segunda hipótese é a de que, do arcabouço jurídico-normativo tal como se apresente, é possível inferir a existência, mais ou menos sutil, de um Direito Religioso, voltado à preservação exatamente destes valores e práticas de natureza religiosa, tudo inserido na liberdade fundamental de pensamento e expressão.

Tem-se a leitura de que sendo a sociedade não laica, porque na sua cultura estão inseridos e presentes valores e referenciais que deitam suas raízes mais profundas nas concepções religiosas, naturalmente e até como consequência lógica, toda a sua produção cultural traz a marca destes valores e referências, destacadamente naquilo que diz respeito à ética, muito especialmente a ética social, o que formata os padrões comportamentais básicos e fundantes na vida em sociedade. Ora bem, admitida a presença do que podemos chamar de fator ou fundamento religioso, tem-se que em sendo integrante importante da cultura social, mais do que merece, impõe seja levado em conta tanto na construção da normatividade em si, quanto na interpretação e aplicação desta mesma normatividade.

O que podemos chamar de fator religioso integra essencialmente o etos da sociedade e dos indivíduos, sendo, assim, indissociável do universo da cultura e das práticas sociais e muito especialmente convivenciais das sociedades humanas.

É importante fixar, nesta leitura que se faz, que o Estado e a Ordem Jurídica que sustem e o sustenta, não podem negar e nem serem hostis à religião, afinal porque ele é também produto da cultura da sociedade e tem, na sua essência, o traço instrumental, por ser ferramenta institucionalizada da sociedade para o fluxo regular do convívio e cooperativamente tornar possível que sejam atendidas as necessidades básicas, tanto da coletividade como dos indivíduos, especialmente, mantendo a ordem relativamente estável na vida corrente de todos. Daí a impossibilidade lógica da contradição entre o produto da cultura e a cultura que o constrói.

Noutras palavras, diria o poeta, como consequência da relação criador/ criatura acima mencionada, temos que o conflito ou contradição entre ambos foge à lógica natural das coisas. Ao contrário, o que deve prevalecer é complementariedade harmônica e cooperativa entre ambos.

Isto não se confunde, nem de leve, com a teocracia, ou teocratismo, eis que não se aceita um Estado a serviço de uma religião, este período histórico está superado há séculos. O que se pretende é um Estado que acata e respeita a religiosidade de seu povo e que desempenha o papel próprio de sua natureza e finalidade, arbitrando os eventuais desencontros entre parcelas da sociedade pertencentes a religiões diferentes, embora sem defender a prevalência de nenhuma. Um Estado que reconheça o direito da maioria da sociedade neste particular, até mesmo como forma de manter o equilíbrio das relações sociais.

A manifestação da cultura religiosa da sociedade acontece em todos os campos da sua organização e mesmo dos processos sociais que desenvolve, é uma presença constante, e, temos que, exatamente por isso o reconhecimento se impõe, estando refletido nos costumes e práticas sociais, nas instituições da sociedade, infiltrada em todas as dimensões da vida da sociedade, com manifestações mais ou menos explícitas.

Como sumariamente se debuxa, não há como negar a influência essencial dos valores e referências religiosas no Direito que a sociedade constrói para si, por óbvio, também assim o é no texto das suas normas fundamentais, no caso a Constituição.

2. Preâmbulo nas constituições

Todas as Constituições brasileiras, como se verá adiante, tiveram Preâmbulos, portanto, ao longo do que se pode chamar de história constitucional brasileira, a presença deles tem sido uma constante, sendo, assim, lícito inferir, que lhes foi sempre atribuído um papel e uma finalidade, do que é consequência reconhecer que têm valor jurídico, tendo, assim, o poder de produzir efeitos concretos, sejam eles diretos ou indiretos.

É bem pertinente que se traga à colação o magnífico ensinamento de Afonso Arinos de Melo Franco a respeito do tema, sendo imperioso e fundamental acentuar que foi Relator da Comissão de Sistematização no processo constituinte de que resultou a Constituição brasileira vigente, promulgada em

1988, o que o legitima como doutrinador autorizado a tratar do tema, sendo constitucionalista reconhecido na ciência jurídica brasileira, qualidade à qual se adiciona a experiência de vida política no Parlamento Nacional por largo período.

Em precioso artigo publicado na *Revista de Ciência Política da FGV* de out/dez 1986,[3] o referido autor observa logo ao início:

> Nem todas as constituições dispõem de preâmbulo, antepostos aos respectivos títulos, capítulos, artigos e parágrafos ordenatórios. Mas a ausência ou a insignificância de preâmbulos, em muitos textos constitucionais, não excluem a importância de que eles podem se revestir quando enriquecem as Constituições que os adotam.

Como se vê, o autor reconhece o significado e efeitos jurídicos ao Preâmbulo das Constituições, observando mais adiante:

> Os preâmbulos, do ponto de vista jurídico-formal, não se inserem no texto das Constituições, nas quais figuram como uma espécie de declaração genérica de intenções inspiradoras para a interpretação dos textos regulatórios; ou como princípios norteadores da evolução jurídica, inevitável e constante, do conjunto das disposições operativas.
>
> No entanto já vimos e ainda veremos, os preâmbulos constitucionais, na teoria e na prática, são considerados às vezes normativos perla doutrina, e têm servido de base a decisões judiciais e administrativas, o que lhes atribui o caráter de verdadeiras normas de direito. Em resumo, dependendo da forma que adotam e das intenções que abriguem, os preâmbulos variam quanto ao significado e ao alcance dos respectivos conteúdos.

E arremata:

> Em certos casos traduzem aspirações e inspirações de uma sociedade em certa fase da sua existência, casos que devem ser expressos em termos capazes de evoluir historicamente, dentro da sociedade em referência. Em outros casos, os preâmbulos surgem como justificativas históricas de determinados sistemas de governo.

---

3. *Revista de Ciência e Política da FGV* de out/dez 1986, n. 29, pp.38-48.

As lições invocadas arrimam a que se afirme que os Preâmbulos Constitucionais têm função, papel e produzem efeitos concretos, ainda que em graus variados.

Vê-se nos preâmbulos, da mesma forma que Afonso Arinos, a declaração de intenções para a interpretação dos "textos regulatórios", o que significa dizer que são reitores e orientadores para a conformidade interpretativa, e o são com caráter obrigatório, contendo, assim o entendemos, aspirações e propósitos norteadores da evolução do processo, e trazendo também justificativas históricas para o texto constitucional, mas vamos além, explicitam os fundamentos legitimadores políticos, éticos e históricos que nutrem a formulação constitucional que antecedem.

E exatamente porque exercem papel justificador-legitimador, ganham imperatividade e vinculatividade como reitores hermenêuticos. Assim, desempenham papel jurídico relevante, não sendo excesso referir que, no texto normativo, inexistem expressões ou palavras sem utilidade real nem finalidade, diversamente, tudo tem função, papel e finalidade.

No mesmo sentido, é a posição de Luciano Nascimento Silva,[4] que em conclusão de estudo sobre o tema observa:

> Não há como negar mais – apesar da forma lacônica como a doutrina, especialmente a nacional, trata o tema – que, efetivamente, os preâmbulos, e, principalmente, o da Constituição Federal de 1988, têm força normativa, na medida em que e quando expressam normas, princípios e valores. São normas exequíveis em si mesmas, são normas de aplicação imediata.

A conclusão necessária é de que o Preâmbulo Constitucional, pela sua natureza, exprime os fundamentos justificadores essenciais das disposições que antecede, os quais são explicitados e desdobrados ao longo do desenvolvimento do texto constitucional, com o que tem, necessariamente, força normativa, dotado, portanto, de validade e eficácia próprias

4. In *Revista de Estudos Criminais*, Doutrina, n. 4.

das normas jurídicas, não restando, senão, sua observância cuidadosa. É o que se propõe.

No caso do nosso Direito, visitando os preâmbulos ao longo da história constitucional, podemos perceber um fio condutor com marca de religiosidade, com a invocação de Deus em quase todos eles, com exceção da Constituição de 1891 e a de 1937. Releva destacar em relação a ambas, as circunstâncias históricas em que foram produzidas.

A primeira, vinda com a proclamação da República, trazendo a separação (necessária) entre o Estado e a Igreja, ultrapassando a tradição da Religião Oficial (a do Imperador), provavelmente pretendendo marcar posição forte desta separação. A segunda, fruto da gênese de um período autoritário, fortemente marcado pelos chamados então de regimes fortes, em franca ascensão na Europa. O traço marcante de tais regimes – ou modelos políticos – era uma dose de estatolatria, num totalitarismo concebido em que o Estado abarcava tudo e todos.

As demais Constituições que o Brasil teve e a que tem hoje trazem a característica de invocar a Deus e a proteção Divina. E tem a marca, a seu turno, de haverem sido produzidas em clima de democracia.

É importante extrair como consequência, que se consideramos o preâmbulo constitucional como um enunciado de princípios basilares, fundantes do sistema jurídico que lhes segue, tem-se que neles, sempre que democraticamente a sociedade teve a oportunidade de manifestação de sua vontade e pensamento, expressou o traço da religiosidade fortemente presente na cultura, materializando valor essencial na vida social que pactua e que a Constituição dá forma e é instrumento jurídico-político.

A presença da religiosidade na cultura, manifestada tão nitidamente, deixa claro que o Estado Laico preconizado com a proclamação da República, que, registre-se, segundo alguns historiadores idôneos, foi feita "sem povo" eis que, no dizer deles, o Brasil dormiu Império e acordou República, não tem exatamente a manifestação da vontade da sociedade na sua inteireza e plenitude como desejável, foi estabelecido, como dito antes, que o Estado é laico, porém a sociedade não o é, e assim a convivência entre ambos é necessária e inelutável, sob pena de se ter divórcio entre a sociedade e o Estado, o que seria, de todos, assustador.

Em testemunho disso podemos constatar que em todas as demais Constituições, com as exceções já apontadas, tem-se a referência religiosa, que confirma e ratifica a presença da religião como traço pertencente à essência da nossa cultura, e, assim, portanto, deixa clara a marca antes mencionada da dicotomia entre o laicismo estatal e a religiosidade da sociedade.

Ora bem, daí é decorrência necessária que a laicidade estatal encontra a limitação na própria sociedade, com isto, este laicismo não pode ser entendido como hostil ou refratário à religiosidade, ao contrário, o imperativo é que conviva harmonicamente, acolha, aceite e proteja esta característica da sociedade e de sua cultura.

Noutras palavras, (insistimos na expressão), a exigibilidade desta convivência harmônica é direito, tem legitimidade. A ela estão obrigados o Estado e os Governantes, não havendo espaço para escolha política ou opção diversa, via de consequência, considerando-se até como cláusula pétrea implícita; do contrário, estar-se-ia admitindo a possibilidade do divórcio a que antes se aludiu.

Veremos mais adiante, examinando cada um dos preâmbulos, com maior precisão seus conteúdos, porém, em abono do que se afirma, podemos desde logo destacar: na Constituição Imperial, o Imperador invoca a Graça de Deus; na de 1934, "pondo a confiança em Deus"; na de 1946, se a faz "sob a proteção de Deus", da mesma forma que a de 1967, e mesmo a Emenda de 1969, "invocando a proteção de Deus". Ao fim e ao cabo, a atual e vigente Constituição é promulgada "sob a proteção de Deus".

A esta altura já se pode constatar e com segurança que há proclamação clara e irrefutável de que o Estado, como se indicou ao início, pode, deve e precisa ser laico; mas a sociedade definitivamente não o é. Se vê apenas que é dado a Cesar o que é de Cesar, mas se garante a Deus o que é de Deus. Simples assim.

Já é possível a esta altura inferir que como reconhecemos força normativa ao Preâmbulo constitucional, tendo-o como parte integrante e indissociável da norma básica da ordem jurídica, e ainda, tendo-se que entendemos que a Constituição, mais do que exercer o papel de base e fundamento de toda a ordem jurídica, exerce também o papel de reitora da hermenêutica de toda a ordem infraconstitucional, é de ser admitir que ao Preâmbulo cabe o papel de orientação geral da ordem jurídica, muito especialmente porque expressa forma de legitimação da existência do próprio sistema.

Isto significa dizer que com a invocação a Deus, presente no preâmbulo, e a manifestação expressa da religiosidade da sociedade, que constrói o Estado, o Direito e as Instituições, do que se vale para organizar a vida social corrente, estão lançadas as bases, a nosso ver essenciais, do que se pode considerar como sendo um Direito Religioso, cujo conteúdo, em síntese e essência é o direito de ter, praticar, conduzir-se, e, naturalmente, exigir que se respeite, acolha e dê proteção estatal a tudo isto, destacando se tratar de tema e postulado que está, como vimos dizendo, em traço fundamental da legitimação política sistêmica.

Claro que quando se reconhece o Direito Religioso, não se está a excluir ou condenar o ateísmo (na instância estatal), nem negando a pluralidade religiosa, apenas está-se constatando a hegemonia, a predominância cultural da religiosidade desta, e muito especialmente cristã. É de se insistir, por ser traço essencial da cultura da sociedade. O diverso é negar o óbvio. Não é excesso colacionar a ponderação de Amélia Sampaio Rossi quando diz:[5]

5. *In* Neoconstitucionalismo sem medo, in *Direito constitucional brasileiro*, Coord. Clémerson Merlin Clève. São Paulo: Ed. RT, 2014, vol. 1, p. 157.

> As Constituições contemporâneas, para poderem ser mais bem compreendidas e aplicadas, exigirão que se lance mão de raciocínios mais complexos e sofisticados que tomem em consideração esta relação necessária entre a moral e o direito. A Constituição compõe a própria comunidade de princípios e o fundamento do direito que a regular.

Considerando, portanto, o Preâmbulo como parte integrante do texto constitucional, inclusive nele identificando o papel de justificação e legitimação fundantes da ordem estabelecida no sistema normativo que o segue, é de registrar-se que a invocação de Deus, contida em seu texto, explicita de maneira clara e inequívoca a religiosidade que permeia toda a estrutura da sociedade.

Em outra oportunidade, já se faz a observação de que:[6]

> [...] não se pode negar a existência assim de um fator religioso na cultura dos povos. Este fator é referencial à sociedade como um todo. Daí as convicções e práticas da sociedade levarem sempre em conta o dado religioso, entendendo-se a religião como elemento constituinte da formação social e humana. É forçoso concluir que este elemento necessariamente deve e precisa ser levado em conta na compreensão da sociedade, no seu conjunto, na sua estrutura e organização, na sua forma de perceber e compreender o mundo e a realidade.

O Constitucionalista brasileiro André Ramos Tavares chama a atenção ao reconhecer o "fenômeno religioso", atribuindo relevância constitucional por ser manifestação da sociedade que não pode ser desprezada.[7] E na mesma linha, Jorge Miranda, Constitucionalista Português, reconhece:[8]

---

6. *In* Liberdade Religiosa, Francisco Pedro Jucá, in *Liberdade religiosa e liberdade de expressão*, Coord. Ives Gandra da Silva Martins, Paulo de Barros Carvalho, Luiz Gonzaga Bertelli e João Carlos Biagini, pp. 381/400, São Paulo: NOESES/UJUCASP 2020.

7. V. *Curso de direito constitucional*. São Paulo: Saraiva, 2013, p. 486.

8. *In Manual de Direito Constitucional,* Tomo IV, p. 405, Coimbra Editora, 2000.

> Como fenômeno que penetra nas esferas mais íntimas da consciência humana e, simultaneamente, se manifesta em grandes movimentos coletivos, o fenômeno religioso tem sido sempre importantíssima projeção política e jurídica-política. Tem influído constantemente não só na história cultural, mas também na história política.

A doutrina constitucional alberga, em seu conteúdo, o fenômeno religioso na medida em que o reconhecendo como manifestação social de essência, há de ser posto em posição compatível e correspondente ao seu real significado.

3. Preâmbulos das constituições brasileiras

Como já se assinalou antes, podemos afirmar que em todas as Constituições do Brasil, produzidas de forma democrática pelas vias regulares e com atuação da representação política, vê-se a invocação de Deus em todas elas, a sociedade manifestando seu espírito religioso, ou explicitando o fator religioso na formação da sua cultura. Entre nós, o poder constituinte quando faz sua manifestação, invariavelmente, exterioriza o fator religioso da nossa cultura, da qual é indissociável.

Nossa primeira Constituição, ainda que com traços do absolutismo do tempo e com o matiz da união Estado/Igreja, invoca a Deus e à Santíssima Trindade, como se pode ver:

Preâmbulo:

> DOM PEDRO PRIMEIRO, POR GRAÇA DE DEOS, e Unanime Acclamação dos Povos, Imperador Constitucional, e Defensor Perpetuo do Brazil: Fazemos saber a todos os Nossos Subditos, que tendo-Nos requeridos o Povos deste Imperio, juntos em Camaras, que Nós quanto antes jurassemos e fizessemos jurar o Projecto de Constituição, que haviamos offerecido ás suas observações para serem depois presentes á nova Assembléa Constituinte mostrando o grande desejo, que tinham, de que elle se observasse já como Constituição do Imperio, por lhes merecer a mais plena approvação, e delle esperarem a sua individual, e geral felicidade Politica: Nós Jurámos o sobredito Projecto para o observarmos e fazermos observar, como Constituição, que dora

> em diante fica sendo deste Imperio a qual é do theor seguinte: EM NOME DA SANTISSIMA TRINDADE.

Com efeito, malgrado o viés autoritário e absolutista a que antes se fez referência, a Coroa, também ela incluída no caldo de cultura vigente na sociedade, exprime o fator religioso, o fazendo na forma de invocação à proteção de Deus para a produção do texto constitucional, mas também, para a sua interpretação e aplicação na vida jurídica nacional, temos que este foi, certamente, o propósito.

Nota-se a ausência desta invocação na Constituição Republicana de 1891. Seja porque, como antes mencionamos, não foi exatamente democrática, tendo-se em conta que a revolução republicana foi feita "sem povo", antes foi fruto de uma elite que se reputava moderna e esclarecida, fortemente marcada pelo pensamento positivista e sua Religião da Humanidade, sendo pertinente referir que entre nós, no Brasil, o positivismo teve mais força do que na França onde se originou, considerando-se que ainda hoje existe, no Rio de Janeiro, o Templo Positivista. Ora, dois aspectos precisam ser considerados a respeito. O primeiro deles, repita-se, a ausência de real e efetiva vontade da sociedade, o segundo, os traços da época do Positivismo, marca dos republicanos, e o empenho na separação entre o Estado e a Igreja, de certa forma relevando um certo grau de hostilidade.

Preâmbulo:

> Nós, os Representantes do Povo Brasileiro, reunidos em Congresso Constituinte, para organizar um regime livre e democrático, estabelecemos, decretamos e promulgamos a seguinte...

É importante também fazer referência ao fato de que o movimento disruptivo da República alcançou também um distanciamento das tradições culturais europeias e uma guinada forte aos referenciais anglo-americanos, recém "descobertos" por Ruy Barbosa, Conselheiro do Império e principal redator do texto constitucional, trazendo até nós o presidencialismo e a federação à americana, em experiência nova para a cultura nacional, no que entendemos haver sido um transplante arriscado e de compreensão complexa, especialmente à época, sobretudo se considerarmos que os Estados Unidos da América foram formados pela união de estados independentes, com direito e instituições próprias, e que, cedendo soberania preexistente, constituíram uma União para cuidar os interesses comuns e gerais de todos. Enquanto que a federação brasileira se fez pela fragmentação, emancipando províncias que tinham, quando muito, alguma autonomia administrativa, mas que jamais tiveram direito ou instituições próprias, sempre buscando (como até hoje) uma simetria com a estrutura do poder central. O arranjo constitucional muito mais ajustou acordos das elites regionais em torno de um Poder central, do que propriamente forjou uma união de Estados. Mas, estas considerações escapam à proposta deste ensaio.

A queda da chamada República Velha, ou para que se use referencial francês, da 1ª República, com a Revolução de 1930, muito mais uma renovação de elites conservadoras e autoritárias, ainda que com visões mais modernizantes, após o hiato de exceção, mercê da Revolução Paulista de 1932, busca dar feição jurídica orgânica ao novo regime, claro que com as marcas do seu tempo. Mas, mesmo com estas características e peculiaridades, porque houve eleições e a oportunidade real de manifestação da sociedade, volta a fazer prevalecer o fator religioso da cultura, e invoca a Deus, (como se pode afirmar é da tradição cultural brasileira), o fazendo:

Preâmbulo:

> Nós os representantes do Povo Brasileiro, pondo a nossa confiança em Deus, reunidos em Assembleia Nacional Constituinte para organizar um regime democrático, que assegure à Nação a unidade, a liberdade, a justiça e o bem-estar social e econômico, decretamos e promulgamos a seguinte

O que vimos afirmando ao longo deste ensaio é que em todas as ocasiões e oportunidades constitucionais em que a sociedade se manifestou, invariavelmente invocou a Deus, manifestando confiança e pedindo a proteção d'Dele, deixando claro o espírito religioso que a marca e caracteriza. Tal somente não acontece naquelas hipóteses em que se deu outorga, expressa ou sutil, como na proclamação da República, e, na Carta de 1937.

Observamos, ao norte, que o preâmbulo constitucional evidencia a justificação legitimadora (no caso pretendendo fazê-lo) do texto que antecede. Isto fica patente na Constituição de 1937, quando busca evidenciar justificação legitimadora exclusivamente política e ideológica, sendo projetada para as circunstâncias e os objetivos do Poder político real que lhe deu origem. É verdade que esta Constituição jamais foi efetivamente aplicada, exerceu muito mais o papel de um biombo para a realidade autoritária de concentração absoluta de poder.

Preâmbulo:

> O Presidente da República dos estados Unidos do Brasil:
>
> Atendendo às legítimas aspirações do povo brasileiro à paz política e social, profundamente perturbada por conhecidos fatores de desordem, resultantes da crescente agravação dos dissídios partidários, que uma notória propaganda demagógica procura desnaturar numa luta de classes, e da extremação de conflitos ideológicos tendentes, pelo seu desenvolvimento natural, a resolver-se em termos de violência, colocando a Nação sob a funesta iminência de guerra civil;
>
> Atendendo ao estado de apreensão criado no País pela infiltração comunista, que se torna dia a adia mais extensa e mais profunda, exigindo remédios de caráter radical e permanente;
>
> Atendendo a que, sob as instituições anteriores, não dispunha o Estado de meios normais de preservação e de defesa da paz, da segurança e do bem estar do povo;
>
> Sem o apoio das forças amadas e cedendo às inspirações da opinião nacional, umas e outras justificadamente apreensivas diante dos perigos que ameaçam a nossa unidade e da rapidez com que se vem processando a decomposição das nossas instituições civis e políticas;

> Resolve assegurar à Nação a sua unidade, o respeito à sua honra e à sua independência, e ao povo brasileiro, sob um regime de paz política e social, as condições necessárias à sua segurança, seu bem-estar e à sua prosperidade, decretando a seguinte Constituição, que se cumprirá desde hoje em todo o País: Constituição dos Estados Unidos do Brasil.

É preciso dizer que esta Constituição, de conteúdo fortemente autoritário e centralizador, jamais foi concretamente aplicada ou observada porquanto previa uma regulamentação que nunca veio à luz, e instituiu uma transição para a organização da situação durante a qual todos os Poderes do Estado estavam concentrados e centralizados no Presidente da República, que adquiriu o título de Chefe da Nação. Mesmo assim, claramente se pode ver que os elementos do preâmbulo tentam, a todo custo e de todas as formas, justificar a opção autoritária imposta. Mais do que um a declaração de propósitos, uma "fundamentação" para o arbítrio, este foi o seu real papel em nosso sentir.

O que se pode entender como sendo a superação do regime estadonovista, que coincide com o final da 2ª Grande Guerra, significou o final de um período autoritário, de regime forte, com transição política razoavelmente tranquila, para um período democrático nos moldes liberais, com os traços de cuidado social que se consolidavam e avançavam na época, nos primeiros passos da construção do Estado de Bem-estar Social, onde esteve incluído o cuidado da fixação de valores democráticos com relativa nitidez. Mas, seguindo a linha da história constitucional brasileira como vimos insistindo, desta feita, como aconteceu em 1934, houve a participação da sociedade no processo constituinte, e novamente a sociedade retoma sua posição de convicções religiosas, invocando novamente a Deus. Foi, é forçoso admitir, uma Constituição com traços conservadores, inclusive porque os nascentes partidos políticos, predominantemente nacionais, albergaram demandas e concepções de parcelas bastante expressivas da sociedade, expressando razoável pluralidade e, pode-se considerar que foi um pacto político que se pode reputar como duradouro e estável.

Preâmbulo:

> Nós, os representantes do povo brasileiro, reunidos, sob a proteção de Deus, em Assembleia Constituinte para organizar um regime democrático, decretamos e promulgamos a seguinte:

É interessante a observação do constitucionalista português Marcelo Caetano, em obra editada no Brasil em seu exílio, quando diz:[9]

> Na verdade, a Assembleia de 1946 não buscou fazer grandes inovações, não quis erguer um edifício constitucional mais grandioso e mais belo que os anteriores. Modestamente, com um grande sentido das realidades, quis apenas restaurar o sistema democrático de 1891 e 12934, foi conservadora no sentido de pretender aproveitar das constituições anteriores tudo quanto a prática tinha revelado útil, eliminando o que se mostrara de execução difícil ou mesmo prejudicial.

É forçoso concordar com o autor citado se se fizer a leitura dos textos constitucionais referidos. Foi uma construção de engenharia constitucional cautelosa e equilibrada, que buscou, nos seus limites de possibilidades, resgatar e manter fidelidade à tradição histórica constitucional em curso, não fazendo discrepância da trajetória, sempre se fazendo as ressalvas que se faz ao longo deste estado, especialmente em relação à Constituição de 1937.

Mas, o que interessa, e nisso se insiste, é a retomada da tradição de invocar a Deus no Preâmbulo, explicitando, assim, o caráter religioso da cultura do nosso povo.

A Constituição de 1967, mesmo vinda à luz no contexto de um movimento político forte e autoritário, que deve ser dito, teve significativo apoio popular, pelo menos nos primeiros tempos, tanto assim, que de certa forma preservou instituições, como o Parlamento, o qual, em parte significativa de sua composição, guardava afinidade com aquele movimento

---

9. *In Direito constitucional.* Rio de Janeiro: Forense 1977, vol. 1., p. 580.

político e o apoiava politicamente. Partindo daí, e, conforme o critério que se adota, podemos dizer que de certa forma, talvez peculiar, houve manifestação da sociedade, ao menos nos primeiros tempos. Assim, se constata que, seguindo a tradição constitucional, mais uma vez se invocou a Deus:

Preâmbulo:

> O Congresso Nacional, invocando a proteção de Deus, decreta e promulga a seguinte Constituição do Brasil

É de se registrar (sem hesitação em insistir), que o seguimento da tradição constitucional foi mantido porque a sociedade ainda aqui fez ser acatado o seu sentimento religioso, mais forte, sem dúvida, do que as circunstâncias do momento, além do que, substancial parcela da sociedade que fez e apoiou o movimento político estava imbuída de valores e referências religiosos, mesmo sendo imperativo acolher, ao menos em parte, a ponderação de Dalmo de Abreu Dallari que examinando a Constituição de 1967, pronuncia-se a respeito do Preâmbulo anotando:[10]

> A exceção a esta prática ocorreu com a Constituição de 1967, o que se explica pelo fato de que ela foi, na realidade, uma imposição autoritária mas com a pretensão de simular uma decisão democrática, tendo contado com a participação, embora restrita, de quase todo o Parlamento nacional.

Faz-se esta anotação destacando que a ordem estabelecida, a partir de 1964, teve significativo respaldo social, ainda que durante certo prazo, denunciando esta marca o reconhecimento da participação do Parlamento que, ao coonestar o procedimento constituinte, emprestou a legitimidade política na condição de representantes populares inerente ao parlamento e aos parlamentares.

Superado o regime autoritário inaugurado em 1964, em processo transicional bem sucedido, retorna a democracia

10. *In* Preâmbulos das Constituições do Brasil, in *Revista da Faculdade de Direito da USP*, p. 243-244.

plena ao Brasil, redesenhando a articulação das forças políticas nacionais, das organizações da sociedade civil, vindo à luz a Constituição de 1988. Temos absoluta convicção de que esta é a Constituição cujo processo constituinte foi o mais democrático em nossa história, eis que a Assembleia Nacional Constituinte recebeu todos os segmentos da sociedade, minorias e maiorias, dialogou substancialmente com toda a sociedade brasileira, colheu impressões, aspirações, demandas e propostas, ouviu a tudo e a todos, conseguiu concertar um pacto sociopolítico bastante consistente, que adquiriu, é forçoso reconhecer legitimidade política muito profunda a emprestar a sustentação à ordem que na ocasião se estabeleceu.

O preâmbulo nela inserido é eloquente e esclarecedor:

Preâmbulo:

> Nós, representantes do povo brasileiro, reunidos em Assembleia Nacional Constituinte para instituir um Estado Democrático, destinado a assegurar o exercício dos direitos sociais e individuais, a liberdade, a segurança, o bem estar, o desenvolvimento, a igualdade e a justiça como valores supremos de uma sociedade fraterna, pluralista e sem preconceitos, na ordem interna e internacional, com a solução pacífica das controvérsias, promulgamos, sob a Proteção de Deus, a seguinte Constituição da República Federativa do Brasil.

É possível identificar, com absoluta nitidez, neste Preâmbulo, os propósitos, objetivos, finalidades e diretrizes substanciadores da nova ordem constitucional, tanto assim que o que nele se contém, replica nos artigos do texto, sendo erigidos como princípios fundamentais e objetivos do Estado brasileiro. Assim, igualmente se tem claro que é atribuído um significado e papel de altíssima relevância à figura do preâmbulo da Constituição. Na mesma linha, o reconhece Dalmo de Abreu Dallari:[11]

> Como última observação preliminar, é interessante assinalar que no Brasil somente agora, depois da elaboração da Constituição

11. *Op.cit. loc. cit.*, p. 245.

> de 1988, é que se começou a dar importância ao Preâmbulo da Constituição, reconhecendo seu caráter de preceito jurídico e, portanto, a exigência jurídica de respeitá-lo e de tê-lo em conta na intepretação dos artigos da Constituição e no controle da constitucionalidade das leis e dos atos jurídicos.

Cremos haver demonstrado o processo evolutivo do prestígio dos Preâmbulos constitucionais, que vieram ao longo do tempo crescendo na importância do seu papel, obtendo significativo alcance.

Nesta linha de raciocínio, é possível inferir com bastante segurança que pelo fato de ao longo de toda a nossa história constitucional, ressalvadas as advindas de explosões autoritárias em vários graus, concretamente a primeira republicana e a estadonovista, em todas as ocasiões e oportunidades, a sociedade exteriorizou seu sentimento religioso forte e arraigado, vez que sempre se teve a invocação da proteção de Deus, significando isto que a sociedade refuta, no seu âmago, o sentimento que desconsidere ou questione suas convicções religiosas, especialmente se considerarmos que decorrem destes referenciais religiosos profundamente arraigados na cultura, a adoção e prática de condutas, padrões éticos e comportamentais, nutridos de valores religiosos que se impõem ao respeito e acatamento genuíno dos postulados que erige, sendo imperioso reconhecer que este respeito e acatamento são parte integrante essencial do conteúdo democrático, que se estabelece como mandamento constitucional – expresso e reiterado ao longo de todo o texto – configurando aquilo que Canotilho chama de princípio estruturante, porque inerente à organização jurídica do Estado.

A propósito, o Constitucionalista alemão Rudolf Smend que pondera:[12]

> Um ponto chave da moderna teoria do Estado está baseado na consecução de objetivos comuns, ou, pelo menos (aperfeiçoando a teleologia tradicional característica das doutrinas contratualistas) em que estes fins justificam a existência do Estado.

---

12. Trad. livre: in Staatsrechtliche abhand-lunguen, ed. Dunker e Humblot, Berlin, 1968, p. 95.

E mais adiante prossegue:

> A progressiva realização dos conteúdos substantivos de tipo eidético pressupõe a existência da comunidade, e sua missão consiste justamente em intensificar, enriquecer e fundamentar o sentido comunitário. Pode-se falar neste sentido de uma socialidade das vivências substantivas, e em especial de uma comunidade ativa. A condição para que os valores tenham eficácia e vida própria é a comunidade na qual são vivenciados e são atualizados. E também vice-versa: também a sociedade depende dos valores que a sustentam. Se no caso dos indivíduos o desenvolvimento de suas personalidades, sua participação na vida espiritual, depende da atualização dos valores, quanto mais as coletividades, que carecem de toda a possibilidade de uma existência psicofísica por si próprias.

Admite-se a presença e explicitação de valores fundamentais no Preâmbulo constitucional, sendo forçoso concordar com Pinto Ferreira quando diz:[13] "No nosso entendimento, o preâmbulo traça as diretrizes filosóficas e ideológicas das constituições, que, quando reafirmadas no texto, terão força cogente." Exatamente com este fundamento temos força vinculante no texto do preâmbulo exatamente porque como antes se mencionou, todo ele está desdobrado ao longo do texto constitucional.

A invocação do nome de Deus em todas as Constituições oriundas de fontes democráticas, com participação da sociedade como vimos destacando com insistência, revelador da importância atribuída pela sociedade brasileira ao elemento religioso, é pertinente a remissão que o tratadista Claudio Pacheco traz aos comentários de Gilberto Freire, que fazendo:[14]

> [...] comentário aos dispositivos constitucionais que se relacionam com a matéria religiosa, depois de referir-se à condição cristã, sociologicamente cristã, independente das convicções sectárias ou teológicas, esclarece: de modo que sociologicamente ou culturalmente, é natural que a Constituição de um povo como o

13. *In Comentários à Constituição Brasileira.* São Paulo: 1º vol, Saraiva, SP., 1989, p. 5.

14. *In Novo tratado das constituições brasileiras.* São Paulo: Saraiva, vol. 1, 1990, p. 161-162.

> brasileiro, seja no seu espírito e na sua forma cristã ou católica e não anticristã ou sequer acatólica. Sendo assim, continua aquele sociólogo, não me parece que o nome de Deus seja deslocado da Constituição de uma gente ou de um país, onde os próprios ateus são capazes de dar graças a Deus por um sucesso, como o ateu da anedota célebre.

O sentimento religioso emana com força da sociedade brasileira, insistimos, como elemento essencial de sua cultura, e, podemos afirmar que reconhecer a religiosidade do povo brasileiro, como característica essencial de seu etos, é imperativo que se espraia por toda a ordem jurídica como elemento nutriente do conteúdo ético das normas jurídicas, dando-lhes assim a necessária efetividade social, como acentua nesta direção Ángel Garrorena Morales:[15]

> Em síntese, ao Direito corresponde conseguir a despersonalização do processo político mediante sua objetivação em normas, o que equivale a alcançar a racionalização do seu processo. Para que o direito cumpra este papel é preciso que deem duas condições: em primeiro lugar que a mentalidade da sociedade a que pertence e sua compreensão de mundo, em segundo lugar, muito vinculado ao primeiro, que em razão desta mentalidade se admita a possibilidade da existência de uma norma superior, acima do poder e de todo o Direito capaz de assegurar às demais normas por sua superioridade a necessária força imperativa.

A afinidade de essência entre os valores e referências presentes na cultura é que empresta a necessária força para a imperatividade inerente à cogência das normas jurídicas, por isto mesmo devem conter e refletir com a fidelidade possível estes valores referenciais, no caso do que se estudam os valores religiosos. Ora, sendo, como se demonstrou, o Preâmbulo parte integrante da Constituição, dotado, assim, de força imperativa, e, exercendo a função reitora da hermenêutica, não só da Constituição em si, mas, também de toda a ordem jurídica, e, em nele estando contida a invocação de Deus, a única

15. Trad. livre: In. *Derecho Constitucional* – Teoria da Constituição e sistema de fontes, ed. Centro de Estudios Políticos y Constitucionales, Madrid, 2011, p. 23.

conclusão lógica possível é a de que estão aí lançadas as bases de sustentação de um Direito Religioso.

4. Conclusão

Temos que pela força vinculante, imperativa e cogente do Preâmbulo constitucional, que invoca Deus, expressando o forte conteúdo da religiosidade na cultura da sociedade brasileira que dá substância e sustentação à liberdade religiosa, é de se admitir a possibilidade jurídica da construção de um Direito Religioso, com o papel principal de dar corpo ao exercício pleno deste Direito Humano Fundamental, mesmo que obrigatoriamente não se acolha a tese de exclusão da pluralidade da sociedade, também presente no texto constitucional, mas sopesando as estruturas formadoras da sociedade e sua composição, harmonizando maioria e minorias, dando-se espaço às expressões predominantes, senão hegemônicas, na composição social, assegurando, assim, o indispensável equilíbrio e a paz social.

Bibliografia

BRASIL. Constituição (1824). *Preâmbulo da Constituição Política do Império do Brazil.*

_______. (1891). *Preâmbulo da Constituição da República dos Estados Unidos do Brasil.*

_______. (1934). *Preâmbulo da Constituição da República dos Estados Unidos do Brasil.*

_______. (1937). *Preâmbulo da Constituição dos Estados Unidos do Brasil.*

_______. (1946). *Preâmbulo da Constituição dos Estados Unidos do Brasil.*

_______. (1967). *Preâmbulo da Constituição da República Federativa do Brasil.*

_______. (1988). *Preâmbulo da Constituição da República Federativa do Brasil.*

CAETANO, Marcelo. *Direito constitucional*, v.1. ed. Rio de Janeiro: Forense, 1977.

DALLARI, Dalmo de Abreu. Preâmbulos das Constituições do Brasil, in *Revista da Faculdade de Direito da USP.*

FERREIRA, Pinto. *Comentários à Constituição Brasileira.* São Paulo: Saraiva, volume I, 1989.

MELO Franco, Arinos de. *Revista de ciência Política da Fundação Getúlio Vargas -FGV*, out/dez 1986.

MIRANDA, Jorge. *Manual de direito constitucional.* Coimbra Editora, Tomo IV, Portugal, 2000.

MORALES, Ángel Garrorena. *Derecho Constitucional – Teoria da Constituição e sistema de fonte*, ed. Centro de Estudios Poliíticos y Constitucionales, Madrid/Espanha, 2011.

PACHECO, Cláudio. *Novo tratado das constituições brasileiras.* São Paulo:. Saraiva, 1990.

ROSSI, Amélia Sampaio. Coord. CLÉVE, Clémerson Merlin. Neoconstitucionalismo sem medo, *in Direito Constitucional Brasileiro.* São Paulo: Ed. RT, 2014, vol. 1.

SILVA Martins, Ives Gandra (coord.). JUCÁ, Francisco Pedro: et al. *Liberdade religiosa e liberdade de expressão*; São Paulo: Noeses/Ujucasp 2020.

SILVA, Luciano Nascimento. *Revista de Estudos Criminais*, Doutrina.

SMEND, Rudolf. *Staatsrechtliche abhand-lunguen*, ed. Dunker e Humblot, Berlin, 1968.

TAVARES, André Ramos. *Curso de direito constitucional.* São Paulo: Saraiva, 2013.

A SOBERANIA POPULAR MANIFESTADA NO PREÂMBULO DA CONSTITUIÇÃO E CONFIRMADA PELOS REGISTROS DA ASSEMBLEIA NACIONAL CONSTITUINTE

Roberto Victalino de Brito Filho[1]

Resumo: O presente artigo busca trazer breves apontamentos a respeito do Preâmbulo da Constituição Federal de 1988 e sua interpretação dentro do ordenamento jurídico brasileiro.

Abstract: This article seeks to bring brief notes about the Preamble to the 1988 Federal Constitution and its interpretation within the Brazilian legal system.

Palavras-chave: Direito Constitucional – Preâmbulo – Assembleia Nacional Constituinte.

Keywords: Constitutional Law - Preamble - National Constituent Assembly.

Sumário: 1. Introdução – 2. O dever do Estado de cumprir a Constituição – 3. Assembleia Nacional Constituinte e os limites do poder do povo – 4. A escolha soberana da Assembleia Nacional Constituinte – 5. Registros históricos da Assembleia Nacional Constituinte – 6. Conclusão – Bibliografia.

---

1. Advogado, Mestre em Direito pela Universidade Mackenzie, Pós-Graduado em Direito Constitucional e Direito do Trabalho, Vice-Presidente da Comissão OAB Vai à Faculdade – Núcleo Progresso/Guarulhos, Professor Universitário, Membro do Conselho de Economia da Diocese de Guarulhos, Membro da UJUCASP.

1. Introdução

"...QUANDO AQUI REUNIDOS, SOB A PROTEÇÃO DE DEUS, ESTAMOS ESCREVENDO A CARTA FUNDAMENTAL QUE DITARÁ OS RUMOS DO ESTADO E DA NAÇÃO NO ITINERÁRIO DO FUTURO".

(ASSEMBLEIA NACIONAL CONSTITUINTE)

O Preâmbulo da Constituição Federal sempre foi objeto de acaloradas discussões a respeito de sua eficácia normativa frente ao restante do texto constitucional e, também, a outras normas existentes ou que vierem a integrar o ordenamento jurídico.

Neste sentido, o presente artigo busca trazer alguns pontos a respeito do Preâmbulo e, principalmente, a intenção do legislador constituinte originário durante a elaboração do referido texto.

Para tanto, procurou-se trazer, entre outros elementos, parte dos debates ocorridos durante a Assembleia Nacional Constituinte como fonte originária de pesquisa a fim de não restarem dúvidas a respeito da soberania da intenção do povo na elaboração do texto que, infelizmente, uma parcela do Poder Judiciário brasileiro contemporâneo vem buscando diminuir.

2. O dever do Estado de cumprir a Constituição

Existem várias formas de se conceituar o que vem a ser uma "Constituição". Entretanto, a fim de não se divagar em um tema que não é o objeto central do presente artigo, é dever ir direto ao ponto.

O Estado, que pode ser considerado uma sociedade soberana organizada, impõe a este corpo social tais regras de organização, por meio da Constituição. Cumpre ressaltar que a recíproca é verdadeira, no sentido de que esta mesma Constituição que impõe regras à sociedade, também impõe ao Estado, uma vez que tal documento, embora feito PARA o Estado em primeiro lugar, fora elaborada PELO povo (sociedade), que é o verdadeiro titular do poder, nos termos do parágrafo único do art. 1º da Constituição Federal.[2]

Nas palavras do professor Michel Temer, "a Constituição é o conjunto de preceitos imperativos fixadores de deveres e direitos e distribuidores de competências, que dão a estrutura social, ligando pessoas que se encontram em dado território em certa época". (TEMER, 1995, p. 18).

Desta forma, se é dever do povo cumprir as regras que ele próprio criou, e muito mais é dever do Estado cumprir as determinações que lhe foram criadas, ainda mais aquelas por um poder soberano, inicial, ilimitado, incondicionado[3] e absoluto, conforme se verá a seguir.

3. Assembleia Nacional Constituinte e os limites do poder do povo

O parágrafo único do art. 1º da Constituição Federal estabelece que todo poder emana do povo.

Neste sentido, não é demais dizer que o poder que fez surgir a Constituição Federal de 1988 foi o Poder do Povo.

Em breves palavras, dá-se, a este Poder, o nome de Poder Constituinte Originário, uma vez que antes dele não havia qualquer um outro.[4] É a manifestação soberana de vontade de alguns indivíduos escolhidos pelo povo, que terão a incumbência de criar uma nova Constituição que regulará este mesmo povo, mas, principalmente, o Estado.

---

2. Art. 1º. A República Federativa do Brasil, formada pela união indissolúvel dos Estados e Municípios e do Distrito Federal, constitui-se em Estado Democrático de Direito e tem como fundamentos:
[...]
Parágrafo único. Todo o poder emana do povo, que o exerce por meio de representantes eleitos ou diretamente, nos termos desta Constituição.

3. Tal poder estaria condicionado a questões ligadas à natureza humana e direitos que não podem ser negados pelo Estado em nenhuma hipótese.

4. Exceto aqueles de ordem natural conforme já brevemente ressaltado.

A reunião de tal grupo de indivíduos receberá o nome de Assembleia Nacional Constituinte. Embora ela tenha poderes absolutos (inicial, autônomo e incondicionado), trará compromissos indeclináveis, emanados de suas origens sociais, políticas e ideológicas (TEMER, 1995, p. 34–35).

E é aqui, conforme se verá a seguir, que está a grande questão da soberania popular e dos destinos do presente artigo.

4. A escolha soberana da Assembleia Nacional Constituinte

A Assembleia Nacional Constituinte consignou no início da Constituição Federal o seguinte:

> Nós, representantes do povo brasileiro, reunidos em Assembleia Nacional Constituinte para instituir um Estado Democrático, destinado a assegurar o exercício dos direitos sociais e individuais, a liberdade, a segurança, o bem-estar, o desenvolvimento, a igualdade e a justiça como valores supremos de uma sociedade fraterna, pluralista e sem preconceitos, fundada na harmonia social e comprometida, na ordem interna e internacional, com a solução pacífica das controvérsias, promulgamos, **sob a proteção de Deus**, a seguinte CONSTITUIÇÃO DA REPÚBLICA FEDERATIVA DO BRASIL. (BRASIL, 1988) (g.n.)

Muito já se discutiu a respeito do preâmbulo da Constituição Federal. Entretanto, todas as discussões se deram, principalmente, em razão da ADI 2.076-5 onde STF concluiu que o termo "sob a proteção de Deus" não seria de repetição obrigatória na Constituição do Estado do Acre, e sua ausência não seria uma mácula ao Princípio da Simetria (STF, 2002).

Entretanto, o cerne da discussão era a liberdade do Constituinte Estadual e não o conteúdo do Preâmbulo da Constituição Federal em si. Tanto que se citou em muito os ensinamentos de Raul Machado Horta e outros doutrinadores no sentido do que seriam normas centrais de reprodução obrigatória nas Constituições Estaduais.

Após tais análises, a conclusão a que chegaram os Ministros que compunham a Corte Suprema à época de tal julgamento[5] foi a de que o Preâmbulo não constitui norma central e que, neste contexto, a invocação da proteção de Deus, não teria força normativa e que por isso, não seria de reprodução obrigatória nas Constituições Estaduais.

Por outro lado, o v. Acórdão deixou evidente outras questões de suma importância, pois citou vários doutrinadores que consignaram a função primordial do Preâmbulo como diretriz interpretativa do texto constitucional, por auxiliar na identificação dos princípios e valores primordiais que orientaram o constituinte originário na sua elaboração. (PAULO; ALEXANDRINO, 2008, p. 33).

Cite-se, por exemplo que:

> Para Paulino Jacques, o preâmbulo não tem força normativa, mas vale como princípio informador da Constituição (*Curso de Direito Constitucional*, Forense, 9ª ed., págs. 134 e segs.). Sérgio Luiz Souza Araújo estudou o tema e concluiu que o preâmbulo, "em sua significação profunda, revela uma clara manifestação axiológica que se nutre das aspirações da sociedade", motivo por que "todo o texto constitucional há que ser interpretado em íntima conexão com as ideologias perfiladas no Preâmbulo." ('O Preâmbulo da Constituição Brasileira de 1988 e Sua Ideologia', *Rev. de Inf. Legislativa*, 143/5)(STF, 2002).

Logo, é de se concluir que não é admissível a qualquer intérprete da Constituição, ou, até mesmo, ao legislador constituinte derivado dar destino a qualquer norma em confronto com aquilo que está no Preâmbulo ou no texto constitucional, sob pena de grave violação às aspirações da soberania popular no ato de elaboração da Carta Magna.

---

5. Faz-se questão de dizer "a conclusão a que chegaram os Ministros à época de tal julgamento" porque muitos têm a ideia de que as decisões advindas da mais alta Corte do país são perfeitas, infalíveis e eternas. Entretanto, é importante se ter a noção de que mudada a composição da Corte e chegando novo caso que trate do mesmo assunto, a decisão pode ser diametralmente oposta. Vale dizer que pelo sistema vigente, é possível haver, até mesmo, mudança de entendimento de um Ministro no próprio julgamento (sistema de pedido de vista).

> Em que pese exista divergência jurídica quanto ao grau de efetividade normativa do Preâmbulo, não existe divergência relevante a justificar seu aspecto vinculante norteador, direcionador, orientador e principiológico na intepretação e integração das demais normas constitucionais.

O professor André Ramos Tavares, citando Clèmerson Merlin Clève deixa clara a vinculação do legislador ao Preâmbulo ao dizer que:

> a ideia de direito e justiça que preside o direito brasileiro decorre do quadro de valores plasmado na Constituição. [...] o quadro de valores vinculante do legislador pode ser localizado pela leitura do Preâmbulo, dos Princípios Fundamentais [...] inclusive dos objetivos fundamentais [...], e de outros princípios dotados de inegável relevância como o da moralidade [...] e o devido processo legal [...]. Este quadro constitucional de valores identifica o conteúdo mínimo da lei (TAVARES, 2020, p. 218, nota 550).

O professor Manoel Gonçalves Ferreira Filho esclarece que a interpretação constitucional não pode olvidar esses dois aspectos:

> "Deles de pronto decorre que, na exegese de qualquer de suas disposições, se deve levar em conta os valores que inspiram a Constituição e os objetivos a que esta se propõe. Servem, pois, de ponto de referência para a aplicação do método teleológico de interpretação" (FERREIRA FILHO, 2019, p. 333).

O Ministro do Supremo Tribunal Federal, Alexandre de Moraes, em sua obra de Direito Constitucional, consignou que:

> A evocação à "proteção de Deus" no preâmbulo da Constituição Federal reforça a laicidade do Estado, afastando qualquer ingerência estatal arbitrária ou abusiva nas diversas religiões e garantindo tanto a ampla liberdade de crença e cultos religiosos, como também ampla proteção jurídica aos agnósticos e ateus, que não poderão sofrer quaisquer discriminações pelo fato de não professarem uma fé. A laicidade do Estado é reforçada pela vedação federativa prevista no artigo 19 do texto constitucional, que impede à União, Estados, Distrito Federal e Municípios o estabelecimento

> ou subvenção de cultos religiosos ou igrejas, bem como veda atrapalhar seu funcionamento. (MORAES, 2020, p. 48)

Vale destacar, por oportuno, que, em que pese a recente decisão do referido Ministro na ADI 811, tal autor já havia estatuído que a abrangência do preceito constitucional supramencionado é ampla, pois a religião é um complexo de princípios que dirigem os pensamentos, ações e adoração do homem para com Deus. Em razão disso, tal epíteto acaba por compreender a crença, o dogma, a moral, a liturgia e o culto. Neste diapasão, o constrangimento à pessoa humana que de forma é forçado a, de alguma maneira, renunciar a sua fé por força do Estado, representa o desrespeito à diversidade democrática de ideias, filosofias e a própria diversidade espiritual (conf. MORAES, 2020, p. 48).

Cumpre ressaltar que o próprio Ministro afirmou:

> Observe-se, porém, que o fato de ser uma Federação-leiga não nos confunde com os Estados-ateus, pois o Brasil, expressamente, afirma acreditar em Deus, quando no preâmbulo constitucional declara: [...] promulgamos, sob a proteção de Deus, a seguinte CONSTITUIÇÃO DA REPÚBLICA FEDERATIVA DO BRASIL. (MORAES, 2020, p. 338).

Por derradeiro, vale lembrar que, em que pese a Suprema Corte brasileira tenha entendimento recente pela diminuição da força jurídica do Preâmbulo da Constituição Federal, tal entendimento deve ser visto com muitas ressalvas.

Não só pelo que já foi esclarecido e ainda por aquilo que está por vir no que tange ao poder que emana da vontade popular, que, aparentemente, é contrária à posição atual da Corte, mas também em razão da própria divergência, se trazida à tona a evolução do direito constitucional estrangeiro.

O professor Ingo Wolfgang Sarlet bem destaca esta questão:

> Nesse sentido, em termos de direito comparado, é possível referir, dentre outros, os casos da Alemanha e da França. Na Alemanha, embora o Preâmbulo da Constituição de Weimar (1919) não tenha tido, por força da orientação então dominante, sua relevância jurídica reconhecida, no âmbito da Lei Fundamental de 1949, o Tribunal Constitucional Federal e expressiva doutrina atribuem ao Preâmbulo, como texto integrante da Constituição, uma eficácia jurídica direta, todavia não no sentido de operar como fundamento autônomo para a dedução de posições jurídicas (deveres concretos ou direitos subjetivos), mas sim como parâmetro para a interpretação e aplicação do direito infraconstitucional e para o controle de constitucionalidade. No caso da França, o Preâmbulo é considerado parte integrante do texto constitucional e do assim chamado bloco de constitucionalidade, juntamente com outros documentos tais como a Declaração dos Direitos do Homem e do Cidadão, de 1789, e do Preâmbulo da Constituição de 1946, operando, de acordo com a orientação imprimida pelo Conselho Constitucional, a partir de um emblemático julgamento de 1971, como parâmetro para o controle de constitucionalidade das leis (SARLET; MITIDIERO; MARINONI, 2021, p. 35).

O referido autor entende que no Brasil, o Supremo Tribunal Federal negou valor jurídico ao preâmbulo, aparentemente dando força normativa apenas aos princípios nele contidos, entretanto, "o próprio STF reconheceu (embora sem formular uma doutrina propriamente dita sobre a matéria) que, no âmbito da interpretação e aplicação do direito, os valores e objetivos expressos no Preâmbulo podem ser invocados como reforço argumentativo para justificar determinada decisão, mediante uma leitura articulada e sistemática, mas sempre em conjunção com preceitos normativos do texto principal da Constituição Federal"(SARLET; MITIDIERO; MARINONI, 2021, p. 35).

Desta forma, é possível afirmar que, até mesmo com base na doutrina majoritária, o Preâmbulo tem eficácia normativa suficiente e apta a direcionar a interpretação e aplicação do direito e argumento adicional para a fundamentação de decisões judiciais.

O fato de tais princípios estarem localizados no Preâmbulo e não no resto do texto constitucional, não pode ser considerado um fator discriminatório apto a ensejar sua desqualificação ou desclassificação para um conteúdo de somenos importância.

Neste sentido:

> O caráter de certa forma subsidiário desses princípios, decorrente especialmente do fator "topográfico", de estarem sediados no Preâmbulo e não no corpo do texto constitucional, não poderia, por si só, retirar-lhes força jurídica, inclusive como parâmetro do controle de constitucionalidade e mesmo com eficácia derrogatória de norma anterior e manifestamente incompatível com seu sentido (SARLET; MITIDIERO; MARINONI, 2021, p. 35).

Neste mesmo sentido, dar valor jurídico-normativo ou principiológico a alguns trechos do Preâmbulo e não dar a outros (como aquele que diz "promulgamos, sob a proteção de Deus") também resultaria em verdadeiro ato discriminatório e injustificável sob qualquer ponto de vista que se queira observar.

5. Registros históricos da Assembleia Nacional Constituinte

E que não se diga que a "proteção de Deus" teria sido invocada por acaso pelo povo, através de seus representantes, no Preâmbulo da Constituição Federal.

Os registros históricos daqueles dias demonstram justamente o contrário. Houve clara intenção do legislador originário soberano de pedir a proteção de Deus.

Aliás, discussões sobre o pedido da "proteção de Deus" partiram desde o Projeto de Resolução, que estabeleceu as normas para o funcionamento da Assembleia Nacional Constituinte.

Na sessão do dia 5 de fevereiro de 1987, em que foi discutida parte do Projeto de Resolução, fora questionada a pertinência das sessões deverem ser abertas com o pedido da "proteção de Deus" (ASSEMBLEIA NACIONAL CONSTITUINTE, 1987):

República Federativa do Brasil

ASSEMBLÉIA NACIONAL CONSTITUINTE

DIÁRIO

ANO XLII — Nº 004 QUINTA-FEIRA, 5 DE FEVEREIRO DE 1987 BRASÍLIA — DF

[...]

Dê-se ao §2º do art. 8º do projeto a seguinte redação:

"§2º Achando-se presentes, pelo menos, 94 Constituintes, o Presidente comunicará o seu número e declarará aberta a sessão proferindo as seguintes palavras: "sob a proteção de Deus e em nome do povo brasileiro iniciamos nossos trabalhos".

JUSTIFICAÇÃO

A invocação do nome de Deus nos trabalhos legislativos é uma tradição brasileira inscrita em vários preâmbulos constitucionais (Cartas de 1.824, 1.934, 1.946 e 1.967) e conservada no Regimento Interno da Câmara dos Deputados (art. 97, § 2º). Respeitamos esse costume e não nos opomos a que ele seja mantido pela Assembleia Nacional Constituinte.

Não podemos nos esquecer, contudo, que fomos eleitos pelo povo e é em seu nome que estamos exercendo os poderes constituintes. Assim, além da invocação da proteção de Deus, compete-nos declarar em nome de quem estamos agindo como, de resto, se comportaram nossos antecessores ao elaborarem as cartas de 1.891, 1.934 e 1.946 na qualidade de "representantes do povo brasileiro".

Daí propomos que a tradição seja mantida em sua inteireza, tomando-se por norma abrir os trabalhos das sessões da Assembleia Nacional Constituinte sob a proteção de Deus e em nome de nossos representados. (g.n.)

Sala das Sessões, em

Constituinte JOAQUIM HAICKEL

Registre-se que a partir da publicação do Regimento, todas as demais sessões a partir da de nº. 007 de 10 de fevereiro de 1987, do total de 341, ou seja, as cerca de 334 sessões de discussões foram abertas rogando a proteção de Deus.

Entretanto, a sessão de 28 de janeiro de 1998 foi especial, pois se discutiu exatamente a intenção de tal pedido de proteção na Constituição Federal (ASSEMBLEIA NACIONAL CONSTITUINTE, 1988):

> República Federativa do Brasil
>
> **ASSEMBLÉIA NACIONAL CONSTITUINTE**
>
> DIÁRIO
>
> ANO II — Nº 172 QUINTA-FEIRA, 28 DE JANEIRO DE 1988 BRASÍLIA — DF
>
> **ASSEMBLÉIA NACIONAL CONSTITUINTE**
>
> [...]
>
> Quinta-feira 28 6617
>
> I – ABERTURA DA SESSÃO
>
> O SR. PRESIDENTE (Jorge Arbage) – A lista de preseça regista o comparecimento de 319 Senhores Constituintes.
>
> Está aberta a sessão.
>
> **Sob a proteção de Deus e em nome do povo brasileiro, iniciamos nossos Trabalhos.**
>
> O Sr. Secretário procederá à leitura da ata da sessão anterior. **(g.n.)**

Neste diapasão, algumas manifestações dos constituintes merecem destaque:

> O SR. AROLDE DE OLIVEIRA (PFL-RJ. Sem revisão do orador) – Sr. Presidente, Sras. e Srs. Constituintes, finalmente chegamos à última e decisiva fase dos trabalhos da Assembleia Nacional Constituinte. Após um início febricitante de grande

participação de todos os membros desta Casa nas Subcomissões e nas Comissões, houve um vazio nos trabalhos, com marginalização da massa esmagadora da Constituinte. Hoje, retornamos à plenitude das atividades de plenário. A matéria aí está para ser votada. **O Brasil é grande e está acima e além dos interesses pessoais ou grupais existentes aqui dentro. Precisamos pensar no País e ter visão de estadista, a partir da elaboração de um texto que corresponda aos anseios, às necessidades, à índole e à vocação de nossa gente. Com esse espírito devemos iniciar a votação do Preâmbulo da Constituinte. Preâmbulo que representa aquele marco inicial, que dá o perfil da futura Carta Magna e que, por conseguinte, deve ter uma redação elevada e compatível com o que desejamos seja o Texto Constitucional. Portanto, fazemos um apelo no sentido de que a grandeza que deve estar predominando em cada um de nós se manifeste a partir deste Preâmbulo – expectativa do povo brasileiro – para que possamos, já agora, demonstra que nossos interesses são subalternos aos interesses maiores da Nação. Sob a proteção de Deus, como diz o próprio texto que vai ser votado, vamos começar nossos trabalhos e pedir a esse Deus de todos que nos dê sabedora, paz e muito amor, para que possamos interpretar de maneira adequada o que é melhor para a nossa gente. (g.n.)**

O SR. JORGE ARGAGE (PDS-PA. Pronuncia o seguinte discurso) – Sr. Presidente, Sras. e Srs. Constituintes, **ocupo esta tribuna para registrar nos anais dos nossos trabalhos texto do artigo "Aids e a Moral Sexual", de autoria do Arcebispo do Rio de Janeiro, D. Eugênio Sales.**

Trata-se de assunto que merece ser analisado com muita reflexão pela sociedade contemporânea. A Nação brasileira enfrenta Crises Agudas que envolvem a economia e se expandem até o campo da depravação da moral e dos costumes.

Vivemos o momento histórico mais relevante de nossa vida política, **quando aqui reunidos, sob a proteção de Deus, estamos escrevendo a Carta fundamental que ditará os rumos do Estado e da Nação do itinerário do futuro.**

Praza aos céus que possamos cumprir esta missão com as consciências tranquilas de que atendemos aos verdadeiros anseios de todos os cidadãos brasileiros.

Era o que tinha a dizer. **(g.n.)**

Na ocasião, alguns poucos constituintes argumentaram contrariamente à invocação de Deus no texto constitucional.

Entre eles, Haroldo Lima, representante do PC do B. Em resposta, Fausto Rocha, representante do PFL consignou que:

> [...] **para responder às palavras que o Constituinte Haroldo Lima, do PC do B Partido Comunista do Brasil, acaba de proferir com voz alterada, em tom de guerra, pretendendo exigir que a palavra Deus não conste do Preâmbulo da Constituição brasileira.**
>
> Falo como cristão, serena mas firmemente, neste momento em que se dá início à votação definitiva do primeiro item da nossa Constituição, e já fica mais uma vez evidenciado que a palavra Deus é considerada uma afronta pelo Partido Comunista do Brasil e pelos partidos totalitários de esquerda. Fica mais uma vez consignada a posição dos comunistas, dos radicais de esquerda daqueles que querem o regime totalitário, daqueles **que defendem a estatização total, que querem transformar o País numa repartição pública do tamanho do Brasil, e não aceitam a ideia de que Deus possa existir, de que Deus possa ser respeitado.**
>
> **É pena que assim seja, pois do mesmo modo como não há liberdade de culto na Rússia e nos países da órbita comunista, não há também liberdade sindical, não há liberdade de imprensa nem liberdade partidária – quatro liberdades fundamentais. Parece que a palavra Deus provoca ojeriza incontrolável aos radicais do socialismo e do comunismo.**
>
> **Mas exatamente aí, no início da nossa Constituição, que Deus deve estar, pois, "no princípio, criou Deus o céu e a terra e tudo o que neles há". "Mas buscai primeiro o reino de Deus e a sua justiça e todas as demais coisas vos serão acrescentadas". "Ama a Deus acima de todas as coisas e ao próximo como a ti mesmo". "Feliz a Nação cujo Deus é o Senhor".**
>
> De fato, todas as promessas de Deus se cumprem. Não há uma sequer que não tenha sido cumprida ao longo de toda a história da humanidade. Mas as promessas da palavra de Deus – a Bíblia Sagrada – contém, todas, uma condicionante, uma pré-requisito. Exemplo: "Honra teu pai e tua mãe pra que se prolonguem os teus dias sobre a face da Terra". É preciso conhecer e viver os princípios da palavra de Deus para ser abençoado.
>
> O apóstolo Paulo, que dá nome ao grande Estado de São Paulo, o querido "apóstolo dos gentios", disse: "Porque não me envergonho do Evangelho de Cristo". Os Estados Unidos, a grande Nação americana não se envergonhou do nome de Deus. Cita-o não somente em seus textos legais mas coloca-o também em suas moedas, no meio circulante, na mão de cada cidadão, nesta frase

cunhada para a perpetuidade: In God we trust – nós confiamos em Deus. Na Bíblia lemos: "Bem está, servo bom e fiel. Sobre o pouco foste fiel, sobre o muito te colocarei".

É claro que nem toda a Nação brasileira é constituída de cristãos, mas o Brasil é a maior Nação cristão do mundo. Se outros países colocam em suas constituições e até na moeda que circula na mão de cada um o respeito, a admiração e aceitação de que Deus é Senhor, de que estão debaixo do senhorio daqueles que orienta suas vidas, queremos, como maior Nação cristão do mundo – evangélicos, católicos, diversas denominações – ter a honra, o orgulho e o privilégio como maioria, de ver cumprida essa nossa aspiração. E isso se fará. Sabemos que venceremos tranquilamente esta votação. Mesmo aqueles que não são cristãos, vão respeitar o fato de que a maioria deseja consignar, logo no Preâmbulo da Constituição a expressão "sob a proteção de Deus". Pessoalmente, eu até preferiria outra redação, por isso sugeri a expressão que me parece mais própria: "pedindo a inspiração de Deus", mas isso é particularidade, e aceito o texto do "Centrão", que tem representado o consenso da maioria desta Casa. **O principal é que o nome de Deus esteja logo no início da Constituição.**

Isso causa asco aos comunistas, que não aceitam as 4 liberdades de que falamos: de culto, de expressão (que contém a de imprensa), a liberdade sindical e partidária. Os comunistas do mundo inteiro continuam fazendo a mesma coisa: usam a Igreja para fechá-la no final do processo; usam a imprensa e extinguem sua liberdade assim que assumem o poder; usam os sindicatos e os fecham quando chegam ao comando de seus países; usam os partidos políticos (e estão aqui neste Parlamento, em vários partidos comunistas confessos) e depois fecham todos os partidos, estabelecendo o partido único. (Palmas).

Respeitamos os comunistas. Cristo morreu também pelos comunistas, ateus, agnósticos. Deu sua vida para que essas pessoas possam formular o seu pensamento e, em aceitando a Jesus Cristo como seu único e suficiente salvador, regenerar sua vida, ter amor pelo próximo e defender todas as liberdades; inclusive essas que citei.

Os Cristãos desejam justiça social com liberdade, e isso é possível. Na Inglaterra, de Margareth Thatcher, a presença do Estado na economia foi diminuída e assim diminuíram os impostos, a economia foi diminuída se expandiu, a inflação diminuiu, os trabalhadores cresceram em seus direitos e seus ganhos reais. E tudo isso em liberdade. Esse é o verdadeiro modelo progressista. O mesmo ocorre no Japão e também na social-democracia da

Alemanha Ocidental, onde há igualdade de oportunidade e há incentivo (melhor pagamento) para quem produz mais e melhor. Isso traz eficiência, produção maior e mais o que distribuir.

No socialismo, todos são funcionários públicos e não têm estímulo, pois quem produz mais e melhor ganha apenas uma medalhinha do partido comunista. Todos têm cartão de racionamento e vivem nas filas para receber pouco daquilo que nem desejam, pois tudo é planejado pelo centralismo totalitário da auto-denominada "ditadura do proletariado". Nunca vi nenhum proletário no poder. O que vemos é o grande Líder polonês Lech Walesa, do sindicato "Solidariedade" (fechado pela intervenção comunista), sem poder se pronunciar em seu país nem ir receber pessoalmente o prêmio Nobel da Paz.

Lamentavelmente, os socialistas-comunistas, no Brasil, ainda sonham com o antigo; estão mais na linha Stalin. A Europa toda está voltando da experiência socialista, como a França e a Itália. Até a China e mesmo a Rússia de Gorbatchev começaram a viver uma abertura espetacular para o Ocidente. Estão entrando no caminho certo.

No Brasil, como sempre 20 anos atrasados, querem nos levar a "pôr o rosto pra bater onde todo o mundo já apanhou". Estamos agora na plenitude do estado de direito. Superamos o radicalismo de direita e não há lógica em caminharmos para o radicalismo de esquerda. Todo o radicalismo é igualmente nefasto. Os cristãos desejam justiça social, mas com liberdade! Em Gálatas lemos: "Poque vós, irmãos, fostes chamados à liberdade". Nenhum regime é justo e bom se precisar extinguir a liberdade para se impor e manter.

Deus deu ao homem o livre arbítrio. No apocalipse, Jesus diz: "Eis que eu estou à porta e bato. Se alguém ouvir a minha voz e abrir a porta; eu entrarei e cearei com ele". A porta do nosso coração só tem trinco por dentro. Só nós podemos abri-la. Deus, que nos criou, nos ama e deseja dar tudo de melhor, não arromba a porta. Espera que aceitemos. Aceita a nossa decisão.

Quando tive a honra de levar a Bíblia a Fidel Castro, pedindo-lhe ampla liberdade de culto em seu país, disse-lhe com respeito e amor cristão: "Os homens passam, os regimes mudam, mas a palavra de Deus permanece para sempre". Faltavam poucos dias para o Natal e, em todo o lugar, se via "Feliz Año Nuevo", mas tendo passado uma semana em Havana e outros lugares de Cuba, não encontrei em nenhum lugar "Feliz Navidad". O Natal não é comemorado em Cuba. Cultos ao ar livre são proibidos e o ensino bíblico não é permitido na televisão nem nos meios de comunicação.

Há os que procuram semelhança entre cristianismo e comunismo, mas ninguém poderia usar o nome de Cristo em vão para tentar estabelecer um regime político, ainda mais suprimindo as liberdades e até a de culto. Cristo não estabeleceu forma de governo. Ele foi enfático ao dizer "meu reino não é deste mundo". Quando muitos cristãos primitivos vendiam suas propriedades para ajudar seus irmãos da comunidade cristã à medida que cada um deles necessitava, faziam-no voluntariamente e não por imposição governamental, o que retiraria todo o mérito da decisão pessoal. Jesus olha para o coração. Ele disse que a mão esquerda não deveria saber o que a direita fizesse ao ajudar o próximo.

Deus nunca condenou a riqueza mas sim "o amor ao dinheiro, que é a raiz de todos os males". Mais que leis justas e mais que o desejo de cumpri-las, necessitamos mesmo é de renovação moral e comportamental para extinguir a corrupção, que é a devastadora de todo os regimes, moralmente os estatizados e totalitários, pois, "se o poder corrompe, o poder total corrompe totalmente", ainda mais sem vigilância de uma imprensa livre.

Para essa renovação moral, só com embasamento espiritual. Daí, a necessidade fundamental de Deus antes e acima de qualquer lei.

Sr. Presidente Ulysses Guimarães, o meu tempo está para se esgotar e não desejo que ocorra comigo o que se verificou há instantes, quando os Constituintes, em sua grande maioria, diziam "chega, chega, chega" a Haroldo ima do PC do B, que ultrapassou em quase o dobro o tempo que o Regimento desta Casa lhe permitia, demonstrando claramente que não queriam mais ouvir impropérios ao nome de Deus.

Assim, contudo dentro do tempo este meu pronunciamento lembrando que "o temor do Senhor (o respeito a Deus) é o princípio de toda a sabedoria". Meu desejo é que seja feliz esta Nação tendo a Deus como Senhor. (Muito bem! Palmas). **(g.n.)**

O constituinte Amaral Neto do PDS manifestou-se da seguinte forma:

O SR. AMARAL NETTO (PDS – RJ. Sem revisão do orador) – Sr. Presidente, Srs. Constituintes, para apressar nossos trabalhos, vou-me limitar a presta uma homenagem ao grupo de Deputados, Senadores e juristas que preparou um projeto de Constituição e substitutivo a títulos e capítulos, mas que não pôde ser apresentado por falta de número. Sem nenhum demérito e sem denegrir aqueles que estão em votação, considerei esse o melhor. Homenageio o Deputado João Alves, que concatenou esse trabalho, e, de antemão, digo que, embora votando com aquele que é o substitutivo do "Centrão", **não posso deixar de afirmar que a melhor apresentação de preâmbulo está contida nesse substitutivo.**

Vou limitar-me a ler isto:

"Reunidos em Assembleia Nacional Constituinte, nós, representantes do povo brasileiro, **em nome dele e invocando a proteção de Deus para o País, legítima expressão do Estado de Direito republicano, federal e livre,** aprovamos e promulgamos a Constituição da República Federativa do Brasil".

Era o que tinha a dizer. **(g.n.)**

O constituinte José Maria Eymael do PDC deixou consignado o seguinte:

O SR. JOSÉ MARIA EYMAEL (PDC-SP. Sem revisão do orador) – Sr. Presidente, Sras. e Srs. Constituintes, a história de todos os povos, desde os primórdios tribais, assinala preocupações básicas nos indivíduos, quer isoladamente, quer aglutinados naqueles pequenos grupos nômades, depois nos grupos já sedentários e, mais adiante, na forma de nações.

São princípios, anseios que se foram cristalizando, edificando, construindo e que resistiram ao tempo. São os princípios que aspiram à liberdade, à justiça e à solidariedade.

É interessante como essas ideias de liberdade, justiça, fraternidade e solidariedade, na alma, no conceito e na linguagem das nações, acabam sempre desembocando em um vocabulário que em todas as línguas acaba por traduzir-se em poucas, mas profundas e eternas letras: Deus.

Sr. Presidente, é por isso por delegação do eminente Líder do PDC e da democracia cristã na constituinte, o Senador e Constituinte Mauro Borges, e por delegação de toda a bancada do meu partido, que venho à tribuna reafirmar que a democracia cristã não considera um aspecto meramente adjetivo, decorativo ou formal a implantação do apelo a Deus para que ilumine esta Assembleia Nacional Constituinte.

Ao colarmos essa premissa fazermos eco à História e, mais, Sr. Presidente, fazermos justiça, sob dois aspectos fundamentais. De um lado a própria alma da Nação brasileira, na sua maioria

> absoluta irmanada no sentimento de cristandade, acreditando no poder básico da oração, da palavra do Senhor, acreditando que é válido invocar-se o nome de Deus nas horas de dificuldade ou para agradecer-lhe nas horas de regozijo. (Palmas.)
>
> Por outro lado, Sr. Presidente, desde criança aprendemos, em todas as famílias brasileiras, que quão forte e profundo é o poder da oração, o poder da prece, e atrás dessa crença está uma crença maior ainda: a crença da promessa do evangelho. Não é por acaso que se desenvolveu entre nós esta prática. Temos a nosso favor, cristãos do País e de todo o mundo, a promessa eterna do próprio cristo, que diz em todas as palavras do Evangelho que todo aquele que pedir receberá, e que quando dois ou mais se reunirem em nome de Deus, Ele ali estará presente.
>
> **Por acreditarmos profundamente nisso, queremos não abrir mão do direito de invocar o nome de Deus para que, junto conosco, ilumine nossas consciências, nossas vontades e faça com que todos nós construamos a constituição que a Nação brasileira espera e que leve nosso País a uma sociedade livre, justa e solidária.** (Palmas). **(g.n.)**

O constituinte originário Brandão Monteiro do PDT deixou claro o seguinte:

> [...] **Queremos destacar, além dos conceitos ali emitidos, como vivermos em paz, em fraternidade e em liberdade, dois pontos básicos. Achamos fundamental que se mantenha a tradição brasileira no que se refere à invocação do nome de Deus presente na promulgação da Assembleia Nacional Constituinte. Aqui, não discutimos filosofias ou posições políticas individuais, mas reconhecemos que a maioria do povo brasileiro, como nós, invoca o nome de Deus. Da mesma forma achamos que há uma profunda ligação entre invocar o nome de Deus e a participação popular. Ninguém mais do que Cristo se preocupou com os humildes, com os pobres e com aqueles que não tinham as dádivas que só os grandes possuem. É preciso que corrijamos nossos erros com a permanente e sempre consequente participação do povo. Não podemos esquecer, de forma alguma, essa participação, porque todo poder emana do povo.**
>
> **O regime democrático, grosso modo, já dizia Churchill, não pode ser o mais perfeito – talvez até tenha grandes defeitos – mas o homem ainda não encontrou melhor regime. E não devemos pensar em democracia sem antes pensar na participação popular, na correção de rumos, pois, às vezes somos**

> **trazidos a esta Casa, ou apostos no Executivo pelas mãos generosas do povo. E, às vezes, por não mantermos permanente contato com o povo, erramos em nossas posições. Mas é preciso corrigi-las da melhor maneira, ou seja, com a perene ligação entre homem público e povo. Essa participação popular deve ser consagrada em qualquer regime político democrático, porque as elites podem arvorar-se no direito de representar o povo. Mas conhecemos a História do mundo, dos regimes políticos e dos sistemas, quando muitos invocam Deus e o povo, para negar Deus e escravizar o povo.** (Palmas.) **(g.n.)**

O constituinte Roberto Augusto do PTB propugnou que:

> **Aqui se disse, há pouco, que apesar de existirem vários segmentos religiosos, como o católico, o católico carismático, o evangélico, o protestante, o pentecostal, o espírita e outros, no coração de cada brasileiro há o temor de Deus.** E o grande sábio da história da humanidade, o Rei Salomão disse que o temor a Deus, ao Criador, é o princípio de toda sabedoria. Se os apoiássemos nesta sabedoria, não estaríamos, hoje, no grande caos em que vivemos, porque o homem, apesar de se julgar sábio, se não inserir na sua vida, no seu coração, a inspiração divina, do Todo-Poderoso, nada pode fazer.
>
> O princípio da sabedoria, segundo o Rei Salomão, vem do temos a Deus, mas do nosso dicionário temor significa medo. Entretanto, em Teologia – e sou teólogo – temor significa um sentimento de respeito ao Criador.
>
> **Devemos elaborar uma Constituição que venha ao encontro dos anseios desta Nação, totalmente cristã. Por isso, nada mais correto que inserirmos no início desta Carta a expressão "Sob a proteção de Deus", porque o sentimento de respeito a Deus vai nos trazer a sabedoria, humildade, bom-senso e prudência que só Deus pode colocar em nossas vidas. Com eles, elaboraremos uma Constituição que realmente irá ao encontro dos desejos de nosso País.**
>
> Muito Obrigado. (Palmas.). **(g.n.)**

Existiram outras manifestações a respeito do Preâmbulo e, em especial, da inclusão do pedido da "proteção de Deus". Fato é que está claro que tal manifestação não foi por acaso. Muito pelo contrário. Claro está que tal inclusão restou após intensa e significativa discussão sendo resultado da mais expressa e legítima manifestação de poder emanada do povo brasileiro por meio dos representantes escolhidos na Assembleia Nacional Constituinte.

O discurso de promulgação da nova Constituição feito por Ulysses Guimarães corrobora tal afirmação:

República Federativa do Brasil

ASSEMBLÉIA NACIONAL CONSTITUINTE

DIÁRIO

ANO II — Nº 308 QUARTA-FEIRA, 05 DE OUTUBRO DE 1988 BRASÍLIA — DF

ASSEMBLÉIA NACIONAL CONSTITUINTE

O SR. PRESIDENTE (Ulysses Guimarães) – **Sob a proteção de Deus e em nome do povo brasileiro, iniciamos nossos trabalhos.**

Declaro aberta a Sessão Solene da Assembleia Nacional Constituinte.

Convido os Srs. Líderes a conduzirem até a Mesa os Srs. Presidentes da República, José Sarney, e do Supremo Tribunal Federal, Rafael Mayer.

(Os presidentes são introduzidos no recinto e tomam assento à mesa.)

O SR. PRESIDENTE (Ulysses Guimarães) – **Srs. Constituintes e convidados, a presente sessão destina-se à promulgação da constituição da República Federativa do Brasil e à prestação do compromisso dos Srs. Constituintes e dos Srs. Presidentes da República e do Supremo Tribunal Federal.**

Convido os presentes para ouvirem, de pé, o Hino Nacional.

(Execução do Hino Nacional)

O SR. PRESIDENTE (Ulysses Guimarães) – Exmo. Sr. Presidente da República, José Sarney; Exmo. Sr. Presidente do Senado Federal, Humberto Lucena; Exmo. Sr. Presidente do Supremo Tribunal Federal, Ministro Rafael Mayer; Srs. membros da Mesa da Assembleia Nacional Constituinte; Eminente Relator Bernardo Cabral; (Palmas.); preclaros Chefes do Poder Legislativo

> de nações amigas. Insignes Embaixadores, saudados no Decano D. Carlo Furno. Exmos. Srs. Ministros de Estado; Exmos. Srs. Presidentes de Assembleias Legislativas; dignos Líderes partidários; autoridades civis, militares e religiosas, **registrando o comparecimento do Cardeal D. José Freire Falcão, Arcebispo de Brasília, e de D. Luciano Mendes de Almeida, Presidente da CNBB;** prestigiosos Srs. Presidentes de confederações. Sras. e Srs. Constituintes; minhas senhoras e meus senhores,
>
> [...]
>
> **Assinarei algumas marcas da Constituição que passará a comandar esta grande Nação.**
>
> **A primeira é a coragem. A coragem é a matéria-prima da civilização. Sem ela, o dever e as instituições perecem. Sem a coragem, as demais virtudes sucumbem na hora do perigo. Sem ela, não haveria a cruz, nem os evangelhos.**
>
> **[...]**
>
> **Tem substância popular e cristão o título que a consagra: "a Constituição cidadã". (Palmas.) (g.n.)**

Portanto, vê-se que a intenção do legislador constituinte originário, soberano e incondicional, representante legítimo das intenções mais intrínsecas do povo brasileiro, desejou e manifestou expressamente tal desejo ao concretizá-lo no Preâmbulo da Constituição Federal a petição à proteção de Deus.

Esta era a aspiração do povo, fonte de onde emanou o poder dos constituintes, não podendo ser, agora, negada.

6. Conclusão

Não obstante tudo o que já se disse, muitos outros elementos poderiam ter sido trazidos a fim de se deixar ainda mais cristalina a importância e eficácia do Preâmbulo no contexto Constitucional e ordenamento jurídico.

Querer dar limitação jurídica ao Preâmbulo é medida que afronta a vontade do povo manifestada por meio do legislador constituinte conforme se pode notar do material apresentado na presente pesquisa.

Interpretações constitucionais com roupagem de contemporaneidade, simulada laicidade, ou flagrante discriminação religiosa não podem ser consideradas e, muito menos, aptas a reduzir a intenção do constituinte, tampouco têm o poder de eliminar os aprofundados debates acerca das intenções do legislador constitucional de 1987/1988.

O que se tem, na verdade, é que toda e qualquer interpretação das demais normas constitucionais e respectivos incisos e parágrafos que vêm a seguir do Preâmbulo constitucional (art. 1º, 2º, 3º etc.) deverão, obrigatoriamente, não o contrariar e vice-versa. O mesmo valerá para as normas constitucionais emanadas do Poder Constituinte Derivado e do legislador infraconstitucional.

É que a harmonia jurídica com o Preâmbulo e este com a Constituição Federal é dever obrigatório do sistema constitucional.

A situação nos remete a questões iniciais de Teoria Geral e normas de Interpretação e Aplicabilidade da Constituição Federal.

Sabe-se que a Constituição pode ser entendida, principalmente, nos sentidos Político, Jurídico e Sociológico.

Resumidamente falando, o sentido sociológico sempre nos remete as lições de Ferdinand Lassalle com a questão de que a Constituição é legítima se ela expressar a efetiva vontade do titular do poder. Caso contrário, não passará de uma "folha de papel" (TEMER, 1995, p. 19).

Portanto, do caso em análise, restou clara a intenção soberana do povo, representada pelo legislador constituinte originário, colocar a República Federativa do Brasil e todo o ordenamento jurídico brasileiro sob a proteção de Deus.

Desta forma, enquanto houver Constituição de 1988, tal decisão deve ser respeitada.

Bibliografia

ASSEMBLEIA NACIONAL CONSTITUINTE. *Assembleia Nacional Constituinte*. Disponível em: https://bit.ly/3Jkilbh Acesso em: 11 ago. 2021.

ASSEMBLEIA NACIONAL CONSTITUINTE. *Projeto de Resolução das Normas da Assembleia Nacional Constituinte*. Disponível em: https://bit.ly/3lQjVmJ Acesso em: 11 ago. 2021.

BRASIL. *Constituição da República Federativa do Brasil.* Brasília: [s.n.], 1988. Disponível em: ttps://bit.ly/3iFkZb7 Acesso em: 11 ago. 2021.

FERREIRA FILHO, Manoel Gonçalves. *Curso de direito constitucional.* 41. ed. São Paulo: Forense, 2019.

MORAES, Alexandre De. *Direito constitucional.* São Paulo: Atlas, 2020. .

PAULO, Vicente; ALEXANDRINO, Marcelo. *Direito constitucional descomplicado.* 3. ed. São Paulo: Método, 2008.

SARLET, Ingo Wolfgang; MITIDIERO, Daniel; MARINONI, Luiz Guilherme. *Curso de direito constitucional.* 10. ed. São Paulo: Saraiva, 2021.

STF. *Preâmbulo da Constituição: ADI 2.076*. Disponível em: https://bit.ly/37vWo22 Acesso em: 11 ago. 2021.

TAVARES, André Ramos. *Curso de direito constitucional.* 18. ed. São Paulo: Saraiva, 2020.

TEMER, Michel. *Elementos de direito constitucional.* 11. ed. São Paulo: Malheiros, 1995.

O PRINCÍPIO CONSTITUCIONAL DA FRATERNIDADE COMO PARADIGMA INTERPRETATIVO NO SÉCULO XXI – ANÁLISE A PARTIR DO PREÂMBULO DA CONSTITUIÇÃO FEDERAL BRASILEIRA DE 1988

Lafayette Pozzoli[1]

Gilmar Siqueira[2]

Resumo: Este artigo tem por objetivo apresentar, a partir do princípio da sociedade fraternal, resposta à pergunta: Como interpretar o preâmbulo da Constituição, visto que sem ele, ela não teria sido promulgada? A responsabilidade

---

1. Pós-doutor em Filosofia do Direito e do Estado pela Università "La Sapienza", Itália. Doutor e Mestre em Filosofia do Direito e do Estado pela PUC-SP. Professor na Faculdade de Direito e foi Chefe de Gabinete na PUC-SP. Foi Coordenador e professor no Mestrado em Direito e Pró-Reitor de Pós-Graduação, Pesquisa e Extensão no UNIVEM – Marília – SP. Advogado. Líder do Grupo de Pesquisa - GEDs Direitos Fundamentais à Luz da Doutrina Social - Direito e Fraternidade – PUC-SP. Foi Professor Assistente no Curso de TGD, ministrado pelo saudoso Professor André Franco Montoro - Pós-Graduação PUC-SP. lafayette@lafayette.pro.br.

2. Doutorando na UFPA. Mestre em Direito pelo Centro Universitário Eurípides de Marília - UNIVEM. Bacharel em Direito pela Universidade Estadual do Norte do Paraná (2017). Temas de pesquisa: Filosofia do Direito; Método APAC; Ética; Humanismo Cristão; Direito e Literatura; Direito e Fraternidade; Dignidade da pessoa humana. E-mail: gilmarsiqueira126@gmail.com

que o princípio da fraternidade procura resgatar gira em torno de um eixo: a dignidade humana. Assim, tomaremos o princípio da fraternidade como um paradigma interpretativo para o século XXI. Para isso, o princípio da fraternidade será analisado, na segunda seção, como um princípio constitucional presente no preâmbulo da Constituição Federal 1988. Na terceira seção, será considerada a inerente abertura para o diálogo que leva consigo esse princípio e que pode remontar às bases constitutivas da comunidade política. Além disso, nessa mesma seção, será analisada a íntima ligação entre fraternidade e dignidade humana. Por fim, na quarta seção, discutir-se-á a fraternidade enquanto paradigma interpretativo. A pesquisa foi desenvolvida utilizando o método de abordagem hipotético-dedutivo, o procedimento comparativo, a técnica de documentação indireta, a pesquisa bibliográfica: em livros e periódicos jurídicos; documental; em legislação e em sites eletrônicos.

Palavras-chave: Fraternidade – Dignidade Humana – humanismo cristão – Sociedade Fraternal –Preâmbulo da Constituição Federal.

1. Introdução

Este artigo tratará essencialmente da fraternidade enquanto paradigma interpretativo, princípio do direito e princípio de fundação da comunidade política. A responsabilidade que o princípio da fraternidade procura resgatar gira em torno de um eixo: a dignidade humana. A fraternidade é percebida e aplicada, tendo como base a dignidade humana e sendo, por certo, uma de suas manifestações. E é em torno da dignidade humana que podem existir os mais amplos diálogos acerca do princípio da fraternidade.

Para que seja possível concatenar essas ideias de modo a aclarar sua conexão, a segunda seção do artigo se ocupará da fraternidade presente no preâmbulo da Constituição Federal de 1988 e suas consequências no direito brasileiro.

O conceito de fraternidade é aberto e amplo tendo, por isso, o risco de ser confundido em sua interpretação. Neste artigo se verá como a abertura do conceito, ao invés de vaga, remete a um dos princípios do Estado democrático desejado pelo legislador constituinte. O princípio jurídico da fraternidade pode materializar tanto a liberdade quanto a igualdade.

Na terceira seção do artigo, o princípio da fraternidade será introduzido como sendo uma consequência do diálogo e da sociabilidade natural do ser humano. Essa sociabilidade, quando percebida à luz da fraternidade, não é mera associação externa – vinda de fora – para benefícios mútuos; envolve também um senso de responsabilidade entre as pessoas.

Por fim, a quarta seção do artigo se ocupará do princípio da fraternidade enquanto paradigma de interpretação desde o qual se pode analisar tanto a fundamentação quanto a efetividade dos direitos, diante da possibilidade de associar o paradigma interpretativo fraterno à função promocional do próprio direito. Isto por ser o princípio da fraternidade um princípio norteador de paradigma interpretativo ao lado da igualdade e da liberdade, cujo lema triádico foi tomado pela Revolução Francesa. Este um fato propulsionador para que pudesse tornar a liberdade e a igualdade como paradigma interpretativo, de forma predominante, em todas as áreas do conhecimento humano, notadamente nos cursos jurídicos, com reflexos fortes no mundo profissional. Um fenômeno que perdurou até o século XX, reservando ao século XXI uma predominância, como um paradigma interpretativo, para a fraternidade.

A pesquisa foi desenvolvida utilizando o método de abordagem hipotético-dedutivo, o procedimento comparativo, a técnica de documentação indireta, a pesquisa bibliográfica: em livros e periódicos jurídicos; documental; em legislação e em sites eletrônicos.

2. O princípio da fraternidade no preâmbulo da Constituição brasileira e suas implicações

O princípio da fraternidade tem sido discutido no direito com razoável atenção nas últimas décadas. Mencionava-se sua relação com a religião, com filosofia política e social, mas sem tratá-lo propriamente como um princípio jurídico – ou sequer como um possível princípio jurídico. Com o advento da Constituição Federal de 1988, o cenário mudou um pouco, graças ao aparecimento do princípio da fraternidade no preâmbulo constitucional.

> O professor André Franco Montoro, na PUC-SP, no início dos anos de 1980 já trabalhava o conceito de fraternidade na área do direito, muito embora com pouca ressonância. Para fazer uma analogia, seria como imaginar o direito de laje na lua, neste momento: que importância tem? Era algo semelhante, porque se dizia que a fraternidade estava relacionada com as áreas da teologia e da filosofia e não com o direito. (POZZOLI; CACHICHI; SIQUEIRA, 2020, p. 401-402).

Então, após a promulgação da Constituição Federal de 1988, sua proximidade ao direito se tornou mais clara, o que também contribuiu para o enriquecimento das discussões em torno do princípio da fraternidade. “Sua identificação se dá fortemente, nos dias de hoje, dentro da área do direito” (POZZOLI; CACHICHI; SIQUEIRA, 2020, p. 401). Para que esta discussão seja frutífera, claro está, seria necessário começar pelo conceito da fraternidade; isso porque é preciso, primeiro, entender a ideia central em torno da qual giram os debates (e até possíveis divergências).

Não existe, no entanto, um conceito rígido ou fechado de fraternidade; não há uma definição simples que encerre em si toda a ideia. A fraternidade é um conceito aberto “[...] que é construído a todos os momentos” (POZZOLI; CACHICHI; SIQUEIRA, 2020, p. 401). A abertura mesma do conceito poderia sugerir algumas objeções: sua indefinição, a possibilidade de que surja como um subterfúgio ao invés de princípio, a esterilidade de debates sem um ponto de partida comum (*much ado about nothing*[3]) e a imprecisão no momento das pesquisas acadêmicas. As objeções em parte procedem e os riscos existem, mas não totalmente.

---

3. “Much Ado About Nothing”, título de um livro escrito por William Shakespeare (muito barulho por nada).

Ainda, nesta segunda seção, este artigo não se ocupará de responder de modo conceitual a essas objeções (o que fará na terceira seção), mas sim, de mostrar como o princípio da fraternidade existe no direito brasileiro. A começar pelo preâmbulo constitucional.

> Nós, representantes do povo brasileiro, reunidos em Assembleia Nacional Constituinte para instituir um Estado Democrático, destinado a assegurar o exercício dos direitos sociais e individuais, a liberdade, a segurança, o bem-estar, o desenvolvimento, a igualdade e a justiça como valores supremos de uma sociedade fraterna, pluralista e sem preconceitos, fundada na harmonia social e comprometida, na ordem interna e internacional, com a solução pacífica das controvérsias, promulgamos, sob a proteção de Deus, a seguinte CONSTITUIÇÃO DA REPÚBLICA FEDERATIVA DO BRASIL.

Os direitos sociais e individuais, a liberdade, a segurança e os demais mencionados no preâmbulo são, portanto, assegurados pelo Estado democrático enquanto valores de uma sociedade que também é fraterna. Mais adiante, no art. 3º, inciso I, a Constituição elenca a construção de uma sociedade livre, justa e solidária entre os objetivos fundamentais da República Federativa do Brasil.

> Ademais, o sistema jurídico constitucional brasileiro, além de garantir direitos de *status* diferenciado, como destacado, busca assegurar o *bem-estar* de todos os que se submetem à ordem jurídica pelo constituinte plasmada por meio e a partir da Constituição de 1988. Assim, em oito oportunidades, considerando a dimensão fraternal do constitucionalismo, refere-se ao *bem-estar*, inicialmente como valor supremo de uma sociedade fraterna, no preâmbulo da Constituição Federal, e depois em campos específicos do seu disciplinamento normativo: no art. 23, parágrafo único (bem-estar nacional); no art. 182, *caput* (bem-estar dos habitantes da cidade); art. 186, IV (bem-estar dos proprietários e trabalhadores – requisito para aferição social da propriedade rural); art. 193, *caput* (bem-estar social); art. 219, *caput* (bem-estar da população); art. 230, *caput* (bem-estar dos idosos) e art. 231, §1º (bem-estar dos índios). (MACHADO, 2014, p. 130).

Os artigos mencionados por Carlos Augusto Alcântara Machado são relacionados ao bem-estar humano (tema que o autor coloca entre parêntesis a cada menção) que precisa ser edificado em comunidade e cuja base é uma ligação prévia entre os membros da comunidade; ligação esta que não é criada pelo Estado, mas sim reconhecida e então promovida por ele. Em suma, o princípio da fraternidade aparece como uma expressão do direito em sua função promocional.

> O fito do ordenamento repressivo-normativo é obstar a execução de comportamentos não desejados socialmente. Já o intuito do ordenamento promocional é incitar na sociedade comportamentos pretendidos. Dessa forma as normas promocionais incentivam os cidadãos a ter determinadas atitudes, tornando-as fáceis, necessárias ou vantajosas. (SANTOS; POZZOLI, 2019, p. 38).

O direito precisa resolver conflitos. Mas os conflitos nascem justamente porque pessoas em lados opostos entendem que algo de *seu* foi violado ou é devido por outra pessoa. A mera reivindicação supõe a possibilidade de se resolver o problema, mas "[...] a aplicação de normas jurídicas não pode ocorrer simplesmente na forma de uma fácil operação lógica silogística, sem considerar os contornos singulares de cada caso" (MACHADO, 2020, p. 186). Os contornos, além das circunstâncias específicas, são as próprias pessoas. E o direito, instrumento da pacificação social, é formado por pessoas e a elas deve responder como um dos elementos estruturantes da comunidade. A fraternidade, nesse sentido, procura realçar a primazia da pessoa tanto nas relações individuais quanto nas de membros da comunidade com o Estado.

> É pelo fato de o homem ser pessoa, isto é, um ente espiritual, um ser inteiro, existindo em si e para si em ordem à sua plenitude, é por isso que, em um sentido insofismável, qualquer coisa pertence ao homem, é por isso que ele tem um *suum* inviolável, um direito que ele pode exigir a todos, e que todos têm a obrigação de, pelo menos, não lesar. (PIEPER, 2018, p. 72).

Esse *suum* inviolável de que fala Josef Pieper é a dignidade humana. Vale adiantar que ela tem relação intrínseca com a fraternidade; mas esse será o tema para a próxima seção deste artigo. Por ora, basta saber que o *suum* inviolável de cada pessoa é levado em consideração pelo Estado, pelo direito e por todas as pessoas em suas relações de proximidade. A esse princípio não se pode fugir; mesmo em casos extremos de violação institucional da dignidade humana, os responsáveis tentam se justificar com argumentos que reduzam a condição de igualdade das suas vítimas. Isso não se pode aceitar em nenhuma circunstância, muito menos quando se fala na construção de uma sociedade fraterna. Na verdade, o princípio da fraternidade demanda um esforço comunitário mútuo.

> Com o mandamento preambular, todos, Estado, governo e sociedade civil, passaram a ser, individual e conjuntamente, responsáveis não somente pela construção de uma sociedade juridicamente institucionalizada a partir de documento fundamental que declara direitos humanos fundamentais e consagra deveres nacionais e cidadãos, mas uma sociedade de irmãos, iguais em dignidade, uma vez que integrantes da mesma família humana. Assim, deverão agir em relação uns aos outros com espírito de fraternidade (Declaração Universal dos Direitos Humanos – ONU/1948 – Artigo 1). (MACHADO, 2020, p. 190).

"A fraternidade não deve ser vista apenas como uma ordem suprema ou mística, mas, principalmente, como uma necessidade para uma melhor convivência em sociedade" (POZZOLI; MUNHOZ; SIQUEIRA, 2019, p. 185). Aqui se pode ver a necessidade da inserção do princípio no preâmbulo constitucional: a fraternidade pode ser compreendida enquanto uma das bases da comunidade política e, por essa razão, o legislador constituinte demonstrou preocupação com direitos que pudessem sustentar uma sociedade fraterna. "As dimensões liberal e social de direitos (liberdade e igualdade) passam a se desenvolver adensadas indissociável e reciprocamente entre si, mas catalisadas por *direitos de fraternidade*" (MACHADO, 2014, p. 141-142, destaques do autor). Tais direitos de fraternidade envolvem um reconhecimento mútuo entre os cidadãos da comunidade política: ou quando menos uma manifestação daquele *suum* inviolável de que falava Pieper na citação reproduzida anteriormente. "A fraternidade tem o condão de trazer à luz o ideal de uma comunidade de livres e iguais reunidos entre si em torno de um bem próprio e comum a todos, compondo um forte sentido metafísico [...]" (COSTA; PINHEIRO, 2020, p. 94). Esse sentido metafísico é o fundamento mesmo da comunidade política, fundamento que se manifesta pelo princípio da fraternidade.

> O Direito Fraterno poderá dar a efetiva igualdade entre as pessoas, eliminando o direito à igualdade baseado em um poder soberano, a quem todos estão subordinados, porque o direito à igualdade deixa de ser efetivo em decorrência das desigualdades que ele mesmo impõe, a começar pela subordinação dos povos a um poder soberano, um poder desigual. (POZZOLI; MUNHOZ; SIQUEIRA, 2019, p. 185).

A fraternidade, ao trazer à luz o princípio comunitário humano, materializa a igualdade. "O ser humano não deve ser visto apenas como um ser que existe, mas deve ser visto essencialmente como um ser que vive em sociedade" (POZZOLI; MUNHOZ; SIQUEIRA, 2019, p. 185). A própria ideia de bem comum remonta a essa vivência em sociedade: o bem comum não é a mera soma de bens privados ou um benefício da maioria, mas sim um bem que chega à comunidade em conjunto. Portanto, a própria noção de bem comum deriva de uma disposição prévia à mútua contribuição na comunidade. "É próprio da política seu caráter ético a compelir todos a viver com Justiça, compromisso assegurado pelo laço político da amizade política" (COSTA; PINHEIRO, 2020, p. 95). E é próprio do direito, em sua atuação para a pacificação social, como que atualizar o compromisso da amizade política. Aqui outra vez se pode lembrar do preâmbulo constitucional: o Estado democrático assegura direitos que são valores supremos de uma sociedade fraterna.

A aplicação do princípio da fraternidade no direito brasileiro passou a ter lugar também na jurisprudência. Para citar apenas um exemplo, reproduzir-se-á o fragmento de um voto do Ministro Reynaldo Soares da Fonseca, do STJ, pautado no princípio.

> AGRAVO REGIMENTAL NO PEDIDO DE EXTENSÃO *NO HABEAS CORPUS*. LEGITIMIDADE. PRISÃO DOMICILIAR. MÃE DE FILHOS MENORES DE DOZE ANOS DE IDADE.

SUPRESSÃO DE INSTÂNCIA. VIOLAÇÃO AO PRINCÍPIO DO JUIZ NATURAL. INEXISTÊNCIA. PRESENÇA DOS REQUISITOS LEGAIS. PRINCÍPIOS DA FRATERNIDADE (CONSTITUIÇÃO FEDERAL, PREÂMBULO E ART. 3º) E DA PROTEÇÃO INTEGRAL À CRIANÇA. HC COLETIVO N. 143.641/SP (STF).

8. Ainda sobre o tema, é preciso recordar: a) O princípio da fraternidade é uma categoria jurídica e não pertence apenas às religiões ou à moral. Sua redescoberta apresenta-se como um fator de fundamental importância, tendo em vista a complexidade dos problemas sociais, jurídicos e estruturais ainda hoje enfrentados pelas democracias. A fraternidade não exclui o direito e vice-versa, mesmo porque a fraternidade, enquanto valor, vem sendo proclamada por diversas Constituições modernas, ao lado de outros historicamente consagrados como a igualdade e a liberdade; b) O princípio da fraternidade é um macroprincípio dos Direitos Humanos e passa a ter uma nova leitura prática, diante do constitucionalismo fraternal prometido na Constituição Federal, em especial no seu art. 3º, bem como no seu preâmbulo; c) O princípio da fraternidade é possível de ser concretizado também no âmbito penal, através da chamada Justiça restaurativa, do respeito aos Direitos Humanos e da humanização da aplicação do próprio direito penal e do correspondente processo penal. (AgRg no PExt no RHC 113.084/PE, Rel. Ministro REYNALDO SOARES DA FONSECA, QUINTA TURMA, julgado em 26.05.2020, DJe 10.06.2020).

Ainda outros casos poderiam ser citados, mas este foi escolhido porque nele se pode ver uma explicação de como o Ministro Relator entende o princípio da fraternidade enquanto categoria jurídica e sua inserção – e possível aplicação – no direito brasileiro. Na primeira justificativa, o Ministro menciona problemas jurídicos e estruturais enfrentados pelas democracias ainda hoje. Conforme se tem visto nesta seção do artigo, o princípio da fraternidade tende precisamente a contribuir na formação (ou na reforma) das estruturas da comunidade política. Por certo, outra consequência de se entender a fraternidade como princípio estruturante da comunidade ainda pode ser encontrada no mesmo trecho citado: a possibilidade de concretização da fraternidade até mesmo no direito penal.[4]

4. Ademais, no sistema de proteção de direitos humanos, o que abrange à evidência

> No entanto, considerando que muitos a compreendem como tema extrajurídico ou metajurídico, impôs-se, na tese antes referida, a fixação de uma inafastável premissa, sem a qual a *fraternidade* não poderá ser alcançada: *o reconhecimento da igualdade jurídica entre todos os seres humanos*. Evidentemente que tal igualdade é antes de tudo uma *igualdade em dignidade*. Mas dignidade compreendida numa perspectiva dinâmica e não estática. Ou, por outra parte, entender a pessoa – e as pessoas em geral (considerando a conduta humana em interferência intersubjetiva) em comunidade, numa dimensão comunitária, em um contexto relacional. (MACHADO, 2019, p. 230, destaques do autor).

Nessa justificativa torna a aparecer o tema da dignidade que, conforme se verá na seção seguinte, é de suma importância para a consideração da fraternidade. A fraternidade materializa também a igualdade, mas não de cima para baixo; isto é, não do Estado para a comunidade, mas parte antes dos próprios membros da comunidade entre si. A fraternidade procura ainda atrelar responsabilidade ao princípio da liberdade.

> Fraternidade é condição de vivência do tempo presente em que o exercício da liberdade incorpora a dimensão dos direitos e redimensiona a perspectiva dos deveres fundamentais. Dito de outra forma, a fraternidade se realiza no momento presente e incorpora a liberdade na medida em que possibilita que o indivíduo desenvolva suas capacidades em uma relação positiva consigo mesmo a partir de relações sociais de reconhecimento e responsabilidade. Seguindo a compreensão de que o direito é a relação da pessoa em seu procedimento para com o outro, nota-se que a relação jurídica introduz um processo de reconhecimento recíproco. (JABORANDY, 2016, p. 68).

Ao sustentar a aplicação dos princípios da liberdade e da igualdade; ou ainda: ao fazer com que esses princípios se encarnem em cada pessoa concreta, a fraternidade se consolida como princípio estruturante do Estado democrático – um

---

o contexto penitenciário é o princípio da fraternidade que assume um valor interpretativo (guia hermenêutico) e, por conseguinte, de análise dos direitos fundamentais individuais e coletivos (iii). Logo, a base de todo direito transindividual estaria na fraternidade que liga os homens-individuais entre si e cada homem ao homem-coletivo (comunidade) e ao Estado. (CACHICHI, 2019, p. 72).

macroprincípio dos direitos humanos, conforme a jurisprudência citada na página anterior. E a efetividade dos direitos humanos terá sempre que ser concreta, posto que "[...] os direitos humanos são direitos da pessoa, mas não de uma pessoa abstrata e ideal, e sim de uma pessoa que só se pode compreender plenamente num contexto cultural"[5] (CIANCIARDO, 2020, p. 150, tradução nossa). O contexto cultural evoca a sociabilidade humana e a relação de cada pessoa com as demais; a circunstância em que cada um estiver inserido também é importante para a aplicação dos direitos humanos.

> A dimensão social do ser humano se integra em sua própria estrutura ontológica, o que destaca que o homem somente é compreensível plenamente desde sua dimensão social, e só se realiza plenamente no marco do grupo social. Desta natural abertura do ser humano à relação com os demais deriva a existência da sociedade.[6] (CIANCIARDO, 2020, p. 142, tradução nossa).

A dimensão social do ser humano se considerada como uma das manifestações constituintes de seu mesmo ser, é imprescindível para a realização do bem comum. Uma concepção do direito que exaltasse o indivíduo (princípio da liberdade isoladamente considerado) ou a dissolução da pessoa na coletividade (princípio da igualdade isoladamente considerado) deixaria escapar esse elemento do bem comum. O princípio da fraternidade, por outro lado, é a expressão mesma da dimensão social humana, haja vista que "[...] desperta a consciência de reconhecimento e de responsabilidade em relação ao 'outro' e à comunidade" (JABORANDY, 2016, p. 155).

---

5. Texto original: "[...] los derechos humanos son derechos de la persona, pero no de una persona abstracta e ideal, sino de una persona que sólo se puede comprender plenamente en un contexto cultural".

6. Texto original: "La dimensión social del ser humano se integra en su propia estructura ontológica, lo cual pone de relieve que el hombre sólo es comprensible plenamente desde su dimensión social, y sólo se realiza plenamente en el marco del grupo social. De esta natural apertura del ser humano a la relación con los demás deriva la existencia de la sociedad".

A fraternidade resgata a clássica noção de amizade cívica, essencial à busca do bem comum. Sua aplicabilidade ao direito, portanto, não é vaga nem imprecisa; pode, sim, ser bastante ampla porque abarca todas as relações da comunidade. Sua menção num caso concernente ao direito penal foi somente um exemplo. O fato de a busca por uma sociedade fraterna ter sido mencionado no preâmbulo da Constituição Federal 1988 mostra que o constituinte percebeu esse princípio como basilar.

Mas, a despeito das possibilidades de aplicação do princípio no direito e de sua relação com a amizade cívica (base da comunidade política), ainda pode ficar uma dúvida: em torno de qual eixo gravita o princípio da fraternidade? Disso se ocupará a seção seguinte deste artigo.

3. Dignidade humana = fraternidade: possível abertura para o diálogo

Conforme se tratou na seção anterior, o conceito da fraternidade é antes aberto do que impreciso: ele é resgatado e reafirmado a cada caso em que é invocado; isso por ser um princípio estruturante da comunidade política. Seu dinamismo acompanha a circunstância da vida em comunidade ao proporcionar uma primazia da pessoa para a norma jurídica.

> Uma norma jurídica é um pedaço da vida humana objetivada. Seja qual for a sua origem concreta (consuetudinária, legislativa, regulamentar, judiciária etc.) uma norma jurídica encarna um tipo de ação humana que, depois de ter sido vivida ou pensada pelo sujeito ou sujeitos que a produziram, deixa um rastro ou fica na memória como um plano, que se torna pauta normativa apoiada pelo poder jurídico, isto é, pelo Estado. O que importa enfatizar aqui é que a norma jurídica é vida humana objetivada, porque sendo assim resultará claro que, para compreendê-la completamente, deveremos analisá-la desde o ponto de vista da índole e da estrutura da vida humana.[7] (SICHES, 1973, p. 135-136, tradução nossa).

7. Texto original: "Una norma jurídica es un pedazo de vida humana objetivada.

A norma jurídica é um rastro deixado pelas pessoas e uma das manifestações da vida humana. Seja por reação ou iniciativa (mencionou-se antes o direito na sua função promocional), a norma jurídica é o resultado de uma ou mais ações humanas que procuraram responder à circunstância concreta enfrentada pela comunidade. Essa resposta vai depender do *fim* a que se destina a comunidade; porque também é o fim que dá forma às discussões e respostas resultantes numa norma jurídica. Recaséns Siches disse que para compreender a norma jurídica é preciso analisá-la a partir da índole e da estrutura da vida humana. Acerca dessa estrutura, outro discípulo de Ortega y Gasset, Julián Marías, pode dar uma valiosa contribuição:

> A estrutura da vida, naquilo que tem de mais próprio, depende do tecido de relações pessoais que a integram. Sua pobreza ou riqueza, sua variedade, o nível de suas expectativas, tudo isso é consequência da contextura desse mundo. Não se esqueça *(sic)* que cada nova relação pessoal, sobretudo se é particularmente intensa, modifica as pessoas envolvidas nela e não menos influencia no que se poderia chamar a constelação de relações pessoais de cada um.[8] (MARÍAS, 1994, p. 78).

A edificação não só da norma jurídica, mas da comunidade política mesma (com uma forma de governo concreta: a democracia, por exemplo), depende, portanto, desse tecido

---

Sea cual fuere su origen concreto (consuetudinario, legislativo, reglamentario, judicial etc.) una norma jurídica encarna un tipo de acción humana que, después de haber sido vivida o pensada por el sujeto o los sujetos que la produjeron, deja un rastro o queda en el recuerdo como un plan, que se convierte en pauta normativa apoyada por el poder jurídico, es decir, por el Estado. Lo que importa subrayar aquí es que la norma jurídica es vida humana objetivada, porque siendo así resultará claro que, para comprenderla cabalmente, deberemos analizarla desde el punto de vista de la índole y de la estructura de la vida humana".

8. Texto original: "La estructura de la vida, en lo que tiene de más propio, depende del tejido de relaciones personales que la integran. Su pobreza o riqueza, su variedad, el nivel de sus expectativas, todo ello es consecuencia de la contextura de ese mundo. No se olvide que cada nueva relación personal, sobre todo si es particularmente intensa, modifica a las personas envueltas en ella y no menos influye en lo que se podría llamar la constelación de relaciones personales de cada uno".

de relações pessoais que, por sua vez, pode ser mais ou menos estimulado pelo lugar e o tempo em que as pessoas se encontrarem. É um empreendimento comum levado a cabo para certos objetivos também comuns. "Nisto está a razão de ser da sociedade, pois o homem por si só não pode alcançar tudo o de que precisa na vida, e os objetivos mais importantes da vida social devem beneficiar a todos" (SOUZA, 1976, p. 2).

É preciso articular um pouco melhor ainda o que se pretendeu dizer por "*fim*" a que se destina a comunidade, ou, mais especificamente, o ponto em direção ao qual culmina a comunidade política. Esse ponto – cujo conceito reverbera na noção de fraternidade – é o bem comum.

> Esse bem comum é diferente da simples soma dos bens individuais e superior aos interesses da pessoa como indivíduo, enquanto parte do todo social. Essencialmente, ele é a vida íntegra da humanidade reunida, de um todo composto de pessoas humanas, ou seja, ao mesmo tempo material e moral. A vida social é um todo cujas partes são em si mesmas outros todos, e é um organismo feito de liberdades, de seres que nascem livres. (POZZOLI, 2001, p. 87).

Uma conclusão a que se poderia chegar ao pensar em bem comum e no *fim* da comunidade política, seria o caráter meramente instrumental[9] da comunidade, ou seja, uma comunidade que fosse associação em busca de benefícios mútuos. Essa interpretação também reverberaria no conceito da fraternidade, que facilmente seria considerada como um meio de incentivar o benefício mútuo esperado da reunião das pessoas. Mas a comunidade não é extrínseca ao ser humano, nem mesmo ela é um instrumento para outros objetivos.

---

9. Sólo en un sentido impropio puede decirse que la sociedad es *medio* para la perfección del hombre, en el sentido en que ahora hablamos, que es el sentido primario y fundamental de lo social. En el orden de los fines humanos la sociedad es última, porque en ella el hombre descansa, encuentra su felicidad natural completa. Así como tratándose del último fin absoluto, sólo muy impropiamente puede decirse que Dios es el medio de hallar nuestra felicidad: hablando con propiedad, Dios es para el hombre *fin* en sí mismo, porque la felicidad del hombre se cumple en la visión y amor de Dios. (QUILES, 1980, p. 393, nota 11).

> Porque, se analisamos nossas tendências sociais e chegamos até sua última essência, veremos que a sociedade não vem ao homem como algo "desde fora", como para satisfazer uma necessidade nossa; que a sociedade não é um *meio* que serve para nosso desenvolvimento, mas sim algo mais profundo. Diríamos que é uma *exigência íntima* e, mais ainda, uma *exigência essencial*; de tal maneira que a essência mesma do homem é social. Em outras palavras, o homem é social, sem dúvida, por necessidade, tal como o argumento clássico o demonstra. Precisa da sociedade para seu desenvolvimento material e para sua vida espiritual. Mas o social no homem não termina aqui. O homem não é social somente para satisfazer determinadas necessidades; não é social somente porque precisa manter sua vida material, sua saúde em bom estado, um prazer elevado de comodidades e de conforto material; nem sequer é social somente porque precisa da sociedade para seu desenvolvimento espiritual, para adquirir a ciência, para adquirir a cultura, a educação, o espírito religioso etc.; o homem, enfim, não é somente social *para* sua perfeição, mas precisa da sociedade *em si mesma* e *por si mesma*, acima de todas as *vantagens* materiais e espirituais ou culturais que a sociedade possa lhe oferecer.[10] (QUILES, 1980, p. 391, destaques do autor, tradução nossa).

Essa explicação resume a noção da sociabilidade natural do ser humano e de sua necessidade ontológica da comunidade. A sociedade mesma é a manifestação de um importante elemento da vida humana. Portanto, quando se fala do *fim* a que se destina a comunidade política, deve-se entender não que ela seja um meio para alguma finalidade ulterior, mas que

10. Texto original: "Porque, si analizamos nuestras tendencias sociales y llegamos hasta su última esencia, veremos que la sociedad no viene al hombre como algo 'desde afuera', como para satisfacer una necesidad nuestra; que la sociedad no es un *medio* que sirve para nuestro desarrollo, sino algo más profundo. Diríamos nosotros que es una *exigencia íntima*, y, más todavía, una *exigencia esencial*; de tal manera que la esencia misma del hombre es social. En otras palabras, el hombre es social, sin ninguna duda, por necesidad, tal como el argumento clásico lo demuestra. Necesita de la sociedad para su desarrollo material y para su vida espiritual. Pero no se detiene aquí lo social en el hombre. No sólo es social el hombre por satisfacer determinadas necesidades; no sólo es social porque necesita mantener su vida material, su salud en buen estado, un goce elevado de comodidades y de *confort* material; ni siquiera es social el hombre tan sólo porque necesita de la sociedad para su desarrollo espiritual, para adquirir la ciencia, para adquirir la cultura, la educación, el espíritu religioso etc.; no sólo, en fin, el hombre es social *para* su perfección, sino que necesita de la sociedad *en sí misma* y *por sí misma*, además y por encima de todas las *ventajas* materiales y espirituales o culturales que la sociedad le puede ofrecer".

o fim ao qual ela se destina é seu próprio ponto de culminância, ou auge de sua própria existência. Ismael Quiles prossegue ainda em seu raciocínio de que o ser humano procura a sociedade por si mesma.

> [...] mesmo sem ter que satisfazer nenhuma necessidade material ou espiritual ulterior, sem nenhuma *utilidade* pessoal da sociedade, o homem precisa e busca a sociedade *por si mesma*, não como um meio de perfeição, mas como um *fim em si*; não como algo útil para sua perfeição, mas como o cumprimento de sua perfeição em si mesma. Feito disse Aristóteles, que o homem busca a contemplação por si mesma, como um fim em si, porque nela consiste a perfeição mesma do homem; feito dizem os místicos, que o homem precisa do amor como um fim em si, porque é o exercício da perfeição humana, onde, por assim dizer, cumpre-se já a essência humana, da mesma maneira o social é para o homem um fim em si, onde se cumpre sua essência humana.[11] (QUILES, 1980, p. 392-393, destaques do autor, tradução nossa).

A sociedade é boa em si mesma, é uma das formas de realização do ser humano e, ao mesmo tempo, a base sobre a qual se podem erigir suas demais realizações ao longo da vida. Neste ponto é necessário retornar ao início do raciocínio, a Recaséns Siches e a Julián Marías: a comunidade política faz parte da estrutura mesma da vida humana, não como imposição vinda de fora, mas como indicação de possível plenitude da natureza humana. Uma concepção tal da sociabilidade humana reverbera nas relações pessoais (conforme a citação de Julián Marías) e, portanto, no direito em seu mais amplo sentido; reverbera, por certo, nos debates mantidos pelas pessoas de uma comunidade para responderem (com a norma jurídica) a uma situação

---

11. Texto original: "[...] aun sin tener que satisfacer ninguna ulterior necesidad material o espiritual, sin ninguna *utilidad* personal de la sociedad, el hombre necesita y busca la sociedad *por sí misma*, no como un medio de perfección, sino como un *fin en sí*; no como algo útil para su perfección, sino como el cumplimiento de su perfección en sí misma. A la manera como dice Aristóteles que el hombre busca la contemplación por sí misma, como un fin en sí, porque en ella consiste la perfección misma del hombre; a la manera como los místicos dicen que el hombre necesita del amor como un fin en sí, porque es el ejercicio de la perfección humana, donde, por así decirlo, se cumple ya la esencia humana, de la misma manera lo social es para el hombre un fin en sí, donde se cumple su esencia humana".

concreta. Se os mesmos objetivos forem buscados, à luz do bem comum, então haverá um ponto de partida para as discussões. "Assim, diante da pergunta sobre o fim da comunidade, sobre o bem perseguido nas relações, nas pequenas e grandes associações, o ser fraterno é a resposta coerente sobre o que é ser humano" (COSTA; PINHEIRO, 2020, p. 96).

3.1 Uma conquista da fraternidade: a concórdia

O ser fraterno encontra suas raízes na concórdia, que Julián Marías diferencia de uniformidade ou unanimidade.

> Mas conste que a palavra concórdia não significa unanimidade nem uniformidade; as mais variadas diferenças de opinião, estima ou gosto não impedem a amizade, mas antes a estimulam, sob a condição de que não afetem os últimos estratos da pessoa, de que deixem uma zona radical isenta e livre para a intimidade. A diferença religiosa ou a oposição política não estorvam a amizade; desalojam-na de seus redutos, por outro lado, o politicismo e o fanatismo; os quais, diga-se de passagem, contradizem intrinsecamente a amizade na medida em que estão constituídos tematicamente pela falta de respeito.[12] (MARÍAS, 1955, p. 277, tradução nossa).

A concórdia, tal como entendida por Julián Marías, é mais profunda do que a uniformidade ou mesmo que o compartilhamento de opiniões entre as pessoas; parte de um reconhecimento do outro enquanto próximo. Então, quando existem discordâncias profundas de pontos de vista, ainda resta espaço para a concórdia que é característica da comunidade humana. "Esta luta com um inimigo a quem se compreende, é a verdadeira

---

12. Texto original: "Pero conste que la palabra concordia no significa unanimidad ni uniformidad; las más varias diferencias de opinión, estimación o gusto no impiden la amistad, sino que suelen estimularla, a condición de que no afecten los últimos estratos de la persona, de que dejen una zona radical exenta y libre para la intimidad. La diferencia religiosa o la oposición política no estorban a la amistad; la desalojan de sus reductos, en cambio, el politicismo o el fanatismo; los cuales, dicho sea de paso, contradicen intrínsecamente a la amistad en la medida en que están constituidos temáticamente por la falta de respeto".

tolerância, a atitude própria de toda alma robusta"[13] (ORTEGA Y GASSET, 2016, p. 11, tradução nossa). Se a concórdia supõe o reconhecimento do outro enquanto próximo, então ela tem uma importante característica da fraternidade. Ela não é uma amizade sentimental, mas o respeito pela existência da outra pessoa – e seu *suum* inviolável, de que falava Pieper.

Conforme se pode perceber, o princípio da fraternidade parece apontar em direção a um reconhecimento comum da pessoa, de algo que é próprio da pessoa e não lhe pode ser arrebatado. Mais sobre esse ponto em seguida. Por ora, vale mencionar que, no esboço desta pequena (e generalizada) genealogia da fraternidade, ela acompanha uma visão da pessoa e da sociedade humana. Argumenta-se, nesta pesquisa, que a comunidade política é boa em si mesma, que a comunhão entre as pessoas é uma das manifestações da essência humana; por isso a fraternidade se encontra na raiz da organização de uma comunidade política e não pode ser esquecida em nenhuma circunstância (seja em mudança de governo ou de regime).

Tanto esta caracterização quanto a defesa do princípio da fraternidade decorrem também de uma concepção da vida humana (e de sua estrutura). É importante ressaltar isso porque aqui se pode constatar a abertura desse princípio a uma série de discussões: pode-se, a partir dele, remontar às concepções clássicas da comunidade política ou mesmo dialogar com as mais modernas. O princípio da fraternidade, portanto, oferece rica oportunidade para debates acadêmicos e para sua aplicação na prática jurídica.

3.2 Fraternidade, amizade e responsabilidade

O reconhecimento do outro demandado pela fraternidade não é apenas uma política da boa vizinhança ou compadrio, mas, conforme a concepção que aqui se tem discutido,

---

13. Texto original: "Esta lucha con un enemigo a quien se comprende, es la verdadera tolerancia, la actitud propia de toda alma robusta".

decorre da própria sociabilidade humana e concorre para sua plena realização na comunidade política. Esse reconhecimento pode ser entendido como responsabilidade entre as pessoas: a responsabilidade que faz parte da amizade.

> Aqui está um forte conteúdo da ideia de fraternidade: dois pares, cada um dos quais pode ser chamado para ser responsável pelo outro. Portanto, a relação de fraternidade é uma relação em que um assume uma responsabilidade, que se baseia no reconhecimento da existência do outro e na aceitação de sua existência. A fraternidade, a responsabilidade fraterna, portanto, não é uma relação de troca, não se baseia no valor daquilo que se troca, pelo contrário, é uma relação de copertencer, baseada no valor das pessoas. Os que trocam não são responsáveis pelo outro, são simplesmente dois que estabelecem uma relação codificada e precisa. Ser responsável pelo outro, por outro lado, significa entrar em uma relação em que exatamente o que será pedido a você não está codificado, porque o outro é um mistério. Só o homem é capaz disso: assumir a responsabilidade por algo que não está bem definido, o que pode lhe reservar surpresas. Você se torna responsável pela liberdade do outro, e isso é um ato nobre. Precisamente por isso é humano, mas unicamente do homem, visto que o é à imagem de Deus.[14] (BAGGIO, 2003, p. 43, tradução nossa).

A responsabilidade é também consequência da liberdade humana e um dever exigido ainda pela dignidade. "A sociedade humana realiza-se na liberdade de cidadãos dignos que, sendo por natureza dotados de razão, assumem a responsabilidade das próprias ações" (POZZOLI, 2001, p. 97). Por isso

14. Texto original: "Ecco un contenuto forte dell'idea di fraternità: due pari, ad ognuno dei quali si può chiedere di essere responsabile dell'altro. Quindi il rapporto di fraternità è un rapporto nel quale ci si assume una responsabilità, che si basa sul riconoscere che l'altro esiste e nell'accettare la sua esistenza. La fraternità, la responsabilità fraterna, dunque, non è un rapporto di scambio, non è basato sul valore di ciò che si scambia, al contrario, è un rapporto di co-appartenenza, basato sul valore delle persone. Coloro che scambiano tra di loro, non sono uno responsabile dell'altro, sono semplicemente due che entrano in un rapporto codificato, preciso. Essere responsabile dell'altro, invece, significa entrare in un rapporto in cui non è codificato esattamente ciò che ti verrà chiesto, perché l'altro è un mistero. Solo l'uomo è capace di ciò: di assumersi la responsabilità di qualche cosa che non è ben definito, che può riservarti delle sorprese. Diventi responsabile di una libertà dell'altro, e questo è grandissimo. Proprio per questo è umano, ma solo dell'uomo in quanto è ad immagine di Dio!

a fraternidade, antes que um sentimento, é demonstração de responsabilidade entre as pessoas.

> Considerando o ser humano, por sua própria natureza, um ser social, é mister que convivam uns com os outros e promovam o bem mútuo. Por conta de uma caracterização da dignidade da pessoa humana, esta fica responsável por uma ação livre e com senso de responsabilidade. Por isso, uma convivência baseada unicamente em relações de força nada tem de humano; pelo contrário, a convivência na verdade, na justiça, no amor, na liberdade será fecunda, bem constituída e na conformidade da dignidade humana onde houver reconhecimento de direitos, mas também de deveres mútuos. (POZZOLI, 2001, p. 96-97).

De maneira, então, que o princípio da fraternidade encontra sua fundação na sociabilidade natural do ser humano; se, conforme tem visto, esta sociabilidade é boa em si mesma porque manifesta algo da realização do ser humano, a fraternidade é uma característica ontológica e, como Ismael Quiles disse da sociedade, não vem desde fora. Mas há ainda outro crucial desdobramento do princípio da fraternidade: ela supõe a dignidade humana; o reconhecimento do outro enquanto pessoa – e a responsabilidade que resulta desse reconhecimento – é o alicerce a partir do qual se constrói a comunidade política. Uma das consequências da responsabilidade pela dignidade humana é a afirmação dos direitos humanos, porque "[...] se os direitos se encontram fundados de maneira direta na dignidade humana, uma hierarquização ou uma ponderação dos direitos esconderá sempre uma hierarquização ou ponderação da pessoa, uma violação de seu caráter de fim em si mesmo"[15] (CIANCIARDO, 2020, p. 28, tradução nossa). A fraternidade demanda um respeito absoluto pelos direitos humanos por partir da dignidade própria da pessoa, não outorgada pelo Estado, mas que tem de ser obrigatoriamente reconhecida pela comunidade política.

---

15. Texto original: "[...] si los derechos se encuentran fundados de manera directa en la dignidad humana, una jerarquización o una ponderación de los derechos esconderá siempre una jerarquización o ponderación de la persona, una violación de su carácter de fin en sí mismo".

> Voltando ao começo da epígrafe: os direitos humanos se fundamentam no reconhecimento da dignidade do ser humano, e a partir daí emerge seu atrativo mais poderoso: sua universalidade e o consequente respeito absoluto que suscitam (ante a dignidade só cabe o reconhecimento, não se trata de um atributo que o Estado conceda). No entanto, para que isto seja possível desde um ponto de vista lógico, a dignidade tem que encontrar, por sua vez, um fundamento absoluto. A perspectiva apontada por Serna deixa duas alternativas: fundamentar a exigência do respeito absoluto e incondicionado que expressa a dignidade na aceitação de que o homem é um ser criado por e para um criador, caminho para o que alcançaria uma teologia natural (não baseada numa fé religiosa) dar com a ideia de Deus, ou assumir que a dignidade é uma ficção jurídica, um postulado tido por certo por razões sistêmicas, sem que seja possível fundamentar essa certeza de modo algum.[16] (CIANCIARDO, 2020, p. 17, tradução nossa).

Os riscos de uma concepção da dignidade humana enquanto ficção jurídica ou mera construção histórica não serão discutidos aqui, mas o fato é que precisam ser levados em consideração justamente porque cada concepção da dignidade humana terá também uma série de consequências derivadas. Neste trabalho o que se procura ressaltar é que, se a fraternidade é manifestação da sociabilidade natural do ser humano e envolve o reconhecimento do outro (do *suum* inviolável de cada pessoa), então ela sustenta a dignidade humana: ela afirma e aprova.

> De qualquer modo, chame-se solidariedade, caridade social, amizade política ou fraternidade, entre todos há uma predicação comum, que é precisamente seu fundamento: a dignidade da

16. Texto original: "Volviendo al comienzo del epígrafe: los derechos humanos se fundamentan en el reconocimiento de la dignidad del ser humano, y desde allí emerge su atractivo más poderoso: su universalidad y el consecuente respeto absoluto que suscitan (frente a la dignidad sólo cabe reconocimiento, no se trata de un atributo que el Estado conceda). Sin embargo, para que esto sea posible desde un punto de vista lógico, la dignidad tiene que encontrar, a su vez, un fundamento absoluto. La perspectiva señalada por Serna deja dos alternativas: fundamentar la exigencia de respeto absoluto e incondicionado que expresa la dignidad en la aceptación de que el hombre es un ser creado por y para un creador, camino para el que alcanzaría una teología natural (no basada en una fe religiosa) dar con la idea de Dios, o asumir que la dignidad es una ficción jurídica, un postulado tenido por cierto por razones sistémicas, sin que sea posible fundamentar esa certeza de modo alguno".

> pessoa humana e, mais precisamente, o reconhecimento *do outro* como pessoa.[17] (RESTREPO, 2006, p. 56, destaques do autor, tradução nossa).

O princípio da fraternidade e a dignidade humana não podem ser dissociados. A dignidade humana pode ser considerada como fundamento para um constitucionalismo fraternal (MACHADO, 2014), como elemento estruturador da própria fraternidade (JABORANDY, 2016) e ainda como meio de se promover a fraternidade no direito (FONSECA, 2019). Essas diferentes expressões são complementares e mostram um pouco da frutífera relação entre a dignidade humana e a fraternidade.

> Há, no princípio da fraternidade, a ideia originária da dignidade uma vez que a fraternidade está integrada ao reconhecimento da condição humana, de maneira que, ao praticar o ato fraterno, também se pratica um ato digno. Diante do conteúdo jurídico da fraternidade, os intérpretes do direito devem atualizar o sentido de comunidade política e democrática integrado ao aspecto específico da dignidade humana no viés constitucional. (JABORANDY, 2016, p. 78).

A dimensão fraternal da dignidade humana propõe a revisitação dos fundamentos da comunidade política que remontam à concepção mesma do ser humano. Se a sociedade for, além de natural, um bem em si mesmo e uma das manifestações da dignidade humana, então a estrutura da comunidade política poderá ser lida também a partir dessa perspectiva.

> Desde uma leitura antropológica da solidariedade humana, como aquela que parte da igual dignidade (merecimento) de todos e sua disposição e abertura a atuar *in solidum*, não resulta difícil levar a cabo um exercício de comparação com leituras sociais de signo moderno: pense-se, como exemplo, naquela vida social dos bons selvagens (ROUSSEAU) antecessores da vida civilizada; ou a dialética amigo-inimigo (SCHMITT) entendida como hipótese

17. Texto original: "De cualquier modo, llámese solidaridad, caridad social, amistad política o fraternidad, de todos hay una predicación común, que es precisamente su fundamento: la dignidad de la persona humana y, más precisamente, el reconocimiento *del otro* como persona".

> cultural implícita em boa parte das ideologias do século passado, que evocam aquele famoso capítulo em que HEGEL tipificou a luta entre o senhor e o escravo como ponto de partida da análise dos fenômenos sociais (*Fenomenologia do Espírito*), ou talvez a intensa luta entre todos para evitar uma morte violenta (*motor* da vontade ao estilo de HOBBES). Estas leituras, das ideologias modernas, contam a história de um homem solitário, em estado bruto, selvagem, dominador, coisificado, que reafirma seu ser mediante a diminuição do outro, que sabe bastante de abusos e bem pouco da *semelhança*. A história moderna foi, a partir de ideias como as anteriores, trágica e egoísta.[18] (RESTREPO, 2006, p. 57, destaques do autor, tradução nossa).

A concepção que se tenha do ser humano e da estrutura mesma da vida humana trará consequências para o modo de se estruturar a comunidade política (em qualquer regime possível), o direito (vide a citação de Recaséns Siches no início desta seção) e até mesmo as vidas concretas das pessoas e o modo de se relacionarem privada e publicamente (desde as relações familiares até as opiniões políticas e filiações ideológicas). "A forma de qualquer sociedade descansa ultimamente sobre sua filosofia, sobre sua forma de ver o universo, sobre seu julgamento dos valores morais: isto é, na prática, sobre sua religião"[19] (BELLOC, 1993, p. 14, tradução nossa). As estrutu-

---

18. Texto original: "Desde una lectura antropológica de la solidaridad humana, como aquella que parte de la igual dignidad (merecimiento) de todos y su disposición y apertura a actuar *in solidum*, no resulta difícil llevar a cabo un ejercicio de comparación con lecturas sociales de signo moderno: piénsese, como ejemplo, en aquella vida asocial de los buenos salvajes (ROUSSEAU) antecesores de la vida civilizada; o la dialéctica amigo-enemigo (SCHMITT) entendida como hipótesis cultural implícita en buena parte de las ideologías del siglo pasado, que evocan aquel famoso capítulo en que HEGEL tipificó la lucha entre el amo y el esclavo como punto de partida del análisis de los fenómenos sociales (*Fenomenología del Espíritu*), o quizás la descarnada lucha entre todos por evitar una muerte violenta (*móvil* de la voluntad al estilo de HOBBES). Estas lecturas, de las ideologías modernas, cuentan la historia de un hombre en solitario, en estado bruto, salvaje, dominador, cosificado, que reafirma su ser mediante la disminución del otro, que sabe bastante de abusos y bastante poco de la *semejanza*. La historia moderna ha sido, a partir de ideas como las anteriores, trágica e insolidaria".

19. Texto original: "The form of any society ultimately depends upon its philosophy, upon its way of looking at the universe, upon its judgment of moral values: that is, in the concrete, upon its religion".

ras comunitárias e o modo concreto de agir das pessoas numa sociedade, portanto, decorrem de sua cosmovisão (consciente ou não). Assim prossegue Hilaire Belloc (1993, p. 14):

> Pois quer chame sua filosofia pelo nome de "religião" ou não, na prática é em algum tipo de religião que a filosofia de qualquer sociedade acaba caindo. A fonte última da forma social é a disposição da mente, e no coração de cada cultura estão um credo e um código de moral: expressos ou pressupostos.[20] (Tradução nossa).

Por essa razão é que pensar na dignidade humana, e na fraternidade enquanto uma de suas realizações, remete-nos aos fundamentos da comunidade política e pode fazer com que a estrutura da sociedade atual seja vista de um modo diferente. Não por acaso o princípio da fraternidade tem sido relacionado, por meio da dignidade humana, à hermenêutica constitucional.

> Observa-se, então, que a dignidade humana assume capacidade estruturadora da fraternidade e é por ela estruturada, seja na criação do direito objetivo, seja em função integrativa na hermenêutica constitucional, haja vista que se pressupõe o reconhecimento da condição humana a todo raciocínio em conformidade com a fraternidade. Assim, o conteúdo de dignidade representa condição de possibilidade e limites de significados a todo projeto político pensado a partir da tríade liberdade-igualdade-fraternidade. (FONSECA, 2019, p. 84).

Enfim, a abertura para o diálogo proporcionada pelo princípio da fraternidade é bastante ampla: vai dos fundamentos da dignidade humana e dos direitos humanos à aplicação concreta do princípio fraterno na jurisdição passando pela estrutura da comunidade política. Conforme se procurou demonstrar nesta terceira seção do artigo, a amplitude do debate em torno ao princípio da fraternidade não se deve

---

20. Texto original: "For whether it calls its philosophy by the name of 'religion' or no, into what is, in practice, a religion of some kind, the philosophy of any society ultimately falls. The ultimate source of social form is the attitude of the mind, and at the heart of every culture is a creed and code of morals: expressed or taken for granted".

a qualquer imprecisão, mas antes aos elementos fundantes do princípio para o ser humano.

Vale ainda ressaltar que o ponto de partida para a discussão da fraternidade deve ser sempre a dignidade humana e, nesse sentido, conforme variarem as concepções da dignidade, variarão também as de fraternidade. Mas, ainda assim, a dignidade será o terreno comum da controvérsia e, no envolvimento da fraternidade, pode esta servir certamente como um paradigma interpretativo para o momento contemporâneo, como demonstrado na seção seguinte.

4. A fraternidade enquanto paradigma interpretativo

E, sendo a dignidade humana o terreno comum da controvérsia, sua relação com a fraternidade poderá ter ainda outro desdobramento: o da fraternidade enquanto paradigma interpretativo tanto no direito quanto em outras áreas do conhecimento. No direito, é possível associar o paradigma interpretativo fraterno à função promocional.

> Não se reduzindo a mecanismos lógicos, o direito pode ser visto como um discurso persuasivo, um discurso de conversão, dotado de uma força evocadora, que leva o destinatário da norma jurídica a ver verdade naquilo que até então não conseguia identificar. Nesse sentido, a adesão do destinatário do discurso normativo nunca é simples submissão, mas decisão, comprometimento e participação. O direito aparece, pois, como uma lógica de argumentação, uma lógica de juízos de valor, onde o comportamento preferível, desejável, toma contornos relevantes. (POZZOLI, 2001, p. 167).

Mais uma vez é preciso enfatizar: o direito também será consequência de uma concepção da natureza e da vida humana. Na visão do direito em sua função promocional, o que se tem é uma tentativa de valorização da pessoa por meio do estímulo (mais persuasivo do que pela força) a determinados comportamentos que tendam ao bem comum. Essa perspectiva ganha profundidade quando pensada à luz da fraternidade, posto que então o direito promoveria a dignidade humana pelo bem comum. Há ainda outras consequências de se tomar o princípio da fraternidade como paradigma interpretativo.

> A redescoberta do princípio da fraternidade apresenta-se como um fator de fundamental importância. Isso porque a experiência e metodologia concernentes à fraternidade são caracterizadas pelos seguintes elementos: (i) compreensão da fraternidade como experiência possível, (ii) o estudo e a interpretação da história, à luz da fraternidade, (iii) a colaboração entre teoria e prática da fraternidade na esfera pública, (iv) a interdisciplinaridade dos estudos e (v) o diálogo entre culturas. Sendo assim, a fraternidade abre-se a possibilidades atuais e futuras, ganhando universalidade perante a humanidade e a própria condição humana. (FONSECA, 2019, p. 167-168).

Outra característica da redescoberta do princípio da fraternidade é revisitação dos conceitos de direitos. O vínculo do princípio fraterno com a dignidade humana pode auxiliar numa mais profunda compreensão dos direitos humanos.

> [...] sem um conceito não se pode chegar ao fundamento dos direitos, e sem uma e outra coisa – em definitiva, sem uma teoria dos direitos – não resulta factível uma prática consistente: o operador jurídico se vê obrigado a navegar, com a mera luz de sua intuição, no obscuro oceano da interpretação dos direitos.[21] (CIANCIARDO, 2020, p. 4, tradução nossa).

O risco da arbitrariedade na interpretação dos direitos é diminuído quando se investiga cuidadosamente o seu fundamento. Essa investigação pode ser levada a cabo a partir do princípio da fraternidade. Esse princípio, sopesando ainda a liberdade e a igualdade, pode nortear a interpretação na busca tanto pelo fundamento quanto pela efetividade dos direitos.

---

21. Texto original: "[...] sin un concepto no se puede acceder al fundamento de los derechos, y sin una y otra cosa – en definitiva, sin una teoría de los derechos – no resulta factible una práctica consistente: el operador jurídico se ve obligado a navegar, con la sola luz de su intuición, en el oscuro océano de la interpretación de los derechos".

> Por derradeiro ainda uma ponderação neste caminho proposto, sobre o princípio da fraternidade. Trata-se de um princípio norteador de paradigma interpretativo junto com os outros dois princípios da igualdade e da liberdade. Para arrematar, pode-se dizer o seguinte: a liberdade e a igualdade serviram predominantemente como paradigma interpretativo nos cursos jurídicos e no mundo profissional, até o século passado. Neste século nos parece que começa a ter uma predominância a presença da fraternidade como um paradigma interpretativo. Não que deixemos de lado a liberdade e a igualdade; mas começa a haver uma predominância no seu uso quotidiano em todas as áreas do conhecimento. Começamos a nos dar conta de que estamos vivendo num único mundo, começamos a perceber a importância que tem em caminharmos juntos. Por causa dessas discriminações que acontecem no plano internacional, começamos nos dar conta de que é preciso algo mais, não basta simplesmente fazer uma lei para atender a determinados imigrantes como aconteceu no passado; é preciso ter um acolhimento diferente, entender um pouco melhor esses imigrantes, essas pessoas que estão transitando pelo mundo. (POZZOLI; CACHICHI; SIQUEIRA, 2020, p. 403).

Como se pode perceber, por essa citação, o princípio da fraternidade é teórico e prático ao mesmo tempo: demanda do pesquisador ou do jurista um estudo acerca dos fundamentos mesmos da pessoa e da comunidade política no momento presente do respectivo processo interpretativo; mas, para que isso seja possível, é imprescindível que quem for realizar esses estudos se coloque antes numa disposição de abertura. Então, por mais que faça uma pesquisa com resultados meramente teóricos, a disposição do pesquisador durante e após o seu trabalho será diferente. Isso vale para o intérprete que lerá a circunstância concreta a partir do princípio da fraternidade.

5. Considerações finais

Conforme foi demonstrado ao longo deste artigo, o princípio da fraternidade é amplo e bastante aberto tanto para uma discussão em diálogo quanto para eventuais aplicações práticas.

Tanto a amplitude quanto a abertura decorrem da natureza mesma do princípio: o reconhecimento do outro enquanto próximo e uma consequente responsabilidade a partir desse reconhecimento. Ora, a relação de pessoa a pessoa facilmente pode remontar à constituição da comunidade política. Se, como se viu na terceira seção deste artigo, a sociedade humana é boa em si e por ela mesma consiste na realização de um bem, então a amizade cívica entendida como fraternidade é uma manifestação ontológica da pessoa. Levando-se em consideração esse princípio, a visão da comunidade política pode ser outra (outra, por exemplo, se comparada à visão contratualista).

A discussão em torno do preâmbulo da Constituição é bastante importante também para a fraternidade, posto que o princípio está no preâmbulo. Mas, se a fraternidade for entendida como uma das bases da comunidade política, então ela terá força vinculante mesmo que o preâmbulo constitucional tenha um caráter de orientação política antes que normativa.

Ademais, por estar vinculada à dignidade humana, a fraternidade pode ainda ser percebida em mais de um dispositivo constitucional. A relação entre dignidade e fraternidade também contribui para a visão da comunidade política e, mais ainda, para a visão dos direitos humanos que são uma decorrência da dignidade humana.

Não se pode falar em fraternidade sem a remissão à dignidade e, da mesma forma, não se pode falar em fraternidade sem uma discussão em diálogo da natureza da comunidade política e dos deveres de seus membros (uma discussão ética, portanto). A fraternidade é um princípio teórico e prático ao mesmo tempo; precisamente por essa característica é que pode servir de paradigma interpretativo para o direito.

Bibliografia

AQUINI, Marco. Fraternidade e direitos humanos. *In:* BAGGIO, Antônio Maria (org.). *O princípio esquecido/1*. Vargem Grande Paulista: Editora Cidade Nova, 2008.

AQUINO, Santo Tomás de. *Suma teológica III*. Vol. III. 2ª ed. São Paulo: Loyola, 2009.

_____. *Suma teológica V*. Vol. V. 3ª ed. São Paulo: Loyola, 2012.

BAGGIO, Antonio Maria. *Introduzione alla dottrina della fraternità*. AMB: il sito ufficiale di Antonio Maria Baggio. Disponível em: https://bit.ly/3xmxfRG Acesso em: 25 jan. 2021.

BELLOC, Hilaire. *Survivals and new arrivals*. Charlotte: Tan Books, 1993.

BRASIL. *Constituição da República Federativa do Brasil, de 5 de outubro de 1988*. Brasília: Presidência da República, 1988. Disponível em: https://bit.ly/3xx6J8B Acesso em: 25 jan. 2021.

CACHICHI, Rogério Cangussu Dantas. *Método APAC:* o humanismo como caminho para a ressocialização do preso. 2019. Dissertação (Mestrado em Direito) – Centro Universitário Eurípides de Marília (UNIVEM), 2019.

_____; POZZOLI, Lafayette; SIQUEIRA, Gilmar. Pandemia e Fraternidade: A Resposta Comunitária Oferecida pela Agenda da ONU 2030 - Uma Agenda para o século XXI. *In*: VERONESE, Josiane Rose Petry; MACHADO, Carlos Augusto Alcântara; POZZOLI, Lafayette (Orgs). *Pandemia, Direito e Fraternidade:* Um Mundo Novo Nascerá. Caruaru: Asces-Unita, 2020, p. 398-409. Disponível em: https://bit.ly/2WGe1tF Acesso em: 25 jan. 2021.

CIANCIARDO, Juan. *La cultura de los derechos humanos:* razón, voluntad, diálogo. Cidade do México: UNAM, 2020. Disponível em: https://bit.ly/2Vohkp0Acesso em: 25 jan. 2021.

COSTA, Chiara de Sousa; PINHEIRO, Victor Sales. A Fraternidade como lei natural da alteridade: uma reflexão de Chiara Lubich sobre a racionalidade prática e o bem comum em tempos de pandemia. *In*: VERONESE, Josiane Rose Petry; MACHADO, Carlos Augusto Alcântara; POZZOLI, Lafayette (Orgs). *Pandemia, direito e fraternidade:* um mundo novo nascerá. Caruaru: Asces-Unita, 2020, p. 93-106. Disponível em: https://bit.ly/3jpy1J0 Acesso em: 25 jan. 2021.

FONSECA, Reinaldo Soares da. *O princípio constitucional da fraternidade:* seu resgate no sistema de justiça. Belo Horizonte: Editora D'Plácido, 2019.

FRANCISCO, Papa. *O nome de Deus é Misericórdia.* São Paulo: Planeta, 2016.

JABORANDY, Clara Cardoso Machado. *A fraternidade no direito constitucional brasileiro:* um instrumento para proteção de direitos fundamentais transindividuais. 2016. Tese (Doutorado em Direito) – Universidade Federal da Bahia (UFBA), 2016.

MACHADO, Carlos Augusto Alcântara. *A garantia constitucional da fraternidade:* constitucionalismo fraternal. 2014. Tese (Doutorado em Direito) – Pontifícia Universidade Católica de São Paulo (PUC-SP), 2014.

_____. Fraternidade, Justiça e Misericórdia: por uma nova compreensão do Direito. *In*: POZZOLI, Lafayette; CACHICHI, Rogério Cangussu Dantas (Orgs). *Fraternidade e misericórdia:* um olhar a partir da justiça e do amor. 2ª ed. São Paulo: Cultor de Livros, 2020, p. 179-192.

_____. O Princípio Jurídico-Constitucional da Fraternidade e a Jurisprudência do STJ em Matéria Processual Penal: O Caso do *Habeas Corpus* 427.028/SP. *In*: MONASSA, Clarissa Chagas Sanches; POZZOLI, Lafayette (Orgs). *Fraternidade e jurisprudência:* uma análise hermenêutica. São Paulo: Letras Jurídicas, 2019, p. 221-242.

MARÍAS, Julián. *La Estructura Social:* teoría y método. Madrid: Sociedad de Estudios y Publicaciones, 1955.

_____. *Mapa del mundo personal.* Madrid: Alianza Editorial, 1994.

MARITAIN, Jacques. *Os direitos do homem e a lei natural.* 3. ed. Rio de Janeiro: Livraria José Olympio Editora, 1967.

MONTORO, André Franco. *Estudos de filosofia do direito.* São Paulo: Editora Revista dos Tribunais, 1999.

ORTEGA Y GASSET, José. *Meditaciones del Quijote*. São Paulo: Livre, 2016.

PIEPER, Josef. *Virtudes fundamentais*. Tradução de Paulo Roberto de Andrada Pacheco. São Paulo: Cultor de Livros, 2018.

POZZOLI, Lafayette. *Maritain e o direito*. São Paulo: Loyola, 2001.

_____. Direito como função promocional: da dignidade humana ao direito fraterno. *Revista Faculdade de Direito PUC-SP*, v. 2, p. 143-153, 2014.

QUILES, Ismael. La Persona Humana: Fundamentos Psicológicos y Metafísicos. Aplicaciones Sociales. *In*: QUILES, Ismael. *Obras de Ismael Quiles, S. J.* Volume 2. 4ª ed. Buenos Aires: Depalma, 1980.

RAZABONI JUNIOR, Ricardo Bispo. POZZOLI, Lafayette. A fraternidade como princípio orientador nos casos de bullying. *Revista Em Tempo*, V. 17, ano 2018.

RESTREPO, Gabriel Mora. La solidaridad como principio y deber constitucional. *Cuestiones de Filosofía*, nº 8, 2006, p. 41-58. Disponível em: https://bit.ly/3lG7tpF Acesso em: 26 jan. 2021.

SANTOS, Ivanaldo. *Jacques Maritain e a reconstrução dos direitos humanos:* 70 anos da Declaração Universal dos Direitos Humanos. São Paulo: Cultor Livros, 2019.

_____; POZZOLI, Lafayette. A paz como um direito fundamental: o direito como função promocional da pessoa humana. *In*: MONASSA, Clarissa Chagas Sanches; POZZOLI, Lafayette (Orgs). *Fraternidade e jurisprudência:* uma análise hermenêutica. São Paulo: Letras Jurídicas, 2019, p. 33-50.

SICHES, Luís Recaséns. *Nueva filosofía de la interpretación del derecho*. 2ª ed. Cidade do México: Editorial Porrúa, 1973.

SIQUEIRA, Gilmar Assis; POZZOLI, Lafayette; MUNHOZ, Cátia Martins da Conceição. Dignidade da Pessoa Humana e

Direito Fraterno – Um Percurso do Direito como Função Promocional. *In*: GUNTHER, Luiz Eduardo; FISCHER, Octavio Campos (coords.); LEAHY, Érika; CACHICHI, Rogério Cangussu Dantas (orgs.). *Constitucionalismo e direitos fundamentais*. Curitiba: Instituto Memória, 2019, p.179-193.

SOUZA, Carlos Aurélio Mota de. *Direitos humanos, urgente!* São Paulo: Oliveira Mendes, 1998.

SOUZA, José Pedro Galvão de. *Iniciação à Teoria do Estado*. São Paulo: Revista dos Tribunais, 1976.

A NATUREZA JURÍDICA DO PREÂMBULO DA CONSTITUIÇÃO FEDERAL DE 1988, SUA VIGÊNCIA E EFICÁCIA NO ORDENAMENTO JURÍDICO BRASILEIRO

João Bosco Coelho Pasin[1]

Hélcio de Abreu Dallari Jr.[2]

1. Doutor em Direito pela *Universidad de Salamanca*, USAL, Espanha (título homologado pela PUC/SP). Tem Pós-Doutoramento em Direito Tributário e Financeiro pela *Universidad de Valladolid*, UVA, Espanha. Mestre em Direito Político e Econômico pela Universidade Presbiteriana Mackenzie, UPM. Especialista em Direito Tributário pelo CEU, IICS; e em Direito Financeiro e Tributário pela USAL. É Membro Titular da Cadeira N°16 da Academia Paulista de Letras Jurídicas, APLJ. É Membro Titular do Instituto Histórico e Geográfico de São Paulo, IHGSP. É Membro Honorário da Ordem dos Economistas do Brasil, OEB. É consultor, avaliador e membro de Conselhos Editoriais de Periódicos no Brasil e no exterior. É autor de livros e artigos publicados no Brasil e no exterior. É Professor do Programa Internacional de Doutorado em Direito da *Universidad Americana*, UAM, Nicarágua, realizado em colaboração com a *Universidad de Salamanca*, USAL, Espanha. É Professor Titular (licenciado) da Universidade de São Caetano do Sul, USCS. É Professor Convidado do Instituto Brasileiro de Direito Tributário, IBDT. É Advogado e Consultor Jurídico (www.conjur.adv.br).

2. PhD em Ciências pela Escola Paulista de Medicina da Universidade Federal de São Paulo, UNIFESP, Brasil. Tutor para Gestão Social em Saúde pelo Banco Interamericano de Desenvolvimento/BID e Instituto Interamericano para o Desenvolvimento Econômico e Social/ INDES (Washington, D.C. – U.S.A.), Mestre em Direito do Estado pela Faculdade de Direito da Universidade de São Paulo, USP, Brasil.

Sumário: 1. Do preâmbulo ao preâmbulo (necessária redundância e elogio útil) – 2. Do povo e da sua representatividade – 3. Dos direitos e dos valores estruturais do povo brasileiro – 4. Da proteção de Deus (paradigma maior do preâmbulo constitucional) – 5. Construindo o presente e o futuro (a conclusão inconclusa) – Bibliografia.

Nós, representantes do povo brasileiro, reunidos em Assembléia [*sic*][3] Nacional Constituinte para instituir um Estado Democrático, destinado a assegurar o exercício dos direitos sociais e individuais, a liberdade, a segurança, o bem-estar, o desenvolvimento, a igualdade e a justiça como valores supremos de uma sociedade fraterna, pluralista e sem preconceitos, fundada na harmonia social e comprometida, na ordem interna e internacional, com a solução pacífica das controvérsias, promulgamos, sob a proteção de Deus, a seguinte CONSTITUIÇÃO DA REPÚBLICA FEDERATIVA DO BRASIL.

1. Do preâmbulo ao preâmbulo (necessária redundância e elogio útil)

Confabular sobre os prolegômenos propedêuticos e teleológicos preambulares de um texto tão importante não é uma tarefa fácil, ainda que seja extremamente necessária e relevante, notadamente em tempos tão difíceis para a sociedade e a economia, com profundas e acentuadas relativizações de valores e polarizações, ainda mais evidentes durante a atual pandemia.

Contudo, não nos furtaremos ao nosso dever de identificar e justificar a natureza jurídica de todo e qualquer preâmbulo no campo do Direito positivo, assim como não nos eximiremos de apresentar sua validade e os seus efeitos no tempo e no espaço. Igualmente, neste ensaio, não deixaremos de comentar o texto em epígrafe do Preâmbulo da Constituição

Especialista em Direito Constitucional pela Escola Superior de Direito Constitucional, ESDC, Brasil. Professor universitário em cursos de Graduação e Pós-graduação. Advogado e Consultor Interdisciplinar, em questões de Direito Público.

3. Optamos por manter o termo "Assembléia" acentuado, conforme consta do texto promulgado.

Federal de 1988 da República Federativa do Brasil, promulgada como "Carta Cidadã"[4] em 05 de outubro de referido ano.

Numa perspectiva propedêutica, inclusive ontológica, a natureza jurídica de um "preâmbulo constitucional" identifica-se com sua função justificadora e harmonizadora, enquanto prenúncio introdutório, integrante e diretivo de uma carta fundamental e de seu correspondente ordenamento jurídico.

Por integrar o corpo constitucional, o preâmbulo anuncia quais são os valores e o sentido axiológico das normas compreendidas pela lei fundamental e pelo próprio ordenamento jurídico convencionado. Consequentemente, a Hermenêutica Constitucional e a Hermenêutica Jurídica não podem desprezar o preâmbulo constitucional, como premissa maior aplicada a toda e qualquer forma de interpretação não apenas do texto constitucional, mas de todas as demais normas constantes do ordenamento jurídico.

Desta forma, o preâmbulo constitucional deve ser visto como o fato gerador de um ordenamento jurídico, justamente por ser o marco zero da lei fundamental.

O preâmbulo constitucional não pode ser mudado, nem alterado. É indelével e sequer pode ser objeto de deliberação qualquer proposta de emenda constitucional tendente a modificá-lo. Em verdade, a vigência do preâmbulo constitucional imbrica-se com a vigência e eficácia do ordenamento jurídico. Desprezar o preâmbulo constitucional é romper com a própria ordem jurídica, isto porque, nenhuma construção sobrevive em pé sem a sua correspondente fundação. Por outro lado, toda e qualquer desvirtualização do significado lógico-semântico do preâmbulo leva à necessária desnaturalização do direito positivo, sob a pena de torná-lo repugnante e, por vezes, até ineficaz.

Historicamente, devemos ao Preâmbulo da Constituição Federal de 1988 da República Federativa do Brasil o fato de

4. Expressão utilizada por Ulisses Guimarães. Outrossim, vale mencionar que a Constituição Federal de 1988 também foi chamada de "Constituição Verde", na ADC 42/DF – Tribunal Pleno, Rel. Min. Luiz Fux, j. 28.02.2018.

nosso Direito encontrar as suas raízes mais antigas e profundas no *Civil Law*. Fato que não nos impede de encontrar também raízes mais jovens no *Commow Law*, como as normas sobre a arbitragem e os precedentes (com a conformação de uma jurisprudência construída a partir de julgamentos em repetitivo pelo Superior Tribunal de Justiça, STJ, e em repercussão geral pelo Supremo Tribunal Federal, STF).

Em concreto, de forma imediata, as raízes de nosso Direito remontam aos Direitos português e espanhol – não nos olvidemos da importância das Ordenações Filipinas no ordenamento jurídico brasileiro, como reflexo direto da União Ibérica (1580-1640), por exemplo –; e, de forma mediata, remontam aos Direitos alemão, italiano, francês e norte-americano, entre outros.

Contudo, estes fatos históricos afastam toda e qualquer possibilidade de influência a partir do *Islam Law* ou de modelos jurídicos autoritários não democráticos, como os adotados pela Coreia do Norte ou pela Venezuela, entre outros países fadados ao retrocesso na atualidade, uma vez que denotam a inexorável ocidentalização de nosso direito – inspirado pelos Direitos europeu e norte-americano, principalmente – e o seu necessário comprometimento com os valores assecuratórios dos direitos naturais e da liberdade econômica numa perspectiva judaico-cristã, particularmente católica, ou seja, pautada por uma necessária liberdade com senso comum de responsabilidade social, inclusive com a sustentabilidade meio-ambiental.

Sobre a nitidez e, neste ponto, a título introdutório de nossas reflexões, a utilidade do preâmbulo constitucional resta evidenciada em razão de seus importantes contributos balizadores e inequívocos ao texto fundamental e a toda a ordem jurídica positiva adjacente.

2. Do povo e da sua representatividade

Diante da impossibilidade de participação total e direta do povo no estabelecimento de um texto constitucional, ganhou importância a aplicação do mecanismo de delegação de seu poder a representantes políticos – pessoas especificamente designadas para o exercício das competências do diálogo, do debate, das disputas e das decisões sobre a redação final de tal documento.

Não obstante, o processo de elaboração constitucional por meio de representantes não exclui a participação do povo. Nem poderia ser diferente. A participação democrática de um povo deve ser constante, principalmente para que seus verdadeiros interesses sejam aflorados.

É da responsabilidade de todos e de cada um a assunção efetiva das próprias responsabilidades pelo alcance do bem público. E assim, foram confeccionados os trabalhos ao longo do processo constituinte originário do texto da Constituição Federal de 1988.

Os diálogos sobre os temas constitucionais estavam presentes no cotidiano de todos, em verdade, nem sempre com o adequado conhecimento. Nas diversas mídias, era possível acompanhar debates concordantes e divergentes entre os constituintes. O povo não estava alijado do desenvolvimento de todo processo – comentava, criticava, apoiava e acompanhava diariamente as definições do texto. Com disputas sempre acaloradas e algumas votações acirradas, o texto constitucional ganhou forma, foi promulgado oficialmente e aclamado pelo povo como a pedra de toque da cidadania de um novo Estado Democrático de Direito.

O referido fato histórico brasileiro demarcou a posição do nosso povo politicamente organizado em nossa territorialidade, reafirmando sua ordem jurídica soberana, em prol do bem de todos, com a obrigação de conjugar suas forças na concretização de seus anseios e no atendimento de suas necessidades.

3. Dos direitos e dos valores estruturais do povo brasileiro

Ao observarmos o texto preambular, podemos constatar que direitos sociais e direitos individuais surgem inscritos com igual importância, cabendo ao Estado respeitá-los e assegurá-los. Não menos importantes são a liberdade, a segurança, o bem-estar, o desenvolvimento, a igualdade e a justiça, identificados como valores supremos de nossa sociedade caracterizada pela fraternidade, pelo pluralismo e pelo afastamento dos preconceitos.

Tal redação combina perfeitamente com fundamentos históricos da sociedade brasileira, com ênfase para a harmonia social e o comprometimento com a solução pacífica das controvérsias, tanto internamente, quanto internacionalmente. Atividades beligerantes ficam reduzidas apenas a situações de legítima defesa da Pátria.

Com a promulgação da Constituição da República Federativa do Brasil em 05 de outubro de 1988 e subsequente publicação de seu inteiro teor no Diário Oficial da União no mesmo dia, esta passou a existir, tornando-se de conhecimento público. E, por meio dela, mantivemos nossa forma de governo republicana, norteada pela vontade popular, condutora da gestão da coisa pública e voltada para a inexistência de privilégios, bem como nossa forma de Estado, composto nos moldes de Federação, na qual os Estados-membros reunidos preservam margem de autonomia, vinculada à autonomia também ao Estado por eles constituídos, sem qualquer possibilidade de separatismo.

Todo conteúdo nele exposto esclarece harmoniosamente o adequado encaminhamento a ser dado aos princípios e objetivos demarcados na nossa Carta Constitucional, com especial destaque aos seus artigos introdutórios.

As prerrogativas fundamentais do preâmbulo são provenientes do ensejo popular supremo contrário aos arbítrios humanos, definidor de direitos e deveres a serem mutuamente praticados. Por conseguinte, nossa sociedade dispõe de bases para o nascimento e fortalecimento das aptidões sociais e individuais, puro espírito da divina natureza humana.

Diante da excelência do teor integral do preâmbulo, fica ressaltada sua magnânima relevância conexa ao próprio texto da Constituição Pátria, que lhe deve total obediência. Caso não fosse dessa maneira, nem haveria motivação para a existência de tal redação preambular.

4. Da proteção de Deus (paradigma maior do preâmbulo constitucional)

Ontologicamente, apenas Deus "é", ou seja, somente Ele constitui uma verdade absoluta e transcendente ao tempo e ao espaço, enquanto a "ordem constitucional" representa o "dever-ser" e a "realidade de fenômenos socioeconômicos" corresponde ao "ser".

No caminho da vida e da verdade, encontramos em Deus a Luz da humanidade. Luz para nossas reflexões sob a constatação e análise dos fatos. Luz que suscita consciência e engenho na realização de nossas ações, alimentando nossas esperanças de um presente e um futuro melhores. Frente a Deus, todos gozam da mesma consideração de respeito e dignidade.[5]

Assim, tal ideal contribui de maneira decisiva para a afirmação dos princípios essenciais da sociedade, identificados em boa parte pela valorização dos seres humanos e promoção de seus direitos, comumente constantes dos textos constitucionais. O que "é" serve para aclarar os rumos a serem trilhados pelo "dever-ser".

Nítido está que a crença do povo brasileiro em Deus foi afirmada em nossa Carta Maior, posto que Sua proteção foi invocada pelos membros da correspondente Assembleia Nacional Constituinte.

Por sua vez, o conceito de ordem constitucional confunde-se com a própria noção de ordenamento jurídico, mas exsurge a partir do texto constitucional, em especial de seus princípios e corolários, abrangendo também toda a legislação

5. "E, abrindo Pedro a boca, disse: Reconheço por verdade que Deus não faz acepção de pessoas; mas que lhe é agradável aquele que, em qualquer nação, o teme e obra o que é justo." (BÍBLIA, At., 10, 34-35).

inferior complementar, assim como a jurisprudência administrativa e judicial.

O texto constitucional deve inspirar o legislador ordinário e conformar um ordenamento jurídico em harmonia com os seus ditames. A Constituição deve determinar como a realidade jurídica deve ser, ainda que na prática haja grande desafio.

Não à toa, o alemão Klaus Tipke menciona em suas aulas e em seus livros que no Brasil existe um abismo entre o texto constitucional e a realidade socioeconômica.[6]

Para além desta constatação reveladora das reiteradas e constantes tensões entre o "ser" e o "dever-ser" ao longo do tempo e do espaço, o fato da Constituição Federal de 1988 haver sido promulgada sob a proteção de Deus torna-se muito reveladora em relação aos valores eleitos pelos constituintes, como verdadeiros fios condutores do texto constitucional e de toda a legislação extravagante.

Igualmente, com base em tal assertiva sobre o preâmbulo constitucional, devemos destacar que o Estado brasileiro não é um Estado ateu, mas sim laico[7] e comprometido com a liberdade religiosa, ainda que o Estado e a Igreja não se confundam institucionalmente, nem organicamente se considerados os seus integrantes. Sendo, pois, incompreensível a admissão por órgãos julgadores e legisladores de valores estranhos ou desvirtuados a partir de uma concepção judaico-cristã comum e convergente dos valores e princípios proeminentes encontrados nos Testamentos – Antigo e Novo.

---

6. Vide. TIPKE, Klaus. *Moral tributaria del estado y de los contribuyentes*. Trad. Pedro M. Herrera Molina. Madrid: Marcial Pons, 2002.

7. Vale consignar que a laicidade do Estado brasileiro impossibilita toda e qualquer intromissão religiosa no funcionamento político-administrativo do Estado e, outrossim, das políticas-administrativas do Estado nas diversas visões de fé e práticas ritualistas nas mais variadas instituições de caráter religioso – desde que não violem as normas constitucionais e infraconstitucionais vigentes.

5. Construindo o presente e o futuro (a conclusão inconclusa)

Por fim, podemos considerar que o preâmbulo constitucional é o princípio da razão do que é bom, do que está posto beneficamente no texto constitucional, como também é o "norte" para o fim a ser materializado para a revelação do que é divino e sublime ao bem comum.[8]

Compromissados com a Constituição Pátria, acreditamos que nossa sociedade apresenta complexas e plenas condições de pessoas, conhecimentos e meios democráticos para a construção responsável e solidária de um presente e um futuro pautado para o desenvolvimento nacional e de direitos caracterizados pela dignidade humana e permeados pela sustentabilidade socioambiental.

Para tanto, é impositivo trabalharmos mecanismos mais eficazes para atingirmos resultados sólidos na corporificação do que foi consignado no preâmbulo constitucional. Necessário é assegurar a todos os brasileiros as mínimas condições de subsistência, a justa promoção de distribuição de renda para a garantia das carências humanas básicas, o firme combate às práticas contrárias ao interesse público por intermédio do fortalecimento dos valores de consciência ética e do respeito das legítimas diferenças, bem como da preservação de nosso meio ambiente em harmonia ao desenvolvimento econômico sustentável.

Com a mesma fé em Deus inscrita no preâmbulo constitucional, confiamos na Sua proteção para a grandeza da sabedoria e revelação de um futuro melhor para o povo brasileiro. Oxalá, com mais discernimento – fé e razão – e humanidade – caridade – de todos em prol de interesses gerais – liberdade, igualdade e solidariedade – verdadeiramente coesos, convergentes e alinhados para a necessária e transformadora consecução do bem comum!

---

8. "Eu sou o Alfa e o Ômega, o princípio e o fim, diz o Senhor, que é, e que era, e que há de vir, o Todo-poderoso." (BÍBLIA, Apoc., 1, 8).

Bibliografia

BÍBLIA.

Constituição da República Federativa do Brasil de 1988. Disponível em: https://bit.ly/3zPuGJN Acesso em: 28 jul. 2021.

TIPKE, Klaus. *Moral tributaria del estado y de los contribuyentes*. Trad. Pedro M. Herrera Molina. Madrid: Marcial Pons, 2002.

A RELIGIOSIDADE DO POVO BRASILEIRO NA CONSTITUIÇÃO FEDERAL

Maria Helena Barbosa Campos[1]

Maria Carolina Barbosa Campos Vita[2]

"Num mundo onde várias formas de tirania moderna procuram suprimir a liberdade religiosa, ou tentam reduzi-la a uma subcultura sem direito a uma voz na esfera pública, ou usam a religião como pretexto para o ódio e a brutalidade, é imperativo que os seguidores das várias religiões unam as suas vozes para apelar à paz, tolerância e respeito pela dignidade e direito dos outros". (Papa Francisco)

Sumário: Introdução – 2. Considerações iniciais – 3. A globalização e as experiências religiosas – 4. Preâmbulo constitucional, Constituição Federal de 1988: 4.1 O valor jurídico do preâmbulo; 4.2 Brasil, estado laico – 5. Conclusão – Bibliografia.

---

1. Advogada. Teóloga. Licenciada em Filosofia. Doutora e Mestre em Direito Canônico. Professora da Faculdade de Direito Canônico São Paulo Apóstolo, Defensora do Vínculo nos Tribunais de Santos e São Carlos, Juíza no Tribunal de Mogi das Cruzes, Advogada no Tribunal Eclesiástico de Santo Amaro. Palestrante. Membro da Comissão Religiosa da OAB/Santo Amaro. Catequista Infantil. Ministra da Eucaristia.

2. Advogada. Especialista em Direito Público, Catequista Infantil. Ministra da Eucaristia.

1. Introdução

As indagações sobre o Direito Religioso abrem portas para profundas reflexões, que vão desde os mais arraigados direitos fundamentais, relacionados com a identidade, convicção, realização e aspiração espiritual dos homens, individual ou coletivamente considerados, até os desdobramentos tipicamente afeitos às esferas do Direito Internacional.

A natureza peculiar de sua matéria prima, juntamente com a complexidade inerente às relações humanas e suas distintas verdades, em constante mutação, compõe receita intrincada donde, serenamente podemos concluir, que essa especial área da ciência jurídica, sempre há de ser objeto de profundos estudos e construções doutrinárias.

O presente artigo propõe a análise da interpretação do preâmbulo da Constituição, sem o qual ela não teria sido promulgada.

Indaga ainda se haveria razão de ter a locução "sob a proteção de Deus" sido votada e aprovada por maioria expressiva, se fosse considerada irrelevante.

Por derradeiro, indaga se pode o Direito Religioso ser considerado um ramo autônomo do direito positivo e, se assim o for, quais seriam seus princípios, normas e regras próprias dentro do ordenamento pátrio.

2. Considerações iniciais

Estamos vivendo um momento deveras atípico, que nos leva por caminhos tortuosos e doloridos, e temos sido confrontados com situações de dor que nunca antes imagináramos. Pouco conhecemos do inimigo que tanto nos cobra, que nos aflige dentro de nossos lares e separa famílias. Neste século, nunca a humanidade se viu tão atormentada por sentimentos que nos perturbam, nos empurrando, muitas vezes, para o limite da desesperança. O ser humano, isolado, passou a perscrutar seu coração a fim de redefinir certas prioridades.

Percebe-se que a religião, frequentemente relegada ao esquecimento e ao descaso, readquire posição de destaque e interesse na vida de muitas pessoas. A religião, enquanto crença e instrumento de fé, merece feroz proteção, revelando-se componente primordial do bem-estar e equilíbrio daqueles que, sabiamente, optam por nela viver. Para alguns, a fé se revela o maior alimento que suas almas, e inclusive seus corpos podem obter.

Oportuno que se distinga o Direito Religioso enquanto ciência jurídica, do direito humano fundamental e inalienável de crença e liberdade religiosa. Sob o segundo enfoque, a liberdade religiosa e de crença se traduz em aspecto crucial de nossa humanidade, pois todos, se quiserem e, buscando um sentido maior na vida, podem estabelecer sua ligação com o Divino e cultivar suas crenças e convicções existenciais, com respeito e segurança. Nesse sentido, o Tribunal Europeu dos Direitos Humanos, em 1993, no histórico caso Kokkinakis vs. Grécia (requerimento nº 14307/88) reconhece ser a liberdade religiosa como "bem precioso" e um dos "fundamentos de uma sociedade democrática". Ainda, salienta que a liberdade religiosa, para além do seu significado óbvio para os seguidores das várias religiões, é indispensável para moldar uma existência respeitadora numa democracia moderna.

A religião sempre ocupou um espaço importante na vida das pessoas. Os seres humanos, de maneira geral, têm necessidade de se ligar com o Alto, com o transcendente, com o sobrenatural. Desde tempos imemoriais, têm-se notícias da existência de adivinhos, profetas, oráculos que muitas vezes faziam parte das cortes imperiais e desempenhavam um papel de relevância na condução do reino que serviam.

A Bíblia nos apresenta vários personagens cujas vidas e atitudes foram essenciais para a formação e condução do povo judeu. Primeiramente, os patriarcas traçam as linhas de conduta a serem respeitadas; as Tábuas da Lei (e toda a lei mosaica) regulamentam e normatizam quais são os comportamentos aceitáveis e quais serão repudiados para aquele recém-liberto povo. Ainda, os profetas inspirados por Deus, apontam o caminho correto e protagonizam eventos relevantes e sagrados no caminhar do povo por Ele escolhido. Os sonhos do faraó do Egito explicados por José, os avisos dos profetas Isaías, Jeremias e tantos outros são apenas alguns exemplos de que não existia a separação entre religião e Estado. Na antiguidade, estes caminhavam de braços entrelaçados. Inclusive, são incontáveis os exemplos de monarcas e governantes ao longo dos séculos, que traziam a equivocada noção de serem a própria encarnação do Divino, ou de serem Seus escolhidos.

Entretanto, a história nos mostra que, em eras passadas, a religião foi usada pelos detentores do poder para subjugar e oprimir o povo. Um cenário muito característico sempre se delineou: pequenos grupos privilegiados detentores do poder impõem sua autoridade à maioria do povo, e assim os direciona, criando também um código de conduta estratificado, onde tudo é merecedor de castigos cruéis, penas capitais e outras excruciantes, prisões arbitrárias e, multas impagáveis. A religião não se restringia à espiritualidade, mas era usada como instrumento para reforçar a necessidade de dominação e controle.

Jesus Cristo, em seu tempo, foi vítima dessa opressão odiosa, onde fariseus e doutores da lei o entregaram ao poder romano, na pessoa de Pôncio Pilatos, para que fosse condenado à morte de forma das mais humilhantes: morrer pregado em uma cruz. Esses líderes religiosos que comandavam de forma rígida a comunidade judaica temiam que os ensinamentos de Jesus colocassem sua autoridade e governo em risco, visto que o Cristo pregava o amor ao próximo, a humildade, a partilha, a ajuda aos que mais necessitavam e contestava, veementemente, as atitudes dessa restrita classe dominante que, inclusive, cobrava as oferendas apresentadas no templo. A fé ensinada, imposta e cobrada pelos fariseus se lastreava em interesses divorciados da religiosidade propriamente dita. Esse grupo tudo fazia para perpetuar sua condição e, dali, auferir também ganhos e vantagens materiais.

A doutrina trazida pelo Mestre Jesus era verdadeiro embrião de novo entendimento, onde o amor, a compaixão, o perdão, a dedicação e serviço ao próximo eram seus maiores pilares. Os ensinamentos e exemplos por Ele deixados colidiam frontalmente com a ordem preestabelecida. Despontava renovada visão, um novo existir, uma possibilidade de salvação que a todos se estendia, independentemente de sua posição social ou de suas possibilidades materiais. A Boa Nova encontrou eco nos corações daqueles que sofriam com os pesados encargos que lhes eram atribuídos pelos líderes religiosos, uma cruel minoria. Atente-se para o fato de que, naquele momento, grande parte da população rompe com a ordem religiosa anterior, insuficiente para alimentar os anseios da maioria desfavorecida, que aceita e acolhe a revigorante proposta apresentada.

O evento Jesus Cristo foi de tal monta impactante que trouxe consigo controvérsias, guerras, perseguições e martírios, mas também delineou aquilo que viria a se tornar, no decorrer dos tempos, uma nova ordem religiosa. Seus efeitos não se limitaram apenas às esferas espirituais, estabelecendo distinta e positiva maneira do agir humano em sentido global. O bom cristão pauta sua vida nos valores por Ele ensinados, seja no âmbito familiar, social, profissional, político, espiritual, comunitário, ecológico.

Lamentavelmente, em tempos atuais, ainda encontramos cenários similares ao do início da era cristã, no tocante à perseguição religiosa.

O Relatório de 2021, da ACN (*Aid to the Church in Need*) nos mostra que, de um total de 196 países, 62 enfrentam violações muito graves da liberdade religiosa.

As redes transnacionais jihadistas buscam se espalhar e disseminar suas crenças e preconceitos, instituindo o terror e perseguição a todos aqueles (tanto muçulmanos e cristãos), que não aceitam a ideologia islamista extrema. Isso se dá através de patrocínio ideológico e de material, sequestros, roubos e tráficos ilícitos de seres humanos, em países da África Subsaariana e do Oceano Índico. Tal expansão de grupos extremistas, associados a milícias locais, têm pintado um quadro tenebroso, empregando todo tipo de violência contra crianças e mulheres sequestradas, violadas e obrigadas a mudar sua fé por meio de conversões forçadas.

Em algumas nações asiáticas, minorias religiosas são tão discriminadas que, durante a pandemia do COVID-19, lhes foi negado o acesso à ajuda humanitária alimentar e auxílio médico. Alguns governos autocráticos chegam a utilizar tecnologia de vigilância repressiva e reconhecimento facial para monitoramento de seus cidadãos, qualificando seus comportamentos entre bons e maus, com sistema de crédito social, onde são lançados pontos e recompensas para o "bom" cidadão, ou sanções para aqueles de baixa pontuação.

A humanidade, a despeito de toda sua caminhada evolutiva, ainda se encontra bem distante da plena realização e fruição do direito de liberdade de crença e religião.

O Papa Francisco tem pregado com bastante firmeza, o respeito, a irmandade e a fraternidade, sem nenhum espaço para preconceitos e intolerância a distintas maneiras de viver a fé. Sua atuação é no sentido de estimular o diálogo inter-religioso, buscando a aproximação com as autoridades de outras religiões. Em 2019, se reuniu com o líder do mundo sunita muçulmano, o Grande Imã Ahamad Al-Tayyib de Al-Azar, encontro esse repetido em 2020 nos Emirados Árabes, para a assinatura conjunta da Declaração de Abu Dhabi sobre a fraternidade humana. São, esses, sinais positivos de desenvolvimento e importantes passos rumo à busca de verdadeira liberdade religiosa.

3. A globalização e as experiências religiosas

A religião e as experiências religiosas que a fundamentam continuam questionando teólogos, filósofos e especialistas em ciências sociais, apesar das múltiplas advertências sobre seu próximo fim repetidas por numerosos pensadores europeus e latino-americanos durante os últimos cento e cinquenta anos.

A religião e as experiências religiosas não só não parecem estar a caminho da extinção mas, ao contrário, indicam uma excepcional capacidade para se renovar e se reexpressar. No entanto, seria ingênuo pensar que o que atualmente presenciamos no campo religioso não sofreu o impacto, hoje mais concretamente, da globalização da economia e da cultura.

Refletindo sobre o impacto da globalização contemporânea na experiência religiosa, necessário se faz esboçar primeiro o contexto atual (globalização, desterritorialização, cultura, situação do local no global) porque a experiência religiosa nunca acontece descontextualizada. Se o contexto mudou por causa da globalização e suas sequelas, então a experiência religiosa (se é humanamente compreensível e, além disso, diria, legítima) também deve ter mudado. Por isso, depois de examinar o contexto contemporâneo da experiência religiosa, necessário se faz compreender as consequências que aquele teve e tem sobre esta, e como a experiência do sagrado pode se transformar tanto em arma da globalização como em motivo para sua crítica.

O termo "globalização" designa ou descreve o estado atual da humanidade, enfatizando o desenvolvimento global do capitalismo neoliberal e o efeito que este tem no contexto cultural atual do mundo. Não parece existir uma definição exata comumente aceita por todos os especialistas; embora a maioria esteja de acordo em que a globalização se refere pelo menos à "crescente interconexão da vida política, econômica e social dos povos da terra". A globalização, com raízes que vão até o século XVI, começa a se tornar palpavelmente evidente desde a década de 1970, primeiro na esfera econômica com o crescimento e a consolidação de corporações verdadeiramente transnacionais. Mais especificamente, a globalização é a extensão planetária dos efeitos e pressupostos da Modernidade, acompanhada pela compressão do tempo e do espaço provocada pelas novas tecnologias da comunicação.

Em uma velocidade assustadora, somos bombardeados com novas informações, notícias, pesquisas, expectativas, índices, redes sociais, o que muitas vezes nos atordoam, nos impedem de refletir acerca do real valor dos fatos, sendo que, uma vez concluída tal reflexão, essa já se torna superada pela nova "onda informativa" que nos traz incertezas e, também, de certa maneira, nos induz a atitudes de reciprocidade negativa, aceitando discussões contra ideias que não se coadunam com nosso modo de pensar e sentir. Percebemo-nos, em muitas ocasiões, diante de uma volatilidade preocupante.

A humanidade passa por um momento de intrincadas discussões a respeito do culto religioso de cada um. Percebe-se o avanço de grupos sociais e políticos que buscam, de todas as formas, atrapalhar ou cercear o direito de todos quanto às suas crenças, ao seu culto religioso, sua maneira de expressar a fé. Veem, na religião, uma maneira de induzir a população a um estado de alienação através de mecanismos muitas vezes subliminares, em que não se percebe a manipulação ou o desejo de fazer prevalecer seus pontos de vista. Alguns, aparentemente, se constrangem em expressar publicamente sua fé, com receio de serem achincalhados, ridicularizados e até ofendidos.

A crise religiosa provocada pela compressão global do tempo e do espaço deve ser enfrentada primeiro, não com palavras ou lamentações, mas a partir de mudanças de atitudes e compromissos. De modo geral, será mais importante e frutífera, tanto para a experiência religiosa como para as religiões, quaisquer que sejam, uma reflexão sistemática e baseada sobre o que significa a tradição e a história para a vida humana, e o lugar destes num contexto de globalização.

A consciência cristã contemporânea tem diante de si longo caminho a percorrer. Necessita passar de uma compreensão de si mesma como povo histórico privilegiado, portador de uma mensagem exclusiva ou inclusiva de salvação para o mundo inteiro, à construção de uma identidade própria que, sem enfraquecer a convicção de seu caráter único e a fidelidade à sua vocação, não se negue a aceitar outras experiências humanas de plenitude e salvação. O caminho para essa nova mudança é, evidentemente o diálogo religioso, que pode ser expresso, tanto no interior do ser humano, quanto através de suas realizações externas.

4. Preâmbulo constitucional, Constituição Federal de 1988

> Nós, representantes do povo brasileiro, reunidos em Assembleia Nacional Constituinte para instituir um Estado Democrático, destinado a assegurar o exercício dos direitos sociais e individuais, a liberdade, a segurança, o bem-estar, o desenvolvimento, a igualdade e a justiça como valores supremos de uma sociedade fraterna, pluralista e sem preconceitos, fundada na harmonia social e comprometida, na ordem interna e internacional, com a solução pacífica das controvérsias, promulgamos, sob a proteção de Deus, a seguinte CONSTITUIÇÃO DA REPÚBLICA FEDERATIVA DO BRASIL.

4.1 O valor jurídico do preâmbulo

O Preâmbulo é o conjunto de palavras que antecede o texto constitucional. O enunciado, situado na parte preliminar do texto constitucional, é depositário do espírito latente de um povo, representado por aqueles que elaboram a Nova Constituição. Aquelas palavras contêm os anseios, as esperanças e objetivos de toda uma coletividade que clama por nova ordem: seus valores, justificativas e as ideias que vigoram em uma sociedade e em sua época.

Nos ditames de João Barbalho, o Preâmbulo, "enuncia por quem, em virtude de que autoridade e para que fim foi estabelecida a Constituição. Não é uma peça inútil ou de mero ornato na construção dela".

Importante ressaltar a distinção do preâmbulo e dos preceitos normativos constitucionais, para que não se faça confusão, sejam eles pela eficácia ou pela função desempenhada. Oportuno observar o professor Sérgio Luiz Souza Araújo:

> As normas do preâmbulo não consagram direitos imediatamente aplicáveis, mas que constituem, por sua vez, uma espécie de orientação, e sob este ponto de vista, estão atribuídas do caráter de compromisso jurídico e político para o legislador do futuro.
>
> [...]

> Não se pode negar valor jurídico aos princípios contidos no preâmbulo, de vez que emanam de um poder estatal, o qual, por sua natureza, nunca faz declarações teóricas. O que boa parte da doutrina demonstra é que o preâmbulo não é numerado em artigos, não tendo caráter dispositivo, e assim não formando parte do texto estritamente normativo do instrumento constitucional.

José Afonso da Silva declara que Preâmbulo é a parte que precede o texto articulado das Constituições. É a expressão solene de propósitos, uma afirmação de princípios, uma síntese do pensamento que dominou na Assembleia Constituinte em seu trabalho de elaboração constitucional. Enuncia por quem, em virtude de que autoridade e para que fim foi estabelecida a Constituição. Não raro exerce a função de cláusula de promulgação e ordem de obediência, como têm sido os Preâmbulos das Constituições Brasileiras, desde a do Império.

Continuando, assevera que existem controvérsias na doutrina quanto ao valor do Preâmbulo das Constituições. A generalidade dos autores recusa-lhe natureza normativa no sentido técnico-jurídico, reconhecendo nele simples diretivas básicas (políticas, morais e filosóficas) do regime constitucional. É essa a opinião de Hans Kelsen, para quem o Preâmbulo expressa as ideias políticas, morais e religiosas que a Constituição tende a promover. Geralmente, o Preâmbulo não estipula normas definidas em relação com a conduta humana e, por conseguinte, carece de um conteúdo juridicamente importante. Tem antes um caráter ideológico que jurídico.

Segundo o ilustre causídico, Karl Friedrich, no entanto, reconhece nele particular importância, porque reflete a opinião pública à qual cada Constituição deve sua força. Georges Burdeau entende que o Preâmbulo, qualquer que seja, fixa a atitude do regime diante dos grandes problemas sociais, políticos e internacionais. Carl Schmitt sustentou que as Constituições da Alemanha de 1871 e 1919 continham Preâmbulos em que a decisão política se encontrava formulada de maneira singularmente clara e penetrante, rebatendo a teoria que os tratava quase sempre como simples declarações, ou notícias históricas, ou declarações de valor meramente enunciativo, não dispositivo. Manuel Garcia-Pelayo, após expor o pensamento de Schmitt, não titubeia em considerar as declarações contidas no Preâmbulo como parte integrante e essencial da ordem jurídica constitucional, posto que dão sentido às normas jurídicas.

Continuando, José Afonso declara que diante dessas referências, é possível fixar uma tese geral sobre o valor jurídico e a eficácia dos Preâmbulos das Constituições. Na maioria das vezes, eles fazem referência explícita ou implícita a uma situação passada indesejável, e postulam a construção de uma ordem constitucional com outra direção, ou uma situação de luta na perseguição de propósitos de justiça e liberdade, outras vezes exprimem um princípio básico, político, social e filosófico, do regime instaurado pela Constituição. Há casos em que tudo isso vem misturado a declarações de direitos e garantias constitucionais.

Ainda, José Afonso ensina que em qualquer dessas hipóteses, os Preâmbulos valem como orientação para a interpretação e aplicação das normas constitucionais. Têm, pois, eficácia interpretativa e integrativa; mas, se contêm uma declaração de direitos políticos e sociais do homem, valem como regra de princípio se no texto articulado da Constituição não houver norma que os confirme eficazmente. Se houver, a eficácia da norma será aquela ditada pelo conteúdo do dispositivo que a contenha. A jurisprudência francesa lhe dá valor de lei, uma espécie de lei supletiva. Para Pinto Ferreira, o Preâmbulo é uma parte integrante da Constituição e está acima das leis ordinárias. Assim será quando estabelece princípios e determinações jurídicas claras.

Em relação ao valor jurídico dos preâmbulos constitucionais, estão delineadas assim, três principais teses de discussões doutrinárias:

A primeira, chamada tese *da irrelevância jurídica*, conserva a ideia que o Preâmbulo não adentra ao universo jurídico constitucional, alegando ter apenas um valor meramente de ordem política. Seriam os preâmbulos meramente ilustrativos, expressões literárias sem nenhuma força jurídica ou normativa. Acerca desse posicionamento resta a indagação: como o texto preliminar que materializa todo o espírito de uma nação em determinada época pode não ter força alguma?

Pela tese da *eficácia jurídica*, iguala-se o Preâmbulo a uma norma contínua da Constituição, com todas suas aderências e consequências, até mesmo no que se refere à violação da inconstitucionalidade dos princípios garantidores expressos no próprio preâmbulo.

Já a tese da *relevância jurídica indireta*, concorre para a integração da Constituição, embora se tenha o cuidado de não confundir com a norma constitucional. Sendo assim, poderão ser usados como suprimento, os princípios declarados no preâmbulo para explicação do que não ficou satisfatoriamente claro. Daí que procede a ideia de que os princípios consubstanciados no preâmbulo terão relevância jurídica, quando invocados para esclarecer ou interpretar, como também, haverá momentos em que não terá relevância jurídica, nos casos em que a própria Constituição se faz completa, ou seja, quando é autossuficiente e consome todas as afirmações nela já contidas.

Eis o conteúdo do Preâmbulo da Constituição de 1988 por José Afonso da Silva:

- quem estabeleceu a Constituição – os representantes do povo brasileiro;
- em virtude de que autoridade – reunidos em Assembleia Nacional constituinte, ou seja, no exercício do poder constituinte originário;
- para que fins, ou seja, com que propósitos, se estabeleceu a nova Constituição – para instituir um Estado Democrático;
- com que objetivos – destinado a assegurar o exercício dos direitos sociais e individuais, a liberdade, a

segurança, o bem-estar, o desenvolvimento, a igualdade e a justiça;

- fundado em que valores – nos direitos sociais e individuais, na liberdade, na segurança, no desenvolvimento, na igualdade e na justiça como valores supremos de uma sociedade fraterna, pluralista e sem preconceitos, fundada na harmonia social e comprometida, na ordem interna e internacional, com a solução pacífica das controvérsias;

- cláusula de promulgação: promulgamos a seguinte Constituição da República Federativa do Brasil;

- sob que invocação: sob a proteção de Deus.

Para o Ministro Alexandre de Moraes, o Preâmbulo de uma constituição pode ser definido como documento de intenções do diploma, e consiste em uma *certidão de origem e legitimidade do novo texto* e uma proclamação de princípios, demonstrando a ruptura com o ordenamento constitucional anterior e o surgimento jurídico de um novo Estado. É de tradição em nosso Direito Constitucional e nele devem constar os antecedentes e enquadramento histórico da Constituição, bem como suas justificativas e seus grandes objetivos e finalidades.

Ainda, Alexandre de Moraes alega que apesar de não fazer parte do texto constitucional propriamente dito e, consequentemente, não conter normas constitucionais de valor jurídico autônomo, o Preâmbulo não é juridicamente irrelevante, uma vez que deve ser observado como elemento de interpretação e integração dos diversos artigos que lhe seguem.

Sergio Luiz Souza Araújo, citado por Cândido Furtado Maia explica:

> O preâmbulo da Constituição brasileira de 1988, conforme já salientamos, representa a fórmula política da Constituição. Suas disposições não são normas. São decisões políticas. Entretanto, estas decisões políticas condicionam as disposições normativas do contexto constitucional, e neste sentido é imperativo que todo

e qualquer dispositivo da Constituição deverá ser interpretado à luz daquelas decisões; historicamente, os preâmbulos trazem em seu cerne a luta pela evolução dos ideais de uma sociedade política, o sonho do Estado perfeito. Os preâmbulos das Constituições espelham sua época, retratam com fidelidade as posturas ideológicas, traduzidas em programas, promessas, afirmações de princípios. Constituem, assim, uma orientação para a leitura de valores, ideais e expectativas de uma época, de uma sociedade em dado momento histórico. Há uma íntima relação entre as normas de conteúdo programático, os princípios fundamentais e os valores que presidem a Constituição. Deste modo impõe-se a necessidade política de avançar na realização dos objetivos gerais impostos pelo preâmbulo. No exame de qualquer Constituição há que se levar em conta a sua fórmula política (a expressão ideológica), juridicamente organizada e adotada. A hermenêutica constitucional há de ser harmônica com os pressupostos ideológicos encerrados no preâmbulo. As normas constitucionais no *constitucionalismo* contemporâneo têm uma função claramente transformadora da sociedade. O preâmbulo orienta essa função e aponta objetivos, explícitos ou implícitos, profundos e amplos numa tarefa incessante que desvela a complexidade da sociedade atual. Os preâmbulos orientam a produção legislativa e a função do juiz. O preâmbulo é parte integrante da Constituição e como tal participa de seus efeitos. Procede do poder constituinte como valor formal. Do ponto de vista material direciona os conteúdos das disposições ou preceitos.

Como interpretar o preâmbulo da Constituição, visto que sem ele ela não teria sido promulgada?

A Constituição Federal de 1988 reestabeleceu a democracia, após duas décadas de Ditadura Militar. É conhecida como *Constituição Cidadã*, com grande preocupação em assegurar direitos, liberdades e garantias individuais, em repúdio aos abusos cometidos pelo regime que antecedeu sua promulgação. Foi elaborada por Assembleia Nacional Constituinte, composta por 559 parlamentares e presidida por Ulysses Guimarães. Todos estes atuaram como representantes do povo brasileiro, externando seus anseios.

Ora, o preâmbulo da Constituição da República Federativa do Brasil de 1988 foi escolhido, dentre outros, e votado em Assembleia Constituinte. Isso justifica sua legitimidade democrática e a sua força normativa, de caráter vinculativo, hauridas do respaldo da elaboração e aprovação pelos representantes do povo para tanto reunidos.

Considere-se todo o intrincado percurso legislativo para produção da Carta Magna (incansáveis discussões, estudos, reformas, revisões, aprovações, alterações): a expressa menção a Deus não comporta uma contradição, mas sim, atesta a identidade do povo representado por aqueles parlamentares. O povo escolhe livremente os seus representantes, que, através de mandato, produzem as leis a que todos estão submetidos. Por ocasião da promulgação da Constituição Federal de1988, a Assembleia Constituinte optou de forma consciente por introduzir no texto preambular constitucional a locução "sob a proteção de Deus". Isso se afasta completamente da irrelevância por muitos pretendida, ao contrário, reflete sim, estar-se diante de nação dotada de alta religiosidade, como é o caso do povo brasileiro.

Nesse sentido, a invocação divina revela, também sob a ótica sociológica, a religiosidade de um povo e indica a salutar tendência do homem para sua realização no plano espiritual.

O nosso Preâmbulo é bússola, indica o caminho a ser seguido, de modo que a compreensão do significado do texto magno e a solução dos problemas daí decorrentes, sempre se harmonizem com os valores e aspirações que a ensejaram.

Saliente-se que não há como sustentar que referida invocação ao Divino venha a contrariar a regra normativa de separação entre Igreja e Estado. O Supremo Tribunal Federal (15 de Agosto de 2002), em decisão lavrada em Ação Direta de Inconstitucionalidade, proposta pelo Partido Social Liberal (PSL) contra a Assembleia Legislativa do Acre, no tocante ao preâmbulo da Constituição daquele Estado, em que se alegava a inconstitucionalidade por omissão da expressão "sob a proteção de Deus", entendeu que o preâmbulo da Constituição Federal, ao dispor "sob a proteção de Deus" expressa a posição ideológica do constituinte, marcado pelo seu momento histórico. Assim, tal referência não tem força normativa, afastando-se a alegação de que a expressão seria norma de reprodução obrigatória pelos Estados-Membros.

Haveria razão de ter a locução "sob a proteção de Deus" sido votada e aprovada por maioria expressiva, se fosse considerada irrelevante?

Caso fosse irrelevante, não precisaria ter sido votada. Tal locução mostra a preocupação do legislador constituinte com o DNA do povo brasileiro, com sua identidade, povo sabidamente espiritualizado e devoto. Não nos esqueçamos de que nosso país foi fundado com a celebração de uma missa. Não há que se falar em irrelevância dessa locução, ali inserida após aprofundada análise. Não se está diante de algum lapso ou equívoco. Se assim não entendessem, os parlamentares poderiam ter silenciado, o que não retiraria a legitimidade do texto constitucional, perfeito em sua formação.

4.2 Brasil, Estado laico

Outro aspecto digno de reflexão é ser o Brasil um Estado laico, assim considerado desde 1890, o que se deu a partir do Decreto 119-A de 07/01/1890, que trouxe a separação definitiva entre Estado e a Igreja Católica Romana no Brasil:

> É proibido à autoridade federal, assim como a dos estados federados, expedir leis, regulamentos ou atos administrativos, estabelecendo alguma religião, ou vedando-a, e criar diferenças entre os habitantes do país, ou nos serviços sustentados à custa do orçamento, por motivos de crenças ou opiniões filosóficas, ou religiosas (Decreto 119-A,1890).

A condição de país laico, no Brasil, já é muito antiga e significa a separação entre o Estado e a Religião. Dessa condição tem-se percebido o surgimento de questões controversas, principalmente no tocante ao verdadeiro significado dessa separação, e os Tribunais, estudiosos e aplicadores da lei têm enfrentado desafios para delimitar seu alcance sem que, no entanto, sejam permitidos abusos ou o cerceamento da liberdade religiosa de quaisquer grupos. Alguns desavisados, equivocadamente entendem que, como o Estado é laico, não pode fazer menção a Deus ou à religião.

O eminente jurista Prof. Ives Gandra Martins, em seu prefácio ao livro "Direito Religioso: questões práticas e teóricas" de autoria dos ilustres Thiago Rafael Vieira e Jean Marques Regina, nos esclarece brilhantemente sobre a laicidade no Direito: "...É importante lembrar que a ideia de laicidade decorre do que deveria ter sido natural na formatação do Estado Moderno, ou seja, que o Poder Religioso não se confunde com o Poder Político. O Poder Religioso cuida das relações do homem com Deus, e o Poder Civil cuida das relações dos homens entre si, em sociedade, ou nas sociedades organizadas em Estado. São dois poderes diferentes, com áreas de atuação diferentes. No exercício da cidadania, todavia, tanto os que acreditam em Deus, quanto os que não acreditam têm o direito de atuar..."

Continuando Gandra Martins

> [...] O Poder Laico não é um poder ateu, nem agnóstico. No seu âmbito, não se coloca a influência do Poder Religioso sobre as estruturas laicas, pois são poderes diferentes. Na política, não se exclui a atuação dos que tenham convicção religiosa [...].

Declara ainda que, em uma autêntica democracia, tanto os que creem, que são a maioria, quanto os que não creem, que são a minoria, têm idênticos direitos, podendo atuar como desejarem, de acordo com suas convicções, apenas exercendo, quanto ao Poder Político, os seus direitos de cidadania. Têm, os crentes, voz ativa, assim como os não crentes, e podem expor e lutar por suas convicções, principalmente no que diz respeito a "direitos humanos" e "individuais", conforme os padrões morais da religião que professam, os quais a história tem demonstrado serem superiores aos daqueles que não acreditam em nada, senão na própria existência e na moral pessoal por cada um formatada.

Assevera Gandra Martins que o Estado Laico não é um Estado Ateu. Nele, apenas o Poder Religioso e o Poder Político estão separados, mas todo o cidadão, crente ou não, tem os mesmos direitos políticos de procurar auxiliar os governos e as estruturas estatais, com seu trabalho e suas convicções. A evolução constante do direito evidencia a necessidade do Direito Religioso passar a integrar os diversos ordenamentos jurídicos do mundo, a fim de que exista, em sua regulamentação, a necessária autonomia e seu reconhecimento como ramo próprio de direito.

O ilustre professor ensina que nossa própria Constituição, além do preâmbulo, configura princípios e regras próprias de direito religioso em diversos dispositivos, tais como nos arts. 5º, IV, VI, VII, VIII, X, 150, inciso VI, letra "b", 143, §§ 1º e 2º, 210 § 1º. Percebe-se, claramente, que muitos outros dispositivos, quando cuidam de exercício da cidadania ampla, não restringem, ao contrário, respeitam a maneira de ser própria dos que professam uma religião.

Nos Estados Confessionais, as deliberações políticas podem sofrer a interferência religiosa, no entanto são os governantes os responsáveis pela tomada de decisões (pode-se inclusive optar por uma ou mais religião oficial em suas nações).

É oportuno que se esclareça que a confessionalidade ou a falta de confessionalidade estatal não é um índice apto a medir o estado de liberdade dos cidadãos de um país. A realidade nos mostra que tanto é possível a existência de um Estado confessional com liberdade religiosa plena (exs: os Estados nórdicos europeus), como um Estado não confessional com clara hostilidade aos fatos religiosos, o que conduz a uma extrema precariedade da liberdade religiosa (como foi o caso da Segunda República Espanhola).

No Brasil, a Constituição Federal, em seu art. 5º, consagra como direito fundamental a liberdade religiosa. Vale dizer que o Estado deve se preocupar em proporcionar a seus cidadãos um clima de perfeita compreensão religiosa, não aceitando a intolerância e o fanatismo. Não há que se falar em nenhuma crença oficial, devendo, porém, o Estado prestar proteção e garantia ao livre exercício de todas as religiões.

No mesmo sentido, o fato de ser um país secular, com separação quase que total entre Estado e Religião, não impede que tenhamos, em nossa Constituição, algumas referências ao modo como deve ser conduzido o Brasil no campo religioso. Tal fato se dá uma vez que o Constituinte reconheceu o caráter inegavelmente benéfico da existência de todas as religiões para a sociedade, seja em virtude da pregação para o fortalecimento da família, estipulação de princípios morais e éticos que acabam por aperfeiçoar os indivíduos, o estímulo à caridade, ou simplesmente pelas obras sociais benevolentes praticadas pelas próprias instituições.

Pode-se afirmar que, em face da nossa Constituição, é válido o ensinamento de Soriano de que o Estado tem o dever de proteger o pluralismo religioso dentro de seu território, criar as condições materiais para um bom exercício sem problemas dos atos religiosos das distintas religiões, velar pela pureza do princípio de igualdade religiosa, mas deve manter-se à margem do fato religioso, sem incorporá-lo em sua ideologia.

Por outro lado, não existe nenhum empecilho constitucional à participação de membros religiosos no Governo ou na vida pública. O que não pode haver é uma relação de dependência ou de aliança com a entidade religiosa à qual a pessoa está vinculada.

Na atualidade, o que se tem observado é a chamada "*perseguição educada*", um discurso de intolerância religiosa falsamente abrigado pela característica de ser o Brasil um país laico. Em nome dessa condição, grupos religiosos têm sofrido interferência em sua liberdade de consciência, em suas manifestações religiosas e mesmo no direito de aplicar os preceitos inerentes a sua fé.

O que se verifica é o fortalecimento de algumas legendas políticas, supostamente albergadas sob a "bandeira do Estado laico" e, com discursos de progresso e modernidade, impõem seus pontos de vista, não aceitando aqueles que deles não conjugam. Do ponto de vista prático, surgem situações delicadas e que reforçam o preconceito aos que ainda defendem suas crenças religiosas: pais não podem reivindicar junto aos estabelecimentos de ensino que sejam seus filhos educados segundo sua fé, especialmente no tocante a questões controversas como educação sexual e identidade de gênero (sob pena de serem tachados de incitadores de ódio e intolerância); profissionais formados em estabelecimentos confessionais sem conseguirem acesso a determinados empregos; programas televisivos absurdamente desrespeitosos à religiosidade da grande maioria da população.

Está-se diante da interpretação radical do significado de laicidade por parte de um governo, cujo dever é manter o espaço público aberto a todas as religiões.

Nas palavras do Papa Francisco, esta abordagem reducionista à compreensão da liberdade religiosa procura consignar as religiões à "silenciosa obscuridade da consciência do indivíduo ou relegá-las para os recintos fechados das igrejas, sinagogas ou mesquitas".

O que caracteriza a autonomia de um ramo do direito? Princípios, normas e regras com aspectos diferenciais dos outros ramos? Se assim for, não haveria no concernente à religião princípios, normas e regras diferenciais, dentro do direito positivo? Se sim, quais seriam?

Se por um lado as religiões são essenciais à realização humana e também meios de afirmação da liberdade individual, por outro, elas se tornam focos permanentes de conflitos dentro da sociedade.

O Direito Religioso deve ser produzido e aperfeiçoado de maneira a proporcionar o melhor leque possível de escolhas individuais, num plano de convivência democrática, em que todas as crenças possam afirmar suas respectivas verdades, reconhecendo ao mesmo tempo a condição de verdade na revelação de todas as outras. Complicado desafio é o de regular a existência de múltiplas religiões e de harmonizar conflitos religiosos em sociedades gradativamente mais complexas. O fenômeno da globalização e a multiplicação de crenças e religiões torna ainda mais delicada a busca por uma fórmula legislativa geral, que contenha e concilie valores e convicções, muitas vezes contraditórios entre si.

O Direito Religioso já constitui um ramo autônomo da ciência jurídica?

Acreditamos que sim. A despeito de ainda não conhecermos uma mesma norma infraconstitucional positivada que abrigue e harmonize todas as crenças religiosas existentes na pluralista e multicultural sociedade brasileira, há que se reconhecer que, em se tratando de Direito Religioso, muitos avanços têm existido notadamente no sentido de reforçar sua autonomia, especialmente junto aos Tribunais.

O Direito Religioso já apresenta fundamentos, princípios e regras próprias, que se limitam à sua matéria específica, apresentando contornos que os distinguem dos demais ramos da ciência jurídica. A construção doutrinária e jurisprudencial tem se avolumado e fornecido suficiente material para que o aplicador da lei possa escolher, validar e preservar o conhecimento jurídico, para delimitar e dirimir as questões conflituosas dessa seara.

Os princípios de Direito Religioso derivam do basilar Princípio da Liberdade Religiosa, estando todos protegidos pelo texto constitucional.

A Liberdade Religiosa se desdobra em Liberdade de Crença; Liberdade de Culto; Liberdade de Manifestação da própria crença.

Cabe ao Estado garantir a efetividade de tais liberdades, ao mesmo tempo em que as tentar harmonizar com a tolerância e laicidade do Estado e de sua própria gestão.

Concorda conosco, José Afonso da Silva quando diz que a Liberdade Religiosa:

> Ela se inclui entre as liberdades espirituais. Sua exteriorização é forma de manifestação de pensamento. Mas, sem dúvida, é de conteúdo mais complexo pelas implicações que suscita. Ela compreende três formas de expressão (três liberdades): (a) liberdade de crença; (b) liberdade de culto; (c) e a liberdade de organização religiosa. Todas estão garantidas na Constituição.

Em nossa Carta Constitucional, encontramos dispositivos expressos que reforçam tal entendimento:

- o art. 5º preconiza que todos são iguais perante a lei, estabelecendo a livre manifestação do pensamento (IV);
- a primeira parte do inciso VI do mesmo artigo garante a todos liberdade de crença;
- art. 5º, VI, segunda parte, existe expressa menção à proteção para a liberdade de culto;
- no inciso VII, há a previsão de assistência religiosa em entidades civis e militares de internação coletiva, buscando a proteção e conforto espiritual daqueles internados, de acordo com suas respectiva crenças;
- o inciso VIII proíbe o Poder Público e membros da sociedade civil privar direitos do cidadão por motivo de crença ou convicção religiosa, esbarrando tal proibição na responsabilização da pessoa perante a esfera pública; o inciso X garante a inviolabilidade da intimidade, vida, honra, imagem;
- o art. 150, VI, "b", traz a previsão de imunidade tributária a templos de qualquer culto;
- o art. 143 traz a escusa de consciência;
- a previsão da prestação do ensino religioso nas escolas públicas quando requerido (art. 210).

Em se tratando de legislação infraconstitucional, registre-se o art. 208 do Código Penal, ainda em vigor, tipifica a conduta daqueles que escarnecem de alguém publicamente, por motivo de crença ou função religiosa ou impedem e perturbam cerimônia ou culto religioso, ou promovem vilipêndio religioso.

5. Conclusão

Não se pode duvidar que tanto o legislador quanto o aplicador da lei, tem atuado no sentido de proteger e garantir o exercício do direito religioso, entretanto, que não surjam equívocos acerca da existência de um critério objetivo e claro para que se determinem quais seriam as religiões assim reconhecidas. O que se tem verificado é o esforço constitucional e estatal para garantir ao indivíduo a liberdade de manifestação de sua individualidade em diversas searas, inclusive na possibilidade de escolha de sua própria crença.

Nossa sociedade em constante formação e desenvolvimento, apoiada pela máquina estatal em todas as suas esferas política, legislativa e judiciária, tem buscado proteger e tutelar os anseios e as íntimas convicções de cada um, estando aí também inseridos os direitos decorrentes da falta de qualquer crença. À medida que casos práticos vão se apresentando, novos estudos e construções doutrinárias se robustecem, disponibilizando ao aplicador da lei maior esclarecimento, que lhe permita respeitar e conjugar os distintos interesses de tão rica matéria.

Bibliografia

ACN (Ajuda à Igreja que sofre), Relatório 2021. Liberdade Religiosa no Mundo.

ARAÚJO, Sérgio L. S. *Revista de informação legislativa*, v. 36, n. 143, p. 5-14, jul./set. 1999, Data de publicação: 07/1999, acessado em 26/04/2021 Endereço para citar este documento: http://www2.senado.leg.br/bdsf/handle/id/498

BALDISSERI, Lorenzo. *Diplomacia Pontifícia acordo Brasil-Santa Sé Intervenções*. Ed. LTR, 2011.

BÍBLIA de Jerusalém. São Paulo: Edições Paulinas, 1985.

COMPÊNDIO Vaticano II, Ed. Vozes, Petrópolis, 29ª edição, 2000.

CONSTITUIÇÃO da República Federativa do Brasil, Organizador Alexandre de Moraes, 50ª edição, São Paulo: Atlas, 2021.

ESPÍN, Orlando O. *novo dicionário de teologia-globalização e experiência religiosa*. São Paulo: Editora Paulus, 2009.

HELFERICH, Christoph. *História da filosofia* 1ª Edição. São Paulo: Ed. Martins Fontes. 2006

HERVADA, Javier. *Elementos de derecho constitucional canónico*. 3ª edição. Pamplona, EUNSA, 2014.

LIMA, Maurílio Cesar de Lima. *Introdução* à história do direito canônico. 2ª Eeição. São Paulo. Loyola, 2004.

MARTINS Ives Gandra da Silva, CARVALHO Paulo de Barros, BERTELLI Luiz Gonzaga, BIAGINI João Carlos. Orgs. *Liberdade religiosa e liberdade de expressão*. 1ª Edição. São Paulo: Noeses, 2020.

McKenzie, John L. *Dicionário bíblico*, São Paulo: Ed. Paulus, 2015.

MORAES, Alexandre. *Direito constitucional*. 16ª edição. São Paulo. Atlas, 2004.

PANIKKAR, Raimon. *Novo dicionário de teologia*. São Paulo: Ed. Paulus, 2009.

PONZILACQUA, Marcio H. P. *Direito e Religião: abordagens específicas*. Organização: Marcio Henrique Pereira Ponzilacqua Edição: Faculdade de Direito de Ribeirão Preto da Universidade de São Paulo (FDRP – USP), 2016.

NOVO DICIONÁRIO de Teologia, Diálogo Inter-religioso e Intrarreligioso. Tamayo Juan J. (org). (verbete: Raimon Panikkar) p. 150. São Paulo. Editora Paulus, 2009.

REALE, Miguel. *Lições preliminares de direito.* 22ª edição. São Paulo. Saraiva, 1995.

SILVA, José Afonso. *Comentário contextual à Constituição.* 9ª Edição. São Paulo. Malheiros, 2014.

_____. *Teoria do conhecimento constitucional.* São Paulo. Malheiros, 2014.

_____. *Curso de direito constitucional positivo.* 23ª edição. São Paulo. Malheiros, 2004.

SORIANO, Aldir Guedes. *Liberdade religiosa no direito constitucional e internacional.* São Paulo: Juarez de Oliveira, 2002.

SILVA JUNIOR, Antonio Carlos da Rosa. Laicidade do Estado. Uma interpretação a partir do preâmbulo constitucional. *Revista Jus Navigandi,* ISSN 1518-4862, Teresina, ano 16, n. 2855, 26 abr. 2011. Disponível em: https://jus.com.br/artigos/18975. Acesso em: 20 abr. 2021.

TAMAYO, Juan José. Org.; VELASCO, Juan Martin. *Novo dicionário de teologia. Religião.* São Paulo: Paulus, 2009.

TEMER, Michel. *Elementos de direito constitucional.* 12ª Edição, Malheiros, 1996.

VIEIRA, Thiago Vieira; REGINA, Jean Marques. *Direito religioso.* 1ª Edição. Porto Alegre/RS: Concórdia, 2018.

TRIBUTO E REFERÊNCIA A DEUS NO TEXTO CONSTITUCIONAL

Miguel da Costa Carvalho Vidigal[1]

Sumário: 1. Introdução – 2. Deus no projeto constitucional – 3. Porque Deus deve estar presente – 4. Conclusão – Bibliografia.

Resumo: Ao fazer referência a Deus Nosso Senhor no preâmbulo da Constituição Federal o Estado brasileiro reconhece a superioridade do Criador e lhe presta homenagem. Apesar de pertencerem a esferas diferentes, o temporal e o espiritual devem colaborar em uma aliança de paz pelo bem de qualquer nação. Deus é ponto de partida necessário para o futuro de um povo.

Palavras-chave: Deus – Constituição Federal – Preâmbulo Constitucional – Poder Temporal – Poder Espiritual.

"Só no Senhor existem a justiça e o poder"

(Is 45, 22-24)

---

1. Advogado, doutorando em Direito Civil pela Universidade de São Paulo. Diretor Tesoureiro da UJUCASP – União dos Juristas Católicos de São Paulo. Colaborou na Europa e nos Estados Unidos como articulista e relações institucionais para diversas associações civis e religiosas, entre elas as TFPs francesa e americana, a Deutsche Vereinigung für eine Christliche Kultur e a Fédération Pro-Europa Christiana. Credenciou-se em 2004 como jornalista no Ministère des Affaires Étrangères da França. Foi Diretor da Escola de Gestão Pública de Jundiaí.

1. Introdução

O Brasil nasceu sob o influxo da religião, mais especificamente a católica. O primeiro ato público, após o descobrimento pelos portugueses, foi a celebração religiosa da missa. O pintor Victor Meirelles retratou a cena tal como imaginou, de forma brilhante e encantadora. O escrivão Pero Vaz de Caminha, ao relatar em carta o ocorrido ao rei português Dom Manuel, conta que a celebração foi feita em um "*altar mui bem arranjado*" e "*foi ouvida por todos com muito prazer e devoção*"; o relato conta ainda, que os índios, que ali estavam silenciosos e atentos ao longo da oração, esperaram o seu fim para dançar e fazer barulho.

O sermão, que o celebrante, Frei Henrique de Coimbra, proferiu ao final da cerimônia, "*tratou da nossa vinda e do achamento desta terra, conformando-se com o sinal da Cruz, sob cuja obediência viemos, o que foi muito a propósito e fez muita devoção*", como diz aquela carta que pode ser chamada a "certidão de nascimento do Brasil".

Poucas nações tiveram um início tão religioso como o Brasil. Apesar da informalidade dos atos realizados à chegada dos navegadores, que se nota pelo relato daquela expedição lusa; a Cruz, tão logo entraram em nossas terras, foi fincada em solo brasileiro.

Deste modo, nosso futuro ficou para sempre comprometido com aquele ato, seja pelas graças que trouxe ao país, ou, ainda que se queira esquecer o fundo religioso de nosso berço, pela marca histórica de ter sido o primeiro evento solene realizado em comum por duas das principais etnias que formariam a História da Terra de Santa Cruz.

Posteriormente, a memória de outras tantas raças que aqui foram se instalando ao longo do tempo, quase que invariavelmente foi sendo acompanhada por movimentos e sentimentos religiosos, no mais das vezes também católicos.

Os negros, que trouxeram a sua cultura africana, foram, assim como os índios, também se adaptando ao catolicismo, de tal modo que não é raro encontrarmos em muitos pontos do país uma Igreja e uma Irmandade por eles construída, seja em homenagem a algum santo negro ou ainda à Nossa Senhora, mãe dos negros. Deparamos com homenagens e devoções parecidas para diversos outros grupos que para cá migraram ao longo dos mais de quinhentos anos de nossa História.

É, portanto, natural que um texto Constitucional se refira, logo em suas primeiras linhas, a Deus.

Do ponto de vista religioso e filosófico, a referência se faz necessária e justa, Santo Tomás de Aquino, em sua *Suma Teológica*,[2] ensina que todas as coisas estão sujeitas à Providência Divina, pois toda criatura e todo ato têm em si mesmo um fim. As coisas naturais têm esse fim na medida em que são organizadas pelos seres racionais; já estes têm um fim na medida em que, com o seu livre arbítrio, fazem suas próprias escolhas e definem seu fim.

No plano histórico e cultural, a referência a Deus em nossa Carta Magna é lógica e condiz com nosso berço, nossa História e mesmo com a índole do povo brasileiro, profundamente religiosa.

Pretendemos aqui fazer uma análise puramente filosófica dessa origem histórico-cultural bem como a aplicação dela em nossa realidade jurídica.

2. Deus no projeto constitucional

Os anais da Constituição de 1988 contam que o relator do projeto, deputado federal pelo Amazonas, Bernardo Cabral lamentava a "ausência de um fio condutor filosófico" no documento apresentado para início das votações do texto final em 9 de julho de 1987.

---

2. S. TOMÁS de AQUINO, 2016, p. 444.

À época, inúmeras eram as controvérsias que essa redação inicial gerou,[3] muito podia se aventar sobre o que era aquele fio condutor procurado pelo parlamentar. A tal "ausência de um fio condutor filosófico" marcou aquele momento de nossa História e foi exaustivamente comentada. Com o passar do tempo, a explicação dada pelo amazonense foi de que esse elo almejado à época existia porque a Comissão de Sistematização do projeto desejava para a nação um sistema parlamentarista.[4]

A realidade, no entanto, é que a pressão à época era muito maior do que uma mera discussão do parlamentarismo em face do presidencialismo. Muitos foram os debates, a respeito dos mais variados temas.

É preciso, portanto, entender os princípios e as fontes filosóficas que inspiraram a feitura do texto constitucional de 1988, para se compreender a grande pluralidade de questões que se colocavam à época.

A principal fonte filosófica da Constituição Federal Brasileira parece ser a corrente de pensamento que inspirou a Revolução Francesa em 1789, notadamente na reunião da assembleia constituinte francesa que proclamou que o povo é a fonte da autoridade única e máxima da política nacional.

Se de um lado o legislador originário entregou o texto magno "*sob a proteção de Deus*" ao final do primeiro parágrafo, é clara a referência às máximas revolucionárias em dois momentos iniciais da nossa Carta Máxima. A primeira recorda a famosa trilogia[5] usada pelos pensadores iluministas:

> *Nós*, representantes do povo brasileiro, reunidos em Assembleia Nacional Constituinte para instituir um Estado democrático, destinado a assegurar o exercício dos direitos sociais e individuais, a **liberdade**, a segurança, o bem-estar, o desenvolvimento,

3. Cfr *Projeto de Constituição angustia o país*, Oliveira, 1987.

4. SENADO FEDERAL, 2008, site internet.

5. "Liberté, égalité, fraternité".

a **igualdade** e a justiça como valores supremos de uma sociedade **fraterna**(...) (grifos nossos).[6]

A segunda alusão a essa corrente filosófica encontramos no parágrafo único do primeiro artigo da CF ao declarar que "*todo poder emana do povo, que o exerce por meio de representantes eleitos ou diretamente, nos termos desta Constituição*". [7]

É preciso recordar que no advento da Revolução Francesa iniciou-se uma grande mudança no pensamento filosófico da Humanidade.

Até aquele momento da História, as leis tinham como princípio Deus. Muito embora esse conceito tenha sido aplicado principalmente após o advento do Cristianismo, podemos perceber em textos mesmo anteriores ao nascimento de Nosso Senhor Jesus Cristo que a filosofia se baseava em um Ser Superior.

Pensadores gregos como Platão faziam referência a isso; Sócrates muito discorreu sobre a necessidade do homem de trabalhar a espiritualidade, afirmou a existência e a necessidade de Deus para a sociedade, dizendo que a lei natural supõe um ser superior ao homem, um legislador que a promulgou e sancionou. Sustentou também o filósofo que Deus não só existe, como também providencia e governa o mundo com sabedoria. A conclusão deste pensamento seria de que o único meio de alcançar a felicidade para o homem é procurar ser semelhante a Deus, praticando a virtude.

Também Aristóteles escreveu em sua *Ética a Nicômaco* que o "*estudioso da política, bem como o psicólogo, têm que estudar a natureza da alma, embora o primeiro o fará a título de um suporte à política*".[8]

---

6. Cfr. *Constituição Federal*, preâmbulo, 1988.

7. Idem.

8. Aristóteles, 2009, p. 62.

A filosofia romana e sobretudo a medieval não mudaram o rumo do pensamento humano nessa área; Deus estava sempre no centro das atenções. A base das leis até o advento da Revolução Francesa era o Direito Natural oriundo em Deus, e os direitos divinos serviam como norte para toda e qualquer lei e costume.

A vinda de Nosso Senhor e a consequente implantação do Cristianismo fizeram com que Deus fosse colocado neste foco da vida humana; Henri Delassus descreve esse sentimento:

> Do século I ao século XIII, os povos tornaram-se cada vez mais atentos a essa pregação, e o número dos que dela fizeram luz e regra de vida foi cada vez maior. Sem dúvida havia fraquezas, fraquezas das nações e fraquezas das almas. Mas a nova concepção da vida permanecia lei para todos, lei que os desvios não faziam perder de vista e à qual todos sabiam, todos sentiam que era preciso retornar, uma vez que tivessem (dela se) afastado. Nosso Senhor Jesus Cristo, com seu Novo Testamento, era o doutor escutado, o guia seguido, o rei obedecido. Sua realeza era a tal ponto reconhecida pelos príncipes e pelos povos que eles a proclamavam até em suas moedas. Em todas estava gravada a cruz, o signo augusto da ideia que o cristianismo tinha introduzido no mundo, que era o princípio da nova civilização, a civilização cristã que devia regê-lo.[9]

A Revolução de 1789 suprimiu essa realidade,

> de repente, suprimiram os direitos de Deus. Desta maneira, em todo o lado onde Deus era o Mestre e reinava como tal, foi substituído pelo homem, cujos pensamentos e vontades tomam o lugar do pensamento de Deus, da vontade divina, das vontades e da lei divina.[10]

Essa nova "verdade" revolucionária foi ganhando corpo e, pouco a pouco, foi sendo implantada de forma mais cogente, com o fim da primeira Grande Guerra do século XX. A partir da Declaração Universal dos Direitos Humanos, publicada em 10 de dezembro de 1948, pretendeu-se oferecer a todo e

9. DELASSUS, 2021, p. 23.

10. Philippe, 2021, p. 44.

qualquer cidadão um conjunto de liberdades, de religião, reunião, imprensa, educação, ir e vir, entre outras.

Tal premissa passou a ser aplicada de forma imperativa em todos os textos constitucionais que foram elaborados desde então, bem como tomaram conta dos tribunais e das ações mais banais do homem. Mas elas tinham como base de fundo o homem e excluíam Deus, que deveria, segundo esse novo modo de pensar, ser tratado de forma pessoal e íntima, jamais como princípio da realidade político-social. A tal ponto que hoje se acredita que não existe uma verdade absoluta que atravessa os tempos, mas sim uma verdade momentânea que varia segundo os tempos e a vontade da maioria popular.

Não entraremos aqui na questão de como a representação dessa maioria popular é aplicada, uma vez que, de um lado, cada país tem a sua forma de escolher seus representantes e, de outro, sabemos que afirmar que a vontade da maioria popular é aquela praticada por legisladores e julgadores seria deveras temerário e longe de expressar a vivência do homem moderno.

O Papa Leão XIII, em sua encíclica "*Immortale Dei*", analisando a questão, afirma que já naquela época:

> A soberania de Deus é passada em silêncio, exatamente como se Deus não existisse, ou não se ocupasse em nada com a sociedade do gênero humano; ou então como se os homens, quer em particular, quer em sociedade, não devessem nada a Deus, ou como se pudesse imaginar-se um poder qualquer cuja causa, força, autoridade não residisse inteira no próprio Deus. [11]

Nesse mesmo documento, mais adiante, o Papa ainda foi mais longe, ao afirmar que a pretensa moral civil, sem Deus, é um grande e pernicioso erro, uma vez que a humanidade, abandonada às suas paixões e pensamentos momentâneos, pode-se distanciar do bem e aproximar-se das mais profundas imperfeições.

---

11. LEÃO XIII, 1885, site internet.

Esse é o pano de fundo que existia para pelo menos a maioria dos constituintes de 1988. A carta constitucional deveria se fundar em uma suposta união de vontades humanas, representadas por pessoas que haviam sido eleitas para aquele momento, onde Deus seria, na melhor das hipóteses, mero expectador.

É preciso recordar que o momento particular do Brasil quando da elaboração do texto constitucional era bastante complicado. Passado o período de governo militar, o povo foi chamado às urnas para escolher seus representantes. Um povo sem referências críticas em relação aos candidatos, acabou decidindo, na maior parte das vezes, com pouquíssimas informações a respeito dos concorrentes, deixando-se levar por propagandas feitas por um marketing na maioria dos casos, bastante duvidoso.

É este o contexto que é preciso relembrar para compreender melhor a falta de sintonia entre os diversos temas à qual fazia referência o próprio relator do texto constitucional. Se logo nas primeiras linhas encontrávamos princípios e referências aparentemente contraditórios, a saber, a defesa dos princípios da Revolução Francesa em face da presença de Deus, como poderia haver um "fio condutor" entre todo o resto da obra?

Qual era a orientação principal a ser seguida? Qual Brasil se pretendeu construir com a promulgação, em 1988, da Constituição Federal? Era o país religioso da primeira missa, sob a proteção de Deus ou era a nação de cidadãos autodependentes que prestam homenagem aos princípios norteadores da Revolução Francesa?

Essas perguntas explicariam ao menos em parte a lamentação do relator do projeto constitucional a respeito da falta de "*fio condutor filosófico*"? Havia uma batalha, e ainda há, por vezes velada, sobre a presença de Deus na vida social e cultural, em nosso país. Não parece que um dia essa luta terá fim e até mesmo os tribunais brasileiros, sobretudo nossas Cortes Superiores, volta e meia são chamados a decidir se Deus permanece ou sai da nossa vida político-jurídica-social.

Não é novidade a informação de que os juízes em nosso país são instados a decidir temas relacionados à presença de Deus na sociedade. Entre outros, podemos citar os julgamentos sobre os crucifixos em locais públicos ou então a respeito do ensino religioso nas escolas públicas e ainda aqueles que debatem a permanência de imagens e referências religiosas em praças pertencentes ao Estado.

Essa divisão não é recente. Já nos tempos do Brasil Colônia, a presença de Deus era muito questionada, haja vista o imbróglio da expulsão dos jesuítas por parte do Marques de Pombal, que, defensor de um Estado Onipotente sobre todos os temas, acusava os sacerdotes católicos evangelizadores de apoiar os indígenas em face dos interesses portugueses.

A discórdia entre religião e certos atores políticos permaneceu ao longo dos tempos em diversos períodos de nossa História, como a perseguição no período monárquico dos Bispos de Salvador Dom Antonio de Macedo Costa e de Olinda, Dom Vital, que acabaram inclusive sendo presos naquele fato que seria conhecido como a "*Questão Religiosa*", um problema de Estado à época.

Como pretender que um país, nascido religioso, se afaste completamente de suas origens e tradições? É o que parece ser a vontade de um certo número de pessoas, em nossos dias. Na falta de serem originais, são hoje mais incisivos e possuem maior número de adeptos do que outrora, muito embora o poder daqueles que não se afeiçoam a Deus já fosse muito grande bem antes do que todos os que aqui estamos tivéssemos nascido.

Getulio Vargas dizia que *"As incertezas, as dificuldades, os choques promanam de dois Brasis, um político e outro econômico, que não coincidem"*,[12] essa máxima, provavelmente correta, apenas indica que há, em nosso país, a divisão de interesses e causas, que ora pulam de um lado, ora se encaminham para outro.

Plinio Corrêa de Oliveira, ao comentar tal frase, afirmou que, em face do Brasil político, muito mais distante de que o

12. OLIVEIRA, 1938, p. 8.

econômico, há o Brasil religioso. E ao analisar em nossos dias essa ponderação, podemos incluir essa distância da religião não só na seara política, mas também no Brasil jurídico, por meio de um injustificável ativismo judicial.

Muito embora desde a proclamação da República, tenhamos em nossas cartas constitucionais a separação da Igreja e do Estado, o Brasil religioso não deixou de existir, a ligação de nosso povo com Deus é como uma marca indelével de uma tatuagem que não se separa do corpo.

A trilogia revolucionária, "*liberté, egalité, fraternité*" usada à exaustão desde o tempo do "terror revolucionário" que instaurou seus princípios não são suficientes para afastar o anseio do povo por Deus.

E esse anseio é o que justificou a colocação de Deus em nossa Carta Constitucional. Não faria sentido que, no principal texto legal do Brasil, país repleto de referências religiosas, muitas delas base de nossa rica História, se olvidasse do Criador.

A referência a Deus, apesar de mínima e menor do que deveria, é, portanto, não somente justa, mas necessária e importantíssima para o porvir da nação.

3. Porque Deus deve estar presente

As constituições modernas têm se amoldado aos princípios da proclamação da liberdade e da igualdade, dando a esses dois conceitos uma ênfase ainda mais forte do que à fraternidade.

Contudo, parece-nos que a aplicação dessa sistemática não tem dado certo, uma vez que após sua positivação e com a influência de sistemas filosóficos alheios a Deus, acabou por exagerar na autossuficiência da pessoa humana.

Não se pretende aqui fazer uma defesa de um hipotético Estado religioso, até porque a realidade do mundo atual não permite sequer imaginá-lo.

De qualquer modo, a Igreja e o Estado não buscam um mesmo fim, a primeira procura levar os homens à vida sobrenatural da graça neste mundo e à salvação, no outro; já o Estado deve proporcionar a paz e os progressos temporais. No entanto, ambas esferas possuem autoridade sobre pessoas que se prestam a obedecer a uma e outra, muitas vezes, sobre um mesmo assunto.

Dirá um leitor mais progressista que é inútil pensar em analisar a relação de Deus com o Estado, pois a marcha da Revolução é implacável e não haveria motivo para perder tempo com esse tema.

Em contrapartida a isso é preciso recordar que:

> "não se pode negar que o Evangelho era radicalmente contrário ao meio em que Nosso Senhor Jesus Cristo e os Apóstolos o pregaram" e, ainda, que "a renascença, tão cara aos revolucionários, foi, ela mesma, sob vários aspectos pelo menos, a volta a um naturalismo cultural e artístico fossilizado havia mais de mil anos".[13]
>
> "A História comporta vais e vens, portanto, quer nas vias do bem, quer nas do mal. Aliás, quando se vê que a Revolução considera algo como coerente com o espírito dos tempos, é preciso circunspecção, pois não raras vezes se trata de alguma velharia dos tempos pagãos, que ela quer restaurar [...] O conceito de 'moderno' para a Revolução se cifra no seguinte: é tudo quanto dê curso ao orgulho e ao igualitarismo, bem como à sede de prazeres e ao liberalismo".[14]

Tendo vivido no século XIX, mas sendo um dos principais inspiradores da filosofia do século seguinte, Friedrich Nietzsche afirmava que não cabia ao homem curvar-se a qualquer tipo de doutrina, mas sim, deixar-se levar por uma força repleta de sensualidade e alegria. Todo e qualquer tipo de preceito, fosse ele religioso, moral, racional, social ou político, tornava o homem mais fraco e, portanto, um escravo. Não por

13. OLIVEIRA, 1982, p. 47.

14. Idem.

acaso sugeriu a morte de Deus, "aquele ser opressor que tolhia a liberdade ao homem".

E assim o pensador alemão anunciava essa morte de Deus:

> Eu vos conjuro, meus irmãos, permanecei fiéis à terra e não acrediteis naqueles que vos falam de esperanças sobrenaturais! São envenenadores! Expulsai-os para sempre! Houve tempo em que o crime contra Deus era o maior dos malefícios. Mas Deus está morto, e com ele também morreram os delinquentes deste tipo![15]

Esse pensamento era a sequência lógica do raciocínio que permeou a sociedade filosófica pós Revolução Francesa. O homem do século XX se imbuiu de uma modernidade que:

> vinha ao encontro de profundas aspirações de emancipação. Os inovadores saudavam com alívio a destruição da velha ordem e a aurora da nova sociedade mais arejada, como se recebesse uma lufada de ar fresco em um quarto abafado. Inclinados a transformar essas aspirações em hábitos de vida, deixavam-se absorver pelo novo mundo.[16]

Um novo mundo onde Deus, querendo participar, deveria ser uma espécie de assistente alheio às decisões racionais que o homem deveria tomar a partir de suas próprias vontades.

Era a negação mesma da História da Humanidade, era uma guerra total a toda Civilização Ocidental, afinal, não há como contestar que a construção dessa sociedade foi feita pelo impulso daqueles que acreditavam em Deus.

E, como herdeiros da civilização europeia, a sociedade brasileira se formou profundamente cristã e assim cresceu e permanece até nossos dias. Conta-se que o embaixador americano, à época da presidência de Floriano Peixoto, não se deixou impressionar pelo agnosticismo dos quadros políticos

---

15. NIETZSCHE, 1996, p. 9.

16. IZCUE, 2016, p. 39.

nacionais e, saudando o então chefe de nosso Executivo, declarou que sua nação e a nossa eram irmãs porque "ambas temiam a Deus e amavam a liberdade".[17]

Recordando esse fato é preciso ter presente que a primeira Constituição Federal republicana do Brasil havia excluído Deus de seu preâmbulo, para afirmar que todo poder emana do povo.

Foi somente a Carta Magna de 1934 que, sem abandonar a tese da origem popular do poder, reconduziu Deus como protetor de suas leis. Não durou muito, a nova diretriz constitucional de 1937 retirou novamente o Criador.

Em 1946, nossa Constituição novamente foi promulgada sob a proteção de Deus e o mesmo rito permaneceu nas duas últimas cartas constitucionais, de 1967 e 1988.

É uma simples menção, mas ao pedir a proteção de Deus, defende-se um princípio de que o Estado definitivamente não é agnóstico, o Brasil acredita em Deus e espera dEle apoio para o seu futuro.

Pode-se, enquanto católico, ou mesmo religioso de outro credo, almejar mais do que isso, mas é preciso reconhecer que as elites intelectuais de nosso país não têm esse assunto como preocupação primeira. Não parece também que seria essa a batalha que seria empreendida pelos cristãos em caso de um eventual novo texto constitucional.

É preciso recordar, como já dissemos anteriormente, que há uma clara contradição nas primeiras linhas do texto constitucional, que deixa implícito o poder de Deus sobre toda a nação, caso contrário não lhe pediria proteção, e por outro lado determina que a eficácia de suas leis se dá não pela autorização do Criador, mas pela outorga que o povo entregou a seus legisladores.

Ninguém pede proteção a uma figura inexistente, nem mesmo a alguém inferior ou igual, seria bastante insólito

---

17. PRADO, 1895.

pensar o contrário; portanto, é claro que Deus foi colocado em nossa Constituição como Ser Supremo e acima das leis e vontades. Mas será Ele respeitado desse modo em nossos dias?

Estamos prontos, enquanto cidadãos, a procurar louvar a Deus em todos os aspectos de nossas vidas? Não parece ser o caso.

A imagem do Cristo Crucificado permanece como foco e centro de inúmeros estabelecimentos públicos, o Redentor de braços abertos no Rio de Janeiro é o símbolo máximo do nosso país no exterior, Nossa Senhora Aparecida, sua Mãe, é a padroeira de todos nós, mas a pertinácia dos agnósticos não para, e não são raros os movimentos em prol de uma total exclusão de Deus de nossa vida pública e política.

4. Conclusão

Qual deveria ser a posição de um brasileiro temente a Deus em face dessa realidade? Seria possível um Estado mais religioso e menos ateu?

Ruy Barbosa, em sua obra "*Elogios e Orações*", após enumerar de forma benevolente todas as regalias do Cristianismo na América do Norte explica que:

> "o constitucionalismo americano repele essa uniformidade ateia, cuja superstição professa a república no Brasil"[18], mais adiante, ao comentar como ele imaginava o futuro do nosso país, completava na mesma obra: "Antes da república existia o Brasil; e o Brasil cresceu cristão, cristão continua a ser até hoje. Logo, se a república veio organizar o Brasil, e não esmagá-lo, a fórmula da liberdade constitucional na república, necessariamente há de ser uma fórmula cristã.[19]

Não há uma resposta simples para a questão de como deve se portar o católico em face dessa realidade. Sabemos que os tempos atuais não se prestam à decretação de um

18. BARBOSA, 1924, p. 311.

19. Idem, p. 314.

Estado oficialmente religioso, nem mesmo as autoridades da Igreja almejam isso.

O que poderia então ser esperado pelos cristãos nessa matéria? Copiamos aqui o que disse a conclusão de Plinio Corrêa de Oliveira em 1938, sobre o tema, e com ela concluímos nosso trabalho:

> *Não queremos concordatas, nem reconhecimentos oficiais, nem favores que, inevitavelmente, seriam mais onerosos para nós do que para o Estado.* [...] o que queremos, simplesmente, é que o Estado promulgue uma legislação que reprima seriamente os vícios sociais [...].
>
> Além de combater o vício, deveria o Estado iniciar uma campanha resoluta para sanear as chagas sociais que ameaçam criar entre nós tremendos problemas. Trate ele seriamente dos interesses das classes operárias, do salário-mínimo, das habitações física e moralmente higiênicas, da proteção às gestantes, e estará merecendo a simpatia calorosa dos católicos.
>
> E não basta. O combate ao mal não é suficiente. É preciso, além disto, disseminar o Bem. Não pleiteamos, agora, que o Estado oficialize a Religião Católica, repetimo-lo com insistência, para não criar equívocos. Mas o que queremos é que o Estado dê à Igreja ampla liberdade de penetrar nas escolas, nos quartéis, nas prisões, nos hospitais oficiais etc.
>
> Isto é o que pedem os católicos brasileiros.
>
> Se o Estado realizar este magnífico programa, terá encontrado sua identificação com o Brasil católico e, portanto, com o Brasil autêntico.[20]

Esse é o fundo de quadro que todo e qualquer cristão deve ter em mente quando se refere ao poder temporal, "dai a César o que é de César e a Deus o que é de Deus".

É preciso que haja uma aliança de paz em que a Igreja, ciosa no respeito ao poder temporal, pede a si o direito de fazer o bem espiritual e de procurar levar o maior número de pessoas ao céu. Em contrapartida, o governante, seguindo

---

20. OLIVEIRA, 1938, p. 8.

a Constituição Federal e pedindo a proteção de Deus, presta homenagem, reverencia e se submete Àquele que nos criou, e, se ainda por cima souber seguir o preceito bíblico de procurar antes de tudo o Reino dos Céus,[21] certamente se cumprirá em suas ações e em todo país aquilo que fora prometido no Evangelho: todas as demais coisas nos serão dadas por acréscimo.

Bibliografia

ARISTÓTELES. Ética a Nicômaco. Bauru: Edipro, 2009.

BARBOSA, Ruy. *Elogios acadêmicos e orações de paranympho.* Rio de Janeiro: Revista de Língua Portuguesa, 1924.

CONSTITUIÇÃO FEDERAL DO BRASIL DE 1988.

DELASSUS, Henri. *Conjuração Anti-Cristã.* São Paulo: Castela Editorial, 2021.

FRANCA, Leonel. Historia da Philosophia. Rio de Janeiro: Pimenta de Mello, 1928.

IZCUE, Julio Loredo de. *Teologia da libertação.* São Paulo: Artpress, 2016.

LEÃO XIII, Carta Encíclica Immortale Dei. Disponível em: https://bit.ly/3f1H4hG Acesso em: 28 jul. 2021.

NIETZSCHE, Friedrich, Cosi parlò Zarathustra. *Città del Castello:* Zeus Editoriale, 1996.

OLIVEIRA, Plinio Corrêa de. *Dois Brasis.* São Paulo: Revista Legionário, 1938.

_____. *Revolução e Contra-Revolução.* São Paulo: Atrpress, 1982.

_____. *Projeto de Constituição angustia o país.* São Paulo: Editora Vera Cruz, 1987.

21. MT, 6,33.

PHILIPPE, A. *Jesus Cristo, Mestre e Rei das Nações*. São Caetano do Sul: Editora Santa Cruz, 2021.

PRADO, Eduardo. Crítica Republicana, seção "Opiniões" no jornal "O Comércio de São Paulo" em 21.11.1895.

RAMIÈRE, Henri. O Reino de Jesus Cristo na História. Porto: Editora Civilização, 2001.

SENADO FEDERAL. *Bernardo Cabral:* "Nova Constituição soterrou o obscurantismo". Site do Senado Federal. Disponível em: https://bit.ly/3xeDrep Acesso em: 28 jul. 2021.

THOMÁS DE AQUINO, SANTO. *Suma Teológica*. São Paulo: Edições Loyola, 2016.

O PREÂMBULO DA CONSTITUIÇÃO E O DIREITO PÚBLICO: A ORIGEM DO DIREITO DO ESTADO SOB UMA PERSPECTIVA PUBLICISTA

Maurício Pereira Colonna Romano[1]

Resumo: Este artigo reflete uma análise da relação entre o Preâmbulo da Constituição da República Federativa do Brasil promulgada em 1988 e o Direito Público. Nesse cenário, considerar-se-ão aspectos conceituais do Direito de Estado expostos por Oswaldo Aranha Bandeira de Mello, especialmente a noção de Estado-sociedade e de Estado-poder. O Estado-poder é submetido (e por isso pode submeter) ao Estado-sociedade – e deve expedir normativas dentro do quadro por ele delimitado. Esse é o requisito para o cumprimento do "bem comum" e seu fundamento de legitimidade. Um dos fatores fundamentais para isso é o respeito aos elementos de coesão social. O Preâmbulo da Constituição, a nosso ver, é uma dessas molduras impostas ao Estado-poder.

Palavras-chave: Direito do Estado – Direito Público – Constituição Federal – Preâmbulo – Estado-poder – Estado-sociedade – submissão – legitimidade do Estado – coesão social.

Sumário: 1. Introdução – 2 – Ordenado os fatos: o que o Supremo Tribunal Federal decidiu quando analisou o Preâmbulo da Constituição Federal – 3. Os fundamentos do direito público e da teoria do estado: os elementos que

1. MBA em Mercados Regulados pela Fundação Instituto de Pesquisas Econômicas. Bacharel em Direito pela Pontifícia Universidade Católica de São Paulo (PUC/SP). Diretor Administrativo da Associação Brasileira de Direito Administrativo e Econômico (ABRADADE). Diretor-adjunto da União dos Juristas Católicos de São Paulo (UJUCASP). Membro da Comissão de Direito Administrativo do Instituto dos Advogados de São Paulo – IASP. Advogado.

informam o bem comum – 4. O Preâmbulo da Constituição como quadro interpretativo – 5. Conclusão – Bibliografia.

1. Introdução

A discussão sobre a diferenciação e a hierarquia entre dispositivos normativos é bastante extensa. Muito se fala sobre a força de normas, de princípios e de postulados, sejam eles implícitos ou explícitos, sobre o Estado e os indivíduos (ÁVILA 2013).

Essa discussão também alcançou o Preâmbulo da Constituição da República Federativa do Brasil de 1988 ("CF/88"). O Supremo Tribunal Federal analisou essa questão principalmente em dois julgamentos, o da ADI 2.649, em 2008, e o da ADI 2.076, em 2003.

Esses dois julgados divergem em uma questão importante – em 2003, o Supremo Tribunal Federal ("STF"), em julgamento de relatoria do Ministro Carlos Velloso, indicou que o Preâmbulo da Constituição "*não constitui norma central*", também apontou que a invocação da proteção de Deus não é "*norma de reprodução obrigatória*" assim "*não tendo força normativa*". Note-se que há uma contradição conceitual – pode até não ser norma central ou de reprodução obrigatória, apesar disso *continua sendo norma e possui alguma força normativa.*

Já em 2008, capitaneado pela Ministra Cármen Lúcia, aquela Corte apontou que existem normas decorrentes do Preâmbulo constitucional – notadamente o princípio da solidariedade. Reconheceu-se que ali foram explicitados "valores supremos" dos quais derivam efeitos jurídicos.

Esse panorama traz questionamentos relevantes: o Supremo Tribunal Federal reconhece ou não efeitos jurídicos provenientes do Preâmbulo constitucional? E o que seriam esses "valores supremos"? Esses "valores supremos" são pressupostos de legitimidade do Estado frente à sociedade? Se são, condicionam as decisões emanadas pelo Estado?

Esse assunto é digno de uma verdadeira tese, e não é o escopo deste breve estudo. Aqui se quer apenas contrastar o Preâmbulo constitucional – e, naturalmente, a sua força normativa – e a Teoria do Estado, especialmente frente aos conceitos de Estado-poder e Estado-sociedade trazidos pelo saudoso professor Oswaldo Aranha Bandeira de Mello.

Quer dizer, o Estado-poder só existe para servir o Estado-sociedade; é natural que não possa fazê-lo de uma forma arbitrária e autoritária, mas apenas em conformidade a algum tipo de autorização concedida pelo segundo.

Apesar disso, o direito criado pela massa (costumes) difere do direito criado pela elite político-universitária (leis), esta que muitas vezes desdenha daquela, especialmente no campo do Direito Constitucional (OLIVEIRA VIANA 1982, p. 294). E é no campo do Direito Constitucional que se inserem as decisões do Supremo Tribunal Federal.

Especialmente quanto à religião como um fator de composição e coesão do Estado-sociedade, quando o considerarmos como um dos fatores de legitimidade do Estado-poder o trataremos como *princípio religioso*.

A hipótese que se levanta é que o Preâmbulo é a fonte normativa primária dessa autorização. E a locução "*sob a proteção de Deus*" é eloquente e deve ter reflexos positivos e negativos sobre a atuação do Estado-poder (desde a formulação de políticas públicas no campo abstrato, até o mais concreto dos atos administrativos).

2. Ordenando os fatos: o que o Supremo Tribunal Federal decidiu quando analisou o Preâmbulo da Constituição Federal

a. ADI 2.076/AC

A Ação Direta de Inconstitucionalidade 2.076 foi proposta no ano de 2008, e teve como intuito delimitar se uma expressão constante do Preâmbulo da Constituição Federal deveria necessariamente ser refletida no das Constituições Estaduais. A Corte Constitucional decidiu que não, não seria necessária a reflexão.

No voto condutor, o Ministro relator Carlos Velloso, houve uma explanação relevante acerca de normas constitucionais centrais. O que e. relator concluiu foi que:

> O Preâmbulo, ressai das lições transcritas, não se situa no âmbito do Direito, mas no domínio da política, refletindo posição ideológica do constituinte. É claro que uma constituição que consagra princípios democráticos, liberais, não poderia conter Preâmbulo que proclamasse princípios diversos. Não contém o preâmbulo, portanto, relevância jurídica.

Interrompe-se a transcrição. Veja-se que o relator indica que *existe uma correlação entre o Preâmbulo e o corpo da Constituição: ambos são alimentados dos mesmos princípios*.

Continuando:

> [...] O preâmbulo não constitui norma central da Constituição, de reprodução obrigatório na Constituição do Estado-membro. O que acontece é que o preâmbulo contém, de regra, proclamação ou exortação no sentido dos princípios inscritos na Carta: princípio do Estado Democrático de Direito, princípio republicano, princípios dos direitos e garantias, etc. Esses princípios, sim, inscritos nas Constituições, constituem normas centrais de reprodução obrigatória, ou que não pode a Constituição do Estado-membro dispor de forma contrária, dado que, reproduzidos, ou não, na Constituição estadual, incidirão na ordem local.

Percebe-se que o relator *distinguiu as locuções do Preâmbulo em duas*: as que são repetidas expressamente ("inscritos") na Carta e as que não são. *Ocorre que todas são proclamações ou exortações dos princípios expostos na Constituição.*

O relator conclui que, no caso concreto, a Constituição do Estado do Acre não foi contraditória aos princípios expressos na Constituição Federal. Entendeu que a Constituição privilegia a liberdade de consciência, de crença e filosófica (art. 5º, VIII, CF/88), e que, portanto, a não invocação da proteção de Deus não violaria qualquer princípio inscrito no documento.

O ministro Sepúlveda Pertence declarou voto no sentido de que *"tomado em seu conjunto, esta locução 'sobre a proteção de Deus' não é uma norma jurídica, até porque não se teria a pretensão de criar obrigação para a divindade invocada"*.

O ministro Marco Aurélio, então presidente do Tribunal, sucintamente declarou que, *"o introito não integra o corpo da própria Constituição"*, por isso não poderia repercutir no campo da simetria.

Nesse sentido, a Corte votou pela possibilidade de uma Constituição de Estado-membro não repetir o Preâmbulo da Carta Federal. Entenderam, no entanto, que se trata de uma *exortação do campo da política e que reflete as convicções e exortações firmadas pela Assembleia Constituinte*, por decorrência, da sociedade.

Votaram naquele dia 15.08.2002 os Ministros Marco Aurélio (presidente), Sidney Sanches, Sepúlveda Pertence, Celso de Mello, Carlos Velloso (relator), Ilmar Galvão, Maurício Corrêa, Nelson Jobim e Ellen Gracie. Presente, o ministro Gilmar Mendes se declarou impedido. Ausente o ministro Moreira Alves.

A decisão foi publicada apenas em 08 de agosto de 2003.

Da integralidade da discussão, notam-se três questões principais: (i) a questão técnico-jurídica quanto ao Preâmbulo constitucional, (ii) o receio de utilização do Preâmbulo em detrimento da liberdade religiosa e de crença, e (iii) o ceticismo quanto às coisas espirituais, especialmente do eminente Ministro Sepúlveda Pertence.

Quanto a eles, temos as seguintes considerações:

(i) Na questão técnico-jurídica, fundamentou-se o voto condutor exclusivamente em juristas que se pronunciaram contrários à força normativa do Preâmbulo (Hugo Machado Horta, Paulino Jacques, Manoel Gonçalves Ferreira Filho, José Wilson Ferreira Sobrinho), salvo Jorge Miranda que é um intermediário, visto que entende que o preâmbulo participa das características jurídicas da Constituição, porém não teria o condão de criar direitos ou deveres e de gerar inconstitucionalidade por sua violação.

Ocorre que não houve referência à outra banda doutrinária que reconhece alguma força normativa do Preâmbulo e consequência para sua violação – nomes de peso como José Afonso da Silva e Hans Kelsen o fazem, sendo citados inclusive na ADI 2.649/DF.

Ainda, o princípio religioso, ao contrário do que se deixou latente, não se restringiu ao Preâmbulo constitucional – o Constituinte protegeu a prática religiosa e assumiu como um ônus do Estado fornecê-la, como se vê no art. 210, §1º, da CF/88. O que se vetou pelo art. 19, I, da CF/88 (que também não foi mencionado no julgado) foi a criação de uma religião de Estado, porém *permitindo a colaboração de interesse público com instituições religiosas.*

É evidente que se trata do reconhecimento pelo Estado-poder de um elemento de coesão social do Estado-sociedade – a inclusão do princípio religioso como um fator de legitimação da ordem constitucional.

Esse cenário denota uma falha na fundamentação do julgado, com o respeito que cabe aos eminentes magistrados que participaram de sua formação.

(ii) Quanto ao receio de utilização do Preâmbulo em detrimento da liberdade religiosa e de crença, é importante destacar que a Constituição Federal reconhece a *importância do princípio religioso – portanto protege alguma relação espiritual e religiosa*. Isso se vê do art. 5º, inc. VI, VII e VIII, art. 143, art. 210, §1º, e art. 226, §2º, da CF;

A proteção constitucional à religiosidade foi reforçada em 2017, quando o STF julgou a ADI 4439/DF e reconheceu a constitucionalidade do art. 33 da Lei Federal 9.394/1996 e do art. 11 do Acordo Brasil-Santa Sé.

O princípio religioso foi repetido, portanto, na Constituição. O que se parece vetado é a adoção oficial de uma religião de Estado (ou pelo Estado), e não a influência dessa na sociedade e mesmo o proselitismo.

(iii) Por fim, quanto ao ceticismo religioso, importa destacar que este não é um argumento de ordem jurídica. O ilustre ministro Sepúlveda Pertence abordou um tema que, ao fim e ao cabo, é de ordem religiosa ou filosófica – a forma de melhor se relacionar com Deus.

O Constituinte originário, como se lê nos anais de sua Assembleia, se embebeu no cristianismo, que prevê uma relação ativa e constante de Deus para conosco, cabendo ao indivíduo buscar o relacionamento com Ele.[2] Disso se percebe que o apelo do Constituinte a Deus reflete realmente uma postura e um modo de pensar derivado do Estado-sociedade – o que não pode ser afastado por uma corrente cética.

Esse tipo de ceticismo, como bem demonstrou Nelson Lehmann da Silva, faz com que o Estado apareça como "último horizonte, como fonte de todos os valores, como onipresente ponto de referência"; se "*Deus tornou-se imperceptível por detrás do conhecimento científico do mundo, então o próprio mundo passou a ser idolatrado*" (LEHMANN DA SILVA 2016, p. 154).

b. ADI 2.649/DF

Passados quase 6 anos de referido julgamento, o Supremo Tribunal Federal voltou a analisar o Preâmbulo constitucional no âmbito da ADI 2.649/DF, sob a relatoria da ministra Cármen Lúcia.

2. Como afirma Zippelius, "*A questão do acerto e da escala de preferências entre os diferentes fins do Estado nem sempre poderá ser resolvida por critérios racionais genéricos. Há que encontrá-la entre os critérios valorativos predominantes na comunidade, numa larga base de acordo parcial. (...) Dentro do 'ethos' social predominante em cada povo, já estão contidas certas pré-decisões essenciais sobre os fins políticos e as formas de governo que poderão ser consideradas legítimas*". (ZIPPELIUS, 1971, p. 262)

O assunto sobre escrutínio era bastante diverso: tratava da intervenção do Estado no domínio econômico por meio da Lei Federal 8.899, de 29 de junho de 1994. Por meio dela, foi criada uma gratuidade legal para pessoas deficientes no transporte coletivo interestadual.

Percebe-se que esse assunto é bastante diverso do anterior. Aqui não foi analisada a sensível questão religiosa, mas as balizas para intervenção do Estado na Economia quando da formulação de políticas públicas. Daí se viu uma postura diferente dos ministros quanto ao Preâmbulo constitucional.

Vejamos o voto condutor:

> 11. Vale, assim, uma palavra, ainda que brevíssima, ao Preâmbulo da Constituição, no qual se contém a explicitação dos valores que dominam a obra constitucional de 1988. Ali se esclarece que os trabalhos constituintes se desenvolveram "para instituir um Estado democrático, destinado a assegurar o exercício dos direitos sociais e individuais, a liberdade, a segurança, o bem-estar, o desenvolvimento, a igualdade e a justiça como valores supremos de uma sociedade fraterna, pluralista e sem preconceitos..."
>
> Não apenas o Estado haverá de ser convocado para formular as políticas públicas que podem conduzir ao bem-estar, à igualdade e à justiça, mas a sociedade haverá de se organizar segundo aqueles valores, a fim de que se afirme como uma comunidade fraterna, pluralista e sem preconceitos.

Note-se que o voto condutor reconheceu que o Preâmbulo expõe os *valores que dominam a Constituição. Isso é, que devem influir e balizar o intérprete da norma fundamental.* Os valores contidos no Preâmbulo, na conclusão do julgado, é de que *devem organizar a sociedade.*

Evitando citações longas, resume-se. No ponto 12 do voto, a eminente Ministra Cármen Lúcia cita a posição doutrinária sobre a força normativa do Preâmbulo – ao contrário do julgado escrutinado acima, ela apresenta doutrinadores favoráveis (Hans Kelsen e José Afonso da Silva) e contrários (Karl Schmitt) à tese.

Continuemos:

> 13. Na esteira destes valores supremos explicitados no Preâmbulo da Constituição brasileira de 1988 é que se afirma, nas normas constitucionais vigentes, o princípio jurídico da solidariedade.

Ou seja, percebe-se que a julgadora derivou a origem do princípio da solidariedade do próprio Preâmbulo Constitucional – reconhecendo que dele emanam efeitos jurídicos. *Posição absolutamente dissonante do julgado pretérito.*

Declarou voto o Ministro Marco Aurélio, fez ponderações quanto à legitimidade do autor da ação, no mérito, discordou do voto-condutor por entender que o benefício não cumpria requisitos referentes ao Direito Financeiro quanto ao Orçamento da Seguridade Social. *Veja-se: o ministro Marco Aurélio não reconheceu os efeitos jurídicos do Preâmbulo no julgado anterior, mas neste não contradisse o voto condutor*; a discordância deu-se por uma questão estranha ao Direito Constitucional.

A Ministra Ellen Gracie, por sua vez, seguiu o voto relator integralmente, demonstrando uma incongruência quanto a este ponto central. O Ministro Carlos Ayres Britto declarou que seguiria o voto condutor. Assim também os Ministros Gilmar Mendes e Cezar Peluso. O Ministro Menezes Direito não apenas seguiu o voto condutor, mas o adjetivou como "belíssimo". Também o elogiou o Ministro Ricardo Lewandowski.

Um fato relevante: a composição do Tribunal era bastante diferente da anterior e alguns dos ministros estavam ausentes. Veja-se: Gilmar Mendes (presidente), Cármen Lúcia (relatora), Marco Aurélio (voto divergente), Ellen Gracie, Cezar Peluso, Carlos Britto, Ricardo Lewandowski, Menezes Direito, Celso de Mello (ausente), Joaquim Barbosa (ausente) e Eros Grau (ausente). Frise-se, 7 (sete) ministros eram diferentes na composição do Tribunal.

Da análise do presente julgado, percebe-se que houve uma fundamentação jurídica mais completa do que a anterior sobre o assunto da força normativa do Preâmbulo

Constitucional. *Percebeu-se que o tema não foi tão valorizado pelos magistrados, que simplesmente acataram a posição da Ministra Cármen Lúcia.*

Destaque-se que o Ministro Marco Aurélio, que no primeiro julgado refutou a tese da força normativa do Preâmbulo, *apresentou voto divergente em relação à relatora, porém não apresentou como ratio a origem do princípio da solidariedade no Preâmbulo constitucional.* Não se sabe o motivo, se mero descaso ou se alterou seu modo de pensar.

O que é efetivamente relevante considerar é a *ratio decidendi* do julgado. O voto condutor deixou evidente que o princípio da solidariedade fundamentava a constitucionalidade da Lei Federal em apreço, o qual deriva. Também que a origem daquele era o Preâmbulo constitucional.

Todos os Ministros que seguiram o voto condutor efetivamente *aceitaram que um princípio jurídico derivava do Preâmbulo, e que este princípio era juridicamente relevante.*

E que não se diga que há diferença pelo princípio da solidariedade decorrer de outros mandamentos constitucionais – também o princípio religioso (ou da religiosidade) é encampado pelas normas constitucionais já citadas. Estas, inclusive foram preservadas pelo Supremo Tribunal Federal em controle concentrado de constitucionalidade, como é o caso da ADI 4439/DF, em 2017.

c. Conclusão parcial

Conclui-se que o Supremo Tribunal Federal não fechou questão sobre a força normativa do Preâmbulo Constitucional nos anos 2000. Muito embora a questão seja confusa, conservadoramente é possível dizer que a Corte *aceitou o Preâmbulo como uma fonte dos padrões hermenêuticos consagrados na Constituição – os valores que a informam.*

Estes "valores", no entanto, estariam subordinados aos demais dispositivos constitucionais – o que é paradoxal, visto que é da origem que se deve analisar um fenômeno, não o contrário.

Também se constatou uma diferença do tratamento dado ao Preâmbulo em relação à matéria de fundo. O Supremo Tribunal foi, digamos, mais pródigo quanto à intervenção do Estado no Domínio Econômico; foi mais austero quando se tratou da invocação a Deus. E para ambos se encontrariam dispositivos constitucionais que os refletissem.

Não se constatou outros julgados em que a *ratio decidendi* perpassasse o assunto.

Curiosamente, em 2017, o tema foi abordado em questão *obiter dictum:* na ADI 4439/DF, o Ministro Gilmar Mendes mencionou que "*a função do preâmbulo é, em verdade, formar a identidade pela qual a Constituição, por si própria, estabelece sua legitimidade. (...) No mesmo sentido, o Ministro Alexandre de Moraes anota que o preâmbulo possui dois objetivos: explicar o fundamento de legitimidade da nova ordem constitucional, assim como as grandes finalidades da nova Constituição*".

O Ministro Ricardo Lewandowski, no mesmo julgamento, ainda trouxe uma importante reflexão: a separação entre Estado e Igreja não pode levar a "*uma muralha que separa cosmovisões incomunicáveis*". E é verdade: a Constituição surgiu e foi feita sob a guarda de uma população cuja cosmovisão é cristã. Não é razoável uma interpretação que contradiga a própria origem do fenômeno estudado – esta colocaria em risco a própria legitimidade do ato.

Nesse sentido "*o dogma essencial da positividade do direito resolve-se assim pela crítica, demonstrando que a positividade não é outra coisa senão uma imagem passageira e superficial de uma verdade mais profunda. A análise do processo que conduz à posição histórica do direito, obrigando a reconhecer no próprio processo um consecutivum, a respeito da ideia que se põe, conforma de modo indireto, mas irrefragável, a legitimidade duma dedução pura do direito como ideal* " (VECCHIO 1952, p. 61).

O próprio Oliveira Viana já apontava que é "*um erro tremendo*" deixar de considerar as estruturas sociais preexistentes na estrutura social de um povo quando da elaboração de normas (nesse caso, de fato é o que se faz pela via judicial). Quer-se evitar que a estrutura social do povo penetre o domínio abstrato da norma (OLIVEIRA VIANA 1982, p. 607-608).

Essa estrutura cultural social é constatável pela opinião pública que, muito embora não seja um elemento orgânico da vontade estatal, constitui a base da legitimação do Poder Político (público) democrático (ZIPPELIUS 1971, p. 128).

Sendo assim, muito embora a questão ainda seja nebulosa no campo da jurisprudência e do papel doutrinário que a fundamentação dos votos acaba exercendo, nos parece razoável afirmar que é reconhecido, sim, algum efeito normativo decorrente do Preâmbulo constitucional – e que a invocação de Deus não é e não pode ser irrelevante.

3. Os fundamentos do Direito Público e da Teoria do Estado: os elementos que informam o bem comum

Novamente se retorna à ressalva: este estudo não pretende ser exaustivo, mas retomar balizas importantes referentes ao Direito Público e à Teoria do Estado. Ao contrário de uma tese ou dissertação no campo de um doutorado ou mestrado, revisões bibliográficas mais extensas são essenciais – não é o caso.

O marco que adotaremos é o de um dos mais consagrados entre os publicistas brasileiros – o saudoso Oswaldo Aranha Bandeira de Mello.

Como se sabe, o Direito Público é composto pelas "*normas que regulam o Estado-poder, enquanto independente na ordem externa e soberano na ordem interna, e às relações jurídicas consequentes por ele formadas*" (MELLO, 2007, p. 39).

Percebe-se que o conceito de Estado-poder é nuclear para apreciação da questão. Para isso, tem-se que dar alguns passos atrás.

"*O Estado, como organização jurídica de um povo em dado território, sob um Poder supremo, para realização do bem comum dos seus membros, pressupõe, de um lado, a ordenação jurídica do Estado-poder e, de outro, a do Estado-sociedade*" (MELLO, 2007, p. 27).

A lição é lapidar, o estudo da constituição social de um povo demanda que se observem duas figuras: o Estado-poder, que é o efetivo agente do Direito Público e o executor das funções estatais (legislativa, administrativa e jurisdicional); e o Estado-sociedade, que "*refere-se à organização jurídica da vida social dos indivíduos que compõem seu povo*" (MELLO, 2007, p. 28).

O Estado-poder possui um fim em especial – garantir o bem comum do Estado-sociedade. Para tanto, possui a prerrogativa de estabelecer normas jurídicas sobre a conduta dos indivíduos que compõe o Estado-sociedade, e o faz "*condicionando o exercício das faculdades e dos direitos dos indivíduos nas suas relações sociais, a fim de propiciar sua harmônica atuação, ou regulando a própria atividade estatal, de ação preventiva ou repressiva, quanto aos atos vedados aos indivíduos e quanto à consecução de outros a eles impostos*" (MELLO, 2007, p. 31).

Essa conceituação poderia levar a sociedade a uma situação de arbitrariedade e autoritarismo.[3] Efetivamente, esta não é a intenção do autor, que apenas descreve o fenômeno do Estado.

Sergio Ferraz e Adilson Dallari são pontuais quanto ao tema:

> É evidente que tal atitude não é um fenômeno gratuito, ou espontâneo, ou isolado, no contexto de nosso direito público, particularmente do administrativo. Em realidade, deflui ela do próprio conceito de direito administrativo acolhido por alguns de nossos autores. Com pequenas variantes de um para outro, acaba ele por aparecer como ramo de direito público dedicado aos princípios e/ou preceitos (*lato sensu*) que retém a atividade estatal, adotando cada jurista, para tanto, uma perspectiva que

3. "*O sinal distintivo do Estado totalitário está na tendência para penetrar tão longe quanto possível em todos os aspectos da vida da comunidade e para moldar toda esta*". (ZIPPELIUS, 1971, p. 134)

> se diria anátomo-fisiológica: a estrutura (anatomia) do aparato administro e sua dinâmica (fisiologia) são os polos da atenção.
>
> Ora, essa visão apertada, na qual o indivíduo não tem lugar, a não ser que o próprio Estado o permita (daí as delegações em geral, as licenças, as nomeações etc.), quando não traduz uma crença autocrática na exclusividade da direção estatal no exercício da atividade administrativa, indiscutivelmente favorece-a sobremodo. [...]
>
> É, por isso, indispensável trazer para o interior do conceito de direito administrativo o indivíduo como tal, isto é, como administrado. (FERRAZ e DALLARI, 2020, p. 24-25)

De rigor que a análise acima não se restringe ao Direito Administrativo, mas a todo o Direito Público. O indivíduo que compõe o Estado-sociedade (administrado) deve influir na forma de atuação do Estado-poder, sob pena de deslegitimá-lo.

É evidente que isto decorre da inaptidão de o normativismo puro descrever um modelo de Estado – este depende de um conjunto ou feixe de comportamentos de pessoas orientados e coordenados por um único sentido. *A existência do Estado depende da observância e da aplicação prática das normas pela sociedade que circunscreve* (ZIPPELIUS, 1971, p. 32).

O Estado-poder é a simples "*expressão da pessoa jurídica do Estado-sociedade*" (MELLO, 2007, p. 72), por isso que o seu múnus é "*alcançar o bem comum dos indivíduos coletivamente considerados, como elementos do Estado-sociedade, como participantes de um todo político*" (MELLO, 2007, p. 39).

O conceito de "bem comum" poderia nos levar a outra longuíssima e confusa estrada praticamente sem fim[4] não fosse as lições definitivas de José Pedro Galvão de Sousa. Veja-se:

> 4. Não é, pois, demais repetir: toda sociedade política é composta de outros agrupamentos associados entre si e subordinados ao poder que se constitui acima destes círculos sociais menores, unificando-os na persecução do bem comum.

---

4. Curiosamente, a minha monografia de conclusão de curso foi justamente uma revisão bibliográfica acerca do *status quaestionis* sobre interesse público/bem comum no Direito Brasileiro (COLONNA, ROMANO, p. 2015).

> O bem comum não é a simples soma dos bens individuais, mas decorre da organização dos bens particulares, correspondendo este aos objetivos colimados pelos diferentes grupos reunidos.
>
> A causa material da sociedade política está, portanto, nas famílias e nas outras associações, naturais ou voluntárias, que a compõe. É mediante tais agrupamentos, subordinados a uma autoridade suprema, que os indivíduos se integram na vida social. (...) (SOUSA, 2018, p. 62)

Percebe-se que a noção de bem comum, consequentemente, o exercício do Estado-poder, está *necessariamente subsumido às exigências daquela sociedade que o originou.*[5]

Giorgio Del Vecchio coloca a questão nos seguintes termos:

> Um Estado pode existir, estando embora muito longe deste ideal de perfeita harmonia e de compacta unidade. Pode existir de qualquer modo, se as energias concentradoras ou centrípetas prevalecerem, embora por pouco tempo, sobre as desagregadoras ou centrífugas. Mas estas últimas podem, no entanto, ser tais que lhe tornem mesquinha e incerta a própria vida e lhe paralisem a ação. Um Estado só vive e prospera verdadeiramente quando, além do nexo, que dá uma unidade formal aos participantes dum mesmo organismo jurídico, há ainda entre eles um ligame ético: uma profunda identidade de quereres, uma real comunhão de espíritos, um igual ardor de fé na religião cívica da Pátria. (VECCHIO, 1952, p. 92)

Essa "identidade de quereres" é que constitui o bem comum. O Estado-poder é responsável por uma coordenação externa que "*deve respeitar a unidade dos vínculos sociais no interior de grupo de cada grupo. As relações entre os homens reunidos numa sociedade civil não decorrem de uma solidariedade mecânica*" (SOUSA, 2018, p. 64) – ela decorre das relações familiares, da amizade, de afinidades profissionais e espirituais e de outros tantos elementos agregadores decorrentes da ordem social.

---

5. É evidente que alguns requisitos morais mínimos sempre deverão existir – mas esse debate permeia o campo da Ética, dos Direitos Humanos e do Direito Natural que, novamente, não são o centro destas breves considerações.

É por isso que o Estado-poder, como um instrumento do bem comum, deve "*subordinar-se às exigências decorrentes da finalidade pessoal do homem, à qual o bem comum se subordina. A lei positiva fundamenta-se na lei natural*" – e o fez por meio do Direito, elemento indispensável da sociedade, portanto decorrente da formação de grupos sociais e anterior à própria formação do Estado (SOUSA, 2018, p. 65).

É justamente por isso que Oliveira Viana considerava que a grande falha na constituição da democracia no Brasil sempre foi a organização das liberdades civis e individuais à luz das efetivas demandas do povo, e não de um abstracionismo de uma elite descolada da realidade social (OLIVEIRA VIANA, 1982, p. 735-736).[6]

Dessa forma, percebe-se que o Estado-poder apenas pode desenvolver suas atividades legitimamente quando o fizer tendo por norte o bem comum; este é analisado em conformidade aos próprios valores que geram a coesão do Estado-sociedade. Fugir disso é, ao fim e ao cabo, um caminho para o autoritarismo e a desagregação social.

---

6. Ressalva-se que, embora concorde com diversas análises de Oliveira Viana, tenho ressalvas quanto às soluções propostas pelo eminente autor. Em minha visão ainda superficial de seu pensamento, me parece que o medo de distorções locais de poder devido aos interesses dos "clãs locais" (elites locais) não é solucionado pela assunção de poder por autoridades nacionais ("delegados nossos" X "delegados nacionais"). Essas, muitas vezes, são muito deslocadas da realidade local, desconhecem a cultura e as peculiaridades regionais e procuram impor preceitos e parâmetros abstratos derivados de uma burocracia central e distante. Na prática, percebe-se que as autoridades federais não se integram à realidade local e social, protegendo as liberdades públicas e o bom funcionamento do Estado de intervenções de elites locais egoístas; elas trazem preceitos estranhos e complexos, descolados da população e inaplicáveis à realidade municipal/local. Grande exemplo são os regimes de contratações públicas, pensados para uma estrutura burocrática desenvolvida como a da União, mas desconexa das possibilidades dos pequenos ou médios municípios (e de alguns Estados), que mal tem um corpo técnico apto para fazer simples cotações de preço, quanto mais para estudos de impacto regulatório ou ambiental, termos de referência complexos e procedimentos eletrônicos caros. As autoridades federais não se compadecem da realidade local, cobram as previsões legais com um rigor exemplar – o que deslancha no mar de Ações de Improbidades e Penais pela falha de gestão derivadas mais de inaptidão técnica do que de interesses escusos. Essa é a realidade da Administração Pública atual, permeada pela ideologia do centralismo federal de Oliveira Viana de outros estudiosos, que foi implementada durante o Estado Novo e que duram até hoje.

4. O Preâmbulo da Constituição como quadro interpretativo

Sem descermos à miúde quanto à natureza do Preâmbulo constitucional, na seção 2 ficou evidenciado que este possui algum efeito normativo – seja como uma *fonte da qual emanam princípios jurídicos*, seja como *enunciação dos valores que dominam a Constituição, portanto que deveriam informar a sua interpretação*.

Fato é que disso decorrem consequências. E as consequências não podem ser parciais ou restritas a uma ou outra locução do Preâmbulo: se o Poder Constituinte invocou aqueles valores, estes devem conformar a interpretação das normas que se originam dela.

Isso significa que o Preâmbulo não possui uma força normativa direta, como uma norma de aplicação imediata. Ele é uma *chave de interpretação, é o quadro por meio do qual o ordenamento jurídico vigente deve ser lido*.

E isso decorre da própria noção de bem comum trazida na seção 3. O Estado-poder no exercício de suas funções (legislativa, administrativa e jurisdicional) está subjugado ao Estado-sociedade e aos valores que ele consagra, sob pena de desintegração deste último.

O Estado-poder indubitavelmente deve se conformar às normas do Direito Constitucional, essa conclusão é evidente; porém, a sua legitimidade decorre do Estado-sociedade, como expõe o professor Oswaldo Aranha, e deve visar ao bem comum desse com base nos seus princípios integradores.

Se o voto condutor do julgamento da ADI 2076/AC reconhece que "*o Preâmbulo contém, de regra, proclamação ou exortação no sentido dos princípios inscritos na Carta*", deveria entender que esses princípios são os fatores integradores que originaram o Estado-poder.

Se a invocação da proteção de Deus foi um dos fatores integradores expressos, *não pode o Poder Judiciário se recusar a aceitar isto.* Fazê-lo é adicionar uma força centrífuga (para usar a expressão de Del Vecchio) ao tecido social e, pouco a pouco, levá-lo ao colapso, o que tornaria a decisão *ilegítima.*

Frise-se, "*uma Constituição só é válida e verdadeira naquela medida em que as suas normas têm uma possibilidade permanentes de aplicação e realização, isto é,* ***na medida que a vida estadual se orienta por ela***" (ZIPPELIUS, 1971, p. 36).

Portanto, à luz da Teoria do Estado e dos Fundamentos do Direito Público, o Preâmbulo é um elemento *relevante juridicamente para fins de aplicação das normas constitucionais – inclusive quando invoca a proteção de Deus – pois se treta de um fator de legitimação do próprio Estado brasileiro.*

5. Conclusão

Neste breve estudo, foi possível verificar algumas inconsistências no posicionamento do Supremo Tribunal Federal ao analisar a força normativa do Preâmbulo da Constituição Federal de 1988.

Quando o fez em um contexto envolvendo a intervenção do Estado no Domínio Econômico, foi bastante pródigo e reconheceu os efeitos jurídicos do Preâmbulo sem maiores divergências.

Preteritamente, quando o objeto era a invocação da proteção de Deus, havia sido bastante cético e duro quanto à ausência de relevância jurídica do Preâmbulo. Viu-se que a fundamentação desse julgado foi bastante questionável e lacônica.

Por sua vez, ao analisarmos outro julgado em que o tema foi tratado em *obiter dictum,* percebemos uma deferência velada ao papel do Preâmbulo constitucional como elemento de interpretação normativa e de agregação social. Portanto de legitimidade do Estado-poder.

A seguir, analisamos a matéria sob a luz dos fundamentos de Direito Público e da Teoria do Estado. Por ela, constatamos que é essencial para o Estado-poder agir de forma compatível com os valores do Estado-sociedade.

Não apenas de forma compatível, mas a própria finalidade do Estado-poder é assegurar o bem comum do Estado-sociedade, o que inclui a manutenção de sua coesão, ou integralidade.

O Preâmbulo Constitucional é uma peça-chave para a distinção dos valores essenciais do Estado-sociedade, aqueles que concorrem ao bem comum e à integração social; são eles que fornecem legitimidade ao Estado-poder. *Por isso, o Preâmbulo deve ser considerado no exercício das funções estatais.*

Frise-se que o Poder Judiciário compõe o Estado-poder e *também estaria submetido aos valores elencados no Preâmbulo e derivados do tecido social.* O desrespeito a estes valores seria não apenas um equívoco jurídico, mas, em tese, um *fator de relevante desintegração social e de ilegitimidade da decisão.*

A pretensão iluminista de condicionar a função legislativa a um conceito pré-determinado pode prestar à imposição do domínio da força e do arbítrio, especialmente pela suposição de que refletiria a "vontade popular" abstratamente definida pelos dirigentes estatais . Isso de fato ocorreu na Revolução Francesa com os jacobinos, por exemplo (ZIPPELIUS, 1971, p. 273-274). Também por isso, entendemos cabível a adoção do Preâmbulo Constitucional como a moldura de um quadro interpretativo.

Todo o ordenamento jurídico, portanto, deve ser interpretado à luz dos valores de coesão social[7], sob pena de não cumprir seu múnus de alcançar o bem comum da coletividade. Assim, perdendo a sua legitimidade.

Especificamente quanto à invocação da proteção de Deus – que parece ser a origem das dificuldades da Corte Constitucional – é importante que se trace algumas considerações.

---

7. A importância da coesão social no agir administrativo foi recentemente abordada pelo Prof. Fernando Dias MENEZES DE ALMEIDA, Professor Titular da Faculdade de Direito da Universidade de São Paulo (*Contrato Administrativo*, 2012, p. 323-324 e 341).

É inequívoco que a sociedade brasileira se baseia em valores cristãos – independentemente da qualidade de sua aplicação. Trata-se de tema incontroverso e, inclusive, não se trata apenas da prática religiosa – existem ateus que vivem efetivamente os princípios evangélicos. Também ditos cristãos que se afastam deles.

Esses valores são fundamentais para a coesão social do Estado brasileiro. Afinal, poucos fatores são tão agregadores como o Cristo Redentor, Nossa Senhora Aparecida, o Padre Cícero ou Nhá Chica. A própria história do Brasil é regada pelos cristãos – seja pelo seu batismo como Terra de Santa Cruz, pelas aventuras de São José de Anchieta e seus companheiros ou pelas inúmeras obras de caridade nos mais longínquos rincões do país.

Oliveira Viana apontava que é ilógica, insensata e "*um golpe*" a postura das elites de desconsiderar as tradições e costumes do povo-massa – e o exemplo retórico era a desconsideração das raízes cristãos e católicas da cultura nacional – essa "*mentalidade ilógica e contraditória* (que) *deriva das condições que se vem processando* à *cultura das nossas elites intelectuais e polícias*" (OLIVEIRA VIANA, 1982, p. 596) alcançou o que o eminente jurista, historiador e sociólogo achava impossível – a negação do cristianismo como legitimador do Estado-poder.

Por si só, o Estado-poder deveria reconhecer o local que a religiosidade (ou princípio religioso) possui para o Estado-sociedade. Quanto mais, após a sua expressa "*proclamação ou exortação*" pelo Poder Constituinte originário.

Já ensinava José Pedro Galvão de Sousa:

> Temos que ir até uma reforma do Estado, pois as instituições construídas à base de um abstracionismo que veio negar ou pelo menos comprometer verdades políticas fundamentais – além de ignorar o direito histórico –, não podem oferecer outra saída senão o caso.
>
> E na reforma do Estado cabe à prudência política aplicar os princípios universais às condições peculiares de cada povo, sem recair no vício das constituições padronizadas e dos regimes copiados de povos de diferente formação histórica. (SOUSA, 2018, p. 143)

Conclui-se que o Preâmbulo possui uma vocação de quadro interpretativo do ordenamento jurídico, aquele que dá legitimidade às decisões estatais – e os valores ali proclamados devem ser considerados pelo Estado-poder em sua atuação, inclusive quanto à invocação da proteção de Deus.

Bibliografia

ÁVILA, Humberto. *Teoria dos Princípios - da definição à aplicaçaõ dos rincípios jurídicos.* 14. São Paulo: Malheiros, 2013.

COLONNA ROMANO, Maurício Pereira. "Interesse público: introdução ao debate doutrinário quanto à prevalência da supremacia do interesse público como princípio." Trabalho de Conclusão de Curso, Faculdade de Direito, Pontifícia Universidade Católica de São Paulo, São Paulo, 2015, p. 59.

FERRAZ, Sergio, e Adilson Abreu DALLARI. *Processo Administrativo.* 4ª. São Paulo: Malheiros Editores, 2020.

LEHMANN DA SILVA, Nelson. *A religião Civil do Estado Moderno.* Campinas: Vide Editorial, 2016.

MELLO, Oswaldo Aranha Bandeira de. *Pricípios Gerais de Direito Administrativo.* 3ª. Vol. I. São Paulo: Malheiros Editores, 2007.

MENEZES DE ALMEIDA, Fernando Dias. *Contrato Administrativo.* São Paulo: Quartier Latin, 2012.

OLIVEIRA VIANA, Francisco José. *Populações meridionais do Brasil e instituições políticas brasileiras.* Brasília: Câmara dos Deputados, 1982.

SOUSA, José Pedro Galvão de. *O Estado Tecnocrático.* 2ª. São Luís: Resistência Cultural, 2018.

VECCHIO, Georgio del. *Direito, Estado e Filosofia.* Tradução: Luiz Luiggi. Rio de Janeiro: Livraria Editoria Politécnica ltda, 1952.

ZIPPELIUS, Reinhold. *Teoria Geral do Estado.* 2ª. Tradução: António Cabral de MONCADA. Lisboa: Fundação Calouste Gulbenkian, 1971.

PARA QUE FINALIDADE EXISTE UM PREÂMBULO À LEI MAIOR DE UM PAÍS?

Dávio Antonio Prado Zarzana[1]

Resumo: Este trabalho pretende responder às perguntas a saber:

Como interpretar o preâmbulo da Constituição, visto que sem ele, ela não teria sido promulgada?

Haveria razão de ter a locução "sob a proteção de Deus" sido votada e aprovada por maioria expressiva, se fosse considerada irrelevante?

E para tal, focalizaremos o sentido do termo Preâmbulo, o Preâmbulo em outras Constituições, a eventual necessidade ou desnecessidade de Preâmbulo e o que está contido em nossa Constituição.

Assim pretendemos esclarecer a *finalidade do Preâmbulo constitucional*, particularmente identificável em nossa Constituição brasileira de 1988.

Palavras-chave: Preâmbulo, Constituição, We the people, outras constituições, necessidade de Preâmbulo, sob a proteção de Deus, origem, qualificação, promulgação, Carta Magna, Declaração Universal dos direitos do homem, finalidade, Ulysses Guimarães, Política.

Sumário: 1. Introdução – 2. Preâmbulos de outras Constituições – 3. A necessidade ou desnecessidade de um Preâmbulo – 4. O que não tem início não tem origem certa e clara – 5. O que não é qualificado – 6. O que parece e o que não

1. Professor e Conferencista sobre Direito Tributário e Eclesial. Autor dos livros: *O país dos Impostos; Vá em busca de seus direitos; Desaposentação passo a passo; Importantes verbetes na Enciclopédia Saraiva de Direito* – Ex-Professor da Fundação Getulio Vargas. Advogado formado pela Universidade de São Paulo – Contador e Economista pela Associação de Ensino de Marília, Award of Excelence in Law Congress about Enterprise Value in Toledo – Ohio – USA.

parece ser Carta Magna – 7. Famosos preâmbulos – famosos códigos – famosas leis – 8. Afinal então, qual a resposta às duas perguntas do Livro e qual a FINALIDADE, portanto, de existir o Preâmbulo de nossa Constituição e qual a finalidade do trecho "sob a proteção de Deus? – 9. Sob a proteção de Deus. Irrelevante? – 10. Conclusão final – Bibliografia.

1. Introdução

Mas o que entendemos por Preâmbulo?

Segundo o dicionário etimológico retirado do Dicionário da Língua Portuguesa, que pode ser acessado em: https://www.dicionarioetimologico.com.br, preâmbulo:

> *A palavra preâmbulo vem do* ***latim*** *preambulum, que significa* ***a parte inicial de um texto ou discurso.***
>
> *Tanto em latim como em português, o preambulum, ou preâmbulo, é um pequeno discurso introdutório que vem antes do texto principal, para dar algum contexto ao que vai ser exposto. A palavra preambulum foi formada a partir da junção de duas palavras: prae e ambulare.*
>
> *A palavra prae é uma preposição que significa antes ou "à frente de" alguém ou alguma coisa. O verbo ambulare significa caminhar, passear, marchar ou dar uma volta por algum lugar. Assim, preambulum significa literalmente* ***"o que caminha à frente".***
>
> *A palavra ambulare vem da raiz ambire, que significa andar à volta, circular ou cercar alguma coisa. Ambire, por sua vez, vem da junção de duas palavras: ambi e ire. A palavra ambi pode ter dois significados: algo com dois lados ou (no caso de ambire) que está à volta de outra coisa, cercando de ambos os lados. O verbo ire significa ir, andar, caminhar ou passar. Ainda outro sentido de ire é o correr ou espalhar-se de um líquido. Assim, ambire significa literalmente* ***"ir à volta".***

Agora discernindo, digo eu, portanto, que o Preâmbulo é o que caminha à frente, mas acaba indo também em volta, introduz, vestindo o que se quer anunciar, dando o contorno e grau de importância e marcando o direcionamento do conteúdo que lhe segue.

É portanto importante se se deseja iluminar o que vem depois, no texto constitucional.

Sua inexistência, particularmente considerando no escopo deste trabalho, significaria a prova de que não necessitamos nunca dele, é enfeite sem função alguma, mas não é assim, como demonstraremos.

Fato real – existe um Preâmbulo – e há o que refletir e esmiuçar, para enquadrá-lo corretamente em seu alcance e abrangência.

Ele não pode ser uma negação, nem uma contradição do que vem a seguir, tem de estar conforme e indicar validamente o que precede.

Mas o fato é que ele existe em muitas Constituições, particularmente nas da América Latina e em outros países, em textos variados conforme o sistema de governo em vigor, em cada época de sua promulgação.

Assim vemos que a Constituição de um país costumeiramente tem um direcionamento, um posicionamento inicial, indicando como foi feita, quem se reuniu para compô-la, com que autoridade e legitimidade, indicando-se o que ou que valores a inspiraram, ou em que circunstâncias e em nome de quem se apresenta como Lei Maior de uma Nação.

Ela nasce para ser a Lei Maior e para ser respeitada por todos os cidadãos do País, sem exceção, com igualdade, mas com normas eventualmente específicas para certas situações ou autoridades, a fim de poder outorgar segurança jurídica e aplicabilidade, com definição de poderes e atuações determinadas.

Ela pode até ser pequena e genérica, em alguns países ou nações que já tenham um sistema implantado de poder, geralmente forte e dominador, ou em países em que os costumes e tradições estejam tão arraigados que não se deseja dar brechas para mudanças.

Até pode ser mais longo, mas ainda refletir um país em que cada Setor Social, cada Entidade de Poder e de execução de ordens judiciais ou governamentais, ou cada cidadão, certamente saberão respeitá-la e aplicá-la aos casos concretos, em qualquer atividade ou relacionamento, embora com severas sanções pelo descumprimento.

Mas na maioria de Textos Constitucionais, vemos a afirmação de ideais básicos, depois temas ordenados em Seções separadas de diversos poderes ou diversidades.

Usam-se institutos e linguagem pertinentes a cada Seção, contendo normas de direitos individuais e também coletivos, valorizando primariamente, claro - *A VIDA - e depois, consequentemente, a mais perfeita vida possível da nação.*

2. Preâmbulos de outras Constituições

Interessante para nosso estudo, indicar como estão escritos os Preâmbulos de outros países e como poderiam ser interpretados.

Diz o doutor Afonso Arinos de Mello Franco que:

> Nem todas as Constituições dispõem de preâmbulos significativos, antepostos aos respectivos títulos, capítulos, artigos e parágrafos ordenatórios. Mas a ausência ou a insignificância de preâmbulos, em muitos textos constitucionais, não excluem a importância de que eles podem se revestir quando enriquecem as Constituições que os adotam.

Quanto ao Preâmbulo dos Estados Unidos da América, assim está escrito:

> "We the People of the United States, in Order to form a more perfect Union, establish Justice, insure domestic Tranquility, provide for the common defense, promote the general Welfare, and secure the Blessings of Liberty to ourselves and our Posterity, do ordain and establish this **Constitution** for the United States of America
>
> "Nós, o povo dos Estados Unidos, para formar uma União mais perfeita, estabelecer a justiça, garantir tranquilidade doméstica, fornecer para a defesa comum, promover o bem-estar geral e seguro as bênçãos da liberdade para nós mesmos e nossa posteridade, ordenar e estabelecer esta Constituição para os Estados Unidos da América."

Antes de falar sobre Deus lá, é muito peculiar lembrar a manifestação do Presidente Ronald Reagan e outros tantos antes e depois, a realçar que a Constituição americana nasceu do povo. O povo é seu criador (**We the people** – Nós o povo) e assim ditou seus valores de liberdade, de ir e vir, de se defender e portanto nenhum Poder ou Lei poderia estar acima da vontade do povo. Por quê?

Disseram eles, em resumo, que a Constituição no carro é um motorista, mas o povo é o próprio carro, que tem direito de ordenar para onde, como e a que velocidade quer o motorista dirigindo, obedecendo e indo e quando o Estado ou leis levam o carro de forma contrária, burocraticamente emperrada, ou demorada ou sem destino, e isto será contrariar a vontade do povo, não devendo ser aceito, nem obedecido!

Acontece que, na prática, o povo é ou deveria ser fielmente representado pelo Congresso – Câmara dos Deputados e Senado – mas o embate, os interesses e a modernidade complexa fazem com que muitas vezes não o seja e daí "*We the people*" fica menos identificável.

Acrescentando por peculiar, nas notas de dinheiro deles (dólares) está impressa a expressão – "*In God We Trust*" (em Deus nós confiamos), isso para o dinheiro deles!

Se um litigante ateu e combatente dos valores cristãos, em processo judicial em Nova York, ganha uma causa da outra parte cristã, condenando o Juiz que esta pague 1000 dólares ao Autor ateu, este ficará sim muito contente em receber em dinheiro, na hora, tal valor, sem sequer olhar para o que está escrito nas 10 notas de 100 dólares, dez vezes afirmando – "In God we trust"!

Ora bem, dir-se-ia que o povo então seria melhor representado, talvez, se lá existisse um Governo Parlamentarista com 1º. Ministro e que seria substituído quando "o povo" entendesse que as coisas estariam indo mal.

Mas quem disse que a representatividade se daria por meio do 1º Ministro, ou através de novas eleições gerais para renovar o Parlamento? Leva tempo e atos e fatos poderiam ser irremediáveis, no entender desse *We the People*!

Então talvez devessem pensar em outro Órgão Executivo que mandasse acima dos Poderes para evitar qualquer desvio – daí seria ditadura? Ou o povo ser representado pelos Sindicatos ou Associações de Classes, ou... daí seria comunismo? Ou pelos anciãos mais sábios, como ocorria com as tribos indígenas, que eram donas do território americano até o século XVI?

Aliás, como sabemos, os Estados Unidos da América eram antes um vasto território possuído por dezenas de tribos principais, como os Sioux, Cheyennes, Comanches, Apaches, Cherokees etc., citando algumas principais, com suas leis, costumes, línguas e locais determinados e eis que tiveram que perder tudo para os que, desde 1776 em diante, se tornarem um Estado independente, com 13 colônias e logo com uma Constituição, daí em diante se expandindo e tomando todos os territórios de ingleses, franceses, espanhóis, mexicanos e outros, por negociações diversas, por invasão mesmo, bem como dos indígenas, pela força, matança e deslocamento destes últimos para locais distantes, e/ou em reservas sob controle.

Agora reflito sobre um trecho do Evangelho, em que Jesus diz textualmente: "pobres sempre tereis, mas a mim nem sempre", ou seja, neste mundo, nunca haverá verdadeira justiça social com inexistência de pobres.

Nem com comunismo, nem com capitalismo, nem com a democracia, porque são distintos os homens, distintas as capacidades, distintos os talentos, corriqueiras e lastimáveis vontades de roubar, apropriar-se, ser mais e mais rico, dominar, matar os opositores, conquistar terras, enfim o equilíbrio sempre acaba *sendo tratar desigualmente os desiguais.*

Embora perante a lei todos devem ser iguais, a lei se aplicará da forma como deva ser, a cada caso concreto, dependendo do cidadão e da essência e forma de seu direito.

Bem retomemos a nossa questão sobre Deus não estar na Constituição americana.

Não se cita Deus como fonte inspiradora, mas muitos Estados americanos têm ou tiveram constituições estaduais ou Leis maiores, ou mesmo decisões judiciais famosas, onde se menciona a inspiração divina.

Aliás, os Estados Unidos da América foram formados e se tornaram a grande Nação que apareceu perante o mundo, com terras e construções conquistadas e povoadas, com a "Bíblia na mão" e pregação constante das palavras da escritura sagrada, que muitos usaram para construir e inspirar suas leis, condutas e, como já citamos, também em decisões jurisprudenciais.

Em geral, em outro entendimento sobre este assunto sobre Deus nas Constituições, cito logo em primeiro lugar na nossa, o anúncio de sua promulgação, feito pelo Deputado Ulysses Guimarães, ao dizer:

> Declaro promulgada. O documento da liberdade, da dignidade, da democracia, da justiça social do Brasil. Que Deus nos ajude para que isso se cumpra!
>
> (Discurso de Ulysses Guimarães, Presidente da Assembleia Nacional Constituinte de 1988).

Aqui, foi desta forma promulgada e invocado o nome de Deus para que nos ajudasse a fazê-la cumprir.

Quanto ao Peru, o preâmbulo da Constituição invoca Deus todo poderoso (*Dios Todopoderoso*), diz-se obediente ao mandato outorgado pelo povo e faz explícita recordação ao sacrifício de todas as gerações que precederam à formação da pátria.

Quanto à União Europeia, em 2004 foi redigido um Preâmbulo, nos seguintes termos:

> SUA MAJESTADE O REI DOS BELGAS, O PRESIDENTE DA REPÚBLICA CHECA, SUA MAJESTADE A RAINHA DA DINAMARCA, O PRESIDENTE DA REPÚBLICA FEDERAL DA

> ALEMANHA, O PRESIDENTE DA REPÚBLICA DA ESTÓNIA, O PRESIDENTE DA REPÚBLICA HELÉNICA, SUA MAJESTADE O REI DE ESPANHA, O PRESIDENTE DA REPÚBLICA FRANCESA, A PRESIDENTE DA IRLANDA, O PRESIDENTE DA REPÚBLICA ITALIANA, O PRESIDENTE DA REPÚBLICA DE CHIPRE, A PRESIDENTE DA REPÚBLICA DA LETÓNIA, O PRESIDENTE DA REPÚBLICA DA LITUÂNIA, SUA ALTEZA REAL O GRÃO-DUQUE DO LUXEMBURGO, O PRESIDENTE DA REPÚBLICA DA HUNGRIA, O PRESIDENTE DE MALTA, SUA MAJESTADE A RAINHA DOS PAÍSES BAIXOS, O PRESIDENTE FEDERAL DA REPÚBLICA DA ÁUSTRIA, O PRESIDENTE DA REPÚBLICA DA POLÓNIA, O PRESIDENTE DA REPÚBLICA PORTUGUESA, O PRESIDENTE DA REPÚBLICA DA ESLOVÉNIA, O PRESIDENTE DA REPÚBLICA ESLOVACA, A PRESIDENTE DA REPÚBLICA DA FINLÂNDIA, O GOVERNO DO REINO DA SUÉCIA, SUA MAJESTADE A RAINHA DO REINO UNIDO DA GRÃ- BRETANHA E DA IRLANDA DO NORTE, INSPIRANDO-SE no **património cultural, religioso e humanista da Europa**, de que emanaram os valores universais que são os direitos invioláveis e inalienáveis da pessoa humana, bem como a liberdade, a democracia, a igualdade e o Estado de Direito, CONVENCIDOS de que a Europa, agora reunida após dolorosas experiências [...].

Portanto, na redação de 2004, em que pretendeu dar ênfase à união após tantas guerras e sofrimentos, há menção ao **patrimônio religioso** inquestionável, depois contestado por Holanda e França.

Continuando a citação, a Constituição do Paraguai de 1967 contém um preâmbulo, 11 capítulos com 231 artigos, e um último capítulo com disposições transitórias. O Primeiro capítulo contém onze "estados fundamentais", a definição de uma ampla variedade de temas, incluindo o sistema político (uma república unitária com governo democrático representativo), os idiomas oficiais (espanhol e guarani) e a **religião oficial (catolicismo).**

E houve Preâmbulos aqui mesmo no Brasil, que podemos chamar encaminhamentos de texto constitucional a uma Assembleia Constituinte, que acabaram influenciando a aceitação do texto remetido, como no caso da Constituição que D. Pedro I mandou aos constituintes, mencionando ao final a

Santíssima Trindade, o que decisivamente agradou à imensa maioria dos destinatários, católicos na época, a saber:

Preâmbulo encaminhador:

> *Dom Pedro I, Por Graça de Deus, e Unânime Aclamação dos Povos, imperador Constitucional e Defensor Perpétuo do Brasil: Fazemos saber a todos os Nossos Súditos, que tendo-Nos requerido os Povos deste Império, juntos em Câmaras, que Nós quanto antes jurássemos e fizéssemos jurar o Projeto de constituição, que havíamos oferecido às suas observações para serem depois presentes à Nova Assembléia Constituinte; mostrando o grande desejo, que tinham, de que ele se observasse já como constituição do Império, por lhes merecer a mais plena aprovação e dele esperarem a sua individual, e geral felicidade Política: Nós Juramos o sobredito Projeto, para o observarmos e fazermos observar, como constituição, que d'ora em diante fica sendo deste Império; a qual é do teor seguinte:*
> *Constituição Política do Império do Brasil Em Nome da Santíssima Trindade*

É, Dom Pedro I quem a outorga, mas invocando a Graça de Deus e no Primeiro Título declara que o texto é iluminado pela Santíssima Trindade e em seguida, em seu início, indica claramente que a religião Católica Apostólica Romana é a religião oficial do Império.

Há a intenção de agradar ao povo que declarando que agiu em consonância com a vontade do povo, suas observações, felicidade do povo, mas tudo é proclamado em nome nada mais nada menos que sob a inspiração e bênçãos da Santíssima Trindade.

Particularmente chego a desejar mesmo, que todas as Constituições pudessem ser feitas e apresentadas obedecendo aos ditames de Deus. E que depois que fossem aplicadas sob a égide da interpretação calcada na inspiração divina.

Daí já protestarão dizendo que o Estado é laico, que Deus não existe para muitas pessoas e que tudo isto de invocação a Deus ou ao cristianismo já passou e deve ser evitado e tirado da interpretação do texto. SERÁ?

Começando a examinar tais posicionamentos, digo que o que está escrito na Bíblia, por exemplo no livro da Sabedoria, Provérbios e no Novo Testamento, se ao menos fossem fonte de inspiração de normas, se fosse realmente inspiradora das Leis Maiores, teríamos um mundo muito melhor, justo e equilibrado do que o que temos hoje.

Sabemos quão difícil é que isto aconteça, primeiro porque os homens se desviam facilmente do que escrevem como leis, do que prometem, e depois porque os caminhos futuros do Deus se considerado existente – lógico – são insondáveis porquanto acima do raciocínio estritamente lógico e temporal.

Por oportuno, agora dizer que cada país não teve necessariamente uma só Constituição e só emendas a ela, inclusive porque as condições sociais, políticas e econômicas mudam tanto, que requerem novas Constituições por completo, para mudança substancial dos fins colimados por novos governos, ou ditadores de plantão, ou revoluções internas, ou ao contrário, aberturas para regimes mais democráticos.

E quando esses fatos ocorrem, por vezes, Preâmbulos são muito bem-vindos e até necessários, para salientar e introduzir o que passará a valer.

Um Preâmbulo à Constituição pode introduzir e dizer mais, em alguns casos, que o teor interno da Carta Magna, em matéria de direitos fundamentais, liberdades e alcance político e social.

Será que exagero? Não é verdade. Um símbolo nazista na capa de um livro, uma foice e martelo internos em algumas páginas de determinados textos, uma indicação em Preâmbulos ou artigo dos principais de uma Constituição, declarando dever ser coibido admitir que forças ocultas tolham o Poder constituído pela cassação temporária desse Poder, esses claros indicativos são identificáveis; então verão como tenho razão.

E a inexistência de qualquer Introito ou Preâmbulo pode, no silêncio, significar continuidade do que não se deseja, até porque a descontinuidade era o objetivo da Constituição recém-promulgada, ou ocultação do objetivo constitucional.

3. A necessidade ou desnecessidade de um Preâmbulo

Após haver acabado de dizer ao final do item 2, sobre inexistência, silêncio, ocultação de objetivos, examinemos esses aspectos mais especificamente.

Seria fácil afirmar-se que nenhum ato legal necessitaria de qualquer Introdução ou Preâmbulo, quando muito só um título pequeno, tipo Lei do Imposto de Renda, ou Constituição da República, porque o que importa é que as normas sejam bem feitas, façam sentido, sejam claramente aplicáveis em seus termos, com abrangência correta e evitando ao máximo dúvidas que possam ser suscitadas.

Mas como conseguir essa perfeição e alcance na Carta Magna? Como por vezes deixar de encaminhar a um desejado claro entendimento, como ter certeza de que o texto não precisa nem de Introito nem de nenhuma indicação sobre leis passadas, leis abrangidas, ou algo que mereça destaque?

Podem dizer que tudo é normal, que não precisa de nada, que é sempre tarefa dos advogados, dos juízes, dos Tribunais interpretarem, mas a quem é dirigida a Lei? Não é para o povo, não emana do povo como dizem certas Constituições? Que história é esta de só ser decifrável por quem seja especialista jurídico?

Cá entre nós, até nosso Supremo Tribunal Federal muda de **interpretação** – E até diz que um processo que declara ter sido desenvolvido em sede judicial errada, depois de outros especialistas de outros Tribunais não terem assim julgado, acabando por anular tudo que condenava o ex-Presidente Lula, para começar de novo – às favas o povo, o patriotismo, o momento delicado da Nação, a pandemia - e daí? "O povo que se lasque". Não entende de processo civil e pronto! É culpado por ser ignorante!

Mas a Constituição acaso não enfatiza também a segurança jurídica, o direito de viver em paz e em harmonia social. Por que o Guardião da Carta Magna teve de intervir em algo que já estava pacificado há anos? E só porque o Ex-Presidente entrou com dezenas e dezenas de recursos, pagou um "monte" de dinheiro para seus advogados e, portanto, só quem é rico é que pode conseguir? E mesmo contra o que a maioria do povo entenda ou pense? Abreviando e mudando o tempo e os elegíveis de futura eleição presidencial, que ninguém sabe se haverá ou como?

Refrescando um pouco o clima narrativo, vamos a um exercício prático, apenas "ad argumentandum", criando a República do País das Rosas, a qual declarou ter a Constituição mais sucinta e aplicável do mundo.

> *Constituição da República do "País das Rosas":*
>
> *Art. 1º. O país das Rosas é uma República democrática governada por um Presidente eleito a cada 5 anos, que tem por fim o bem comum de todos os seus cidadãos.*
>
> *Art. 2º. O Presidente indicará, no ano da sua eleição, 100 nomes para comporem a Câmara de Representantes do povo, para que este eleja 50, que farão as leis e auxiliarão o Presidente a governar, com mandato igual ao do Presidente e com ele sairão no fim do mandato, sem direito à reeleição, nem do Presidente nem dos Representantes.*
>
> *Art. 3º. Todo cidadão tem direito de ser tratado de forma igual pelos demais e a uma vida digna, com salário-mínimo justo e moradia assegurada.*
>
> *Art. 4º. A Nação tem relacionamentos com o mundo todo, respeitada sua soberania em questões internas e comércio com todas, em forma de reciprocidade de tratamento.*

Ficou claro? Parece bem armado e simples de executar. Parece?

Ora, pergunto o que seria bem comum para o País das Rosas? O que é vida digna e como estipular um salário-mínimo para todos que vivem em lugares diferentes da Nação? E qual tipo de moradia assegurada pela Constituição?

Os 50 serão vassalos do Presidente? Poderão divergir?

Precisa muito foco e direcionamento para isto ser cumprido, lembrando o conjunto de fundamentos que abrigam e elegem o "pacta sunt servanda", mas ainda assim existe o "rebus sic stantibus", ou seja, mesmo que haja pacto social inteligível, o surgimento de novas realidades ou impossibilidades, podem tornar inaplicável o que antes parecia justiça e direito claros (se não mais aplicáveis, tornam-se letra morta).

Relacionamento com todo o mundo, mas comércio se obtida reciprocidade de tratamento? Como avaliar situações concretas? Outra vez intenção muito boa, mas depende de quem escreveu, em qual momento da humanidade e que valores mundiais estão vigorando no planeta.

Reprisando, difícil senão impossível afirmar que a Constituição de um País possa esclarecer inteiramente, em várias partes, tudo o que interesse ao seu cumprimento integral!

Existe a tentativa de indicar por que meios ou leis deve se legitimar a vontade constituinte. E então como ficamos? Isto funciona?

Nossa própria Constituição contém, em vários trechos e nas disposições finais e transitórias, indicação de que Lei Complementar disporá, ou lei regulará, ou determinado Poder regulamentará determinada matéria.

Focalizamos a situação de uma Constituição que contenha Preâmbulo.

Ele pode sempre dar algumas pistas, direcionamentos, em alguns casos, lendo-se o que a motivou, quem elaborou e principalmente, se foi promulgada sob a proteção de Deus ou não, isto porque se Deus foi invocado e foi desejado fazer constar do texto, certamente é um indicativo para sua interpretação.

Então:

1º É muito difícil elaborar uma Constituição pequena, abrangente o suficiente e bem clara.

2º Um Preâmbulo bem feito pode ao menos encaminhar melhor eventuais interpretações das dúvidas, considerando-se quem a elaborou, com que Poder, onde, quando, finalidade de elaboração e se introduz uma inspiração determinada ou, o que é objeto deste trabalho – *Ter invocado inspiração divina pretendida para elaborá-la, ou invocada para sua realização, o que pode direcionar sua aplicação.*

Os adeptos de uma Constituição não longa, mas com preceitos fundamentais claros e abrangentes, sem Preâmbulo, dirão que quando invocada ou sendo necessária a interpretação para um caso concreto, o Tribunal Superior de um país dissipará todas as dúvidas.

Mas vejam o que ocorre nesses dias de 2021, desde 2020, em que o Supremo Tribunal Federal quer conhecer de tudo o que lhe é submetido, mesmo que invada, decidindo em esfera de competência de outros Poderes, sem pudor, sem se recusar a pôr em pauta e declarando que tudo que chega à Corte tem de ser apreciado.

Agora afirmando o que constatamos, o Preâmbulo da nossa Carta Magna é rebaixado, ou praticamente ignorado e foi elaborado depois de muitos embates e discussões.

Dizem muitos, até juristas, que quando muito se colocaria o tema e data, como no aspecto simplista, por exemplo – Código de Processo Civil, data, Lei número tal, e ainda, por exemplo, Lei tal que altera a legislação do Imposto de Renda para pessoas físicas, e similares para outras matérias.

Ocorre que, como no mundo de hoje, cedo se verifica que a interpretação dos textos legais esbarra em mutações sociais, econômicas e até de governo, que não eram previstas ou que mudaram tanto tão rapidamente, que a aplicabilidade do texto fica complexa e, por vezes, pode até acontecer que fique impossível o seu cumprimento e daí um Preâmbulo pode ajudar o "intérprete" a decidir uma ação.

Quanto agora à **utilidade dos Preâmbulos**, socorremo-nos do constitucionalista Dalmo de Abreu Dallari, in *Preâmbulos das Constituições do Brasil - São Paulo, maio de 2001,* que identificou *Preâmbulos reveladores* em Constituições do Brasil.

Diz ele:

> A simples leitura dos Preâmbulos das constituições que o Brasil já teve é suficiente para revelar, em suas linhas fundamentais, a história constitucional brasileira.
>
> Essa revelação já resulta clara pelo fato de que no início de cada Preâmbulo se encontra a identificação da instituição, do órgão ou do personagem que fez a Constituição, por onde já se tem a ideia das circunstâncias políticas em que cada uma das constituições brasileiras foi gerada.
>
> Pelo exame dos Preâmbulos verifica-se que das oito constituições que o Brasil já teve apenas quatro foram elaboradas por uma Assembleia Constituinte.
>
> É também expressivo e revelador, demonstrando certa coerência e contribuindo para a percepção das circunstâncias políticas, a peculiaridade de que só os Preâmbulos daquelas constituições feitas por método democrático fazem referências à democracia e à liberdade como objetivos a serem atingidos com apoio na Constituição.

E ainda observa o mestre em sua obra:

> É interessante assinalar que no Brasil somente agora, depois da elaboração da Constituição de 1988, é que se começou a dar importância ao Preâmbulo da Constituição, reconhecendo seu caráter de preceito jurídico e, portanto, a exigência jurídica de respeitá-lo e de tê- lo em conta na interpretação dos artigos da Constituição e no controle da constitucionalidade das leis e dos atos jurídicos.

Parece que, agora concordando com o mestre, o teor deste pensamento novo e mudança de pensamento se deveram muito ao grande constitucionalista português José Joaquim Gomes Canotilho.

Ainda em comentário sobre a relação inexorável entre o Preâmbulo constitucional e seu inteiro teor, apesar de tantos quererem ainda dissociá-lo do texto que o sucede, vem também em nosso socorro o texto publicado por Pedro Luiz Ferreira de Almeida, em seu estudo sobre o Caráter Normativo-Axiológico do Preâmbulo da Constituição e sua repercussão na Administração Pública, ao analisar a Constituição Brasileira de 1988 (última e em vigor):

> Uma norma jurídica é aquela que pertence ao ordenamento jurídico, de modo que não identificamos na norma uma característica que a qualifique como jurídica. O princípio jurídico, apesar de não ter conceito fechado, é o mandamento jurídico dotado de alta carga valorativa que norteia todo o ordenamento jurídico, caracterizando-o como uma norma jurídica dotada de generalidade e aplicação. Nesse contexto, tanto as regras jurídicas como os princípios jurídicos são normas jurídicas que vinculam a atividade da Administração Pública em razão do princípio da legalidade. **O preâmbulo constitucional, por pertencer ao ordenamento jurídico, constitui norma jurídica e, portanto, repercute na Administração Pública em vista do princípio da legalidade.**

Continuando nosso estudo vou introduzindo, por partes, sobre a necessidade de um Preâmbulo constitucional e, inclusive utilizando pensamentos de outros autores.

4. O que não tem início não tem origem certa e clara

Recorramos a um Contrato, celebrado entre quaisquer partes, com teor obrigacional e outorgando direitos, contendo prazos de cumprimento e muito bem escrito, mesmo longo, só que extraviado seu preâmbulo, a 1ª ou 1ª e 2ª páginas (só tendo ficado o texto integral até as assinaturas mesmo com firma reconhecida).

Digo que é vazio em si e apesar de tudo que contém! São páginas de papel, ou papéis, que mesmo com assinaturas na última página, nem é claro o suficiente para saber se não tinha, ou deveria ter, outras partes envolvidas, cuja visualização do “chamado Preâmbulo”, somente, seria capaz de esclarecer.

Quem contratou? Foram mesmo só os signatários? Será que não deveriam ter assinado outros envolvidos? Que nome deram ao Contrato? Que detalhes das partes contratantes eventualmente não foram declaradas, ou até são falsas?

Pode ser um excelente “indício” de contratação, pode ser examinado como possível prova, até chegar a refletir um relacionamento verdadeiro e o que desejaram.

Mas entre essa certeza relativa e o nada de verdadeiro, poderíamos ficar em um talvez, um possivelmente – tipo uma ponte bem construída sem indicação de seu destino e origem, ou até uma ponte que, se atravessada leve ao abismo no próprio meio dela.

Não se pode, por dedução ou imputação qualquer, por similaridade ou interpretação de poder ser entre certas partes, deduzir-se validamente quem contratou, quem deveria ter contratado e não o fez, bem como outros que devessem estar cientes da contratação, e se os que contrataram poderiam validamente fazê-lo.

Ou seja, as páginas do Contrato que sobraram com as assinaturas ao final bastam? Ou outras partes deveriam ter aderido ao Contrato, deveriam ter constado do Preâmbulo?

A representação das partes no Preâmbulo já viciava a competência para assinar o Contrato?

Notem o que pode acontecer, só porque não se tem o Preâmbulo do Contrato, tendo restado as páginas da Cláusula Primeira em diante.

A Constituição é um "Contrato" entre os constituintes, ou o Imperador, ou quem tem poderes para fazê-la ou até quem não tinha e se impôs poderes e de outra parte, aderindo o povo, a Nação, que se diz estar representada por quem se outorgou poderes, ou por quem o povo escolheu, aceitando ou tendo que aceitar, que por ela vai ser regida.

Contrato forçado não é válido? É, mas neste caso manda quem pode e obedece quem tem juízo! E nenhuma Corte do País vai julgar contra os termos desse "Contrato" neste caso imposto!

Diz Edson Mota Valença Filho:

> Para que servem os preâmbulos de contratos?
>
> Normalmente qualificam as partes e, às vezes, descrevem vagamente a intenção das partes contratantes.

> Mas, afinal, qual é a importância daqueles primeiros parágrafos? Por que escrever o que parece óbvio, principalmente para as partes, no contrato?
>
> Sobre isto, minha opinião é: todo bom contrato tem um bom preâmbulo...
>
> Ora, no Ordenamento Jurídico Brasileiro, os contratos são comandados pela boa-fé objetiva, isto é: todos aqueles que contraem obrigações devem se comportar de acordo com a realização delas.
>
> Entretanto, não muitas vezes, em negócios complexos, há um inegável maior grau de subjetividade.
>
> Por muitas vezes estes contratos comporem muitas vontades e interesses que em certa medida não são percebidos por uma das partes, mas são fundamentais para a realização da obrigação tal qual o que se espera.
>
> Então, respondendo às perguntas do início: o preâmbulo serve como guia de interpretação para o contrato e de como devem ser realizadas as obrigações negociadas. Ademais, é fundamental ter consciência que os contratos não são redigidos pensando nos contratantes como seus principais leitores, mas, sim, elaboradas para que juiz ou árbitro entenda a situação.
>
> Na prática, o preâmbulo tem como importância situar o Juiz, numa situação de controvérsia entre as partes, sobre as circunstâncias em que foram contraídas aquelas obrigações. Neste sentido, um bom preâmbulo pode influenciar uma boa decisão judicial, assim como, minimizar uma má.

Ora, retornando, se um Contrato com um alcance restrito, como explanado, tem necessidade de um Preâmbulo válido como guia de interpretação e criador de vínculos obrigacionais, como fonte, base para interpretação judicial ou social, quanto mais será importante para a Carta Magna de uma Nação.

5. O que não é qualificado

Um texto legal que obrigue, aplicável a muitos, sumamente importante para todo um povo, uma Nação deve ter um bom início.

Encontramos desde os primórdios da civilização, textos com forma de normas, descrições, avisos de comportamento não permitido, impressos em pergaminhos, em vários meios, aplicáveis a determinado agrupamento social.

E a qualificação de quem ordenou, de quem avisou, de quem obrigou, era essencial para a força e aplicabilidade dos ordenamentos.

Assim o chefe da tribo identificando-se como tal e em que qualidade, o rei, o imperador, o chefe de condado, anunciava com força, solenidade e ênfase os seus ordenamentos, suas importantes comunicações.

Não adiantava ler o texto ou avisar sem proclamar a autoridade competente de quem provinha o ordenamento, e para passar a ideia de imperativo, sujeito a sanções pelo seu descumprimento.

A qualificação das partes e composição dos outorgantes da Constituição Federal diz muito sobre circunstâncias quando foi elaborada, se os Outorgantes agiram da forma coerente como concordaram, antes e depois de sua promulgação, enfim a coerência nacional mensurada e sua força.

A qualificação de um Preâmbulo, ainda mais quando discutido entre vários textos para se chegar ao texto definitivo, nos ajuda a qualificar a própria Constituição, como a real representatividade do povo na sua elaboração, o que foi considerado imprescindível e cada valor indicado.

O nosso Preâmbulo indica que nossa Carta Magna quer *assegurar o exercício dos direitos sociais e individuais, a liberdade, a segurança, o bem-estar, o desenvolvimento, a igualdade e a justiça como valores supremos de uma sociedade fraterna.*

Ora daí em diante estará qualificada na medida em que os assegurar em seu bojo, por meio de dispositivos claros que propiciem tal exercício, primordialmente penso eu, quando dispõe em seus arts. 5º e 6º sobre direitos e garantias individuais e direitos sociais, porque estes constituem a espinha dorsal que constrói uma sociedade justa.

6. O que parece e o que não parece ser Carta Magna

Aquilo que vem simplesmente atirado ao rosto e ao coração de um povo, dizendo-se para alicerçar todos de um povo (sociedade) e nem tem começo ou introdução, começando abruptamente em seu primeiro artigo e seguintes, é como uma sentença judicial só com o cerne da decisão sem razões de decidir, sem citar nada sobre o processo, tipo – "Decido em desfavor do Autor, com fulcro no artigo tal. Custas pelo mesmo e publique-se".

Ora, se a Constituição federal baliza o ordenamento jurídico vigente, ela carece de forma solene constitucional.

É notório e lógico que toda legislação em vigor deve ser carregada, ser produzida, mirando-se nela, e deve ser - "*mandamento nuclear de um sistema*", conforme preceitua Celso Antônio Bandeira de Mello.

O preâmbulo é como se fosse a carta de apresentação, onde, de forma sucinta e objetiva, indica os caminhos e conteúdos desejáveis da lei fundamental, sendo responsável por explicitar os ideais do novo Estado, bem como a impressão filosófica e política da nação para qual foi constituído.

Se não tem Preâmbulo, não parece ser Carta Magna e assim entenderam os Estados Unidos (1787), Suíça (1874), Alemanha de Weimar (1949) e da Alemanha Oriental (1968, com as emendas de 07 de outubro de 1974), da Polônia (1952), Bulgária (1971), Romênia (1975), Cuba (1976), Nicarágua (1987), Moçambique (1978), São Tomé e Príncipe (1975) e Cabo Verde (1981), segundo indicaram tratadistas constitucionais.

O valor integrado no preâmbulo pode até não se traduzir em elemento normativo, mas é através dele que um Estado diferente é proclamado, antes das normas centrais.

É esse texto preliminar que prepara o caminho para a chegada da estrutura e um novo povo, regido por novos ideais e sonhos.

7. Famosos preâmbulos – famosos códigos – famosas leis

Foram compostos e comunicados famosos anúncios solenes, preâmbulos ou discursos em centros de poder e comunicações, famosas introduções, apresentações, quer tenham sido por escrito ou por meio de grandes eventos ou solenidades, para muitos Códigos, Leis Maiores, Declarações de Guerra ou de Paz.

Desde a antiguidade, Leis maiores incluindo-se entre elas o Código de Hamurabi, dos egípcios, gregos, persas, romanos e depois de muitos países, em 21 séculos, dando tom maior solene à sua promulgação ou decisão.

Entre tantos textos, tantos preâmbulos, um mais recente no sentido de ser do século XX, demonstra a necessidade de um Preâmbulo, quanto mais importante sua abrangência e alcance.

Como dirigir-se ao mundo inteiro, após a 2ª Guerra Mundial, fundada a Organização das Nações Unidas, desejando um mundo de paz e com regramentos para viver bem, sem um belo e significativo Preâmbulo, até hoje base para tantas leis e decisões nacionais e internacionais?

Primeiro a aparecer no documento foi seu magnífico Preâmbulo:

> **Declaração Universal dos Direitos Humanos**
>
> Considerando que o reconhecimento da dignidade inerente a todos os membros da família humana e dos seus direitos iguais e inalienáveis constitui o fundamento da liberdade, da justiça e da paz no mundo;
>
> Considerando que o desconhecimento e o desprezo dos direitos do Homem conduziram a atos de barbárie que revoltam a consciência da Humanidade e que o advento de um mundo em que os seres humanos sejam livres de falar e de crer, libertos do terror e da miséria, foi proclamado como a mais alta inspiração do Homem;
>
> Considerando que é essencial a proteção dos direitos do Homem através de um regime de direito, para que o Homem não seja compelido, em supremo recurso, à revolta contra a tirania e a opressão;

> Considerando que é essencial encorajar o desenvolvimento de relações amistosas entre as nações;
>
> Considerando que, na Carta, os povos das Nações Unidas proclamam, de novo, a sua fé nos direitos fundamentais do Homem, na dignidade e no valor da pessoa humana, na igualdade de direitos dos homens e das mulheres e se declaram resolvidos a favorecer o progresso social e a instaurar melhores condições de vida dentro de uma liberdade mais ampla;
>
> Considerando que os Estados membros se comprometeram a promover, em cooperação com a Organização das Nações Unidas, o respeito universal e efetivo dos direitos do Homem e das liberdades fundamentais;
>
> Considerando que uma concepção comum destes direitos e liberdades é da mais alta importância para dar plena satisfação a tal compromisso:
>
> A Assembleia Geral proclama a presente Declaração Universal dos Direitos Humanos como ideal comum a atingir por todos os povos e todas as nações, a fim de que todos os indivíduos e todos os órgãos da sociedade, tendo-a constantemente no espírito, se esforcem, pelo ensino e pela educação, por desenvolver o respeito desses direitos e liberdades e por promover, por medidas progressivas de ordem nacional e internacional, o seu reconhecimento e a sua aplicação universais e efetivos tanto entre as populações dos próprios Estados membros como entre as dos territórios colocados sob a sua jurisdição.

Que dirão aqueles que são contra Preâmbulos, que acham que não acrescentam nada e podem ser retirados peremptoriamente de todas as Leis, particularmente de importância mundial ou nacional?

O Preâmbulo da Declaração Universal dos Direitos Humanos fala antes do texto aos corações dos homens de bem que querem melhorar o mundo e a paz.

Quanto a Códigos Civis de tantos países, para fazer uma escolha que julgo interessante, usando o Código Civil francês.

Napoleão Bonaparte declarou que ainda que perdesse a batalha final, seria lembrado não por suas guerras, mas pelo excelente Código que promulgou.

E foi mesmo assim, baseado em muitas ideias do "Corpus Juris Civilis" de Roma, notabilizando-se inclusive por ter sido o nosso próprio Código influenciado pelo conteúdo romano-francês em muitos institutos socialmente criativos e eficientes.

Lembramos, em francês, comentários e início de sua descrição:

> *Le Code civil des Français, appelé usuellement Code civil ou Code Napoléon fut promulgué le 21 mars 1804. Il regroupe les lois relatives au droit civil français. L'essentiel de son contenu est encore en vigueur aujourd'hui en France.*
>
> O Código Civil dos franceses, chamado usualmente Código Civil ou Código Napoleônico, foi promulgado em 21 de março de 1804. Ele reagrupa as leis relativas ao direito civil francês. O essencial de seu conteúdo está ainda em vigor, hoje em dia na França.

Vale a pena colocar o início dele, como ilustração a demonstrar a forma com que estamos acostumados a ver nossas leis no Brasil e para homenageá-lo neste livro, deixando o restante, que não é objetivo deste Livro, para eventual curiosidade dos que quiserem conhecê-lo e compará-lo com o nosso.

> ***Titre préliminaire : De la publication, des effets et de l'application des lois en général (Articles 1 à 6-1)***
>
> - ***Article 1***
>
> ***Modifié par Ordonnance n°2004-164 du 20 février 2004 - art. 1 () JORF 21 février 2004 en vigueur le 1er juin 2004***
>
> Les lois et, lorsqu'ils sont publiés au Journal officiel de la République française, les actes administratifs entrent en vigueur à la date qu'ils fixent ou, à défaut, le lendemain de leur publication. Toutefois, l'entrée en vigueur de celles de leurs dispositions dont l'exécution nécessite des mesures d'application est reportée à la date d'entrée en vigueur de ces mesures.
>
> En cas d'urgence, entrent en vigueur dès leur publication les lois dont le citardécret de promulgation le prescrit et les actes administratifs pour lesquels le Gouvernement l'ordonne par une disposition spéciale.

Tradução para nosso idioma:

Título preliminar: Da publicação, dos efeitos e da aplicação das leis em geral (Artigos 1 a 6-1).

Artigo 1

Modificado pelo Ordenamento no 2004-164 de 20 de fevereiro de 2004 -art. 1 JORF 21 de fevereiro de 2004, em vigor a partir de 1º de junho de 2004

As leis e, assim que são publicados no Diário Oficial da República francesa, os atos administrativos, entram em vigor na data que fixarem, ou, por padrão, o dia seguinte ao de sua publicação. De toda forma a entrada em vigor daquelas disposições nas quais a execução necessita de medidas de aplicação fica postergada até a data de entrada em vigor dessas medidas.

Em caso de urgência, entram em vigor a partir de sua publicação as leis nas quais o decreto de promulgação o prescreve, e os atos administrativos para os quais o Governo o ordena por uma disposição especial.

8. Afinal então, qual a resposta às duas perguntas do Livro e qual a FINALIDADE, portanto, de existir o Preâmbulo de nossa Constituição e qual a finalidade do trecho "sob a proteção de Deus ?

Repetindo as perguntas:

Como interpretar o preâmbulo da Constituição, visto que sem ele ela não teria sido promulgada ?

Haveria razão de ter a locução "sob a proteção de Deus" sido votada e aprovada por maioria expressiva, se fosse considerada irrelevante?

E então qual a finalidade de sua existência, aplicabilidade e essência?

Reprisando:

PREÂMBULO:

Nós, representantes do povo brasileiro, reunidos em Assembléia Nacional Constituinte para instituir um Estado Democrático, destinado a assegurar o exercício dos direitos sociais e individuais, a liberdade, a segurança, o bem-estar, o desenvolvimento,

> a igualdade e a justiça como valores supremos de uma sociedade fraterna, pluralista e sem preconceitos, fundada na harmonia social e comprometida, na ordem interna e internacional, com a solução pacífica das controvérsias, promulgamos, **sob a proteção de Deus**, a seguinte CONSTITUIÇÃO DA REPÚBLICA FEDERATIVA DO BRASIL. (marcação nossa)

O Preâmbulo da Constituição ninguém mudou e nem pode ser mudado, porque os muitos que a elaboraram uniram-se para que pudesse ser promulgada, e nem caberia mais depois desfigurá-la, porque seria trair, tirar base-escopo, o ambiente que a fez emergir e, principalmente, torná-la NULA.

Sim, tirar qualquer expressão de seu início chamado preâmbulo, equivaleria a negá-la em sua força de origem, quebrar o espírito que a norteou – o seu objeto essencial, portanto violar os princípios em que se fundamentou, a força legal e indelével de seu lançamento.

Para pensarmos: Ela quis assegurar os direitos sociais e individuais, a liberdade, a segurança, o bem-estar do povo. Imagine mudarmos tais premissas e substituirmos somente por *"assegurar a liberdade e o bem-estar do povo", retirando direitos sociais e individuais e a segurança?*

Afirmar-se-á então, claro, que os direitos sociais e individuais e a segurança não são mais relevantes, nem valem mais ou seriam não mais importantes, permitindo ao Supremo Tribunal Federal, por exemplo, decidir numa assentada,

Que o cidadão-réu de roubo comum, ainda passível de dúvida quanto à autoria, fique preso aguardando que os fatos a ele imputados sejam esclarecidos, porque o bem-estar da sociedade exige que não pode usufruir sua liberdade se não efetivamente provada sua inocência.

Acrescentando coisa importante, nessa esteira de pensamento, **dure o tempo que durar, não sairá da prisão**, porque o bem-estar do povo inclui que a liberdade deste possa ser sadiamente desfrutada. Não deseja receber em seu meio pessoas que possam ameaçar seu bem-estar, ainda suspeitas de serem ladrões criminosos.

Repugna-me prender inocentes. Porém debruçando-nos sobre os tempos que ora vivemos, com tal monstruosa onda de crimes, a audácia dos bandidos, milicianos, dos falsificadores, dos assassinatos, dos crimes enfim, em que se prende o suposto autor ou o autor mesmo, mas solta-se este no dia seguinte e some no mundo, em troca de fiança e lugar certo de residência, que lástima!

Por isso, embora à primeira vista repugnante como confesso, sinto vontade de que se solte, quem REALMENTE seja inocente, com prova irrefutável.

E os advogados criminalistas ganham uma fortuna para defender e tirar da cadeia seus clientes, sem ligar muitas vezes a mínima importância ao que são ou representam.

Defender sim, mas a ética da profissão fica tantas vezes arranhada e, o que é pior, acabam sendo coautores de certos crimes, por sua maravilhosa construção jurídica e fática, mesmo tendo de mentir e revestir de falsidade suas alegações e fatos que sabem ter ocorrido.

Ah! Vamos mudar outro ponto:

Tiramos o trecho - *pluralista e sem preconceitos, fundada na harmonia social*

Ainda fica "bonito"

> Nós, representantes do povo brasileiro, reunidos em Assembleia Nacional Constituinte para instituir um Estado Democrático, destinado a assegurar o exercício dos direitos sociais e individuais, a liberdade, a segurança, o bem-estar, o desenvolvimento, a igualdade e a justiça como valores supremos de uma sociedade fraterna, comprometida, na ordem interna e internacional, com a solução pacífica das controvérsias, promulgamos, sob a proteção de Deus, a seguinte CONSTITUIÇÃO DA REPÚBLICA FEDERATIVA DO BRASIL.

Mas está faltando *pluralista* (tipo o reconhecimento da diversidade). Desta forma, os pequenos partidos políticos também são ouvidos e têm direito a voto e possibilidade de existirem e serem acolhidas diversas ideias, e falta – *sem preconceitos, na harmonia social,...*

Daí admitir-se-ia que os padrões admissíveis da Sociedade podem ser ditados por quem manda e as decisões judiciais condenariam os que ousassem ser contrários aos modelos de movimentos, ensinos, negócios, formas jurídicas e atitudes que fossem aceitos pelos mais poderosos, ou seja provavelmente os negros, os índios ou outros grupos sociais impediriam o acesso a carreiras, cargos e representações.

E isso seria respaldado, obviamente, por legislação ou regulamentos espertamente elaborados e que se danasse uma "harmonia social" plena, para controlar os que se opusessem.

Agora já deu para perceber, "ligeiramente", alguns pontos ligados a um Preâmbulo indicativo ou não indicativo do que viria depois, nos textos legais constitucionais ou infraconstitucionais.

Vamos ao ponto da interpretação do que está escrito como: **sob a proteção de Deus.**

Ora bem. Disseram muitos que o Preâmbulo das Constituições de nada vale, nada acrescenta e nem tem efeito na órbita do Direito, sendo mera "filigrana" ilustrativa de quem achou por bem colocar, sem nem pensar no que poderia implicar, como se fosse um "embrulho formal", um mero título agradável e indicativo do que está a seguir.

Outros disseram que houve a menção para indicar apenas a capa do documento, de forma solene, mas não vinculativa e não utilizável como indicativa de resolução de conflitos, ou influenciadora de direitos, decisões judiciais ou quaisquer textos jurídicos.

Ainda outros afirmam que o Estado é laico, até confundem por vezes laico com Estado ateu (onde seria proibido fazer prevalecer qualquer situação ou direito com base em qualquer preceito meramente religioso).

Ou seja, o Estado até poderia aturar a prática religiosa, não coibi-la, mas tudo o que se referisse a conflitos com religiões, comportamentos religiosos, templos, cerimônias, eventos em que falassem coisas do Governo, que contrariassem o Estado, poderiam ser impedidos, terminados, proibidos de ocorrerem, fechados até os templos que assim se agisse.

Ainda ouso afirmar que há os nossos homens daqui mesmo, que sim entendem o Estado como laico e não querem, porém, ferir a religiosidade, mas não hesitarão em proclamar o laicismo como uma falsa bandeira, assim que seus interesses forem afetados.

Ora diante de tudo isso, a Constituição Federal proclamada em 1988 colocou a expressão – *promulgamos, sob a proteção de Deus*, e então como ficamos?

Motivos:

1º Sabemos que nossa tradição cristã é inegável e assim os Constituintes escolheram esse Preâmbulo, concordaram com ele e nunca houve notícia importante de que se opuseram a essa proteção divina.

Busquem onde quiserem e verão que na imensa maioria nenhum constituinte foi no momento ou ao depois contra essa colocação.

2º Se quisessem ter mudado o Preâmbulo, se tivesse havido alguma pequena desunião, no momento em que ficou pronta, isto foi superado. Ela foi assinada e foi promulgada e nada mais poderia ser mudado. Dessa forma, Ulysses Guimarães ficou à vontade para proclamá-la solenemente, até com emoção indisfarçada, **sob a proteção de Deus.**

Tanto certo isto é que, no bojo da Constituição, no rol dos direitos e garantias fundamentais, no art. 5º, assim se expressa a Carta Magna:

> *VI* - é inviolável a liberdade de consciência e de crença, sendo assegurado o livre exercício dos cultos religiosos e garantida, na forma da lei, a proteção aos locais de culto e a suas liturgias;

> *VII* - é assegurada, nos termos da lei, a prestação de assistência religiosa nas entidades civis e militares de internação coletiva;
>
> *VIII* - ninguém será privado de direitos por motivo de crença religiosa ou de convicção filosófica ou política, salvo se as invocar para eximir-se de obrigação legal a todos imposta e recusar-se a cumprir prestação alternativa, fixada em lei.

Portanto, no cerne do próprio texto, preocupou-se com valores de culto a Deus e assistência religiosa, que ateus podem dispensá-la, mas ela reconheceu-os muito importantes e afirmou sua necessidade, para promover amparo e proteção divinos bem-vindos, por meio de cultos, assistência religiosa inclusive para os internos.

Sim, ateus e contrários à religião podem se opor, mas a Constituição embora laica e não protetora de religião específica, indica preferir a religiosidade e o clamor a Deus, como valores intrínsecos da comunidade brasileira e os protege.

3º – as leis não devem conter palavras que não estejam de acordo com sua essência e nada se deve escrever que seja contrário à sua essência.

4º – Essência – sob a proteção de Deus significa intrinsecamente que foi proclamada protegida, mas também contendo um direcionamento que não ferisse os desígnios de Deus, de tal sorte que não poderia abarcar valores ou normas que contrariassem o que se acreditou como valores divinos provenientes em sua origem do cristianismo.

5º – Só valores cristãos? Não. Todos os valores religiosos que não estejam em conflito com essa proteção divina.

Exemplo - os valores religiosos dos muçulmanos, aliás bem respeitados no Brasil, desde que não sejam valores que, por exemplo, queiram tratar de infiéis os cristãos e como inimigos a serem mortos! (Infiltração radical terrorista). Ainda a salientar o respeito também a todos os valores religiosos dos afro-descendentes, suas liturgias, menos, lógico, se incluíssem em suas práticas sacrifícios humanos, não compatíveis com o direito à vida.

6º – Sem o Preâmbulo, não existiria a Constituição, porque ele é parte indissociável e indelével da solenidade, da sua forma e essência, proclamado conforme a vontade dos constituintes e, portanto foi, **sob** a proteção divina, não **sem** a proteção divina.

7º – A Promulgação e consequentemente a aplicação de todos os seus termos não teria ocorrido, sem a concordância dos Constituintes, inclusive e principalmente, aqui, sob a proteção de Deus.

Negar isso seria jogar no lixo o trabalho, as lutas, as divergências superadas, os anos de preparação, até a aplicabilidade posterior durante mais de 30 anos, a democracia atingida a duras penas, de um país que mais viveu sem democracia autêntica, porque o brasileiro tem dificuldade em interpretar e viver liberdade com responsabilidade.

Afinal, passaram-se 20 meses desde o início verdadeiro das reuniões para elaborar a Constituição, com conteúdos os mais diversos, com reuniões, revisões, participação de congressistas em peso, conferências, encontros, colaborações enviadas de todo o país, desde os mais renomados mestres até os mais modestos advogados querendo colaborar, enfim, muito material e muitas considerações sobre a importância de cada assunto.

O Preâmbulo foi também apresentado, lido e relido e junto com o texto que ficou sendo o definitivo foi amplamente aprovado e a grande maioria o aprovou e mesmo os que não eram tão adeptos pessoalmente de seus dizeres, curvaram-se e reconheceram que era melhor para o país.

9. Sob a proteção de Deus. Irrelevante?

Se ainda restasse alguma dúvida sobre o vínculo que existe, entre o texto e a invocação da proteção divina, tragamos ao nosso estudo o que disseram, pensaram, escreveram e o que eu digo a respeito.

Imodestamente primeiro digo eu que, ainda que as leis ou decisões judiciais não levem em conta a existência de Deus, não digam que se baseiam em tradições judaico-cristãs, que devemos respeitar o Estado laico, o teor da Norma Máxima está carregado do que o inspirou e acabará prevalecendo sobre toda hipócrita afirmação de que tudo está intrinsecamente "vacinado", contra quaisquer leis de qualquer Deus.

O conteúdo carregado com o espírito de quem a escreveu e a promulgou acaba sendo o reflexo perfeito do que foi escrito pelos corações e mentes de tais escritores constitucionais.

Mesmo em partes de artigos da Carta Magna em que pareça haver a negação de qualquer religiosidade, de qualquer resquício de algo Superior, o que o envolve no conjunto acabará prevalecendo por outros meios e em outros episódios, ao longo do tempo.

Contraporão que o Estado é laico, que nada se pode dizer carregado com conteúdo ligado ao divino, que tudo está alicerçado em princípios jurídicos e sociais somente de experiência humana carnal e fruto de questões terrestres de poder, propriedade, posse e ordem científica.

Mas tudo o que foi decidido em matéria social, jurídica, cultural, espacial, temporal, teve mudanças ou foi readaptado, ou reconstruído quando ultrapassado ou fora da essência humana.

Até a teoria da evolução de Darwin, já foi questionada como errada em muitos pontos e os cientistas continuam a estudar porque não é possível colocar a cadeia evolutiva em épocas determinadas e nem explicar as transformações como fenômenos possíveis.

Perguntai, ó leitores ao Senado Romano, à Grécia antiga, aos grandes líderes e maioria dos grandes pensadores mundiais se podem afirmar que sempre falaram, legislaram, decidiram e discursaram sem nenhuma inspiração divina, sem qualquer espiritualidade, baseados em história e conquistas materiais somente.

Não, não teriam nos convencido ou obtido os resultados grandiosos só individualmente, só com inspiração material, por erudição e por fatos ocorridos, em si.

Técnicas de oratória são preciosas, mas as ideias e resultados decorrentes são efêmeras e serão combatidas e perdidas se os valores do que pregam não estão embasados e carregados internamente pelo que é eterno, que não pode ser arrancado do coração e da natureza da criação.

Chamamos, agora, Euclides da Cunha:

> "Uma Constituição, sendo uma resultante histórica de componentes seculares, acumulados no envolver das ideias e dos costumes, é sempre um passo para o futuro garantido pela energia conservadora do passado."

Em seguida vamos recorrer ao grande nome batalhador pela nossa Constituição – Ulysses Guimarães, porque afinal, se há alguém que viveu de perto e conseguiu o grande resultado do que temos, certamente foi ele, com tenacidade, esforço, honestidade e capacidade de reunir e resolver:

> O preâmbulo da Constituição de 1988 deixa expresso que a sua promulgação foi realizada "sob a proteção de Deus".
>
> Invocação esta que vem causando desassossego e por que, não dizer, irritação e desassossego por parte de ateus, agnósticos, associações que os congregam, sem falar em outros grupos que lançam os valores religiosos às urtigas, sem qualquer cerimônia. O argumento principal lançado ao debate s se resume a invocar o Estado laico e, assim, a "proteção de Deus" no preâmbulo de nossa Constituição estaria fora de lugar. Investem, até mesmo, contra símbolos e objetos que retratam a lembrança do Cristianismo em terras brasileiras, especialmente, o Crucifixo exposto em repartições públicas, inclusive em salas dos Tribunais.

O primeiro grande constitucionalista a comentar a Constituição republicana de 1891, João Barbalho ensina:

> *"o preâmbulo anuncia por quem, em virtude de que autoridade e para que fim se baseia, estabelecido na Constituição. Não é uma peça inútil ou de mero ornato na Constituição; as simples palavras que o constituem resumem e proclamam o pensamento primordial*

e os intuitos dos que a arquitetaram". Quer dizer: a "proteção de Deus" é uma declaração programática de nossa Constituição, aqui e agora. Não cabe a ninguém, intérprete, povo e não crentes, se opor a ela, a não ser que haja uma nova Constituinte que entenda de extirpá-la entre as disposições programáticas de uma nova Constituição.

A formação nacional do Brasil, desde o Descobrimento, foi forjada sob o ssigno da fé cristã e católica. A colonização foi obra da catequese, da incorporação do Novo Mundo ao Cristianismo.

Como sempre comentado pelo mestre Ataliba Nogueira, meu professor no 1º ano de Faculdade na USP, ao lecionar Teoria Geral do Estado,

> Todo povoado ou cidade geralmente nasceu ou começou a ser mais habitado em torno de uma capela, aliás o que lembra a Fundação de São Paulo, no Pátio do Colégio (centro de São Paulo de Piratininga), em 1549, que surgia e era habitado em torno de uma igreja ou capela.
>
> Daí porque são inúmeras as cidades que têm nomes de santos católicos, um Estado ostenta o nome de Espírito Santo, o Estado do Pará tem por capital Belém e Rio Grande do Norte do Norte celebra o Natal de Jesus Cristo em sua capital.
>
> Foi nesse quadro que o Brasil nasceu, cresceu, conseguiu sua Independência e forjou sua nacionalidade, cultura, formação e sob a égide de Cristo foi sedimentada a Nação brasileira.
>
> Trata-se de uma realidade histórica, social e cultural inconteste. Negá-la seria abraçar o absurdo da ignorância e opor-se à verdade.
>
> De outra parte, o sistema político do Estado brasileiro, em nenhum momento, chegou perto de uma teocracia abominável existente em outros países.

Novamente recorrendo a discursos e frases – verdadeiras **"pérolas" de Ulysses Guimarães,** que transmitem o ambiente do país, o ambiente constitucional e sua luta, tomemos a obra Perfis Parlamentares – Edição Comemorativa, por Luis Gutemberg – Câmara dos Deputados, Brasília 2016:

> "Não é o candidato que vai percorrer o país. É o anticandidato, para denunciar a antieleição, imposta pela anticonstituição que homizia o Al-5, submete o Legislativo e o Judiciário ao

Executivo, possibilita prisões desamparadas pelo corpus e condenações sem defesa, profana a indevassabilidade dos lares e das empresas pela escuta clandestina, torna inaudíveis as vozes discordantes, porque ensurdece a nação pela censura à imprensa, ao rádio e à televisão, ao teatro e ao cinema.

[...] triste tarefa esta de pregar numa república que não consulta a voz dos cidadãos e numa democracia que silenciou a voz das urnas. Eis um tema para o teatro de Bertolt Brecht, que, em peça fulgurante, escarnece do arbítrio prepotente ao aconselhar que, se o povo perde a confiança do governo, o governo deve dissolver o povo e eleger um outro.

O drama dos censores é que se fazem mais furiosos quanto mais acreditam nas verdades que censuram. E seu engano fatal é presumir que a censura, como a mentira, pode exterminar os fatos, eliminar os acontecimentos, decretar o desaparecimento das ocorrências indesejáveis.

Liberdade sem ordem e segurança é o caos. Em contraposição, ordem e segurança sem liberdade são a permissividade das penitenciárias.

Srs. Convencionais, a caravela vai partir. As velas estão pandas de sonho, aladas de esperança. O ideal está ao leme e o desconhecido se desata à frente.

No cais alvoroçado, nossos opositores, como o Velho do Restelo de todas as epopeias, com sua voz de Cassandra e seu olhar derrotista, sussurram as excelências do imobilismo e a invencibilidade do establishment. Conjuram que é hora de ficar e não de aventurar.

Mas, no episódio, nossa carta de marear não é de Camões, e sim de Fernando Pessoa ao recordar o brado:

'Navegar é preciso. Viver não é preciso'.

Posto hoje no alto da gávea, espero em Deus que em breve possa gritar ao povo brasileiro: Alvíssaras, meu capitão, terra à vista! Sem sombra, medo e pesadelo, à vista a terra limpa e abençoada da liberdade".

É possível que os ouvidos do censor militar também tenham estabelecido a mesma conexão de sentido e ênfase entre o "navegar é preciso", do discurso, e o "ou ficar a pátria livre", do hino. E o sincretismo, ensinavam os manuais da repressão, é o mais perigoso dos códigos subversivos brasileiros, desde as senzalas.

E brilhantemente define a Política que, em seu entender, norteou o texto da Constituição e que deve nortear os políticos na feitura das leis:

> Política não se faz com ódio, pois não é função hepática. É filha da consciência, irmã do caráter, hóspede do coração. Eventualmente, pode até ser açoitada pela mesma cólera com que Jesus Cristo, o político da Paz e da Justiça, expulsou os vendilhões do Templo. Nunca com a raiva dos invejosos, maledicentes, frustrados ou ressentidos. Sejamos fiéis ao evangelho de Santo Agostinho: ódio ao pecado, amor ao pecador. Quem não se interessa pela política, não se interessa pela vida.
>
> Ulysses Guimarães – 4 de março de 1985

10. Conclusão final

Como interpretar o preâmbulo da Constituição, visto que sem ele ela não teria sido promulgada ?

A finalidade de existência do Preâmbulo integral foi fundamento desejado para introduzir as normas todas da Carta Magna.

Haveria razão de ter a locução "sob a proteção de Deus" sido votada e aprovada por maioria expressiva, se fosse considerada irrelevante?

A relevância da locução é testemunhada por todos que assinaram, pela Nação e não teria sido colocada se fosse considerada irrelevante. Foi "marca registrada" do Brasil.

Bibliografia

ARAÚJO, Luiz Alberto David; NUNES JÚNIOR, Vidal Serrano. *Curso de direito constitucional.* 17. ed. São Paulo: Editora Verbatim, 2013.

BÍBLIA SAGRADA, Editora Ave-Maria, 69. edição – São Paulo, 1989.

BOBBIO, Norberto. *Teoria geral do direito*. 3. ed. São Paulo: Martins Fontes, 2010.

BRASIL. Ministério do Orçamento, Planejamento e Gestão. Instituto Brasileiro de Geografia e Estatística. Censo Demográfico 2010, características gerais da população, religião e pessoas com deficiência. Rio de Janeiro, 2012.

CAVALCANTI, João Barbalho Uchoa, Con*stituição Federal Brasileira*. Rio de Janeiro: Editora Senado Federal, 2002.

CICCO, Cláudio De; GONZAGA, Álvaro de Azevedo. *Teoria geral do estado e ciência política*. 3. ed. São Paulo: Editora Revista dos Tribunais, 2011.

DALLARI, Dalmo de Abreu. Dallari, D. de A. (2001). Preâmbulos das Constituições do Brasil. Revista Da Faculdade De Direito, Universidade De São Paulo, 96, 243-270. Recuperado de https://www.revistas.usp.br/rfdusp/article/view/67503, 2001.

FAGUNDES, Miguel Seabra. *O controle dos atos administrativos pelo Poder Judiciário*. 2. Ed. Rio de Janeiro: José Konfino Editor, 1952.

FERREIRA, Aurélio Buarque de Holanda. *Novo dicionário da língua portuguesa*. 2. ed. Rio de Janeiro: Editora Nova Fronteira, 1986.

FIGUEIREDO, Lúcia Valle. Curs*o de direito administrativo*. 8a. ed. São Paulo, Malheiros Editores, 2006.

FRANCO, Afonso Arinos de Melo. O Preâmbulo nas Constituições. Disponível em: https://bit.ly/2UW5um1 Acesso em: 28 ago. 2021.

HORTA, Raul Machado. Estudos de *Direito Constitucional*. Belo Horizonte: Del Rey, 1995.

LEAL, Aurelino. *História constitucional do Brasil*. Rio de Janeiro: Imprensa. Disponível em: https://bit.ly/3jpoMJZ Acesso em: 28 ago. 2021. Nacional, 1915.

MALUF, Sahid. *Teoria geral do Estado*, 26. ed. São Paulo: Saraiva, 2003.

MARTINS, Ives Gandra da Silva. Estado laico não é Estado ateu. In Folha de São Paulo. São Paulo: 26 de novembro de 2012. Disponível em: https://www1.folha.uol.com.br/fsp/opiniao/80145-estado-laico-nao-e-estado-ateu.shtml Acesso em: 07 dez. 2018.

MARTINS, Ricardo Marcondes. *Efeitos dos vícios do ato administrativo*. São Paulo: Malheiros Editores, 2008.

MEDAUAR, Odete. *Direito administrativo moderno*. 14. ed. São Paulo: Revista dos Tribunais, 2010.

MEIRELLES, Hely Lopes. *Direito administrativo brasileiro*. 40. ed. São Paulo, Malheiros Editores, 2014.

MELLO, Celso Antônio Bandeira de. *Eficácia das normas constitucionais e direitos sociais*. São Paulo: Malheiros Editores, 2011.

NOGUEIRA, ATALIBA. O Estado é meio e não fim. São Paulo: Saraiva, 1945

SILVA, José Afonso da. *A aplicabilidade das normas constitucionais*. 3ª ed. São Paulo: Malheiros Editores, 1998.

_____. *Comentário contextual à Constituição*. 7ª ed. São Paulo: Malheiros Editores, 2010.

_____. Curso *de direito constitucional positivo*. 38. ed. São Paulo: Malheiros Editores, 2015.

SOARES, Orlando. *Comentários à Constituição da República Federativa do Brasil*. Rio de Janeiro: Forense, 1999.

TELLES JUNIOR, Goffredo da Silva. *O direito quântico*. 5ª ed.. São Paulo: Editora Max Limonad LTDA., 1980.

EDUCAÇÃO COMO DIREITO À VIDA E NA SUA DIMENSÃO TRANSCENDENTAL

Regina Maria Fonseca Muniz[1]

Antonio Carlos Muniz[2]

Resumo: Este artigo faz um breve estudo sobre o direito à educação como direito à vida, e abordando a sua dimensão no plano transcendental *vis* à *vis* da Palavra, do Logos Encarnado e do Amor.

Sumário: 1. Introdução – 2. Educação como direito à vida – 3. Educação na dimensão transcendental – 4. Conclusão – Bibliografia.

1. Introdução

A vida, antes de ser um direito, natural ou positivado, é um dom emanado de Deus, cabendo ao ser criado educar-se ou ser educado para, segundo Santo Tomás de Aquino, ir ao encalce ou à busca da Verdade (Gomes, Manoel Messias), do Criador, trajetória do seu *fim último*, razão do seu viver e do seu porvir.

Esse trilhar educacional, imanente ao direito à vida, à sua plenitude terrena e à morada celestial, há de ser guiado pela Palavra, não só, ontologicamente, como ouvinte, mas como

---

1. Mestre e Doutora em Direito Civil Comparado pela PUC-SP e advogada.

2. Professor aposentado de Direito Processual Civil pela PUC-SP e advogado.

fazedor dessa Palavra em sua concretude dimensional, embebendo e se saciando, para tanto, da fonte da *água viva* que jorra do Logos Encarnado, desde que mergulhado no Amor e nele embevecido, sem o que, como diz São Paulo, *seria como bronze que soa ou como címbalo que tine* (1 Coríntios 13,1).

E essa Verdade, Palavra, Logos Encarnado, fonte da água viva, está inscrita no nosso coração, advém da Revelação e expressada literalmente nos livros bíblicos, Antigo e Novo Testamento, com distinção no Êxodus, Profetas, Salmos, Parábolas, Cartas Apostólicas e Conciliares, Encíclicas e Catecismo da Igreja Católica, através dos quais se permeou a sustentação de que a educação do direito à vida, no plano dimensional ontológico e transcendental, há de conduzir para a consecução da plenitude do Amor, que é atingido por aquele *que dá a vida por seus amigos* (João 15, 13).

2. Educação como direito à vida

Um dos autores desse trabalho,[3] ao discorrer sobre a educação como *direito à vida*, inserção em seu livro *O Direito à Educação*, resultante do Título de Mestre obtido junto à Pontifícia Universidade Católica de São Paulo – PUC, deixou assentado e explicitado:

> *A vida, o dom mais precioso do ser humano, advém de Deus. Aristóteles, através da sua observação empírica, constatou que o mundo é compreensível porque foi criado inteligentemente e, nele, as coisas tangíveis estão impregnadas de inteligência. No universo, as substâncias estão ordenadamente concatenadas. O homem, fazendo parte do conjunto de seres criados, é o único que pode conscientemente compreender o que os outros são e, ao mesmo tempo, criar e modificar esse mundo, pois sabe como as coisas são e trata de averiguar como são (Buján, 1999, p. 50).*
>
> *A personalidade humana possui determinados direitos sem os quais o homem perderia sua razão de ser. São os denominados direitos "essenciais", considerados como a "medula da*

3. Muniz, Regina Maria Fonseca.

personalidade". São os que integram a própria noção de pessoa, a saber: a vida, a honra, a liberdade, o nome etc.

A essencialidade desses direitos pode variar no tempo e no espaço, de conformidade com a cultura de cada país, isto é, de acordo com o respeito que é conferido à pessoa humana em determinado lugar, variando a noção que cada um tem de liberdade, privacidade, honra etc. Entretanto, há um direito que podemos denominar de essencialíssimo e que por sua própria natureza não sofre tal variação, pois nenhum outro bem pode conceber-se separado dele. É o direito à vida, considerado anterior a qualquer instituto positivo, cujos ordenamentos jurídicos não fazem outra coisa senão reconhecê-lo.

O direito à vida era compreendido como um direito à simples sobrevivência ou conservação física da pessoa. Hoje, entretanto, não se trata somente de um direito à vida do corpo humano, da preservação do homem quanto ao seu físico, dos direitos relativos à inviolabilidade corporal, mas da pessoa humana em toda a sua realidade existencial, em todo o seu valor transcendente: a tutela jurídica se amplia e se justifica na condição humana. A vida é um bem transitório e ordenado a outros fins; portanto, não é um fim em si mesma, mas um dom condicionado. Segundo FERNÁNDEZ DE BUJÁN, "a vida é um agora integral que compreende o passado e também o futuro. É um agora inacabado. Um eterno presente. Aspira a ser imortal".

(Buján, 1999, p. 52)

Fala-se aqui na sobrevivência do ser humano. Mas, o que é a vida para o ser humano? SANTO AGOSTINHO (Agostinho, 1998, p.124 e ss) *ensina que o homem é dotado de corpo e alma. O corpo necessita de alimento para se fortificar e crescer. O alimento, tal qual o conhecemos, é bom apenas para o corpo, pois é através dele que o ser humano se desenvolve, sendo assim condição para sua existência. Entretanto, assim como o corpo, a alma também precisa de alimento, consistente na sabedoria, na busca da verdade, na descoberta pelo homem de seu fim último. Os alimentos para a alma e para o corpo são indispensáveis para o ser humano, pois sem eles não há como sobreviver. Portanto, vida para AGOSTINHO é corpo e alma alimentados.*

Também para SANTO TOMÁS DE AQUINO, vida é muito mais do que apenas função biológica. É a fusão do corpo e da alma formando uma unidade composta. A alma é a forma substancial do corpo. É ela que faz com que uma dada porção de matéria seja corpo humano. Explica esta unidade, corpo e alma, fazendo alusão aos conceitos aristotélicos de matéria e forma, ato e potência, como já foi referido no capítulo anterior. Assim, acrescenta, o ser humano é composto de um corpo feito de água, sais minerais, carbono, que permanecem em potência enquanto parte do corpo, e de alma racional, forma substancial dos seres vivos. A forma humana, neste caso, existe em ato na união do corpo e da alma. Com a morte, há uma desestruturação do ser vivo e os elementos que dele fazem parte voltam à sua forma primitiva. A água volta a ser água e o carbono volta a ser carbono, e, portanto, voltam a existir em ato. Assim, demonstra que o homem é composto de uma só unidade, corpo e alma, razão e sensibilidade, não podendo haver dissociação entre um e outro sem ferir a essência do ser humano. Claro está para SANTO TOMÁS que o alimento para a alma é tão necessário para esta quanto para o corpo e que, se a alma não for suprida do seu alimento, o corpo também perecerá.

A vida, portanto, deve ser entendida no seu sentido integral. De fato, quando nos esforçamos apenas com o intuito de prolongar nossas funções biológicas, estamos, de uma certa maneira, renunciando à nossa condição de seres humanos autênticos.

Qualquer homem sabe e deve, muitas vezes, ter sentido que, quando alguém o impede de realizar seus mais altos sonhos, quando se lhe quebra uma finalidade estimulante, uma ilusão ou um projeto de vida, nada mais tem sentido para ele e, não poucas vezes, prefere a morte a ir apenas vivendo. Até o sofrimento, as grandes dificuldades e a inquietude são preferíveis ao simples arrastar a vida de maneira tediosa. Isso porque apenas o pulsar de seu coração, o correr do sangue nas veias, não é o bastante para ele. A vida do corpo, por si só, não constitui um bem supremo. Se assim fosse, bastaria apenas conservá-la para que nossos atos se tornassem bons ou maus. Ela vale pela história que, durante a nossa existência, nela escrevemos, mesmo que essa existência seja por um curto período de tempo. Os exemplos dos mártires na história nos mostram que o sacrifício da vida por um ideal qualquer não é uma renúncia à mesma, mas simplesmente uma troca de um bem por outro bem, pois a vida vale pelo que nela se faça e como nela se vive. (Grau,1953, p. 245)

La vida non es un fin en sí, sino un don condicionado. Por tanto, non podemos cortala ni malograrla a nuestro arbitrio. En las coyunturas decisivas advertimos que nuestra vida nos vale por su rendimiento, por su destino al servicio de bienes superiores. Si ella constituyera nuestro bien supremo, entrañaria entonces la norma última de nuestros actos: nuestros actos serían buenos o malos, según la medida en que contribuyeran o no a su conservación. Muy al contrario, la razón nos dice que el sacrificio de la vida no es una renuncia ciega y cerrada, sino el trueque de un bien por otro bien: pensemos en el héroe o en el mártir. Pero, aun sin extremar los ejemplos; la experiencia interior puede demostrarle a cada cual, por insignificante que uno sea, que las abnegaciones y sacrificios cotidianos, lejos de implicar anulación o mengua, repórtanle un acrecentamiento, una mayor densidad y nobleza vital.

Para SÓCRATES, o que vale não é o viver, mas o viver bem. Diante da súplica dos amigos que lhe preparavam a fuga após condenação à morte, retrucou: "A única coisa que importa é viver honestamente, sem cometer injustiças, nem mesmo em retribuição a uma injustiça recebida" (Sócrates, 1999, p. 12).

Por essas razões, o direito à vida não pode ser visto sob o prisma estático, mas no dinâmico e social, isto é, uma vida digna em condições de sanidade física, psíquica e moral adequadas à dignidade da pessoa, ao livre desenvolvimento da personalidade (Berdejo, 1998, p. 64).

Todo ser quer atingir o seu pleno desenvolvimento. Contudo, é somente através da educação que ele consegue buscar a verdade, descobrir seu fim último e se sentir mais feliz. A educação, peça chave na engrenagem para o ser humano atingir a plenitude, deve ser conduzida de maneira consciente, responsável, pois, como ensina SANTO TOMÁS, quanto mais o homem se dedica à sabedoria, tanto mais participa da verdadeira felicidade e mais se aproxima da semelhança com Deus. Tudo isso é vida latente e pululante dentro do ser humano. Por isso, a educação integra a vida e dela faz parte incondicionalmente, na busca da verdade e plenitude.

É assim, antes de tudo, direito natural obrigando o respeito e o reconhecimento de todos, independentemente de sua positivação. Positivado, é direito fundamental e da personalidade, ínsito no direito à vida.

[...]

Por essas razões é que o direito à educação não pode ser considerado apenas como um direito social, como sustenta Guido F. S. Soares, ao conotar que "tal direito constitui, dentro das garantias internacionais, o que se tem denominado 'um direito de segunda geração' " (Soares, 2000, página 28), não sendo essa, "data venia", a nossa concepção, pois tem sido sustentado neste trabalho que a educação, muito antes de ser considerada como um direito social, está inserida no direito à vida, e, portanto, um direito de primeira geração, ou de primeira grandeza.

Francisco Contreras Peláez tem o mesmo sentir, a despeito de integrá-lo no direito natural, mas sem, todavia, incluí-lo no direito à vida:

"para nosotros, los derechos sociales son, antes que derechos positivos, derechos humanos (o derechos naturales, o 'derechos morales': poco importa la terminología). Y por 'derechos humanos' entendemos aquello que "se debe" a una persona, por el mero hecho de ser tal, con independencia de sus circunstancias (nacionalidad,

raza, sexo, capacidad intelectual, contexto histórico). La existencia de un ser humano genera automáticamente obligaciones éticas en sus semejantes (tomados de uno en uno y, también, como colectividad), obligaciones de respeto y de promoción, obligaciones 'negativas' (determinados perjuicios no deben serle infligidos) y 'positivas' (determinada colaboración debe sele prestada).

Esas obligaciones existen con independencia de si la legislación del momento las reconoce o no, con independencia de si de hecho son respetadas o no. La vulneración sistemática de un derecho (humano) no demuestra su inexistencia. Los judíos que eran (legalmente) envíados a las cámaras de gas tenían derecho a la vida, aunque las leys positivas del momento no se lo reconocieran. Los millones de hambrientos del mundo actual tienen derecho a una alimentación suficiente, aunque sus Estados (o, más bien, el órden económico internacional imperante) no sean capaces de satisfacerlo. Las exigencias éticas ínsitas en los derechos humanos preexisten a las leyes positivas; el Derecho positivo intenta materializarlas, con mayor o menor fortuna (en ocasiones, como en el citado ejemplo de Auschwitz, sin ninguna fortuna). Esta es, nos parece, la esencia del punto de vista iusnaturalista. Los derechos sociales son, pues, derechos naturales. Algunos de ellos han encontrado ya un acomodo adecuado en las legislaciones positivas; otros sólo han recebido plasmación imperfecta, o incluso son todavía totalmente ignorados por ellas". (CONTRERAS, 1994)

Em igual quilate, não é somente um direito à prestação positiva do Estado, mas sim um direito inerente ao ser humano, parte de sua vida e indissociável dela, pois, no magistério de SANTO TOMÁS, volta-se a repetir, há uma força na natureza humana que procura uma explicação para o mundo que o cerca, estando em potência contínua para os objetos que deseja conhecer.

Essa potência só se torna ato no momento em que houver uma conscientização do dever da família, do Estado e da sociedade para desenvolver o potencial humano através de uma educação séria e responsável que leve o homem a atingir o fim para que foi criado." (Muniz, Regina Maria Fonseca, p. 153/171).

Então, a educação tem a sua gênese no direito à vida, que está inscrito como lei no coração do homem, como ensina São Paulo em Romanos 2, 14-16, – *quando então, os gentios, não tendo lei, fazem naturalmente o que é prescrito pela Lei; eles, não tendo lei, para si mesmos são Lei; eles mostram a obra da lei gravada em seus corações, dando disso testemunho sua consciência e seus pensamentos que alternadamente se acusam ou defendem no dia em que Deus – segundo o meu evangelho, julgará, por Cristo Jesus, as ações ocultas dos homens –*, resultante do sopro de Deus que outorgou a vida ao homem, como se lê em Gênesis 2,7, - *Então Jahweh Deus modelou o homem com a argila do solo, insuflou em suas narinas um hálito de vida e o homem se tornou um ser vivente* -, e discernindo através dela o que é certo, o que é errado, os princípios e valores que orientam e conduzem o homem ao seu fim último.

Cícero, em *De República*, na sua filosofia estoica, constatou a existência dessa Lei natural, de autoria divina, inscrita no coração do homem, e a consagrou para toda a posteridade nessa emblemática inspiração ditada como lei eterna e imutável, vigente em todos os quadrantes dos hemisférios e estabelecida como norma comportamental que *ensina e preserva o bem*:

> *Existe uma verdadeira lei, conforme a natureza, gravada em todos os corações, imutável, eterna; sua voz ensina e preserva o bem; suas proibições afastam o mal. Ora com seus mandatos, ora com suas proibições, jamais se dirige inutilmente aos bons, nem fica impotente ante os maus.*
>
> *Essa lei não pode ser contestada, nem anulada, nem alterada em parte. Nem o povo, nem o senado podem dispensar-nos de seu cumprimento; não há que procurar para ela outro comentador nem intérprete, não é uma a lei em Roma, e outra em Atenas, uma agora, e outra depois, senão uma lei única, eterna e imutável, que obriga entre todos os povos e em todos os tempos; um só será sempre o seu imperador e mestre, Deus, seu inventor, sancionador e publicador, não podendo o homem desconhecê-lo sem renegar-se a si mesmo, sem despojar-se de seu caráter humano e sem deixar de atrair sobre si as penas máximas, ainda que tenha conseguido evitar os demais suplícios (Cícero, livro III, 17).*

3. Educação na dimensão transcendental

É exatamente no traço e na faceta transcendental que aqui é desenvolvido para se evidenciar que a educação integra a vida, a ela imanente, que *a vida é antes de ser um direito, é antes de tudo um bem a ser amado e protegido* (Dom Gallagher, Vaticannews, 23.02.2021), que a vida, como bem amado, é dom de Deus, inserto na gênese do Seu amor – *Deus é amor* – *Deus* não reteve para si o bem amado, ele o deu e assim abrangeu o próprio mundo em Seu amor (Lacoste, 2004, p. 114/115), pelo ente criado, – *Façamos o homem à nossa imagem, como nossa semelhança. Deus criou o homem à sua imagem, à imagem de Deus Ele o criou, homem e mulher Ele os criou* – (Gênesis 1, 26-27), amor este que não só comunica a vida, mas, na pena filosófica e teológica de Santo Agostinho, *o amor encontra o seu objeto no mesmo sítio em que já a razão o descobrirá: no mais íntimo da alma, onde a memória se abre para Deus e onde mora a verdade* (História da Filosofia Cristã, p. 167).

E *Deus criou o mundo por Seu Verbo, isto é, por sua palavra – Houve um homem enviado por Deus. Seu nome era João. Este veio como testemunha, para dar testemunho da luz, a fim de que todos cressem por meio dele. Ele não era a luz, mas veio para dar testemunho da luz. Ele era a luz verdadeira que ilumina todo homem; ele vinha ao mundo –*[4] *(João 1, 6-9)*, e por sua palavra criou, em harmonia, os seres vivos – *Deus disse: Fervilhem as águas um fervilhar de seres vivos e que as aves voem acima da terra, sob o firmamento do céu, e assim se fez. Deus criou as grandes serpentes do mar e todos os seres vivos que rastejam e que fervilham nas águas segundo sua espécie, e as aves aladas segundo sua espécie, e Deus viu que isso era bom. Deus os abençoou e disse: "Sede fecundos, multiplicai-vos, enchei a água dos mares, e que as aves se multipliquem sobre a terra". Houve uma tarde e uma manhã: quinto dia. Deus disse: "Que a terra produza seres vivos segundo sua espécie: animais domésticos, répteis e feras segundo sua espécie", e assim se fez. Deus fez as feras segundo sua espécie, os animais domésticos*

4. Bíblia de Jerusalém, Prólogo do Evangelho de São João, Edição 2004, página 1842: Salmo 33, 6-9 – *O céu foi feito com a Palavra de Iahweh, e seu exército com sopro de sua boca. Ele represa num dique as águas do mar, coloca os oceanos em reservatórios. Que a Terra inteira tema a Iahweh, temam-no todos os habitantes do mundo! Porque ele diz e a coisa acontece, ele ordena e ela se afirma.* Sabedoria 9, 1-2 – *Deus dos Pais, Senhor de Misericórdia, que tudo criaste com tua Palavra e com tua Sabedoria formaste o homem para dominar as criaturas que fizeste.* Eclesiástico 42-15 - *Quero recordar agora as obras do Senhor, o que vi contarei. Por suas Palavras o Senhor fez suas obras e seu decreto se realiza segundo sua vontade.*

segundo sua espécie e todos os répteis do solo segundo sua espécie, e Deus viu que isso era bom – (Gênesis 1, 20-25) - *Deus disse: "Façamos o homem à nossa imagem, como nossa semelhança, e que eles dominem sobre os peixes do mar, as aves do céu, os animais domésticos, todas as feras e todos os répteis que rastejam sobre a terra"* – (Gênesis 1, 26-27).

Essa Palavra, o Verbo, *estava com Deus e o verbo era Deus, se fez carne e habitou entre nós* (João, 1, 1, 14), é explicitada por Santo Tomás de Aquino, o Doutor Angélico, ao interpretar a Palavra como *Deus fala*, ao ditar a sua exegese, inspirada no Prólogo do Evangelho de São João, que *Dentre as muitas e variadas formas de interpretação da expressão "Deus fala",*[5] *há uma especialmente importante nas relações entre o falar divino e o humano: não é por acaso que São João emprega o vocábulo grego Logos (Verbum, razão, palavra) para designar a segunda Pessoa da Santíssima Trindade que "se fez carne" em Jesus Cristo; o Verbum não só é imagem do Pai, mas também princípio da Criação (cf. Ap, 3, 14), sendo nesse sentido que a Revelação Cristã fala da 'Criação pelo Verbo'; e é por isso também que a Teologia – naquela feliz formulação do teólogo alemão Romano Guardini – afirma o 'caráter verbal'* (Wortcharakter) *de todas as coisas criadas. Ou, em sentença quase poética – as criaturas são palavras – de Tomás: "Assim como a palavra audível manifesta a palavra interior, assim também a criatura manifesta a concepção divina (...); as criaturas são como palavras que manifestam o Verbo de Deus" (in Sent. I, d. 27, 2.2 ad 3) (Aquino, 1999, p. 54/55).*

Na mesma dimensão, ainda que por outra trajetória, mas buscando também o sentido ou o significado da Palavra, Ferdinand Ebner (Sindoni, p. 211/214), na sua exegese filosófica aliada à teologia, deixa assentado que o homem não somente

---

5. *Deus fala gerando eternamente o Filho (o Logos, o Verbum); fala também na inspiração ou na iluminação mística do homem, hagiógrafo ou profeta; fala ainda pela luz da fé que nos faz reconhecer na Sagrada Escritura e na Tradição a palavra do Senhor, verbum Domini. Fala de Deus, em outro sentido, é a Encarnação o Verbo, com que a palavra de Deus aos homens encontra sua máxima realização (cf. Heb. 1.1).*

foi criado pela Palavra como que a ele foi dada a palavra, caminho do seu diálogo com Deus e com o seu semelhante, ou seja, não somente como *ouvinte da palavra*, mas também como *fazedor da palavra:*

> *[...] o homem tem a palavra, de modo que homem e palavra parecem conviver no mesmo horizonte de revelação: 'A palavra é o mediador entre o eu e o tu. A realidade plena e total do eu é o homem. Mas o verdadeiro tu é Deus. Isso se encontra no prólogo de João. A palavra foi gerada pelo espírito. Portanto, essa é a verdadeira origem da língua: o espírito de Deus falou ao homem e assim o homem tornou-se consciente do seu eu. E o homem falou ao espírito de Deus. E assim encontrou o verdadeiro tu do seu eu (S. I., p. 35)*
>
> *[...]*
>
> *Falar é dialogar* (S. *I, p. 297), porque a própria natureza da palavra é atividade dirigida ao outro; a palavra, portanto, é posição de relação entre o eu e o tu, como se revelou desde o início, quando Deus foi o primeiro, por assim dizer, a ter a palavra, fazendo dela um uso ativo, dando-lhe uma orientação criativa. Foi com ela que criou também o homem, o ser que, dentre todas as criaturas de Deus, é a única que possui a palavra. 'De onde o homem recebe a palavra? Ela remete para além dele e da sua existência no mundo. Que quer dizer que ele tem a palavra? Por um lado, que é capaz de discorrer, por outro, que é capaz de escutar um discurso como discurso. Deus criou o homem não apenas mediante a palavra, criou-o no momento em que lhe deu a palavra; criou-o como um ser que tem em sua consciência uma relação com aquele que o criou. Nessa relação, o homem tem a sua vida espiritual. Nessa relação, ele tem a luz de sua vida. (S.I, p. 299).*
>
> *[...]*
>
> *A palavra e o amor são o veículo do seu movimento na direção do tu. A falta de palavra e a falta de amor, do afastamento do tu (S, II, p. 175).*
>
> *O conteúdo verdadeiro da vida do homem, o sentido de sua aproximação com a existência está, pois, no 'ir da palavra à vida, da vida à palavra' (S.I, p. 38), para distinguir no laço entre palavra e amor o segredo da relação justa.*
>
> *[...]*
>
> *Captar a dinâmica existencial da relação com o outro é entender a natureza essencial do eu (Ichhaftigkeit) que indiscutivelmente se fundamenta, para Ebner, na relação com o tu: 'o eu não pode jamais se achar em si mesmo e por isso deve procurar-se no tu' (S.I,*

> *p. 34), naquele tu que é acolhido em sua plenitude psicofísica, bem como em seu mistério, em sua complexidade, em seu transbordar para além da sua própria percepção objetiva imediata.*
>
> *[...]*
>
> *O homem, após ter escolhido a sua posição ontológica como "ouvinte da palavra", deve tornar-se 'fazedor da palavra' (S. I, p. 161), encarnando o ideal revolucionário do cristianismo, que indica na Palavra feita carne a expressão emblemática da palavra que se faz vida e responsabilidade pelo outro (S. I, p. 676).*
>
> *Em seu comentário ao prólogo de João (S.I, PP. 402-432), Ebner evitava propor uma leitura tipológica ou apologética, para ressaltar como o logos era entendido em seu significado imediato, justamente como palavra, capaz de fazer explodir o seu significado imediato, justamente como palavra, capaz de fazer explodir o seu sentido mais verdadeiro, mais pleno: 'No princípio, havia a relação do eu com o tu, e essa relação estava junto de Deus e Deus era a relação do eu com o tu'. Encontrar a relação justa é, portanto, captar o reenvio da palavra ao amor e do amor à palavra através do caminho rumo a Deus, que se desenrola entre "éthos e graça", entre compromisso ineludível de amor ao outro e gratidão pelo dom da palavra; entre o encontro sofrido e meditado do eu que tem a palavra e a resposta convincente e imperiosa ao tu que responsabiliza, convicto – como estava Ebner – de que "éthos e graça, ambos – e por isso a vida inteira do homem entendida em seu significado profundo - a sua perda, a sua salvação, ambos estão nas mãos de Deus" (S.I, p. 74). (Sindoni, p. 211/214)*

Esse pensamento é retratado de certa forma no Catecismo da Igreja Católica, número 108, "verbis":

> *Todavia, a fé cristã não é uma "religião do Livro". O cristianismo é a religião da "Palavra" de Deus, "não de um verbo escrito e mudo, mas do Verbo encarnado e vivo". Para que as Escrituras não permaneçam letra morta, é preciso que Cristo, Palavra eterna de Deus vivo, pelo Espírito Santo nos "abra o espírito à compreensão das Escrituras" (Lc 24, 45). (Catecismo, p. 40)*

É pela Palavra, sem dúvida, que se dá a evangelização, a educação do homem, pela catequese, consubstanciada no Novo e Antigo Testamento, nos livros bíblicos, nos Evangelhos, Epístolas, ensinamentos e verdades conciliares e na doutrina em geral da Igreja, no escopo da busca das *coisas do alto*, no encontro com a *Verdade*, fim último do homem, *criado à imagem e semelhança de Deus*, sentido único da peregrinação terrena, o alcance da *cidade celeste*, na linguagem filosófica e teológica de Santo Agostinho.

Não é por outra razão que o Catecismo da Igreja Católica evidencia e registra a missão salvífica da Igreja para qual foi fundada – *tu es petrus et super hanc petram aedificado Eclesiam meam et portae inferi ne prevalecerunt contra eam, et tibi dabo claves regni caelorum et quodcumque ligaveris super terram erit ligatum in caelis et quodcumque solveris super terram erit solutum in caelis* – Mateus 16, 18-19, ao convocar a todos para a *vida nova em Cristo, despindo-se do homem velho e revestindo-se do homem novo* (Efésios 4, 17-23) e, em sua concretude, para o *Ide e ensinai a todos os povos* (*Ite et docete omnes gentes*), como está expressado no Prólogo, nos números 1, 2, 3, 4 e 5, "verbis":

> ***I. A vida do homem - conhecer e amar a Deus***
>
> *Deus, infinitamente Perfeito e Bem-aventurado em si mesmo, em um desígnio de pura bondade, criou livremente o homem para fazê-lo participar da sua vida bem-aventurada. Eis por que, desde sempre e em todo lugar, está perto do homem. Chama-o e ajuda-o a procurá-lo, a conhecê-lo e amá-lo com todas as suas forças. Convoca todos os homens, dispersos pelo pecado, para a unidade da sua família, a Igreja. Faz isto através do Filho, que enviou como Redentor e Salvador quando os tempos se cumpriram. Nele e por Ele, chama os homens a se tornarem, no Espírito Santo, seus filhos adotivos, e portanto, os herdeiros da sua vida bem-aventurada.*
>
> *A fim de que este chamado ressoe pela terra inteira, Cristo enviou os apóstolos que escolhera, dando-lhes o mandato de anunciar o Evangelho: "Ide, fazei que todas as nações se tornem discípulos, batizando-as em nome do Pai, do Filho e do Espírito Santo e ensinando-as a observar tudo quanto vos ordenei. E eis que eu estou convosco todos os dias até a consumação dos séculos" (Mt 28, 19-20). Fortalecidos com esta missão, os apóstolos 'saíram a pregar por toda parte, agindo com eles o Senhor, e confirmando a Palavra por meio dos sinais que a acompanhavam' (Mc 16, 20).*
>
> *Os que com a ajuda de Deus acolheram o chamado de Cristo e lhe responderam livremente foram por sua vez impulsionados pelo amor de Cristo a anunciar por todas as partes do mundo a Boa notícia. Este tesouro recebido dos apóstolos foi guardado*

fielmente pelos seus sucessores. Todos os fiéis de Cristo são chamados a transmiti-lo de geração em geração, anunciando a fé, vivendo-a na partilha fraterna e celebrando-a na liturgia e na oração.'

II. Transmitir a fé – a catequese

Bem cedo passou-se a chamar de catequese o conjunto de esforços empreendidos na Igreja para fazer discípulos, para ajudar os homens a crerem que Jesus é o Filho de Deus, a fim de que, através da fé, tenham a vida em nome dele, para educá-los e instruí-los nesta vida, e assim construir o Corpo de Cristo.

A catequese é uma educação da fé das crianças, dos jovens e dos adultos, a qual compreende especialmente um ensino da doutrina cristã, dado em geral de maneira orgânica e sistemática, com o fim de os iniciar na plenitude da vida cristã.

A palavra de Deus, *em vós está a fonte da vida* (Salmos 36, 10), é a semente da salvação – *O semeador saiu para semear ...* (Mateus 3, 1-23), a fonte cristalina da água viva, que sacia perenemente a sede (João 4, 1-39), a luz que dissipa as trevas (João 8, 12), e ilumina o nosso caminhar - *Eu sou o caminho, a verdade e a vida* – (João 14, 6), o alimento de nossa vida - *Quem come a minha carne e bebe meu sangue permanece em mim, e eu nele* – (João 6, 56), timoneiro que aplaca as ondas revoltas do nosso singrar (Mateus 8,18, 23-27, Marcos 4, 35-41, Lucas 8, 22-25).

Presente a Palavra, que é a nossa fortaleza, conscientizemo-nos da missão cristã de difundi-la, apropriando-se das palavras de São Paulo em sua Segunda Epístola a Timóteo – *Mas o Senhor me assistiu e me revestiu de forças, a fim de que por mim a mensagem fosse plenamente proclamada e ouvida por todas as nações* (4, 17).

O Profeta Isaias já refletia essa dimensão da Palavra como guia, timoneiro, fonte, manancial de águas que não se esgotam, renovação e fortaleza:

> *O Senhor te guiará continuamente e nas regiões áridas te saciará; renovará teu vigor, e serás como um jardim bem regado, um manancial, cujas águas jamais se esgotam* (58, 11).

Porém, a Palavra de Deus como fonte de água viva, timoneiro, renovação e fortaleza, há de cair em terra fértil, cuja semente é lançada no coração, que há de estar preparado para recebê-la como *terra fértil*, segundo a Parábola do Semeador (Mateus 13, 1-23), que deve estar aberto e propício na dimensão do amor, embebendo e saciando com Cristo, na sua concretude, não somente como *ouvinte da palavra, mas como fazedor da Palavra*, porquanto *a palavra e o amor são o veículo do seu movimento na direção de Deus*. Sem a palavra e sem o amor dar-se-á o afastamento de Deus, a caracterizar o vislumbre e o emblemático segredo da relação justa e indissociável no laço entre a palavra e o amor, já que a palavra leva à vida e a vida à palavra, na feliz exegese filosófica e teológica de Ferdinand Ebner (Sindoni, p. 213).

Efetivamente, o terreno para o cristão ser o *fazedor da palavra*, não bastando ser *ouvinte da Palavra*, para não cair no vazio, no estéril espiritual, sem o que não haverá o necessário liame com o amor, é o coração, como expressa Dom Lourenço de Almeida Prado, louvando-se em Santo Agostinho e em Maritain, trazendo à luz que a voz sem a palavra não alimenta o coração e que a chave de vida espiritual é o sinal, ou, de outro modo, ouvinte e fazedor da palavra lançada no coração, sendo a palavra o sinal para que a vida espiritual frutifique, mas na dimensão do amor (Prado, p. 402/403):

> *A palavra humana não é a voz que a exterioriza: é algo interiormente elaborado, que existe antes da voz, como realidade mental.*
>
> *Santo Agostinho o exprimiu, num belo sermão em que mostra a distância que vai entre o Precursor João Batista – a voz do que chama no deserto – e o Cristo, o Verbo, a Palavra que existe desde o princípio: "João é a voz, realidade temporal, Cristo é a palavra, eterno desde o princípio. Tirai dela a Palavra, que será a voz? Se nada significa, é um ruído vazio. A voz, sem a palavra, bate no ouvido, mas não alimenta o coração (a mente). Para nutrir o coração, atentemos para a ordem das coisas. Se penso no que vou dizer, já tenho a palavra em meu coração. Se desejo comunicar-te o que penso, procurarei como poderá estar no teu coração, o que está no meu. Procurando como fazer chegar a ti, como colocar no teu coração o que já está no meu, tomo a VOZ. Tomada a voz, falo-te. O*

som da voz conduz a ti a inteligência da palavra. E quando o som da voz tiver levado a ti a inteligência da palavra, ele se desfaz; a palavra, porém, que o som conduziu a ti, já está no teu coração e não se afastou no meu. (Santo Agostinho Sermão CCXLIII).

A palavra, portanto não é som, nem é a voz; é maior que o som e mais que a voz. O som, como já dissemos, muitos animais o emitem.

[...]

O nascimento da ideia e, portanto, da vida intelectual em nós, completa Maritain, 'parece ligada à descoberta do valor de significação dum sinal. O animal usa sinais sem perceber a relação da significação. Perceber a relação de significação é aquisição de uma ideia, isto é, um sinal espiritual. Nada mais sugestivo a esse respeito que essa espécie de milagre do despertar da inteligência nos cegos, surdos (Marie Heurtin, Helena Keller, Lydwine Lachance). Ele depende essencialmente da descoberta da relação da significação de um gesto, para um objeto desejado. A chave da vida espiritual é o sinal' (Signe et symbole, Jacques Maritain).

É nesse contexto, aqui desenvolvido, que entra em conotação que a educação cristã, através da catequese, da evangelização, da doutrina, dos Livros Bíblicos, dos Concílios, Encíclicas e demais postulados, restará no vazio ou na esterilidade, construindo a sua casa na areia, se o coração ouvinte e fazedor da palavra não estiver impregnado do amor, levando a semente lançada a se apartar de onde se encontra a água viva – *a fonte de água jorrando para a vida eterna* – (João 4, 1-42), o coração mergulhado e embevecido no Amor, na Palavra, no Verbo, no Cristo, pois *Aquele, porém, que escutou as minhas palavras e não pôs em prática é semelhante ao homem que construiu sua casa ao rés do chão, sem alicerce. A torrente deu contra ela, e imediatamente desabou; e foi grande a sua ruína* (Lucas 6, 49).

Sem dúvida, como corolário, não basta a educação cristã ministrada na família, através da catequese, na escola, se a voz não está acompanhada da Palavra e se esta não está impregnada do Amor a Deus e ao próximo em sua dimensão concreta de tornar realidade a missão salvífica da Igreja, no seu magistério da Boa Nova.

A propósito, e nessa trajetória da plenitude da dignidade humana, a Exortação Apostólica de São João Paulo II *Familiaris Consórcio*, ao destacar o amor na gênese Criadora de Deus, *O dever de educar mergulha as raízes na vocação primordial dos cônjuges à participação na obra criadora de Deus: gerando no amor e por amor uma nova pessoa, que traz em si a vocação ao crescimento e ao desenvolvimento, os pais assumem por isso mesmo o dever de a ajudar eficazmente a viver uma vida plenamente humana. Como recordou o Concílio Vaticano II: 'Os pais, que transmitiram a vida aos filhos, têm uma gravíssima obrigação de educar a prole e, por isso, devem ser reconhecidos como seus primeiros e principais educadores. Esta função educativa é de tanto peso que, onde não existir, dificilmente poderá ser suprida. Com efeito, é dever dos pais criar um ambiente de tal modo animado pelo amor e pela piedade para com Deus e para com os homens que favoreça a completa educação pessoal e social dos filhos. A família é, portanto, a primeira escola das virtudes sociais de que as sociedades têm necessidade* (São João Paulo II, p. 773/774).

Em igual grandeza, a declaração do Concilio Vaticano II *Gravíssimum Educationis Momentum*, ao assentar que a Igreja *tem o dever de anunciar a todos os homens o caminho da salvação, de comunicar aos fiéis a vida de Cristo e de ajudá-los com uma solicitude constante, a alcançar a plenitude desta vida. Portanto, a Igreja, como Mãe, deve dar aos filhos uma educação que lhes encha toda vida de espírito de Cristo* (São João Paulo II, p. 771).

Como exemplo, é de se lembrar aqui a educação cristã recebida por Santa Verônica Giuliani, que nasceu aos 27/12/1660, em Mercatello, Itália, de sua amada Mãe, que, desde o berço, lhe ensinava um profundo amor a Cristo crucificado, a ponto de a menina, em tenra idade, ter pedido a Nossa Senhora, e alcançado, para colocar o Menino Jesus em seus braços, com o qual brincava, orientando na oração diária do terço, no amor aos pobres, na leitura da vida dos Santos e para que fugisse das coisas mundanas, vaidades e de tudo o que poderia ofender a Deus. Tornou-se Monja do Mosteiro das Clarissas Capuchinhas e se apaixonou por Jesus crucificado. Lá recebeu o nome de

Verônica, que significa *verdadeira imagem*, e, de fato, ela se torna uma verdadeira imagem de Cristo Crucificado. Foi canonizada por Gregório XVI no dia 26 de maio de 1839.

A Boa Nova, a mensagem salvífica de Cristo, está assentada no Amor, em sua plenitude em sua volta para o Bem Amado, para a Verdade e para o próximo, a sua gênese.

São Paulo retrata essa *água viva* do amor de forma magistral, profunda, indelével, emblemática, de extrema significação religiosa, transcendental e teológica, em sua Primeira Carta aos Coríntios 13, 1-13, *Hino à Caridade* ou *O amor acima de tudo*, ao tocar em nossa pequenez, insignificância, despertar a nossa fragilidade, jogar por terra a nossa soberba e vaidade, enaltecendo o Amor, sem o qual vã será a nossa fé, vazia será a nossa trajetória salvífica, distante e longe da Verdade a ser alcançada, coroando a *ratio*, a autossuficiência.

Não importa o grau de educação intelectual atingida, a educação integral, a paideia, o conhecimento profundo das ciências, como não importa o despojamento dos bens materiais e a entrega aos semelhantes, se não estiverem impregnados do Amor, do *homem novo*, como ensina o Apóstolo dos gentios em sua citada Carta aos Coríntios, ao pontificar que:

> *"Ainda que eu fale as línguas dos homens*
> *e dos anjos, se não tiver amor,*
> *serei como o bronze que soa, ou como*
> *o címbalo que tine.*
> *Ainda que eu tenha o dom de profetizar*
> *e conheça todos os mistérios e toda a ciência;*
> *ainda que eu tenha tamanha fé, a ponto*
> *de transportar montanhas,*
> *se não tiver amor, nada serei.*
> *E ainda que eu distribua todos*
> *os meus bens entre os pobres*

e ainda que entregue meu próprio

corpo para ser queimado,

se não tiver amor,

nada disso me aproveitará".

Acrescenta que tudo cessará, desaparecerá e passará, salvo o Amor que jamais acaba (Carta aos Coríntios 8-10), sendo maior que a fé e a esperança dentre as três virtudes teologais:

"O amor jamais acaba.

Mas, havendo profecias, desaparecerão;

Havendo línguas, cessarão;

Havendo ciência, passará.

Porque em parte conhecemos,

E em parte profetizamos.

Quando, porém, vier o que é perfeito,

O que então é em parte será aniquilado."

E o amor, que há de estar mergulhado em nosso coração, no seu *habitat* natural, está presente de forma indissociável, perene e transcendente na Palavra, no Verbo Encarnado, nas Parábolas, advindo estas etimologicamente da palavra, como ensina Dom Lourenço de Almeida Prado, apoiando-se em Santo Agostinho, Santo Tomás de Aquino e Maritain, p. 394/396:

Cristo é o verbo, Cristo é o Logos, Cristo é a verdade. Cristo ensinava por parábolas. Costume oriental, mas não apenas costume oriental. Há no ensinar por parábolas uma feição muito própria de pedagogia divina. É o ensinar solicitante, é o ensinar desafiante, o ensino que postula um ouvir de engajamento.

Para introduzir-nos nessa busca, calha bem recordar que há na história do pensamento humano ou, se quiserem, do pensamento cristão, duas figuras culminantes, caracterizando duas perspectivas diferentes (não opostas, nem conflitantes, mas complementares) no uso da palavra, na transmissão da verdade. "Um pescador de almas e um construtor de verdades" – Santo Agostinho de Hipona e Santo Tomás de Aquino. A observação é de Maritain, no seu excelente ensaio sobre a Sabedoria Agostiniana (De la Sagesse Augustinienne., in Les Degrés du Savoir).

O primeiro, procedendo sob a luz do Dom da Sabedoria, usando um discurso imperfeito, eivado da insegurança platônica, dirige-se mais diretamente à massa, à qual anuncia a vida. Fala mais ao coração, para converter, e usa mais vivamente a força da palavra como semente, como algo que cresce e sabe ajustar-se a ouvidos desiguais. A palavra é, de algum modo, parábola. Isto não quer dizer que a palavra fique relativizada, sem chegar bem à realidade. A parábola atinge a realidade, mas solicita da inteligência a sutileza para entender o insinuado. É mais rica e mais pobre que o recurso ao nome próprio. Tem um pouco de metáfora, que o próprio Agostinho define como de re propria ad rem non propriam verbi alicuius usurpata translatio, ou seja, - "o uso de uma palavra com o sentido transferido da coisa própria à coisa imprópria".

[...]

Retornamos assim à riqueza da palavra, nome das coisas e presença da coisa na inteligência humana. Vemos que ela conserva muito do vigor turgente da parábola. É filha e herdeira de parábola. E guarda da parábola o dinamismo interno de um ouvido que queira ouvir.

O Cristo ensinava por parábolas, para que os que viam não vissem e os que ouviam não ouvissem. Para ouvir e ver não basta ter o som nos ouvidos e a imagem nos olhos, mas é preciso ter ouvido que queira ouvir, olhos que queiram ver, isto é, ouvido e olhos que se empenhem em discernir. Olhos e ouvidos que não só não tenham medo da verdade, mas que a desejem, sem temer, o compromisso que ela representa.

A palavra, sobretudo a palavra de Deus, conserva essa força misteriosa e envolvente de parábola, da qual se podem tirar coisas novas e velhas, já que é uma fonte inesgotável, que mata sede e suscita nova sede. Diz mais do que diz – ou mais do que disse –, pois cada vez que é repetida traz o sabor da novidade e, até, o sabor do inaudito. É velha e nova. A verdade que a palavra nos traz não é um dom acabado, mas um dom com vigor germinativo, um dom que deve ser elaborado e formulado.

Saiu o semeador a semear. A semente é a palavra de Deus. A que cai em terra boa são os que, tendo ouvido com coração nobre e generoso, conservam-na e produzem fruto na perseverança. (Cf. Lc.8.11s.)

São Lucas retrata e coloca em evidência o amor que deve brotar do coração, se exteriorizar e se concretizar no comportamento, nos atos e atitudes praticados, reflexos palpáveis e palpitantes do embevecimento do Cristo, da água viva que deve permear a nossa trajetória para o alcance do fim último dessa peregrinação, da *via crucis*, que é a *Verdade* na plenitude celestial, ao descrever e relatar o encontro de Cristo com a *Pecadora perdoada e que ama* na casa do fariseu Simão.

> *E, voltando-se para a mulher, disse a Simão: 'Vês esta mulher? Entrei em tua casa e não me derramaste água nos pés; ela, ao contrário, regou-me os pés com lágrimas e enxugou-os com os cabelos. Não me deste um ósculo; ela, porém, desde que entrei, não parou de cobrir-me os pés de beijos. Não me derramaste óleo na cabeça; ela, ao invés, ungiu-me os pés com perfume. Por essa razão, eu te digo, seus numerosos pecados lhe são perdoados, porque ela demonstrou muito amor. Mas aquele a quem pouco foi perdoado mostra pouco amor (7, 44-47).*

São João patenteia a magnitude do Amor, que não tem limites, que não tem barreiras e empecilhos para atingir a sua plenitude, a ponto de se *dar a vida por seus amigos*, como o Cristo crucificado entregou-se para a nossa salvação, para a abertura do Céu, e, dentro de sua misericórdia, abraçar a nossa miserabilidade, posto que filhos somos:

> *Ninguém tem maior amor do que aquele que dá a vida por seus amigos.*
>
> *Vós sois meus amigos, se praticais o que vos mando.*
>
> *Já não vos chamo servos, porque o servo não sabe o que seu senhor faz; mas vos chamo amigos, porque tudo o que ouvi de meu Pai vos dei a conhecer.*
>
> *Não fostes vós que me escolhestes, mas fui eu que vos escolhi e vos designei para irdes e produzirdes fruto e para que vosso fruto permaneça, a fim de que tudo o que pedirdes ao Pai em meu nome ele vos Dê.*
>
> *Isto vos mando; amai-vos uns aos outros (15, 13-17).*

O Papa Francisco em sua homília pronunciada e proclamada sobre o Evangelho da *nova justiça é superior à antiga*

(Mateus 5, 20-26), coloca em evidência o germe do amor que está no coração humano, que há de estar receptivo à ação do Espírito Santo se se quiser vivenciar o *amor divino*:

> *De tudo isto compreende-se que Jesus não dá importância simplesmente à observância disciplinar e à conduta exterior. Ele vai à raiz da Lei, apostando sobretudo na intenção e por conseguinte no coração humano, onde têm origem as nossas ações boas e más. A fim de obter comportamentos bons e honestos não são suficientes as normas jurídicas, mas são necessárias motivações profundas, expressão de uma sabedoria escondida, a Sabedoria de Deus, que pode ser acolhida graças ao Espírito Santo. E nós, através da fé em Cristo, podemos abrir-nos à ação do Espírito, que nos torna capazes de viver o amor divino (Angelus, 16 de fevereiro 2014)* (Vaticannews, 26 02 2021).

O mesmo Evangelho de São Mateus evidencia os píncaros do amor, dentro da sua dimensão transcendental na advertência de amar os vossos inimigos e orar pelos que vos perseguem:

> *Ouvistes o que foi dito: Amarás a teu próximo e odiarás o teu inimigo, Eu, porém, vos digo: amai os vossos inimigos e orai pelos que vos perseguem; desse modo vos tornareis filhos do vosso Pai que está nos Céus, porque ele faz nascer o seu sol igualmente sobre maus e bons e cair a chuva sobre justos e injustos. Com efeito, se amais aos que vos amam, que recompensa tendes? Não fazem também os publicanos a mesma coisa? E se saudais apenas os vossos irmãos, que fazeis de mais? Não fazem também os gentios a mesma coisa? Portanto, deveis ser perfeitos como o vosso Pai celeste é perfeito* (5, 43-48).

4. Conclusão

No concluir, restou enaltecido aqui que a educação cristã há de estar mergulhada no Amor, cujo *habitat* é o coração de onde *jorra a água viva*, que é a Palavra, o Logos, o Verbo Encarnado, a Verdade, sabendo-se que *a verdade não se impõe senão pela força da própria verdade, a qual penetra nas mentes suavemente, porém com vigor* (Dignitatis Humanae, número 35).

E esse amor na Verdade foi objeto de exortação de São João Paulo II em sua Carta Apostólica *Fides et Ratio*, ao advertir para os sistemas filosóficos que dão o homem como senhor absoluto de si mesmo, invertido do poder de decisão autônoma do seu destino e futuro, olvidando ou descartando que Cristo salvou o homem no mistério do seu amor, ou seja, na maior e extrema demonstração de amor, que foi a entrega de sua vida na Cruz para a remissão dos nossos pecados, registrando Mateus 10, 39, o convite de Cristo a esse ágape *Quem se apegar à própria vida vai perdê-la, mas quem perde a própria vida por mim, vai encontrá-la.*

> *107. A todos peço para se debruçarem profundamente sobre o homem, que Cristo salvou no mistério do seu amor, e sobre a sua busca constante de verdade e de sentido. Iludindo-o, vários sistemas filosóficos convenceram-no de que ele é senhor absoluto de si mesmo, que pode decidir autonomamente sobre o seu destino e o seu futuro, confiando apenas em si próprio e nas suas forças. Ora, esta nunca poderá ser a grandeza do homem. Para a sua realização, será determinante apenas a opção de viver na verdade, construindo a própria casa à sombra da Sabedoria e nela habitando. Só neste horizonte da verdade poderá compreender, com toda a clareza, a sua liberdade e o seu chamamento ao amor e ao conhecimento de Deus como suprema realização de si mesmo.* (Carta Apostólica, 107, p. 79)

Tomás de Aquino, considerado um dos maiores paladinos da educação, do período escolástico, patenteia a Verdade no âmago da educação, cuja busca é indissociável do processo educacional e que a verdade existe primeiramente em Deus, cabendo destacar a missão ou função do professor para que o aprendiz conheça o espírito de Deus e saiba discernir e decidir entre o bem e o mal, acrescentando que é Deus que ensina primeiramente o homem quando lhe é dada potência para saber (Gomes, Manoel Messias).

E no espírito de Deus está o amor, que se constitui em princípio do agir humano, porquanto todos os atos que o homem realiza são movidos primeiro pelo amor (Santana, Rafael e Oliveira, Terezinha).

Em suma, a Palavra ministrada há de estar impregnada de amor, o qual há de conduzir o agir humano, indo da potência ao ato, e sempre na consecução do fim último do homem, o beneplácito celestial, a morada na Verdade, assentado no amor a Deus e ao próximo, ou, como diz o Salmista, *Guia-me com tua verdade, ensina-me, pois tu és o meu Deus Salvador* (Salmo 25,5), e como pontifica Santo Agostinho, ao ensinar que *o Verbo é esse mestre interior através de quem se torna possível a comunhão dos homens em uma mesma verdade* (Gilson, p. 155).

E o caminho para se atingir a plenitude do amor - *tive fome e me destes de comer, tive sede e me destes de beber, estava nu e me vestistes, era estrangeiro e me hospedastes, adoeci e me visitastes, estive na prisão e fostes me ver* – (Mateus 25, 35-45, concretizado naquele samaritano que acolheu e cuidou com todo o amor o estrangeiro ferido por assaltantes, abandonado por vários transeuntes e estirado na estrada (Lucas 10, 25-37), bem como naquele Pai que festejou, com todo o requinte, a volta do filho pródigo ao lar após dissipar todos os seus bens da herança dividida, abraçando-o e o beijando compadecidamente (Lucas 15, 11-32), ou no pastor que, para resgatar a ovelha perdida do seu rebanho, deixa as 99 no deserto e vai em busca daquela que se desgarrou, e, ao encontrá-la, foi tomado de uma alegria indizível, pujante, com o coração palpitante de amor (Lucas, 15,4-7), uma vez que *O Bom Pastor dá a sua vida por suas ovelhas* (João 10,11), esse caminho é Maria, a *virgem que foi chamada a oferecer toda a sua humanidade e feminilidade para que o Verbo de Deus pudesse encarnar e fazer-se um de nós* (São João Paulo II), a *Sedes Sapientiae*, a *Consolatrix Aflictorum*, aquela que estava compadecida aos pés da Cruz - *Filho eis aí tua mãe, Mãe eis aí o teu filho* – (João 19, 25-26).

Por fim, o Papa Francisco, na sua visão transcendental do amor, ensina que *A estatura espiritual de uma vida humana é medida pelo amor, que constitui o critério para a decisão definitiva sobre o valor ou a inutilidade de uma vida humana (DCE, n. 15 – BENTO XVI, 2007)- Fratelli Tutti, 53 –*, decorrendo de toda essa magnitude da dimensão do Amor e sua expressão em concretude[6] que, *a contrario sensu, a mais pobre dádiva é aquela*

6. *Os profissionais da saúde que, saídos, esvaziados e desprendidos de si mesmos, se puseram no exercício da cura dos vitimados da COVID-19, ágape em seu extremo,*

que foi oferecida sem amor (Fracasso), a tornar estéril o educar, o ensinar e o viver cristão, reflexo da exegese de São Paulo em sua Primeira Carta aos Coríntios – *ainda que distribua todos os meus bens entre os pobres, se não tiver amor nada me aproveitará* – (13, 1-13), e de Isaías – *reparte o teu pão com o faminto, acolhe em tua casa os pobres e peregrinos* (58, 7). *Então, brilhará a tua luz como a aurora e tua saúde há de recuperar-se mais depressa* (58, 8), pois educar com amor e no amor e torná-lo concreto é fazê-lo na transcendência da dignidade humana:

> *O homem pode, pois, encontrar a si mesmo e a sua dignidade de pessoa somente se conseguir viver e experimentar existencialmente essa dinâmica do amor kenótico, que é o esvaziamento e abandono (Fl 2,7) do próprio EU no EU do outro.*
>
> *Com efeito, é somente por meio desse 'esvaziamento de si', Kénosis do EU, que se restabelece o EU na norma do Ser que lhe é própria [...]. Sem abaixamento, o EU atingiria seu modelo só em potência, e não em ato (Florenski, Ivanov e Berdialev, p. 90).*

Bibliografia

AGOSTINHO, *Solilóquios e a vida feliz*, São Paulo, Ed. Paulus, 1998, p.124 e ss.

AQUINO, Tomás, *Verdade e Conhecimento*, Tradução, estudos introdutórios e notas - Luiz Jean Lauand e Mario Bruno Sproviero, 1999, Martins Fontes Editora, p. 54/55.

BARAÚNA, Luiz João, *Seleção de textos/Santo Tomás de Aquino*, São Paulo, Ed. Nova Cultural, 1988, p. 60.

BENTO XVI, *Carta Encíclica Deus Caritas Est sobre o amor cristão, Documentos Pontifícios*, 1, Brasília, Edições CNBB, 2007.

BERDEJO, José Luis Lacruz, *Elementos de derecho civil*, I, Parte General, Madrid, Ed. Dykinson, 1998, v.2., § 21, p. 64.

---

pois *'o amor ao próximo é o próprio Deus que se encontra no outro homem'* (Comte, p. 443), que *'dá a vida por seus amigos'* (João 15, 13-17), ou, como pontifica Maritain, *'Amor maior que é dar a vida pelas pessoas amadas'* – (Maritain, p. 326).

BÍBLIA DE JERUSALÉM, Paulus Editora, 2004, p. 1119, 1712, 1801, 1842, 1882 e 1883.

BOEHNER, Philotheus e GILSON, Étienne, *História da Filosofia Cristã*, 7ª edição, Editora Vozes, p. 167.

BUJÁN, Federico Fernández, *La vida. Principio rector del derecho*, Madrid, Editorial Dykinson, 1999, p. 50.

CATECISMO da Igreja Católica, Editora Vozes, Edições Loyola, nº 108, p. 40, e Prólogo, nºs 1, 2, 3, 4 e 5, p. 13/14.

CÍCERO, '*De República*', livro III, 17.

COMTE, Auguste, *O 'viver para os outros' da 'religião da Humanidade' e o 'ama teu próximo como a ti mesmo' da religião cristã, artigo de Antimo Negri, in Cristo na Filosofia Contemporânea,* Vol. I, 2003, De Kant a Nietzshe, Paulus, p. 443.

DIGNITATIS HUMANAE, Declaração do Concílio Vaticano II, nº 35.

EBNER, Ferdinand, '*Deus na Filosofia do Século XX*', *DA PALAVRA À VIDA, DA VIDA À PALAVRA*, artigo de Paola Ricci Sindoni, tradução de Roberto Leal Ferreira , Edição Loyola, páginas 211/214.

FILIBECK, Giorgio, *Direitos do Homem de João XXIII a João Paulo II,* Principia Publicações Universitárias e Científicas, 1ª edição, 2000, páginas 771, 773/774.

FLORENSKI, Pvel Aleksandrovic, IVANOV, Viaceslav Ivanovic e BERDIAEV, Nikolai Aleksandrovic, *Cristo no pensamento russo entre Kenose e beleza*, artigo de Natalino Valentini, in *Cristo na Filosofia Contemporânea*, vol. II, O Século XX, Paulus, 2006, p. 90.

FRACASSO, Frei Anselmo, *Folhinha do Sagrado Coração de Jesus*, Paulus, Editora Vozes, 12.03.2021.

FRANCISCO, Papa – Fratelli Tutti, Paulus, p. 53, nº 92.

GALLAGHER, Dom Paul Richard, Secretário do Vaticano para as Relações com os Estados, in *Vaticannews*, edição de 23.02.2021.

GILSON, Étienne, *Introdução ao Estudo de Santo Agostinho*, Paulus e Discurso Editorial, p. 155.

GOMES, Manoel Messias, *A Filosofia teológica de Tomás de Aquino e sua importância para o processo educativo*, Disponível em: https://educacaopublica.cecierj.edu.br/artigos/20/3/a-filosofia-teologica-de-tomas-de-aquino-e-sua-importancia-para-o-processo-educativo

GRAU, Jose Corts, *Curso de derecho natural*, Barcelona, Ed. Nacional, 1953, p. 245.

Gravissimum Educationis Momentum – Declaração do Concílio Vaticano II, A. 531.

LACOSTE, Jean Yves, *Dicionário Crítico de Teologia*, Paulinas e Edições Loyola, 2004, p. 114/115.

MARITAIN, Jacques, *'Ut sint consummati in Unum.' Jesus, homem e Deus, sentido e salvação para a história do homem, artigo de Giancarlo Penati, in Cristo na Filosofia Contemporânea, v*ol. II, O Século XX, Paulus, 2006, p. 326.

MUNIZ, Regina Maria Fonseca, *O Direito à Educação*, Renovar, 2002, p. 153/161.

MUNIZ, Antonio Carlos, *Celebração Eucarística em Ação de Graças dos 40 anos de matrimônio.* Igreja Nossa Senhora Assunção, São Paulo.

PAULO II, São João, *CARTA APOSTÓLICA Fides et Ratio*, Edições, Loyola, nº 107, p. 79. *Exortação Apostólica de João Paulo II Familiaris Consortio*, nº 36.

PRADO, Dom Lourenço de Almeida, *ENTRE POLÍTICA E EDUCAÇÃO*, Ensaios e Artigos, Editora Marques Saraiva, 1999, no seu ensaio comparativo *De Parábola a Palavra*, p. 394/396, e *A Palavra e a Criatura Humana*, p. 402/403.

SANTANA, Rafael Henrique e OLIVEIRA, Terezinha, *A relação entre amor e educação na Suma Teológica de Tomás de Aquino* – Disponível em: http://creativecommons.org/licenses/by 4.0/deed pt.br

SOARES, Guido F.S., Jornal do Advogado, 9 de julho de 2000, no seu artigo sobre *A Natureza jurídica do direito à educação,* folhas 28.

SÓCRATES, *Coleção Os Pensadores*, trad. de Enrico Corvisieri, Mirtes Coscodai, Ed. Nova Cultural, 1999, p. 12.

VATICANNEWS, edição de 26.02.2021.

A LIBERDADE RELIGIOSA: UMA BREVE ANÁLISE A PARTIR DE PREÂMBULOS CONSTITUCIONAIS

Ricardo Gaiotti Silva[1]

Resumo: Este estudo apresenta uma análise do direito fundamental à liberdade religiosa, a partir dos preâmbulos e dos textos constitucionais de países como: Brasil; Argentina; Bolívia; Colômbia; Paraguai; Portugal; África do Sul; Estados Unidos. Quanto ao Brasil, o estudo se estende para todas as constituições brasileiras, investigando a relação entre o Estado brasileiro e as religiões desde o Império até os dias de hoje. Assim, poderá ser visualizado que, em muitas constituições, muito embora haja alguma referência ao sagrado, inclusive uma fórmula confessional nos juramentos para o exercício de alguns cargos públicos, não necessariamente, a profissão de fé é exigida para o desempenho de tais cargos, tão pouco, significa que o Estado é confessional ou privilegia determinada religião. Sendo, portanto, a invocação ao sagrado, a partir de diversos formatos, dentre eles a presente no preâmbulo da Constituição brasileira vigente "sob a proteção de Deus", um aspecto muito mais cultural, um estilo linguístico, do que a manifestação de uma confissão de fé, porém, o preâmbulo (e todo o seu conteúdo) jamais pode ser desprezado, pois ele apresenta uma síntese do pensamento e intenções dos constituintes, pode-se dizer que os preâmbulos indicam algumas motivações muito concretas que deram impulso para o desenvolvimento, criação da própria Constituição, como se observa ao longo do texto.

---

1. Advogado; Professor Universitário; Juiz Eclesiástico. Doutorando em Direito pela Universidad de Alcalá (Espanha); Mestre em Direito pela Pontifícia Universidade de São Paulo e Mestre em Direito Canônico pela Universidad Pontificia de Salamanca (Espanha). E-mail: rigaiotti@gmail.com

Palavras-chave: Constituições – Estado – Laico – Liberdade religiosa – Preâmbulo – Sagrado.

1. Introdução

O preâmbulo de toda Constituição apresenta uma síntese do pensamento e intenções dos constituintes, podemos dizer que ele indica algumas motivações muito concretas que deram impulso para o desenvolvimento, criação da própria Carta Magna.

Em diversas constituições, os preâmbulos fazem alguma referência ao sagrado, a uma força superior norteadora da nação, como uma espécie de consagração civil ao ente divino, parecido como uma profissão de fé a um “dogma” civil ou um valor cívico/moral que os constituintes consideram relevante para ser observado.

Contudo, em sua grande maioria, os preâmbulos dos Estados laicos não apresentam a imagem de um Deus concreto, vinculante a uma certa religião concreta, muito embora em muitos deles, trazem certa referência ao sagrado.

Por isso, a referência de um ser divino nos preâmbulos, em si, não indica a confessionalidade de um povo, ou de um Estado, contudo, faz referência a diversos valores importantes para os mesmos, sendo a religião, ou mesmo, a inspiração ou submissão a um ser superior; algo relevante para aquele povo.

E de fato, a expressão “sob a proteção de Deus” – presente em diversos preâmbulos constitucionais, como na constituição brasileira – muito embora indique um valor, não se vincula a exigência de nenhum credo.

Quando se observa concretamente os preâmbulos de diversas constituições se evidencia que a profissão de fé e o preâmbulo em si não são coisas únicas, uniformes, diretamente relacionadas. Em alguns países laicos, por exemplo, o juramento presidencial consta a referência que o mesmo dever ser realizado na conhecida fórmula "Juro a Deus".

De forma geral, a referência do sagrado acaba apontando para um valor cívico/moral, e não precisamente religioso, como veremos ao longo deste texto. E os conteúdos dos preâmbulos acabam sendo utilizados como chave de interpretação de algumas normas constitucionais, porém, em sua grande maioria, não integram o corpo constitucional e não podem ser exigidos como força vinculante às demais normas.

2. A liberdade religiosa no brasileiro – breve análise a partir das constituições brasileiras

Antes mesmo de apresentarmos o preâmbulo da Constituição brasileira de 1988, é preciso trazer à luz algumas notas introdutórias, históricas do desenvolvimento do Estado brasileiro, a partir de suas constituições.

A religião, principalmente o cristianismo católico, sempre ocupou um espaço de destaque no Brasil. Há uma presença significativa da fé católica no desenvolvimento cultural, social, ético, moral e jurídico do Brasil. Essa relação possui raízes em Portugal, país católico, que descobriu a "Terra de Santa Cruz". Nas caravelas, havia uma presença significativa de religiosos que possuíam a missão de implantar a fé católica dentro do "território" político descoberto. De fato, a presença da fé católica é de tal forma representativa que o primeiro ato público realizado no Brasil foi justamente a celebração de um culto religioso (Santa Missa) celebrada na hoje cidade de Santa Cruz de Cabrália, que se localiza nos arredores de Porto Seguro (Estado da Bahia), esse evento histórico consistiu, pois, em um ato público (civil) e religioso. (PIRES, 1946, p. 13-15)

Por outro lado, a relação entre a Igreja Católica e o Estado brasileiro também viveu tensões, como consequência que, em um período histórico, houve a tentativa de excluir qualquer resquício da influência religiosa no poder estatal brasileiro. Mas, de maneira geral, o dado religioso sempre esteve presente no desenvolvimento do Estado brasileiro, ao ponto que na Proclamação da República, já na primeira Constituição brasileira, foi estabelecida uma colaboração direta entre o Brasil e a religião, no caso a católica.

Marco Aurélio Lagreca Casamasso nos oferece mais detalhes dessa relação histórica:

> O Brasil chega à independência, herdeiro de um patrimônio político-religioso cujo vigor ainda se faria sentir com esplendor até a Proclamação da República. Sua primeira Constituição, outorgada pelo Imperador Dom Pedro I, em 1824, dois anos após a declaração da independência, é o grande testemunho documental de uma legitimação político-jurídica fundada na religião, que perduraria por mais de sessenta anos. Findo o Império dos Orleans e Bragança, o Estado brasileiro não tarda a afastar-se da Igreja Católica, adotando o regime de separação no tocante às confissões religiosas, que, em linhas gerais, permanece como modelo até os nossos dias. (CASAMASSO, 2006, p. 262)

Pode-se dizer que, ao longo da história das constituições brasileiras, houve, em grosso modo, três fases distintas na relação entre a religião[2] e o Estado: a primeira, de união entre a Igreja Católica e o Estado; a segunda se iniciou com o Decreto 119-A e colocou fim ao padroado; a terceira, após a Constituição da República dos Estados Unidos do Brasil de 1934, quando iniciou a "política" de colaboração entre "religiões" e Estado.

No período de união entre a Igreja Católica e o Estado, existia o chamado padroado, que consistia basicamente em uma troca de favores, privilégios, convenções mútuas entre a Igreja Católica e o Estado. Por um lado, a Igreja "justificava" o

---

2. Quando se refere à religião, observa-se que o Estado procurava relacionar-se diretamente com a Igreja Católica. As demais religiões ou eram "inexpressivas" para o Estado, ou era tolerado o culto privado, conforme veremos no desenvolvimento do trabalho.

poder dos governantes; por outro, recebia proteção da autoridade civil, que, entre outras coisas, mandava construir igrejas e intervia diretamente na nomeação de cargos eclesiásticos.

Esta primeira fase constituiu no período onde havia uma união entre a Igreja Católica e o Estado, essa iniciada com a Constituição Política do Império do Brasil de 25 de março de 1824,[3] que, estabelecia em seu art. 5º, a Religião Católica Apostólica Romana como "oficial", enquanto que às demais seriam permitidas apenas os cultos domésticos ou particulares em uma casa para isso destinada, sem forma alguma exterior de templo.

Destacam-se, nessa fase, dois aspectos importantes: o primeiro era a restrição da fé ao ambiente privado de credos não católicos; o segundo, a proibição de construção de qualquer templo religioso que não fosse o católico.

A Constituição Política do Império do Brasil de 1824[4] trazia ainda uma interferência direta da "fé" na vida das autoridades públicas, pois era um requisito constitucional que tanto o imperador, quanto o herdeiro e os conselheiros de Estado professassem a fé católica. Este ato era solene e condição de legitimidade para exercer a função pública.

---

3. Constituição Política do Império do Brasil, de 25 de março de 1824. Disponível em: http://goo.gl/xQ2es6. Acesso em: 30 abr. 2021.

4. Constituição Política do Império do Brasil de 25 de março de 1824. Disponível em: http://goo.gl/xQ2es6. Acesso em: 30 abr. 2021.
Art. 103. O Imperador antes do ser aclamado prestará nas mãos do Presidente do Senado, reunidas às duas Câmaras, o seguinte Juramento – Juro manter a Religião Católica Apostólica Romana, a integridade, e indivisibilidade do Império; observar, e fazer observar a Constituição Política da Nação Brasileira, e mais Leis do Império, e prover ao bem geral do Brasil, quanto em mim couber.
Art. 106. O Herdeiro presuntivo, em completando quatorze anos de idade, prestará nas mãos do Presidente do Senado, reunidas as duas Câmaras, o seguinte Juramento – Juro manter a Religião Católica Apostólica Romana, observar a Constituição Política da Nação Brasileira, e ser obediente às Leis, e ao Imperador.
Art. 141. Os Conselheiros de Estado, antes de tomarem posse, prestarão juramento nas mãos do Imperador de manter a Religião Católica Apostólica Romana; observar a Constituição, e às Leis; ser fieis ao Imperador; aconselha-lo segundo suas consciências, atendendo somente ao bem da Nação.

A segunda fase se iniciou com o Decreto 119-A, de 7 de janeiro de 1890, e se solidificou na Constituição de 1891, que resultou em uma profunda mudança na estrutura do Estado, pois o vedou de estabelecer, subvencionar ou embaraçar o exercício de cultos religiosos, sem deixar de proteger a liberdade do indivíduo quanto à manifestação de sua crença.

O Decreto 119-A[5] proibia expressamente a intervenção da autoridade federal e dos Estados federados em matéria religiosa. Além disso, consagrou a plena liberdade de cultos, extinguiu o padroado e estabeleceu outras providências.

A grande novidade do Decreto 119-A para a liberdade religiosa é que ao colocar fim à política do padroado, permitiu outras religiões e, consequentemente, cidadãos brasileiros de diversos credos, de professarem o seu culto, o que significou na prática um avanço na defesa dos direitos referentes à liberdade religiosa.

O objeto do Decreto119-A refletia o pensamento do Congresso brasileiro, que já se encontrava influenciado pelas ideias europeias e norte-americanas de separação entre religião e Estado. Este documento acabou por ser um embrião de um tema que seria inserido na primeira Constituição Republicana, promulgada em 24 de fevereiro de 1891. (SOUZA, 2009, p. 198)

Quanto à religião, a Constituição Republicana de 1891[6] consolidou as diretrizes do Decreto 119-A. Disciplinava a Constituição:

> Art. 11. É vedado aos Estados, como à União:
>
> [...]
>
> 2. estabelecer, subvencionar ou embaraçar o exercício de cultos religiosos; [...]
>
> Art. 70. São eleitores os cidadãos maiores de 21 anos que se alistarem na forma da lei.

---

5. Decreto 119-A de 7 de janeiro de 1890. Disponível em: http://goo.gl/sq7f6i. Acesso em: 30 abr. 2021.

6. Constituição da República dos Estados Unidos do Brasil de 24 de fevereiro de 1891. Disponível em: http://goo.gl/4erJmu. Acesso em: 30 abr. 2021.

> [...]
>
> 4º. os religiosos de ordens monásticas, companhias, congregações ou comunidades de qualquer denominação, sujeitas a voto de obediência, regra ou estatuto que importe a renúncia da liberdade Individual.
>
> Art. 72. A Constituição assegura a brasileiros e a estrangeiros residentes no País a inviolabilidade dos direitos concernentes à liberdade, à segurança individual e à propriedade, nos termos seguintes:
>
> § 28. Por motivo de crença ou de função religiosa, nenhum cidadão brasileiro poderá ser privado de seus direitos civis e políticos nem eximir-se do cumprimento de qualquer dever cívico.
>
> § 29. Os que alegarem motivo de crença religiosa com o fim de se isentarem de qualquer ônus que as leis da República imponham aos cidadãos, e os que aceitarem condecoração ou títulos nobiliárquicos estrangeiros perderão todos os direitos políticos.

Posteriormente, a Emenda Constitucional 3, de 3 de setembro 1926, reafirmou o direito ao livre exercício da fé, dentre dos limites do direito comum, disciplina o texto constitucional:

> Art. 72. A Constituição assegura a brasileiros e a estrangeiros residentes no país a inviolabilidade dos direitos concernentes a liberdade, a segurança individual e a propriedade, nos termos seguintes:
>
> [...]
>
> § 3. Todos os indivíduos e confissões religiosas podem exercer pública e livremente o seu culto, associando-se para esse fim e adquirindo bens, observadas as disposições do direito comum.[7]

Ainda, a Emenda Constitucional manteve a ideia da separação entre Igreja-religiões e Estado; porém, expressou claramente que as relações diplomáticas com a Igreja Católica seriam mantidas, uma vez que essa não feria o princípio da laicidade. O texto da Emenda diz:

> Art. 72. [...]
>
> § 7º. Nenhum culto ou igreja gozará de subvenção oficial, nem terá relações de dependência ou aliança com o Governo da

---

7. Cf. Art. 72, § 3. Emenda Constitucional 3, de 3 de setembro 1926. Disponível em: http://goo.gl/5a2qy2 Acesso em: 30 abr. 2021.

União, ou o dos Estados. A representação diplomática do Brasil junto a Santa Sé não implica violação deste princípio.

A terceira fase, chamada de regime de colaboração, inicia-se com a Constituição de 1934, sendo que ela pode ser vista como um divisor de águas na trajetória da laicidade brasileira, pois teve seus reflexos nas demais constituições brasileiras, principalmente nas de 1937, 1946, 1967 e 1969, até mesmo na atual de 1988.

Na Constituição anterior, a laicidade caracterizava-se por uma separação rígida, que, no final do século XIX, havia sido concebida para cumprir a tarefa de impor e garantir o fim do consórcio que havia entre o Estado e a Igreja Católica. Nesta fase, a tônica era negativa, pois visava a destruir uma união, afastando os dois polos de poder que por tanto tempo permaneceram unidos. (CASAMASSO, 2006, p. 294)

Mas, a partir da Constituição de 1934, o Estado começa a se transformar em um poderoso ator econômico e em um dinâmico agente social. Deste modo, era recomendável que ele redefinisse os termos da separação que o mantinha longe das confissões religiosas, surgindo, assim, a ideia de separação com colaboração, ou seja, afasta-se da tônica negativa da laicidade para a tônica positiva. (CASAMASSO, 2006, p. 294)

Um exemplo é a Constituição de 1946.[8] Nela, o constituinte ampliou a forma de relação entre religião e Estado, inserindo, no texto constitucional, que os poderes públicos podiam manter relação com organizações religiosas, desde que "sem prejuízo da colaboração recíproca em prol do interesse coletivo". Outra novidade trazida por esse texto constitucional referia-se à imunidade tributária, proibindo o Estado em todos os seus níveis de lançar impostos sobre os "templos de qualquer culto". (SOUZA, 2009, p. 207)

8. Constituição da República dos Estados Unidos do Brasil de 18 de setembro de 1946. Disponível em: http://goo.gl/EygEs5. Acesso em: 30 abr. 2021.

Entre os anos de 1967[9] e 1987, a relação entre religião e o Estado brasileiro pode ser resumida da seguinte maneira: a) o princípio da separação entre religião e Estado é reafirmado nos termos de todas as Constituições anteriores; b) o princípio da liberdade de consciência e, portanto, religiosa, foi consagrado, permitindo a todos os crentes o exercício de cultos religiosos que não contrariassem a ordem pública e os bons costumes; c) ninguém seria privado de qualquer dos seus direitos por motivo de crença religiosa ou de convicção política; d) foi garantida assistência religiosa às Forças Armadas e aos estabelecimentos de internação coletiva; e) o princípio do casamento indissolúvel continuou consagrado; f) o ensino religioso seria de matrícula facultativa, oferecido como disciplina nos horários normais das escolas públicas.[10]

Enfim, o itinerário descrito acima preparou o "terreno" para a Constituição de 1988, essa que disciplinou explicitamente o direito à liberdade religiosa como um direito fundamental, portanto, também de responsabilidade do Estado. De certa forma, a própria história "constitucional" brasileira já aponta que excluir o dado religioso da realidade pública pode ser uma verdadeira afronta aos direitos almejados pelo povo brasileiro.

Por fim, a Constituição da República Federativa do Brasil de 1988 delineou um novo regime de laicidade, qual seja, o regime da laicidade pluralista. A novidade decorre de dois fatores principais. O primeiro refere-se ao fato de que o atual Estado laico brasileiro tem como interlocutores não uma, mas diversas confissões religiosas. O segundo diz respeito aos princípios constitucionais da cidadania, da dignidade da pessoa humana e do pluralismo político, que repercutem sobre a liberdade religiosa, potencializando-a. (CASAMASSO, 2006, p. 374)

---

9. Constituição da República Federativa do Brasil de 1967. Disponível em: http://goo.gl/0IJruu. Acesso em: 30 abr. 2021.

10. Resumo proposto por Josias Jacintho, destacamos apenas algumas características das expostas pelo autor. Cf. SOUZA, Josias Jacintho. *Separação entre Religião e Estado no Brasil:* Utopia Constitucional?. 2009. 208 fl. Tese (Doutorado em Direito). Pontifícia Universidade de São Paulo, São Paulo, 2009.

O texto constitucional de 1988 fundiu em um único artigo vários direitos referentes à liberdade religiosa, considerando mesmo de forma indireta os direitos à liberdade de expressão, de consciência, de crença, de culto, de associação e outros, no rol da liberdade religiosa. Disciplina o art. 5º:[11]

> Art. 5º. Todos são iguais perante a lei, sem distinção de qualquer natureza, garantindo-se aos brasileiros e aos estrangeiros residentes no País a inviolabilidade do direito à vida, à liberdade, à igualdade, à segurança e à propriedade, nos termos seguintes:
>
> IV – é livre a manifestação do pensamento, sendo vedado o anonimato;
>
> [...]
>
> VI – é inviolável a liberdade de consciência e de crença, sendo assegurado o livre exercício dos cultos religiosos e garantida, na forma da lei, a proteção aos locais de culto e a suas liturgias;
>
> VIII – ninguém será privado de direitos por motivo de crença religiosa ou de convicção filosófica ou política, salvo se as invocar para eximir-se de obrigação legal a todos imposta e recusar-se a cumprir prestação alternativa, fixada em lei;
>
> IX – é livre a expressão da atividade intelectual, artística, científica e de comunicação, independentemente de censura ou licença;
>
> [...]
>
> XVI – todos podem reunir-se pacificamente, sem armas, em locais abertos ao público, independentemente de autorização, desde que não frustrem outra reunião anteriormente convocada para o mesmo local, sendo apenas exigido prévio aviso à autoridade competente;
>
> XVII – é plena a liberdade de associação para fins lícitos, vedada a de caráter paramilitar.

Além disso, a Constituição Federal de 1988 prevê expressamente a laicidade do Estado frente à religião, ou seja, confirma que não há nenhum privilégio a qualquer confissão religiosa em relação à organização estatal. Porém, a Constituição

---

11. Constituição da República Federativa do Brasil de 1988. Disponível em: http://goo.gl/k8p32S. Acesso em: 30 abr. 2021.

contempla e garante a liberdade religiosa como um direito fundamental dos cidadãos, destacando a importância da religião na consecução deste direito em nosso país.

Em relação à Constituição Federal de 1988, Josias Jachinto nos ensina:

> Se a Constituição de 1988 ratificou o princípio da separação entre religião e Estado, garantido e consagrado em todas as Constituições republicanas anteriores, desde 1891, consequentemente também ratificou o princípio da liberdade religiosa, o direito humano fundamental e universal. A liberdade religiosa, valor consequente e reflexivo do princípio da laicidade, está consagrada no artigo 5º, inciso VI, da Constituição Federal de 1988. (SOUZA, 2009, p. 209)

Como visto, a liberdade religiosa foi consagrada pela Constituição de 1988 como um direito fundamental, mas isso não quer dizer que não haja conflitos ideológicos entre os limites da "liberdade" e o princípio da "laicidade" do Estado.

Quanto a essa relação tão complexa de proteção ao direito de "fé", sem privilégios e concessões às religiões, Casamasso nos ensina um aspecto crucial nesta relação e que deve ser observado, qual seja, o da "intervenção mínima" do Estado na esfera religiosa. Assim, para a preservação da laicidade, é fundamental que se observe:

> As eventuais intervenções estatais sejam objeto de uma rigorosa tipificação legal, de modo a se evitar o uso, da parte dos possíveis interventores, de fórmulas vazias e extremamente subjetivas, tais como "respeito à ordem pública" e "preservação dos bons costumes". Além disso, é indispensável circunscrever as intervenções estatais aos "aspectos exteriores" das confissões religiosas. Em regra, qualquer intervenção nas crenças e na organização interna destas confissões mostrar-se-á incompatível com a laicidade. Isto não significa, entretanto, que o Estado laico tenha que tolerar quaisquer práticas ou atividades no interior das organizações religiosas. Neste sentido, as autoridades estatais não poderão ignorar as denúncias de discriminação e violação de direitos fundamentais praticadas pelas confissões religiosas. (CASAMASSO, 2006, p. 253)

De fato, tanto as religiões, quanto os Estados, possuem o dever de servir o homem e realizar o bem comum. Em virtude disso, tanto o Estado, que não pode se afastar do aspecto espiritual do homem, quanto as religiões que devem auxiliar o homem em sua vida temporal, ambos acabam por se dirigir a finalidades convergentes. (DIÉGUEZ, 2006, p. 360)

Estes aspectos estão contemplados no texto constitucional de 1988, o que indica a possiblidade de uma colaboração ativa entre as religiões e os Estados em prol dos direitos dos homens, seus fiéis e cidadãos.

Portanto, a partir da Constituição Federal de 1988, é um dever do legislador-Estado garantir o pleno exercício da liberdade religiosa. (SILVA, 2009, p. 237) Para isso, é possível e viável a construção de uma relação colaborativa com as confissões religiosas, por meio inclusive de instrumentos jurídicos, neste sentido a relação histórica entre a Igreja Católica e o Estado brasileiro pode ser utilizado como um modelo, visando sempre ao desenvolvimento integral do homem, cidadão e fiel.

2.1 O preâmbulo da Constituição brasileira de 1988

O preâmbulo da Constituição brasileira de 1988 é expresso da seguinte maneira:

> Nós, representantes do povo brasileiro, reunidos em Assembleia Nacional Constituinte para instituir um Estado Democrático, destinado a assegurar o exercício dos direitos sociais e individuais, a liberdade, a segurança, o bem-estar, o desenvolvimento, a igualdade e a justiça como valores supremos de uma sociedade fraterna, pluralista e sem preconceitos, fundada na harmonia social e comprometida, na ordem interna e internacional, com a solução pacífica das controvérsias, promulgamos, sob a proteção de Deus, a seguinte CONSTITUIÇÃO DA REPÚBLICA FEDERATIVA DO BRASIL.[12]

---

12. Constituição da República Federativa do Brasil de 1988. Disponível em: http://goo.gl/k8p32S Acesso em: 30 abr. 2021.

No Brasil, o preâmbulo não é considerado "parte" da Constituição, isto é, não é uma norma na qual os entes federativos estejam obrigados a reproduzir, ele não possui força jurídica para tornar outras normas inconstitucionais, foi o que decidiu o Supremo Tribunal Federal (ADI 2.076/AC 2002).

Por isso, a citação "sob a proteção de Deus" não expressa em si a confessionalidade do Estado, tendo em vista que o Brasil é um país laico, porém, não exclui os sentimentos religiosos, e a própria cultura religiosa do âmago de sua carta fundamental.

Por outro lado, o preâmbulo, muito embora não possua força jurídica vinculativa, pode ser utilizado para fins de interpretação, uma vez que manifesta o sentimento dos constituintes, e acaba por direcionar a aplicação das normas constitucionais que o sucedem.

Com efeito, mesmo não fazendo parte do texto constitucional propriamente dito e, não contendo normas constitucionais de valor jurídico autônomo, o preâmbulo não é juridicamente irrelevante, uma vez que deve ser observado como elemento de interpretação e integração dos diversos artigos que lhe seguem. (MORAES, 2017, p. 40)

A respeito do preâmbulo da Constituição brasileira de 1988, os professores Marcelo Alexandrino e Vicente Paulo apresentam um precioso texto. (ALEXANDRINO, 2017. pgs. 34-35)

> O Preâmbulo da Constituição Federal de 1988 é objeto de discursão a respeito da relevância jurídica do preâmbulo de uma Constituição, especialmente quanto à sua eficácia jurídica e à possibilidade de uma lei ser declarada inconstitucional por contrariar o seu texto. [...]
>
> Há três posições doutrinárias sobre o tema: (a) a tese da irrelevância jurídica, segundo a qual o preâmbulo não se situa no domínio do Direito, mas sim no da política; (b) a tese da plena eficácia, que reconhece ao preâmbulo a mesma eficácia jurídica de quaisquer outras disposições constitucionais; e (c) a tese da relevância jurídica indireta, segundo a qual o preâmbulo desempenha um papel orientador na identificação das características da Constituição, mas não se confunde com suas normas.

> No Brasil, a questão foi enfrentada pelo Supremo Tribunal Federal em importante ação, na qual se discutia a constitucionalidade do preâmbulo da Constituição do Estado do Acre, pelo fato de haver sido omitida a referência à proteção de Deus, presente no preâmbulo da Constituição Federal de 1988. (ADI 2.076-5, rei. Min. Carlos Velloso, 15.08.2002).
>
> Para o Tribunal, o preâmbulo da Constituição Federal não se situa no âmbito do Direito, mas no domínio da política, refletindo posição ideológica do constituinte. Como tal, não possui valor normativo, apresentando-se desvestido de relevância jurídica e força cogente. Não constitui o preâmbulo, portanto, norma central da Constituição, razão pela qual a invocação da proteção de Deus não é norma de reprodução obrigatória na Constituição Estadual.
>
> Em outra oportunidade, diante de ação em que congressistas requeriam a suspensão da tramitação da proposta que veio a resultar na Emenda Constitucional 41/2003 (Reforma da Previdência), por ofensa ao texto do preâmbulo da Constituição Federal de 1988, a Corte Maior deixou assente, também, que o conteúdo do preâmbulo não impõe qualquer limitação de ordem material ao poder reformador outorgado ao Congresso Nacional. (MS 24.645-MC/DF, rei. Min. Celso de Mello, 08.09.2003).
>
> Em síntese, podemos concluir que o preâmbulo da Constituição Federal de 1988: (a) não se situa no âmbito do Direito Constitucional, mas no domínio da política; (b) não constitui norma central da Constituição Federal; (c) não possui valor normativo, apresentando-se desvestido de força cogente e relevância jurídica; (d) não é norma de observância obrigatória pelos estados-membros, Distrito Federal e municípios; (e) não serve de parâmetro para a declaração da inconstitucionalidade das leis, vale dizer, não há inconstitucionalidade por violação do preâmbulo; e (f) não constitui limitação à atuação do poder constituinte derivado, ao modificar o texto constitucional.
>
> Sem embargo dessas conclusões, a doutrina pátria costuma reconhecer ao preâmbulo da Constituição Federal de 1988 a função de diretriz interpretativa do texto constitucional, por auxiliar na identificação dos princípios e valores primordiais que orientaram o constituinte originário na sua elaboração.

Com efeito, muito embora o preâmbulo da Constituição brasileira de 1988, possua informações relevantes sobre a origem da Constituição e os valores que guiaram os constituintes, ele não constitui norma central da Constituição, de reprodução obrigatória na Constituição do Estado membro, como definiu o Supremo Tribunal Federal na Ação Direta de Inconstitucionalidade (ADI 2076).[13]

O Ministro Carlos Velloso, relator do processo, afirmou em seu voto que o preâmbulo constitucional não cria direitos e deveres nem tem força normativa, refletindo apenas a posição ideológica do constituinte, sendo assim, ele não contém norma jurídica, disse o Ministro.

Quanto ao preâmbulo da Constituição do Acre, o Ministro Velloso, afirmou que a mesma não dispõe de forma contrária aos princípios consagrados na Constituição Federal, pois enfatiza os princípios democráticos e a soberania popular, apenas não invoca a proteção de Deus que, posta no preâmbulo da Constituição Federal, reflete simplesmente um sentimento religioso, afirmou ainda que a referência à proteção de Deus não tem grande significado, tanto que as constituições de países cuja população confessa uma fé, não possui como citação ao dado religioso, como as dos Estados Unidos, França, Itália, Portugal e Espanha.

Muito embora o Supremo Tribunal Federal tenha se manifestado sobre o tema, a doutrina não é unânime sobre o tema, no próprio acórdão acima citado, há um apanhado doutrinal apontando para a tendência predominante de considerar que o Preâmbulo não tem força obrigatória, não cria direitos nem obrigações, dando ao mesmo um caráter enunciativo e não dispositivo.

Entre aqueles que consideram o preâmbulo parte integrante da Constituição, destaca-se o jurista português Jorge Miranda, que afirma:

> o preâmbulo é parte integrante da Constituição, com todas as suas consequências. Dela não se distingue nem pela origem, nem pelo sentido, nem pelo instrumento em que se contém.

---

13. BRASIL, SUPREMO TRIBUNAL FEDERAL. ADI 2.076, DJ de 8 -8 -2003, rel. Min. Carlos Velloso. Disponível em: https://bit.ly/3jkp3g6 Acesso em: 30 abr. 2021.

> Distingue-se (ou pode distinguir-se) apenas pela sua eficácia ou pelo papel que desempenha. O preâmbulo dimana do órgão constituinte, tal como as disposições ou preceitos; é aprovado nas mesmas condições e o acto de aprovação possui a mesma estrutura e o mesmo sentido jurídico. Nem deixaria de ser estranho que, estando depositado num mesmo documento e inserido numa mesma unidade, fosse subtraído ao seu influxo ou fosse considerado despiciendo para a sua compreensão. Tudo quanto resulte do exercício do poder constituinte – seja preâmbulo, sejam preceitos constitucionais – e conste da Constituição em sentido instrumental, tudo é Constituição em sentido formal. (MIRANDA, 2009, p. 32)

Nos ensina Paulo Gustavo Gonet Branco e Gilmar Ferreira Mendes:

> Não se pode recusar ao Preâmbulo um relevante papel, todavia, no âmbito da interpretação e aplicação do direito constitucional. Ao desvendar as linhas estruturantes da Constituição, os objetivos que movem a sua concepção, o Preâmbulo se torna de préstimo singular para a descoberta do conteúdo dos direitos inscritos na Carta e para que se descortinem as finalidades dos institutos e instituições a que ela se refere; orienta, enfim, os afazeres hermenêuticos do constitucionalista.
>
> Não é incomum que os valores e objetivos expressos no Preâmbulo da Carta sejam invocados como reforço argumentativo em decisões de adjudicação de direitos. Assim, por exemplo, o Preâmbulo já foi suscitado como confirmação do acerto de deliberação legislativa, que considerara a visão monocular como hipótese compreendida na reserva de vaga em concurso público para portador de deficiência física. Lê-se na decisão que "a reparação ou compensação dos fatores de desigualdade factual com medidas de superioridade jurídica constitui política de ação afirmativa que se inscreve nos quadros da sociedade fraterna que se lê desde o preâmbulo da Constituição de 1988. (BRANCO, 2017, p. 83)

Enfim, consideramos que o preâmbulo possui um papel de destaque na Constituição, inclusive no que diz respeito às chaves para interpretação e aplicação do direito constitucional. Cada palavra escolhida pelos constituintes possui uma intenção concreta, mesmo que apenas e não mesmo importante, de orientar, guiar, a aplicabilidade da Carta Magna.

3. A liberdade religiosa – uma análise a partir do preâmbulo das constituições da Argentina; Bolívia; Paraguai; Colômbia; Portugal; África do Sul e Estados Unidos

A perspectiva do direito fundamental à liberdade religiosa, prevista nas constituições, muitas vezes é apresentada já no preâmbulo da respectiva Constituição, onde há uma série de intenções a serem alcançadas. Em algumas constituições, a expressão ao sagrado é evidente, em outras, não há referência alguma a qualquer ente religioso, mas há uma apologia à liberdade religiosa.

O fato é que na grande maioria, a proteção à liberdade religiosa é visualizada em diversos artigos constitucionais, há inclusive constituições que trazem referências direta a uma determinada religião, o que também não significa que em tal país há uma relação mais íntima entre tal religião e o Estado, como veremos a seguir.

3.1 Argentina

Iniciamos pelo preâmbulo da Constituição Argentina de 1994. Ela invoca a proteção de Deus como fonte de toda a razão e justiça. O preâmbulo[14] é disposto da seguinte maneira:

> Nos los representantes del pueblo de la Nación Argentina, reunidos en Congreso General Constituyente por voluntad y elección de las provincias que la componen, en cumplimiento de pactos preexistentes, con el objeto de constituir la unión nacional, afianzar la justicia, consolidar la paz interior, proveer a la defensa común, promover el bienestar general, y asegurar los beneficios de la libertad, para nosotros, para nuestra posteridad, y para todos los hombres del mundo que quieran habitar en el suelo argentino: invocando la protección de Dios, fuente de toda razón y justicia: ordenamos, decretamos y establecemos esta Constitución, para la Nación Argentina.

14. CONSTITUCIÓN DE LA NACIÓN ARGENTINA. Disponível em: https://bit.ly/3j6Xcj2 Acesso em: 30 abr. 2021.

Interessante observar que, muito embora a Argentina seja um país laico, onde existe plena liberdade de culto,[15] a Constituição faz referência direta à fé católica, quando proíbe eclesiásticos de serem membros do Congresso[16] e quando afirma que o governo federal apoia a fé católica.[17]

Além disso, a Constituição prevê que o presidente e o vice-presidente devem prestar o seu juramento na tomada de posse de seus cargos, respeitando suas crenças religiosas.[18]

No caso argentino, observamos que o país é laico, contudo, há uma relação especial com a Igreja Católica, direitos previstos também no Acordo existente entre a Argentina e a Santa Sé, datado de 1966.[19] Somente a título exemplificativo, na Argentina, alguns fundos públicos são atribuídos a certos membros do clero católico e há financiamento para ajudar a formar o clero diocesano. Os seminaristas de algumas congregações religiosas recebem também apoio financeiro.[20]

---

15. Artículo 14.- Todos los habitantes de la Nación gozan de los siguientes derechos conforme a las leyes que reglamenten su ejercicio; a saber: de trabajar y ejercer toda industria lícita; de navegar y comerciar; de peticionar a las autoridades; de entrar, permanecer, transitar y salir del territorio argentino; de publicar sus ideas por la prensa sin censura previa; de usar y disponer de su propiedad; de asociarse con fines útiles; de profesar libremente su culto; de enseñar y aprender.

16. Artículo 73.- Los eclesiásticos regulares no pueden ser miembros del Congreso, ni los gobernadores de provincia por la de su mando.

17. Artículo 2º.- El Gobierno federal sostiene el culto católico apostólico romano.

18. Artículo 93.- Al tomar posesión de su cargo el presidente y vicepresidente prestarán juramento, en manos del presidente del Senado y ante el Congreso reunido en Asamblea, respetando sus creencias religiosas, de "desempeñar con lealtad y patriotismo el cargo de Presidente (o vicepresidente) de la Nación y observar y hacer observar fielmente la Constitución de la Nación Argentina".

19. Acuerdo entre la Santa Sede y la República Argentina, 10 de outubro de 1966. Disponível em: https://bit.ly/37gey7O Acesso em: 30 abr. 2021.

20. Diversas leis argentinas disciplinam a relação entre a Igreja Católica e o Estado, entre elas: Lei n.º 21.540 sobre Asignación a Arzobispos, Obispos y Auxiliares eméritos, Ministério das Relações Exteriores e Culto (Argentina). Disponível em: https://www.mrecic.gov.ar/userfiles/ley-21540.pdf; Lei n.º 21.950 sobre Asignación a Arzobispos, Obispos y Auxiliares, Ministério das Relações Exteriores e Culto (Argentina). Disponível em: https://bit.ly/3C8ci0n Lei n.º 22.430 sobre Asignación Mensual Vitalicia a Sacerdotes Seculares no Amparados por Regímenes Previsionales,

Contudo, há também limitações de direito aos clérigos, como observamos eles embora sejam cidadãos, não são elegíveis para o Congresso devido a sua condição religiosa. Ademais, o juramento do presidente e o vice-presidente, embora tenha uma conotação religiosa, oferece aos mesmos a possibilidade de realizá-lo respeitando as suas crenças religiosas.

Assim, não se pode afirmar que o "Deus" invocado no preâmbulo da Constituição Argentina é vinculado diretamente à imagem do sagrado atribuído a uma religião específica, muito embora, não há como negar, a influência direta da religião católica.

3.2 Bolívia

O exemplo boliviano é muito interessante. O preâmbulo da Constituição do "Estado Plurinacional da Bolívia" de 2009 apresenta uma narrativa histórica do país, sua geografia, cultura, composição plural, indígena, ideologias políticas, como destaque para as lutas sociais, sindicais, tecendo uma espécie de devoção à "sagrada Mãe Terra", tudo isso, "con la fortaleza de nuestra Pachamama y gracias a Dios".

O preâmbulo[21] é disposto da seguinte maneira:

> En tiempos inmemoriales se erigieron montañas, se desplazaron ríos, se formaron lagos. Nuestra amazonia, nuestro chaco, nuestro altiplano y nuestros llanos y valles se cubrieron de verdores y flores. Poblamos esta sagrada Madre Tierra con rostros diferentes, y comprendimos desde entonces la pluralidad vigente de todas las cosas y nuestra diversidad como seres y culturas. Así conformamos nuestros pueblos, y jamás comprendimos el racismo hasta que lo sufrimos desde los funestos tiempos de la colonia.

Ministério das Relações Exteriores e Culto (Argentina). Disponível em: https://bit.ly/3lnZ75U Lei n.º 22.950 sobre Sostenimiento para la Formación del Clero de Nacionalidad Argentina, Ministério das Relações Exteriores e Culto (Argentina). Disponível em: https://bit.ly/3jegMKn Acesso em: 30 abr. 2021.

21. CONSTITUCIÓN POLÍTICA DEL ESTADO PLURINACIONAL DE BOLIVIA. Disponível em: https://bit.ly/3fnQpAG Acesso em 30 abr. 2021.

> El pueblo boliviano, de composición plural, desde la profundidad de la historia, inspirado en las luchas del pasado, en la sublevación indígena anticolonial, en la independencia, en las luchas populares de liberación, en las marchas indígenas, sociales y sindicales, en las guerras del agua y de octubre, en las luchas por la tierra y territorio, y con la memoria de nuestros mártires, construimos un nuevo Estado.
>
> Un Estado basado en el respeto e igualdad entre todos, con principios de soberanía, dignidad, complementariedad, solidaridad, armonía y equidad en la distribución y redistribución del producto social, donde predomine la búsqueda del vivir bien; con respeto a la pluralidad económica, social, jurídica, política y cultural de los habitantes de esta tierra; en convivencia colectiva con acceso al agua, trabajo, educación, salud y vivienda para todos.
>
> Dejamos en el pasado el Estado colonial, republicano y neoliberal.
>
> Asumimos el reto histórico de construir colectivamente el Estado Unitario Social de Derecho Plurinacional Comunitario, que integra y articula los propósitos de avanzar hacia una Bolivia democrática, productiva, portadora e inspiradora de la paz, comprometida con el desarrollo integral y con la libre determinación de los pueblos.
>
> Nosotros, mujeres y hombres, a través de la Asamblea Constituyente y con el poder originario del pueblo, manifestamos nuestro compromiso con la unidad e integridad del país.
>
> Cumpliendo el mandato de nuestros pueblos, con la fortaleza de nuestra Pachamama y gracias a Dios, refundamos Bolivia.
>
> Honor y gloria a los mártires de la gesta constituyente y liberadora, que han hecho posible esta nueva historia.

Na Bolívia, observamos que as referências do sagrado contido no preâmbulo e no decorrer da Constituição é plural, sendo a religiosidade protegida, como um patrimônio cultural.[22] Além disso, na própria concepção de liberdade religiosa garantida

22. Artículo 99. I. El patrimonio cultural del pueblo boliviano es inalienable, inembargable e imprescriptible. Los recursos económicos que generen se regularán por la ley, para atender prioritariamente a su conservación, preservación y promoción. II. El Estado garantizará el registro, protección, restauración, recuperación, revitalización, enriquecimiento, promoción y difusión de su patrimonio cultural, de acuerdo con la ley. III. La riqueza natural, arqueológica, paleontológica, histórica, documental, y la procedente del culto religioso y del folklore, es patrimonio cultural del pueblo boliviano, de acuerdo con la ley.

pela Constituição já apresenta a religião como "crença espiritual" podendo ser abordado a partir de diversas cosmovisões.[23]

O capítulo sexto da Constituição boliviana,[24] dedicado à educação, interculturalidade e direitos culturais, reconhece a liberdade de consciência de fé e de ensino religioso, contudo, reafirma a pluralidade confessional, invocando temas relacionados à "espiritualidade das nações e dos povos indígenas originários campesinos", destacando as diversas opções religiosas.

Por fim, assim como na Argentina, na Bolívia, os ministros de qualquer culto religioso são inelegíveis a não ser que tenham renunciado a seu ministério pelo menos três meses antes do dia da eleição.[25] Novamente, pode ser questionado se os religiosos estão sendo privados de seus direitos políticos simplesmente por sua condição religiosa.

3.3 Paraguai

A Constituição do Paraguai[26] de 1992 apresenta em seu preâmbulo a seguinte afirmação:

> El pueblo paraguayo, por medio de sus legítimos representantes reunidos en Convención Nacional Constituyente, invocando a Dios, reconociendo la dignidad humana con el fin de asegurar la libertad, la igualdad y la justicia, reafirmando los principios de la democracia

23. Artículo 4. El Estado respeta y garantiza la libertad de religión y de creencias espirituales, de acuerdo con sus cosmovisiones. El Estado es independiente de la religión.

24. Artículo 86. En los centros educativos se reconocerá y garantizará la libertad de conciencia y de fe y de la enseñanza de religión, así como la espiritualidad de las naciones y pueblos indígena originario campesinos, y se fomentará el respeto y la convivencia mutua entre las personas con diversas opciones religiosas, sin imposición dogmática. En estos centros no se discriminará en la aceptación y permanencia de las alumnas y los alumnos por su opción religiosa.

25. Artículo 238. No podrán acceder a cargos públicos electivos aquellas personas que incurran en las siguientes causales de inelegibilidad: 4. Los miembros de las Fuerzas Armadas y de la Policía Boliviana en servicio activo que no hayan renunciado al menos tres meses antes al día de la elección.

26. CONSTITUCIÓN NACIONAL DE LA REPÚBLICA DEL PARAGUAY. Disponível em: https://bit.ly/3C36h5r Acesso em: 30/04/2021.

> republicana, representativa, participativa y pluralista, ratificando la soberanía e independencia nacionales, e integrado a la comunidad internacional, sanciona y promulga esta Constitución.

Interessante observar que a constituição paraguaia em seu art. 24, referente à liberdade religiosa e ideológica, dispõe a respeito da relação entre o Estado paraguaio e a Igreja Católica, porém, reafirma o caráter laical do Paraguai:

> Quedan reconocidas la libertad religiosa, la de culto y la ideológica, sin más limitaciones que las establecidas en esta Constitución y en la ley. Ninguna confesión tendrá carácter oficial.
>
> Las relaciones del Estado con la Iglesia Católica se basan en la independencia, cooperación y autonomía.
>
> Se garantizan la independencia y la autonomía de las iglesias y confesiones religiosas, sin más limitaciones que las impuestas en esta Constitución y las leyes.
>
> Nadie puede ser molestado, indagado u obligado a declarar por causa de sus creencias o de su ideología

Contudo, no art. 82,[27] a constituição paraguaia reconhece o protagonismo da Igreja Católica na formação histórica e cultural da nação.

Assim, não há como negar que a referência, isto é, a invocação a Deus, presente no preâmbulo da constituição paraguaia possui no mínimo referências culturais fundamentadas na tradição cristã/católica da visão de Deus, isto é, um Deus uno e trino, contudo, não significa a confessionalidade do Estado, visto que o mesmo expressa, em sua Constituição, que nenhuma religião possui caráter oficial.

3.4 Colômbia

Os constituintes colombianos, presentes na Assembleia Nacional Constituinte, fizeram referência no preâmbulo da

---

27. Artículo 82 - DEL RECONOCIMIENTO A LA IGLESIA CATÓLICA. Se reconoce el protagonismo de la Iglesia Católica en la formación histórica y cultural de la Nación.

Constituição de 1991 a Deus, realizando uma espécie de consagração dos resultados de tal assembleia ao sagrado, invocando a proteção de ente superior:[28]

> en ejercicio de su poder soberano, representado por sus delegatarios a la Asamblea Nacional Constituyente, invocando la protección de Dios, y con el fin de fortalecer la unidad de la Nación y asegurar a sus integrantes la vida, la convivencia, el trabajo, la justicia, la igualdad, el conocimiento, la libertad y la paz, dentro de un marco jurídico, democrático y participativo que garantice un orden político, económico y social justo, y comprometido a impulsar la integración de la comunidad latinoamericana decreta, sanciona y promulga la siguiente.

Não há, na Colômbia, uma religião oficial. Ela é uma república democrática, pluralista e baseada no respeito pela dignidade humana, solidariedade e primado do interesse geral. Ademais, o estado colombiano proíbe todas as formas de discriminação, incluindo por motivos religiosos. A liberdade de consciência, a liberdade religiosa e a liberdade de culto são reconhecidas como direitos fundamentais.[29]

Afirma o art. 19 da constituição colombiana:[30]

> Se garantiza la libertad de cultos. Toda persona tiene derecho a profesar libremente su religión y a difundirla en forma individual o colectiva. Todas las confesiones religiosas e iglesias son igualmente libres ante la ley.

---

28. CONSTITUCIÓN POLÍTICA DE COLOMBIA. Disponível em: https://bit.ly/3A-4JF2i. Acesso em: 30 abr. 2021.

29. Artículo 18. Se garantiza la libertad de conciencia. Nadie será molestado por razón de sus convicciones o creencias ni compelido a revelarlas ni obligado a actuar contra su conciencia. [...]
Artículo 20. Se garantiza a toda persona la libertad de expresar y difundir su pensamiento y opiniones, la de informar y recibir información veraz e imparcial, y la de fundar medios masivos de comunicación. Estos son libres y tienen responsabilidad social. Se garantiza el derecho a la rectificación en condiciones de equidad. No habrá censura.

30. CONSTITUCIÓN POLÍTICA DE COLOMBIA. Disponível em: https://bit.ly/3A-4JF2i Acesso em: 30 abr. 2021.

Na Colômbia, o direito à liberdade de consciência não é absoluto e está limitado pelo respeito aos direitos dos outros. Ele é aplicado em três formas:[31]

(I) ninguém pode ser sujeito a assédio moral ou perseguição por causa das suas convicções ou crenças;

(II) ninguém deve ser obrigado a revelar as suas convicções;

(III) e ninguém deve ser obrigado a agir contra a sua consciência.

Interessante observar que, na Colômbia, o direito à liberdade de consciência é compreendido de forma distinta do direito à liberdade religiosa, por isso é garantido o direito à liberdade de consciência, e por outro lado, proíbe atividades que se opõem às crenças religiosas.[32]

Outro detalhe interessante na constituição colombiana são os efeitos civis dos matrimônios religiosos, e principalmente as sentenças de nulidades dos matrimônios religiosos ditados pela respectiva religião, nos termos que a lei estabelecer.[33]

Quanto à relação com a Igreja Católica, há um Acordo celebrado entre as partes que dispõe, entre outras coisas, a personalidade jurídica da Igreja Católica, a colaboração entre Igreja e Estado, a competência dos Tribunais Eclesiásticos para julgarem a nulidade do matrimônio.[34]

---

31. CORTE CONSTITUCIONAL COLOMBIA. Sentencia SU-108 de 2016, Disponível em: https://bit.ly/2Vfotbh Acesso em: 15 abr. 2018.

32. CORTE CONSTITUCIONAL COLOMBIA. Sentencia T-823 de 2002. Disponível em: https://bit.ly/3A0gqOj Acesso em: 30 abr. 2021.

33. Artículo 42. Las formas del matrimonio, la edad y capacidad para contraerlo, los deberes y derechos de los cónyuges, su separación y la disolución del vínculo, se rigen por la ley civil. Los matrimonios religiosos tendrán efectos civiles en los términos que establezca la ley. Los efectos civiles de todo matrimonio cesarán por divorcio con arreglo a la ley civil. También tendrán efectos civiles las sentencias de nulidad de los matrimonios religiosos dictadas por las autoridades de la respectiva religión, en los términos que establezca la ley.

34. CONCORDATO ENTRE LA REPÚBLICA DE COLOMBIA Y LA SANTA SEDE. Disponível em: https://bit.ly/3ylQw75 Acesso em: 30 abr. 2021.

As demais religiões, não católicas, para obterem o seu reconhecimento é necessário um trâmite específico através do Ministério do Interior,[35] o qual existe uma sessão destinada para assuntos religiosos.

De forma geral, há um reconhecimento por parte do Estado do protagonismo dos líderes religiosos e das respectivas religiões como atores sociais importantes para a busca do bem comum e do desenvolvimento. Tendo em vista que, atualmente na Colômbia existem cerca de 6.500 entidades religiosas com registro público do Estado e mais de 90% dos colombianos professam uma crença religiosa.[36]

Por fim, muito embora exista o Acordo entre a Colômbia e a Santa Sé (Igreja católica), sendo o mesmo anterior à própria Constituição vigente, não há que se falar que a proteção constitucional aos direitos referentes à liberdade religiosa aponta para uma confissão de fé específica. Basta observar o próprio juramento de tomada de posse do Presidente da República, previsto na Constituição,[37] que é feito a Deus, sendo o mesmo uma espécie de testemunha qualificada, mas que não é vinculado a uma forma de "Deus" segundo um certo modelo de fé.

3.5 Portugal

A Constituição portuguesa, bem como o seu preâmbulo são interessantes. Assim como em outras constituições, ela apresenta um pequeno histórico dos eventos que antecederam a promulgação da mesma, tudo indica, quando há uma narrativa de fatos que antecedem o texto constitucional, o desejo dos constituintes é de apresentar para a posteridade

35. Disponível em: https://bit.ly/3A2CA2A Acesso em: 02 ago. 2021.

36. Libertad religiosa y de culto, ahora política pública. Disponível em: https://bit.ly/3foPfop Acesso em: Acesso em: 30 abr. 2021.

37. Artículo 192. El Presidente de la República tomará posesión de su destino ante el Congreso, y prestará juramento en estos términos: "Juro a Dios y prometo al pueblo cumplir fielmente la Constitución y las leyes de Colombia".

alguns problemas superados, as lutas vivenciadas pelo povo, apontando assim, o norte que querem seguir.

O preâmbulo da Constituição Portuguesa de 1974[38] é um exemplo típico daquele que foca em temas como soberania popular, força do povo, e excluem de certa maneira o dado religioso. Encontramos, no preâmbulo, diversas narrativas de fatos históricos, conteúdos ideológicos, por exemplo, o desejo dos constituintes de abrirem caminho para uma sociedade socialista, após libertarem Portugal do regime fascista, por meio de uma revolução do resistente povo português, como veremos a seguir:

> A 25 de Abril de 1974, o Movimento das Forças Armadas, coroando a longa resistência do povo português e interpretando os seus sentimentos profundos, derrubou o regime fascista.
>
> Libertar Portugal da ditadura, da opressão e do colonialismo representou uma transformação revolucionária e o início de uma viragem histórica da sociedade portuguesa.
>
> A Revolução restituiu aos Portugueses os direitos e liberdades fundamentais. No exercício destes direitos e liberdades, os legítimos representantes do povo reúnem-se para elaborar uma Constituição que corresponde às aspirações do país.
>
> A Assembleia Constituinte afirma a decisão do povo português de defender a independência nacional, de garantir os direitos fundamentais dos cidadãos, de estabelecer os princípios basilares da democracia, de assegurar o primado do Estado de Direito democrático e de abrir caminho para uma sociedade socialista, no respeito da vontade do povo português, tendo em vista a construção de um país mais livre, mais justo e mais fraterno.

O caso português é interessante, não há como negar a relação histórica entre o Estado de Portugal e a Igreja Católica, contudo, sua Constituição não cita em nenhum momento a mesma, e reafirma a separação entre Igreja e Estado,[39-40] e o preâmbulo não faz qualquer referência ao sagrado.

---

38. CONSTITUIÇÃO DA REPÚBLICA PORTUGUESA. Disponível em: https://bit.ly/37hBXFM Acesso em: 30 abr. 2021.

39. Artigo 288.º As leis de revisão constitucional terão de respeitar: c) A separação das Igrejas do Estado; [...].

40. Artigo 41.º 4. As igrejas e outras comunidades religiosas estão separadas do Es-

Ademais, o art. 41.º da Constituição coloca em patamar de igualdade todas as religiões, pois garante igualmente "a liberdade de ensino de qualquer religião praticado no âmbito da respectiva confissão, bem como a utilização de meios de comunicação social próprios para o prosseguimento das suas atividades."

Temos a impressão que o constituinte português optou conscientemente para separar a religião do Estado, o sagrado da coisa pública, resultando assim, em uma constituição "laica", ou seja, sem influência religiosa. Exemplo concreto é o juramento de posse do presidente, que não faz referência alguma a Deus ou algo do gênero, como vimos no art. 127.º 3 que dispõe o seguinte:[41]

> No ato de posse o Presidente da República eleito prestará a seguinte declaração de compromisso: Juro por minha honra desempenhar fielmente as funções em que fico investido e defender, cumprir e fazer cumprir a Constituição da República Portuguesa.

Especificamente, a relação entre Portugal e a Santa Sé (Igreja Católica) é regulada pelo Acordo existente entre as mesmas, celebrado no ano de 2004.[42] As demais confissões religiosas são regidas pela Lei da Liberdade Religiosa (Lei 16/2001 de 22 de junho), que prevê a possibilidade de o Estado realizar diferentes acordos com as Igrejas e comunidades religiosas que atuem em Portugal (art. 45.º).[43] Tais acordos estipulam temas como celebração de casamentos religiosos com efeitos civis, assistência espiritual e religiosa nas forças armadas, nas prisões e hospitais públicos, por exemplo.

---

tado e são livres na sua organização e no exercício das suas funções e do culto.
5. É garantida a liberdade de ensino de qualquer religião praticado no âmbito da respetiva confissão, bem como a utilização de meios de comunicação social próprios para o prosseguimento das suas atividades.

41. CONSTITUIÇÃO DA REPÚBLICA PORTUGUESA. Disponível em: https://bit.ly/37hBXFM Acesso em 30 abr. 2021.

42. CONCORDATA ENTRE A SANTA SÉ E A REPÚBLICA PORTUGUESA. Disponível em: https://bit.ly/37gu3wA Acesso em: 30 abr. 2021.

43. PORTUGAL. Lei n.º 16/2001 (Lei da Liberdade Religiosa). Disponível em: https://bit.ly/37cPmz9 Acesso em: 30 abr. 2021.

Enfim, na Constituição de Portugal vigente, o dado religioso não faz parte de sua concepção. O constituinte optou por não privilegiar qualquer religião, nem fazer referência a nenhuma dela como vimos, por exemplo, nas constituições da Argentina, da Colômbia, do Paraguai; e muito embora seja um país onde seus cidadãos são de ampla maioria católica, no juramento presidencial, não há qualquer conotação ou expressão de fé.

3.6 República da África do Sul

O preâmbulo constitucional da Constituição da República da África do Sul de 1996 é muito interessante. Ele narra alguns fatos históricos presentes na vida do povo sul-africano, e procura, assim, estabelecer as bases para uma sociedade democrática e aberta, em que o governo se baseie na vontade do povo, visando à proteção igualitária de todos os cidadãos.

Recordamos que de 1948 até o início dos anos 1990, a África do Sul vivenciou a instituição do *apartheid*, que dentre outras coisas formalizou juridicamente e aprofundou a segregação racial, gerando um Estado segregacionista, uma nação profundamente desigual.

Os brancos sul-africanos eram tão prósperos quanto as classes altas da Europa e dos EUA, enquanto os nativos não recebiam quase nenhum serviço público, mesmo sendo a África do Sul um país parcialmente industrializado, com profundas divisões sociais fundadas no critério racial. Tais fatos históricos tiveram como desfecho histórico da eleição de Nelson Mandela como presidente em 1994. (BRAGA, 2019)

Por isso, o preâmbulo da Constituição sul-africana desejou relatar tais dificuldades históricas, expressando o desejo de curar as divisões do passado e estabelecer uma sociedade baseada em valores democráticos, justiça social e direitos humanos fundamentais, sob a proteção de Deus.

O preâmbulo está disposto da seguinte maneira:

> Nós, o povo da África do Sul, Reconheça as injustiças de nosso passado; Honre aqueles que sofreram por justiça e liberdade em nossa terra; Respeite aqueles que trabalharam para construir e desenvolver nosso país e Acredite que a África do Sul pertence a todos os que nela vivem, unidos em nossa diversidade. Nós, portanto, por meio de nossos representantes livremente eleitos, adotamos esta Constituição como a lei suprema da República para Curar as divisões do passado e estabelecer uma sociedade baseada em valores democráticos, justiça social e direitos humanos fundamentais; Estabelecer as bases para uma sociedade democrática e aberta em que o governo se baseie na vontade do povo e todos os cidadãos sejam igualmente protegidos pela lei; Melhorar a qualidade de vida de todos os cidadãos e libertar as potencialidades de cada pessoa; e Construir uma África do Sul unida e democrática, capaz de ocupar seu lugar de direito como Estado soberano na família das nações. Que Deus proteja nosso povo.[44]

A Constituição da África do Sul prevê a liberdade de consciência, religião, pensamento, crença e opinião.[45]Inclusive, os membros das comunidades religiosas têm direito a praticar a sua religião e a formar ou aderir a associações religiosas.[46] Um detalhe interessante, é que as comunidades religiosas não são obrigadas por lei a registrar-se junto das autoridades, mas as comunidades que o façam se beneficiam de isenções fiscais.[47]

---

44. CONSTITUTION OF THE REPUBLIC OF SOUTH AFRICA, 1996. Disponível em: https://bit.ly/3rPsD5J Acesso em: 30 abr. 2021.

45. *Art. 15 Freedom of religion, belief and opinion*
1. Everyone has the right to freedom of conscience, religion, thought, belief and opinion.
2. Religious observances may be conducted at state or state-aided institutions, provided that
a. those observances follow rules made by the appropriate public authorities;
b. they are conducted on an equitable basis; and
c. attendance at them is free and voluntary.

46. *31. Cultural, religious and linguistic communities*
1. Persons belonging to a cultural, religious or linguistic community may not be denied the right, with other members of that community
a. to enjoy their culture, practise their religion and use their language;

47. U.S DEPARTAMENT OF STATE. 2019, Report on International Religious Freedom: South Africa. Disponível em: https://bit.ly/2TMSj6c Acesso em: 30 abr. 2021.

Há um órgão específico chamado "Comissão Sul-Africana de Direitos Humanos (SAHRC)", responsável por apoiar a democracia constitucional e promover o respeito, observância e proteção dos direitos humanos, incluindo a liberdade religiosa.[48] Existe também uma outra Comissão para a Promoção e Proteção dos Direitos das Comunidades Culturais, Religiosas e Linguísticas (CRL *Rights Commission),* cujos membros incluem políticos, clero e acadêmicos.[49] Ela é responsável, por entre outras coisas, defender os direitos culturais, religiosos e linguísticos das comunidades, promovendo a unidade entre elas.

Observa-se, portanto, que o exemplo sul-africano aponta muito mais para um pluralismo religioso, do que um Estado confessional. Talvez, justamente pela complexidade histórica, cultural e religiosa, o constituinte optou por reparar tais feridas com remédios protetivos e colaborativos, como as comissões citadas. Desta forma, todos os desejos dos constituintes foram concluídos suplicando a proteção de Deus, mas não há que se falar que se trata de uma imagem de um Deus confessional.

3.7 Estados Unidos da América

O preâmbulo da Constituição dos Estados Unidos da América, ratificada em 1788, consagra alguns "dogmas" gerais, que deverão ser observados por todos, tais como: liberdade, igualdade, fraternidade, democracia, soberania popular, entre outros, afastando de certa maneira, a expressão do dado religioso, como por exemplo, a expressão "sob a proteção de Deus".

Antes mesmo da promulgação da constituição americana de 1788, as declarações norte-americanas de 1776, disciplinaram as liberdades individuais, como por exemplo: a Declaração de Direitos do Bom Povo da Virgínia, em seu artigo 14,

48. "OVERVIEW", The South African Human Rights Commission. Disponível em: https://bit.ly/3jiQeI9 Acesso em: 30 abr. 2021.

49. U.S DEPARTAMENT OF STATE. 2019, Report on International Religious Freedom: South Africa. Disponível em: https://bit.ly/2TMSj6c Acesso em: 30 abr. 2021.

afirmou a liberdade de imprensa como um dos mais fortes baluartes da liberdade do Estado, e a Declaração de Independência dos Estados Unidos estabeleceu os ideais de igualdade, amparando os direitos à liberdade de expressão e liberdade religiosa. (COMPARATO, 2003, p. 49)

No caso da Constituição americana, o preâmbulo prevê a garantia e a manutenção das bênçãos da liberdade em vista inclusive das gerações futuras.[50]

O art. 6º da Constituição[51] prevê os juramentos que devem ser realizados por aqueles que irão exercer cargos públicos. Destaca-se que é previsto no texto legal que "nenhum teste religioso pode alguma vez ser exigido como qualificação para qualquer cargo ou lugar público nos Estados Unidos".

Diferente de outros países como Argentina e Colômbia, que embora laicos, o juramento presidencial possui algum elemento religioso, no caso dos Estados Unidos, o texto legal aponta expressamente para a não exigência, ou seja, não se pode fazer alguém jurar sob o nome de Deus, por exemplo,

---

50. CONSTITUTION OF THE UNITED STATES. *Preamble: "We the People of the United States, in Order to form a more perfect Union, establish Justice, insure domestic Tranquility, provide for the common defense, promote the general Welfare, and secure the Blessings of Liberty to ourselves and our Posterity, do ordain and establish this Constitution for the United States of America."* Disponível em: https://bit.ly/3il-2NU2 Acesso em: 30 abr. 2021. "Nós, o Povo dos Estados Unidos, para formar uma União mais perfeita, estabelecer a Justiça, garantir a Tranquilidade doméstica, providenciar a defesa comum, promover o Bem-Estar geral e garantir as Bênçãos da Liberdade para nós mesmos e nossa Posteridade, ordenamos e estabelecer esta Constituição para os Estados Unidos da América." (tradução nossa).

51. Artigo VI da Constituição dos Estados Unidos da América. "*The Senators and Representatives before mentioned, and the Members of the several State Legislatures, and all executive and judicial Officers, both of the United States and of the several States, shall be bound by Oath or Affirmation, to support this Constitution; but no religious Test shall ever be required as a Qualification to any Office or public Trust under the United States.*" Disponível em: https://bit.ly/3C7GEQQ Acesso em: 30 abr. 2021. "Os Senadores e Representantes antes mencionados, e os Membros das várias Legislaturas Estaduais, e todos os Oficiais Executivos e Judiciais, tanto dos Estados Unidos como dos vários Estados, serão obrigados por Juramento ou Afirmação, para apoiar esta Constituição; mas nenhum teste religioso será exigido como uma qualificação para qualquer escritório ou confiança pública nos Estados Unidos." (tradução nossa).

mesmo que "artificialmente", uma vez que a profissão de fé não é exigida para o exercício do cargo público.

Destaca-se também que a primeira emenda à Constituição dos Estados Unidos da América de 1791[52] consagrou direitos individuais, além do direito à liberdade religiosa, outros correlacionados com o mesmo, tais como liberdade de expressão, liberdade de culto, de imprensa, de reunião (associação) pacífica. A décima quarta emenda disciplina a respeito da garantia e proteção igualitária das leis e o direito ao procedimento adequado, a todos, incluindo as pessoas religiosas e não religiosas.[53]

Outras legislações americanas disciplinam temas relacionados com a liberdade religiosa nos Estados Unidos, como: A Lei dos Direitos Civis de 1964, que proíbe a discriminação "com base na raça, cor, religião, origem ou sexo". Inclusive disciplina a possibilidade do empregador acomodar as práticas religiosas dos empregados, exceto se isso impuser dificuldades inaceitáveis no funcionamento do negócio do empregador.[54] A Lei da Restauração da Liberdade Religiosa de 1993;[55] A Lei do Uso Religioso da Terra e das Pessoas Institucionalizadas de 2000 proíbe regulamentação de uso discriminatório da terra contra "uma pessoa, incluindo uma assembleia ou instituição religiosa" e garante o livre exercício da religião às pessoas institucionalizadas.[56]

---

52. A Primeira Emenda à Constituição Americana (1788), publicada três anos após a ratificação da Constituição já previa a proteção ao direito à liberdade religiosa, de expressão e demais direitos. Reza a emenda. *Amendment I (1791) Congress shall make no law respecting an establishment of religion, or prohibiting the free exercise thereof; or abridging the freedom of speech, or of the press; or the right of the people peaceably to assemble, and to petition the Government for a redress of grievances.* Disponível em: https://bit.ly/3C7GEQQ Acesso em: 30 abr. 2021.

53. XIV Emenda à Constituição dos Estados Unidos da América. Disponível em: https://bit.ly/3A6MlNb Acesso em: 30 abr. 2021.

54. LAWS ENFORCED BY EEOC. Disponível em: https://bit.ly/3xl13yj Acesso em: 30 abr. 2021.

55. H.R.1308 – RELIGIOUS FREEDOM RESTORATION ACT OF 1993. Disponível em: https://bit.ly/3fmrEVB Acesso em: 30 abr. 2021.

56. RELIGIOUS LAND USE AND INSTITUTIONALIZED PERSONS, Departamento de Justiça dos Estados Unidos. Disponível em: https://bit.ly/3rMwa4u Acesso em: 30 abr. 2021.

Como aponta o Relatório da Liberdade Religiosa no Mundo,[57] produzido pela Fundação Pontifícia ACN "Ajuda à Igreja que Sofre", nos Estados Unidos,[58] nos últimos anos, por diversas vezes, a Suprema Corte americana teve que enfrentar o tema da liberdade religiosa. Citamos, a título exemplificativo, alguns casos.

O primeiro caso é o Espinoza *versus* Montana Department of Revenue, o qual, em 30 de junho de 2020, a Suprema Corte decidiu contra o Departamento Fiscal de Montana e a favor dos pais que enviaram os seus filhos para uma escola religiosa que o Estado considerou não poder beneficiar de créditos fiscais ao abrigo do Programa de Bolsas de Estudo do Montana com Crédito Fiscal.

Outra decisão da Suprema Corte americana foi proferida de forma conjunta em 8 de julho de 2020, nos processos Our Lady of Guadalupe School *versus* Morrissey-Berru e St. James School v. Biel, a qual tratou do que é mencionado como a "exceção ministerial", que assegura que as escolas religiosas têm o direito de determinar quem empregam como professores. Na decisão, os juízes afirmaram que o Governo não pode controlar quem as escolas religiosas contratam para ensinar os seus alunos, mantendo assim, o princípio da liberdade das escolas religiosas.

O citado Relatório de 2021 da Ajuda à Igreja que Sofre apresentada ainda um caso envolvendo a ordem religiosa católica "Irmãzinhas dos Pobres", que trabalha no cuidado dos pobres e doentes. A Suprema Corte deliberou, em julho de 2020, a favor do livre exercício da religião. Os juízes decidiram que as Irmãzinhas não deveriam ser obrigadas pelo Departamento Federal de Saúde e Serviços Humanos (HHS) a

---

57. O "Relatório de Liberdade Religiosa no Mundo", publicado pela ACN desde 1999 e atualizado a cada dois anos. Trata-se do único estudo realizado por uma instituição católica que analisa o respeito a este direito humano em 196 países do mundo, abrangendo todas as religiões. Os dados de cada país foram pesquisados por jornalistas independentes, acadêmicos e autores que se encontram na região da sua especialidade, incluindo Ásia, Oriente Médio, África, Europa e Américas. Assista ao vídeo com as principais conclusões. Disponível em: https://bit.ly/3iiF6vx Acesso em: 30 abr. 2021.

58. ACN. Liberdade religiosa no mundo – Relatório 2021. Disponível em: https://bit.ly/3yk8aZd Acesso em: 30 abr. 2021.

financiar serviços de contracepção através do seguro de saúde fornecido pelo empregador. A decisão destaca que as agências federais não podem forçar desnecessariamente as pessoas religiosas a violarem as suas crenças a fim de promover um objetivo do Governo.

Enfim, muito embora se evidencia nos Estados Unidos a separação clara entre Estado e religião, o direito à liberdade religiosa é protegido, pelo menos do ponto de vista legal, desde das bases da formação do Estado norte-americano. Contudo, observa-se que o tal direito possuiu forte vínculo com a própria noção de defesa das liberdades individuais, consagradas como uma espécie de "dogma civil". Dentre essas liberdades, encontram-se a liberdade religiosa, de culto, de associação, de consciência etc.

Portanto, muito embora nos Estados Unidos exista uma separação clara entre religião e Estado, como observado no próprio modelo de juramento prestado para o exercício de cargos públicos, há um amplo desejo de defender as liberdades individuais, e o exercício público das mesmas. Entre tais liberdades, encontra-se a liberdade religiosa. Não por acaso os pais, fundadores da nação, fizeram constar, no preâmbulo da Constituição, a garantia e a manutenção das bênçãos da liberdade em vista das gerações futuras.

4. Conclusão

Como vimos, no Brasil, o preâmbulo não é considerado "parte" da Constituição, isto é, não é uma norma na qual os entes federativos estejam obrigados a reproduzir. Assim, ele não possui força jurídica para tornar outras normas inconstitucionais; foi o que decidiu o Supremo Tribunal Federal na Ação Direta de Inconstitucionalidade n. 2.076/AC 2002.

Por isso, a citação "sob a proteção de Deus" não expressa em si a confessionalidade do Estado, tendo em vista que o Brasil é um país laico, porém, não exclui os sentimentos religiosos, e a própria cultura religiosa do âmago de sua carta fundamental.

Não por acaso, a liberdade religiosa é citada e protegida em diversos capítulos constitucionais, e há uma relação colaborativa entre o Estado brasileiro e as religiões, sobretudo no que diz respeito a temas como educação, saúde, assistência social, onde há inúmeros projetos de parceria entre as religiões e o Estado, destacando para a relação entre a Igreja Católica e o Estado brasileiro, materializado no Acordo Brasil – Santa Sé, Decreto 7.107, de 11 de fevereiro de 2010.[59]

Encontramos, no exemplo da Constituição paraguaia, o reconhecimento do protagonismo da Igreja Católica na formação histórica e cultural da nação. Nas Constituições da Argentina e da Bolívia, destaca-se a inelegibilidade dos ministros de qualquer culto religioso; no caso da boliviana, o preâmbulo cita ainda outras divindades populares como a Pachamama, e na Argentina, a manutenção do Estado de atividades ligadas à Igreja Católica.

Nas Constituições colombiana e sul-africana, encontramos a criação de órgãos do governo específicos para o tratamento da liberdade religiosa e da relação entre o Estado e as mesmas. Por fim, a Constituição dos Estados Unidos, muito embora não faça menção direta ao ente religioso, consagra as liberdades fundamentais, entre elas: a liberdade religiosa, presente, desde a primeira emenda da Constituição.

Portanto, de forma geral, observamos que, muito embora os preâmbulos constitucionais não possuam força jurídica vinculativa, eles são utilizados para fins de interpretação, uma vez que manifestam o sentimento dos constituintes; sendo assim, eles acabam por direcionar a aplicação das normas constitucionais que os sucedem.

Bibliografia

ACN. Liberdade religiosa no mundo – Relatório 2021. Disponível em: https://bit.ly/3yk8aZd Acesso em: 30 abr. 2021.

59. BRASIL, Acordo Brasil/Santa Sé – Decreto n. 7.107, de 11 de fevereiro de 2010. Disponível em: http://goo.gl/Q66pIR Acesso em: 30 abr. 2021.

ALEXANDRINO Marcelo; PAULO, Vicente. *Direito constitucional descomplicado.* I. - 16. ed. rev., atual. e ampl. Rio de Janeiro: Forense; São Paulo: Método, 2017. p. 34-35.

BRANCO, Paulo Gustavo Gonet; MENDES, Gilmar Ferreira. *Curso de direito constitucional.* 12. ed. rev. e atual. São Paulo: Saraiva, 2017, p. 83.

BRAGA, Pablo de Rezende Saturnino; MILANI, Carlos R. S. Direitos humanos e política externa no Brasil e na África do Sul: o mito da democracia racial, o apartheid e as narrativas da redemocratização. *Revista Brasileira de Ciência Política*, Brasília, n.29, 2019.

BRASIL. Acordo Brasil/Santa Sé – Decreto n. 7.107, de 11 de fevereiro de 2010. Disponível em: http://goo.gl/Q66pIR. Acesso em: 30 abr. 2021.

_________. Constituição da República dos Estados Unidos do Brasil de 24 de fevereiro de 1891. Disponível em: http://goo.gl/4erJmu. Acesso em: 30 abr. 2021.

_________. Constituição da República dos Estados Unidos do Brasil de 18 de setembro de 1946. Disponível em: http://goo.gl/EygEs5. Acesso em: 30 abr. 2021.

_________. Constituição da República Federativa do Brasil de 1967. Disponível em: http://goo.gl/0IJruu. Acesso em: 30 abr. 2021.

_________. Constituição da República Federativa do Brasil de 1988. Disponível em: http://goo.gl/k8p32S. Acesso em: 30 abr. 2021.

_________. Constituição Política do Império do Brasil, de 25 de março de 1824. Disponível em: http://goo.gl/xQ2es6. Acesso em: 30 abr. 2021.

_________. Decreto 119-A de 7 de janeiro de 1890. Disponível em: http://goo.gl/sq7f6i. Acesso em: 30 abr. 2021.

__________. Emenda Constitucional n. 3, de 3 de setembro 1926. Disponível em: http://goo.gl/5a2qy2. Acesso em: 30 abr. 2021.

__________. SUPREMO TRIBUNAL FEDERAL. ADI 2.076, DJ de 8 -8 -2003, rel. Min. Carlos Velloso. Disponível em: https://bit.ly/3jkp3g6 Acesso em: 30 abr. 2021.

CASAMASSO, Marco Aurélio Lagreca. Política e Religião: *O estado laico e a liberdade religiosa à luz do constitucionalismo brasileiro.* 2006. Tese (Doutorado em Direito). Pontifícia Universidade de São Paulo, São Paulo, 2006.

COMPARATO, Fábio Konder. *A afirmação histórica dos direitos humanos*. 3 ed. São Paulo: Saraiva, 2003, p. 49.

CONSTITUIÇÃO DA REPÚBLICA PORTUGUESA. Disponível em: https://bit.ly/37hBXFM Acesso em: 30 abr. 2021.

CONSTITUCIÓN DE LA NACIÓN ARGENTINA. Disponível em: https://bit.ly/3j6Xcj2 Acesso em: 30 abr. 2021.

CONSTITUCIÓN POLÍTICA DEL ESTADO PLURINACIONAL DE BOLIVIA. Disponível em: https://bit.ly/3fnQpAG Acesso em 30 abr. 2021.

CONSTITUCIÓN POLÍTICA DE COLOMBIA. Disponível em: https://bit.ly/3A4JF2i Acesso em: 30 abr. 2021.

CONSTITUCIÓN NACIONAL DE LA REPÚBLICA DEL PARAGUAY. Disponível em: https://bit.ly/3C36h5r. Acesso em: 30 abr. 2021.

CONSTITUTION OF THE REPUBLIC OF SOUTH AFRICA, 1996. Disponível em: https://bit.ly/3rPsD5J Acesso em: 30 abr. 2021.

CONSTITUTION OF THE UNITED STATES. Disponível em: https://bit.ly/3il2NU2 Acesso em: 30 abr. 2021.

DIÉGUEZ, Myriam M. Cortés; PRISCO, José San José (coords.). *Derecho Canónico* II – El derecho en la misión de la Iglesia. Madrid: Biblioteca de Autores Cristianos, 2006.

MORAES, Alexandre de. *Direito constitucional.* 33. ed. rev. e atual. até a EC nº 95, de 15 de dezembro de 2016. São Paulo: Atlas, 2017, p. 40.

MIRANDA, Jorge apud MENDES, Ferreira Gilmar; COELHO, I. M; BRANCO, P. G. G. *Curso de direito constitucional.* 4. ed. Ver. e atual. São Paulo: Saraiva, 2009, p. 32.

PIRES, Heliodoro. Temas de História Eclesiástica do Brasil. São Paulo: São Paulo, 1946SOUZA, Josias Jacintho. *Separação entre Religião e Estado no Brasil*: Utopia Constitucional? 2009. Tese (Doutorado em Direito). Pontifícia Universidade de São Paulo, São Paulo, 2009.

"OVERVIEW", The South African Human Rights Commission. Disponível em: https://bit.ly/3jiQeI9Acesso em: 30 abr. 2021.

SILVA, Virgílio Afonso da. *Direitos fundamentais:* conteúdo essencial, restrições e eficácia. São Paulo: Malheiros, 2009.

SOUZA, Josias Jacintho. Separação entre Religião e Estado no Brasil: Utopia Constitucional?. 2009. 208 fl. Tese (Doutorado em Direito). Pontifícia Universidade de São Paulo, São Paulo, 2009.

U.S DEPARTAMENT OF STATE. 2019, Report on International Religious Freedom: South Africa. Disponível em: https://bit.ly/2TMSj6c Acesso em: 30 abr. 2021.

REFLEXÕES SOBRE O CONTEÚDO NORMATIVO-AXIOLÓGICO DO PREÂMBULO CONSTITUCIONAL: CONCRETIZAÇÃO DE DIREITOS CONSTITUCIONAIS FUNDAMENTAIS

Regina Vera Villas Bôas[1]

Flávia Soares[2]

Resumo: O presente texto reflexiona sobre pequenas passagens históricas das Constituições, conforme lições doutrinárias, trazendo às discussões questões relevantes sobre o conteúdo normativo-axiológico do Preâmbulo Constitucional, assim expresso *"(...) promulgamos, sob a proteção de Deus, a seguinte Constituição da República Federativa do Brasil"*. Para compreender alguns conceitos e/ou institutos jurídicos reveladores do conteúdo do Preâmbulo Constitucional recorre à doutrina nacional e estrangeira, clássica e contemporânea, objetivando desvendar o alcance dos significados do seu texto. Interpreta o contexto dos valores normativos-axiológicos do Preâmbulo Constitucional, conclamando o

1. Bi-Doutora em Direito Difusos e Coletivos e em Direito das Relações Sociais pela PUC/SP. Pós-Doutora em Democracia e DH pelo "Ius Gentium Conimbrigae". Prof. e Pesquisadora pela PUC/SP e UNISAL/LORENA nos PG e PPG/Direito. Coordenadora do PP "Efetividade, Fundamentos, Tutela e Cont. dos DH, DF Sociais, Difusos e Coletivos: Diálogos das Fontes" (PUC/SP). Lattes ID: 4695452665454054. Orcid ID: 0000-0002-3310-4274 E-mail: revillasboas1954@gmail.com

2. Mestranda em Direitos Difusos e Coletivos pela Pontifícia Universidade Católica de São Paulo. Graduada em Direito pela Pontifícia Universidade Católica de São Paulo. E-mail: flavia.soaresn@gmail.com. ORCID: https://orcid.org/0000-0003-3038-4845

disposto no seu art. 5º, que dispõe sobre o princípio da igualdade (art. 5º, incisos VI, VII e VIII). À construção, desenvolvimento e encaminhamento dos resultados finais, a metodologia da presente pesquisa se vale de referências bibliográficas, entre outras, as obras de Pontes de Miranda, Thomas Paine, J.J. Gomes Canotilho, Dalmo de Abreu, Celso Ribeiro Bastos, Nelson Nery Junior E Rosa Maria Nery, Rodrigo Arnoni Scalquette, Alessandra da Silva, Edson Vieira da Silva Filho e Rodrigo Pedroso Barbosa, Aldir Soriano. Algumas lições são apresentadas, por meio de citações indiretas, trazidas principalmente, por Nelson Nery Jr. e Rosa Maria Nery (obra selecionada), todas elas relevantes à compreensão da temática central. O estudo se vale também, da interpretação de julgados do Supremo Tribunal Federal e do texto constitucional.

A pesquisa trata de matéria atual, relevante e que se justifica pelos inúmeros debates promovidos por ela, atualmente, entre estudiosos e profissionais de variados segmentos, entre outros, os operadores do direito, políticos e religiosos. Os debates são mostrados pelas mídias, academias e congressos, nos contextos mais distintos de reflexões, que vão desde conhecer a amplitude do texto constitucional, do "Preâmbulo Constitucional", da expressão nele (Preâmbulo) contida, assim anotada *"(...) promulgamos, sob a proteção de Deus, a seguinte Constituição da República Federativa do Brasil"*, até as repercussões que podem resultar à efetividade dos direitos constitucionais fundamentais.

Para chegar às notas conclusivas finais, a pesquisa é desenvolvida em dois principais capítulos: o primeiro apresenta lições de doutrinadores clássicos e contemporâneos que permitem pequenas reflexões importantes sobre alguns momentos da história da Constituição; e o segundo que se vale de afirmações de doutrinadores e decisões proferidas pelo Supremo Tribunal Federal, para desafiar a revelação do conteúdo normativo-axiológico do Preâmbulo Constitucional.

Palavras-chave: Constituição da República Federativa do Brasil – Preâmbulo Constitucional –Conteúdo normativo-axiológico – Vocábulo "sob a proteção de Deus" – Efetividade de direitos constitucionais fundamentais.

Abstract: The present text reflects on small historical passages of the Constitutions, according to doctrinal lessons, bringing to discussion relevant issues about the normative-axiological content of the Constitutional Preamble, thus expressed "[...] we promulgate, under the protection of God, the following Constitution of the Federative Republic of Brazil". In order to understand some concepts and/or legal institutes that reveal the content of the Constitutional Preamble, it resorts to domestic and foreign doctrine, classic and contemporary, aiming to unravel the scope of the meanings of its text. It interprets the context of the normative-axiological values of the Constitutional Preamble, calling for the provisions of its Article 5, which provides on the principle of equality (Article 5, items VI, VII and VIII). To the construction, development and forwarding of the final results, the methodology of this research makes use of bibliographical references, among others, the works of Pontes de Miranda, Thomas Paine, J.J. Gomes Canotilho, Dalmo de Abreu, Celso Ribeiro Bastos, Nelson Nery Junior E Rosa Maria Nery, Rodrigo Arnoni Scalquette, Alessandra da Silva, Edson Vieira da Silva Filho and Rodrigo Pedroso Barbosa, Aldir Soriano. Some lessons are presented, through indirect citations, brought mainly by Nelson Nery Junior and Rosa Maria Nery (selected work), all of them relevant to the understanding of the central theme. The study is also based on the interpretation of Federal Supreme Court decisions and the constitutional text.

The research deals with a current and relevant subject that is justified by the innumerous debates it has promoted among scholars and professionals from various segments, among others, legal, political and religious operators. The debates are shown by the media, academia and congresses, in the most distinct contexts of reflections, ranging from knowing the breadth of the constitutional text, the "Constitutional Preamble", the expression contained therein (Preamble), thus noted "[...] we promulgate, under the protection of God, the following Constitution of the Federative Republic of Brazil", to the repercussions that may result in the effectiveness of fundamental constitutional rights.

To reach the final concluding notes, the research is developed in two main chapters: the first presents lessons from classical and contemporary doctrinaires that allow for short important reflections on some moments in the history of the Constitution; and the second, which draws on statements by doctrinaires and decisions handed down by the Federal Supreme Court, to challenge the revelation of the normative-axiological content of the Constitutional Preamble.

Keywords: Constitution of the Federative Republic of Brazil. Constitutional Preamble. Normative-axiological content. Word under "the protection of God". Effectiveness of fundamental constitutional rights

1. Introdução

A pesquisa realiza reflexões – considerando pequenos contextos históricos das Constituições, observando vocábulos importantes sobre essa ambiência, e localizando no seu pano de fundo a concretização de direitos constitucionais fundamentais – sobre o conteúdo axiológico do Preâmbulo Constitucional, que traz no seu bojo a expressão *"[...] promulgamos, sob a proteção de Deus, a seguinte Constituição da República Federativa do Brasil"*. Para compreender alguns conceitos e/ou institutos jurídicos necessários à revelação do conteúdo preambular constitucional, recorre à doutrina nacional e estrangeira, clássica e contemporânea, que informam sobre os seus significados e alcances.

À interpretação dos valores normativos-axiológicos do Preâmbulo Constitucional invoca, entre outros, o disposto no art. 5º, que revela *"Todos são iguais perante a lei, sem distinção de qualquer natureza, garantindo-se aos brasileiros e aos estrangeiros residentes no País a inviolabilidade do direito à vida, à liberdade, à igualdade, à segurança e à propriedade, nos termos seguintes: (...) VI - é inviolável a liberdade de consciência e de crença, sendo assegurado o livre exercício dos cultos religiosos e garantida, na forma da lei, a proteção aos locais de culto e a suas liturgias; VII - é assegurada, nos termos da lei, a prestação de assistência religiosa nas entidades civis e militares de internação coletiva; VIII - ninguém será privado de direitos por motivo de crença religiosa ou de convicção filosófica ou política, salvo se as invocar para eximir-se de obrigação legal a todos imposta e recusar-se a cumprir prestação alternativa, fixada em lei".* Para a construção, desenvolvimento e encaminhamento de resultados, a metodologia da presente pesquisa se vale de referências bibliográficas, entre outras, as obras doutrinárias de Pontes de Miranda, Thomas Paine, J.J. Gomes Canotilho, Dalmo de Abreu, Celso Ribeiro Bastos, Nelson Nery Junior E Rosa Maria Nery, Rodrigo Arnoni Scalquette, Alessandra da Silva, Edson Vieira da Silva Filho e Rodrigo Pedroso Barbosa, Aldir Soriano. Algumas lições são apresentadas, por meio de citações indiretas, trazidas principalmente, por Nelson Nery Jr. e Rosa Maria Nery (obra selecionada), todas elas relevantes à compreensão da temática central. O estudo se vale também, da interpretação de julgados do Supremo Tribunal Federal e do texto constitucional.

A pesquisa trata de matéria atual, relevante e que se justifica pelos inúmeros debates que ela tem promovido, atualmente, entre estudiosos e profissionais de variados segmentos, entre outros, os operadores do direito, políticos e religiosos. Os debates são mostrados pelas mídias, academias e congressos, nos contextos mais distintos de reflexões, que vão desde conhecer a amplitude do texto constitucional, do "Preâmbulo Constitucional", da expressão nele (Preâmbulo) contida, assim anotada *"[...] promulgamos, sob a proteção de Deus, a seguinte Constituição da República Federativa do Brasil"*, até as repercussões que podem resultar à efetividade dos direitos constitucionais fundamentais.

Para chegar às notas finais conclusivas, a pesquisa é desenvolvida em dois principais capítulos: o primeiro apresenta lições de doutrinadores clássicos e contemporâneos que permitem pequenas reflexões importantes sobre alguns momentos da história da Constituição; e o segundo que se vale de afirmações de doutrinadores e decisões proferidas pelo Supremo Tribunal Federal, para desafiar a revelação do conteúdo normativo-axiológico do Preâmbulo Constitucional que anota no seu texto *"[...] promulgamos, sob a proteção de Deus, a seguinte Constituição da República Federativa do Brasil"*.

2. Reflexões sobre doutrinas constitucionais relevantes à compreensão da localização do preâmbulo constitucional

Corrobora a construção atual da temática ora abordada, observar algumas lições de doutrinadores clássicos e contemporâneos, os quais fornecem alguns contextos que permitem reflexões, as quais, trazidas à contemporaneidade dos debates, enriquecem sobremaneira a compreensão das lições constitucionais, necessárias às presentes reflexões.

Pontes de Miranda,[3] por exemplo, afirma que ao entrar em vigor, uma lei ou uma Constituição, o que mais importa é a realização de interpretação do seu texto, *"conforme os princípios da civilização em que ela se tem de inserir e de ser aplicada"*. Leciona que as Constituições e a cultura do povo absorvem o sistema jurídico, que ao possuírem máculas de influências hostis, acabam delas se desnudando e *"se colorem*

3. MIRANDA, Pontes de. *Comentários à Constituição de 1967*, 2ª ed. exemplar 566, Tomo I. São Paulo: Ed. RT, 1973, p. 3.

com elementos da tradição e do saber". Todos os processos que realizam a adaptação social do homem se relacionam e se interferem (ciência, arte, direito, política, moral, economia, religião). Para o autor,[4] a História se refere a uma sucessão de estruturas, que vão se impondo, sempre havendo uma estrutura que substituirá uma outra, quer de maneira menos sensível, quer de maneira mais cômoda, mas sempre haverá. Leciona que o Brasil caminhava para frente, "*a despeito dos que, de fora e de dentro, se interessavam em contê-lo*", valendo lembrar que aquilo que mais importava ao futuro do Brasil era "*que os governantes deveriam ter os olhos fitos nos direitos do homem, nos interesses nacionais, no que se precisava de ciência e de técnica [...] essencial que se corrija a falsificação de valores implantados [...] tendo-se de ver o interior do Brasil, e não o que está lá fora e não lhe dá aquilo de que necessita*".[5]

Curiosa é a afirmação de Thomas Paine[6] sobre a sociedade e o governo. Leciona o autor que a sociedade se forma motivada pelas carências e o governo pelas perversidades da sociedade. Enquanto a sociedade anuncia a felicidade e a proteção pelas afeições das pessoas, o governo mantém sob freios os seus vícios, realizando suas punições. Afirma que a "*sociedade é sob qualquer condição uma bênção e o governo na sua melhor forma [...] é um mal necessário, e na sua pior forma é insuportável*".

Enquanto Pontes de Miranda traz considerações sobre a Constituição e sua história, Thomas Paine se refere à sociedade e ao governo, Canotilho brinda a construção da presente pesquisa, dando os primeiros passos à compreensão do alcance do Preâmbulo Constitucional, fazendo considerações sobre a importância do Poder Constituinte, principalmente

---

4. MIRANDA, Pontes de. *Comentários à Constituição de 1967*, 2ª ed. exemplar 566, Tomo I. São Paulo: Ed. RT, 1973, p. 20.

5. Idem, p. 26.

6. PAINE, Thomas. *Common Sense* (1776) - trad. ital. I Diritti dell' Uomo, T. Magri (org). Editori Riuniti, 1978, p. 65.

quando se pergunta *"quem é o titular dele?"* Canotilho[7] leciona que o Poder Constituinte é uma das categorias políticas mais importantes do Constitucionalismo moderno, afirmando que a pergunta *"quem é o titular dele?"*, entre outras, intui a sua principal problemática, envolvente das questões complexas da teoria política, da ciência política, da filosofia, da teoria do direito constitucional e da teoria da Constituição. Revelado o Poder Constituinte como uma força ou poder de autoridade política "autorizado" a criar, garantir ou mesmo colocar fim à Constituição (lei fundamental da comunidade política), invoca-se imediatamente o titular desse Poder – o povo –, "*grandeza política, força ordenadora que pode instituir uma lei fundamental*". Na atualidade, entende-se o povo como "*uma grandeza pluralística formada por indivíduos, associações, grupos, igrejas, comunidades, personalidades, instituições, veiculadores de interesses, ideias, crenças e valores, plurais, convergentes ou conflitantes*".

Enquanto Canotilho invoca a força do Poder Constituinte e do povo, Dallari[8] oferta lições sobre o "Estado, Direito e Política" afirmando que o Estado e o povo sempre se encontram entrelaçados em processo de decisões políticas, as quais devem participar de sistema jurídico eficaz à conservação de *"uma ordem orientada a determinados fins"*. Entende, todavia, que referida ordem deve ser flexível, autorizando o surgimento de novas maneiras que assegurem *"a reformulação da concepção dos objetivos fundamentais, quando invocados pela modificação substancial das condições de vida"*.

Já, Bastos[9] leciona que o poder constitui o Estado, não havendo Estado sem Constituição, alertando para o fato de

---

7. CANOTILHO, J.J. Gomes. *Direito constitucional e teoria da Constituição.* Modernidade Constitucional e Poder Constituinte, 3ª ed. Coimbra: Livraria Almedina, 1999, pp. 61-62.

8. DALLARI, Dalmo de Abreu. *Elementos de teoria geral do estado.* São Paulo: Saraiva, 1998 pp. 127-131.

9. BASTOS, Celso Ribeiro. *Curso de direito constitucional.* 18ª. Ed. São Paulo: Saraiva, 1997, pp. 16.

que o ato constitutivo não se separa do direito, apesar de emanado de ato de força, a qual vem acompanhada de uma ideia de direito, traduzida, após, em ato de natureza jurídica. Argumenta que enquanto exclusiva força bruta o poder não consegue ser exercido no Estado, devendo *"sempre dizer por que veio e para que veio, tornando-se nesse discurso, necessariamente, jurídico"*, além de que a ocorrência de vinculação do poder ao direito deve persistir nos momentos posteriores ao momento da Constituição do Estado.

3. Conteúdo normativo-axiológico do preâmbulo constitucional e a "invocação de Deus"

Para responder o que revela e qual o conteúdo normativo-axiológico o Preâmbulo Constituição da República Federativa do Brasil, qual seja, *"Nós, representantes do povo brasileiro, reunidos em Assembleia Nacional Constituinte para instituir um Estado Democrático, destinado a assegurar o exercício dos direitos sociais e individuais, a liberdade, a segurança, o bem-estar, o desenvolvimento, a igualdade e a justiça como valores supremos de uma sociedade fraterna, pluralista e sem preconceitos, fundada na harmonia social e comprometida, na ordem interna e internacional, com a solução pacífica das controvérsias, promulgamos, sob a proteção de Deus, a seguinte Constituição da República Federativa do Brasil"* – necessário trazer uma primeira lição, baseada na teoria do "Pensamento Complexo" de Edgar Morin.[10] Essa teoria revela que o todo compõe a parte, assim, como as partes compõem o todo, o que implica a consideração de que o preâmbulo Constitucional e o conteúdo constitucional disposto na sequência deste preâmbulo (a Carta Magna) buscam proteger e garantir juridicamente as mesmas realidades, pautadas em iguais valores e fundamentos, a serem materializados pela instituição do Estado Democrático de Direito.

---

10. MORIN, Edgar. *Introdução ao pensamento complexo*. Trad. Eliane Lisboa. 4. ed. Porto Alegre: Sulina, 2011.

Nesse contexto, Javier Tajadura Tejada[11] afirma que apesar de o preâmbulo fazer parte integrante do texto normativo constitucional, ele *"não tem caráter normativo direto, porque é redigido em linguagem descritiva e a norma há de se formular em termos prescritivos"*. Pablo Lucas Verdú,[12] no contexto das reflexões sobre a pertinência de se realizar a distinção entre texto e norma, pergunta sobre a *"possibilidade de o preâmbulo ser compreendido como um direito positivo aplicável, ou um conjunto de afirmações políticas, retóricas, que apresenta valor interpretativo da sua banda dispositiva?"* Ao que Torres e Javier Tajadura[13] respondem que, em princípio, não haveria essa possibilidade, qual seja, de exclusão do seu caráter normativo, em razão de que essa situação se reportaria à avaliação em face de um caso concreto. Essa é a razão pela qual se torna conveniente afirmar-se referido caráter normativo de toda a Constituição, incluído o seu preâmbulo, porque ele é parte integrante dela. Pensar diferentemente, implicaria concluir que o preâmbulo *"sería el resultado retórico del acuerdo – en definitiva estéril – de las diversas posiciones mantenidas en la Asamblea Constituyente"*.[14]

---

11. *Valor jurídico y función política de los preámbulos constitucionales* (In: Antonio Torres del Moral e Javier Tajadura Tejada. *Los preâmbulos constitucionales en Iberoamérica*. Madrid: Centro de Estudios Politicos y Constitucionales, 2001, p. 14), cit. por Nelson Nery Junior e Rosa Maria Nery. *Constituição Federal Comentada e Legislação Constitucional*, 2014, pp. 182.

12. *Curso de derecho político*, v. II, 3ª ed., Madrid: Tecnos, 1981, p. 429, cit. por Nelson Nery Junior e Rosa Maria Nery. *Constituição Federal Comentada e Legislação Constitucional*, 2014, pp. 182.

13. *Valor jurídico y función política de los preámbulos constitucionales* (In Antonio Torres del Moral e Javier Tajadura Tejada. *Los preámbulos constitucionales en Iberoamérica*, Madrid: Centro de Estudios Politicos y Constitucionales, 2001, p. 18/20), cit. por Nelson Nery Junior e Rosa Maria Nery. *Constituição Federal Comentada e Legislação Constitucional*, 2014, pp. 182.

14. Pablo Lucas Verdú, *Curso de derecho político*, v.II, 3ª ed., Madrid: Tecnos, 1981, p. 429, cit. por Nelson Nery Junior e Rosa Maria Nery. Constituição Federal Comentada e Legislação Constitucional, 2014, pp. 182. In Nelson Nery Junior e Rosa Maria Nery. *Constituição Federal Comentada e Legislação Constitucional*, 2014, pp. 183.

O Preâmbulo da vigente Constituição da República Federativa do Brasil deve ser entendido, desde a primeira interpretação do seu texto, como uma norma que existe, vige, produz efeitos e pode gerar, desde logo, efetividade no âmbito jurídico e social.

O art. 3º, inciso I da Lei do Processo Legislativo (Lei Complementar 95/98) garante a força normativa do preâmbulo constitucional, determinando a existência de, pelo menos, três bandas diferentes em quaisquer leis, sejam elas ordinárias ou complementares. Assim, sempre haverá uma banda preliminar designando o âmbito de aplicação da disposição normativa, podendo exibir-se como uma epígrafe, um preâmbulo, um enunciado, entre outros; uma banda normativa abarcando o conteúdo substantivo contemplado na matéria a ser tratada; uma última banda contemplando as disposições relativas às medidas que são necessárias à implementação de ditas normas de conteúdo substantivo.[15]

Para enfrentar a questão sobre o que o Preâmbulo Constitucional pretende consolidar, recorda-se que ele consolida os fundamentos, os princípios e demais preceitos constitucionais, convalidando os valores reivindicados por meio de lutas e conquistas históricas de todo um povo.

Paulo de Barros Carvalho,[16] nesse sentido, revela que as cláusulas constantes do Preâmbulo possuem natureza prescritiva que "*impregnam todas as unidades normativas do direito infraconstitucional, em razão da sua elevada importância, em função de sua hierarquia e pelo próprio efeito da derivação lógica que desencadeiam*".

---

15. NERY JUNIOR, Nelson; NERY, Rosa Maria. *Constituição Federal comentada e legislação constitucional*, 5ª ed, revisada, atual. e ampl. Ed. Revista dos Tribunais,-‑Thomson Reuters, 2014, pp. 182-183.

16. CARVALHO, Paulo de Barros. O preâmbulo e a prescritibilidade dos textos jurídicos. In DANTAS, Bruno et al (Orgs). *Constituição de 1988:* o Brasil 20 anos depois. Brasília: Senado Federal, I.L. Brasileiro, v. 1, nº 4, 2008, p. 441. Idem. Nelson Nery Junior e Rosa Maria Nery. Constituição Federal Comentada e Legislação Constitucional, 5ª ed, revisada, atual. e ampl. Ed. Revista dos Tribunais,-Thomson Reuters, 2014, pp. 183.

Nelson Nery Junior e Rosa Maria Nery[17] se reportam à consolidação do preâmbulo trazendo à baila suas três funções políticas: a função de síntese, de afirmação ideológica e de função simbólica. E, para explicar importantes funções do Preâmbulo Constitucional trazem aos debates doutrinadores estrangeiros, assim esclarecendo: que a função de síntese resume a "*decisão política fundamental*" do povo, que é a autoridade maior do poder constituinte;[18] que a função de afirmação ideológica se materializa "*porquanto expressa princípios fundamentais do perfil ideológico de determinado regime político*"; a função simbólica se revela na conversão do preâmbulo constitucional como um fator de integração nacional[19] "*exibindo o sentimento popular representado pelo legislador constituinte*" e lembra que a Corte Constitucional Federal da Alemanha considera que "*o preâmbulo constitucional tem não somente caráter político, mas também, caráter jurídico*", denotando uma parcela da cultura do povo, ou como descreve Peter Häberle[20] "*um pedaço da pátria do cidadão e a esperança coletiva do povo no futuro*".

Importante é a consideração sobre a conexão materializada pelo Preâmbulo Constitucional entre a Constituição e os elementos socioeconômicos e ideológicos, os quais compõem o fenômeno constitucional, em sua face preambular, qual seja, aquela "*anterior à articulação com a norma constitucional inaugural*" – o código fundamental – "*requerendo à compreensão teórica conceitual desses textos inicias, alguns prévios conhecimentos sobre a Teoria do Estado e da Teoria da Constituição, matéria esta deixada de lado pelo positivismo jurídico*".[21]

---

17. NERY JUIOR, Nelson; NERY, Rosa Maria. *Constituição Federal comentada e legislação constitucional*, 2014, p.182-184.

18. SCHMITT, Carl. *Verfassungslehre*, §§3°, II, 9ª ed. Berlin: Duncker & Humblot, 2003, p. 23

19. SMEND, Rudolf. *Contituzione e diritto costituzionale*, trad. F. Fiore e J. Luther, Milao: Giuffrè, 1988, pp. 271 e seg.

20. Präambeln im Text und Kontext von Verfassungen – FS Broermann, p. 230

21. Pablo Lucas Verdú, El Concepto de constitución en la Constitución: Reflexiones sobre la autoconsciencia constitucional espanõla. Función y fin de la Constitución,

Antônio Gomes Moreira Maués[22] afirma que o Preâmbulo Constitucional confere legitimidade à Constituição, tanto pelo critério de autoridade, valendo-se do princípio democrático, como também, pelo critério de conteúdo, designado pela reunião dos objetivos conferidos ao Estado nacional brasileiro. Relevante a lembrança de que o principal aspecto constante do preâmbulo reside na "*referência feita ao Estado Democrático, seguido dos valores de liberdade, direitos sociais, segurança, bem-estar, igualdade, desenvolvimento e justiça, verdadeiros nortes constitucionais*".

Nelson Nery Junior e Rosa Maria Nery[23] trazem à baila dois julgados importantes sobre a temática. O primeiro deles contendo a afirmação no Voto de relatoria da Ministra Cármen Lúcia (STF, Pleno, ADIn 2649, j. 08.05.08, DJU 17.10.08), de que "*Na esteira dos valores supremos explicitados no vigente Preâmbulo Constitucional é que afirma, nas normas constitucionais vigentes, o princípio jurídico da solidariedade*". E, no Voto de relatoria do Ministro Carlos Velloso (STF. Pleno. ADIn 2076-5 AC, j. 05.08.02, DJU 08.08.03), que dispõe sobre a predominância – na doutrina e na jurisprudência – na maioria dos países democráticos, a *tese da relevância jurídica e política do Preâmbulo Constitucional.*

Referido Voto, foi proferido pelo Ministro Relator do STF, Carlos Velloso, em Ação Direta de Inconstitucionalidade (ADI 2076) do Partido Social Liberal (PSL), contra a Assembleia Legislativa do Acre, que omitiu no Preâmbulo Constitucional daquele Estado a expressão "*sob a proteção*

in *Revista Estado & Direito*, nºs 5 e 6, (pp.7-55), Lisboa: 1990, p. 45). In Nelson Nery Junior e Rosa Maria Nery. *Constituição Federal Comentada e Legislação Constitucional*, 2014, pp. 183.

22. *Preámbulo de la Constitución de Brasil de 1988* (In Antonio Torres del Moral e Javier Tajadura Tejada. *Los preámbulos constitucionales en Iberoamérica*, Madrid: Centro de Estudios Políticos y Constitucionales, 2001, p. 77), cit. por Nelson Nery Junior e Rosa Maria Nery. *Constituição Federal comentada e legislação constitucional*, 2014, pp. 183-184.

23. NERY JUNIOR; Nelson; NERY, Rosa Maria. *Constituição Federal comentada e legislação constitucional*, 2014, p. 184.

de Deus",[24] julgada improcedente, justificando que referido preâmbulo, por estar situado no âmbito da Política, muito mais do que no âmbito do Direito é desprovido de força normativa, sendo obrigatórias as demais partes da Constituição da República Federativa do Brasil. Esse entendimento do Supremo Tribunal Federal informa que no Preâmbulo Constitucional a expressão "*sob a proteção de Deus*" pertence ao ideário do constituinte, o que certamente teve influência daquele momento histórico. Nesse sentido, decreta o Voto que o Preâmbulo "*não contém norma jurídica*", razão pela qual o Preâmbulo da Constituição do Estado do Acre não contraria aos princípios constitucionais, somente deixa de invocar a proteção de Deus, a qual, entendida "*reflete simplesmente um sentimento religioso*".

Assim, por esse Julgamento, o Estado brasileiro é laico, e a liberdade e consequente diversidade de crença conclamadas não possibilitam que o Preâmbulo Constitucional crie normas cogentes, devendo, antes, ser considerado como norte hermenêutico das normas constitucionais.

Sobre a invocação da "*proteção de Deus*", trazida no preâmbulo Constitucional, com base nos comentários feitos por Nelson Nery Junior e Rosa Maria Nery,[25] pode-se dizer, de início, que o Brasil é um Estado laico, apesar da invocação do nome de Deus na sua marca preambular. Isso porque o poder político temporal não depende da confissão religiosa do povo, nem tão pouco da religião que a sua maioria (do povo) perfilha. Essa chamada do nome de Deus se relaciona com valores culturais que se espelham e se inspiram na religiosidade da população brasileira, a qual tem nesse fato a sua razão de ser, apesar de o

---

24. BRASIL. STF, ADI 2076/AC, Rel. Min. Carlos Velloso, DJ 08.08.2003 - Disponível em: https://bit.ly/3m08FE7 Acesso em: 12 ago. 2021.
NOVELINO, Marcelo. *Curso de direito constitucional.* 13. Ed. Ver., ampl. e atual. – Salvador: Ed. JusPodivm, 2018.
Pleno mantém supressão da frase "sob a proteção de Deus" na Constituição do Acre. Disponível em: https://bit.ly/3mxadpr Acesso em: 25 ago. 2021.

25. NERY JUNIOR, Nelson; NERY, Rosa Maria. *Constituição Federal comentada e legislação constitucional,* 2014, p. 182.

Brasil ser um Estado considerado laico. Tanto que somente um Estado da República Federativa do Brasil, o Acre, não menciona o nome de Deus, em seu preâmbulo. Recorda, com base na doutrina de Pontes de Miranda,[26] que a ação de inconstitucionalidade por omissão ajuizada em face de CE-AC, cujo pedido foi julgado improcedente pelo Supremo Tribunal Federal que decidiu pela não possibilidade de se invocar a inconstitucionalidade por violação do preâmbulo constitucional.

Afirma Scalquette[27] que a Constituição da República Federativa do Brasil foi promulgada com ênfase e de maneira indubitável por representantes do povo brasileiro e "*sob a proteção de Deus*", entendendo que o a designação do vocábulo "*Deus*", no referido Preâmbulo Constitucional, não se deu de maneira fortuita. Afirma que ao invocar a guarita de Deus, o legislador constituinte clamou pela índole religiosa, desejando de fato e, não casualmente, invocar o seu nome, sendo essa a vontade do legislador, já que ele não precisaria e nem estaria obrigado a fazê-lo, razão pela qual se compreende que a inclusão do nome de Deus no Preâmbulo Constitucional foi desejo do legislador.[28]

Corroborando a afirmação, Scalquette[29] remete o intérprete à Constituição Estadual do Acre, concluindo pela presença de religiosidade no Estado brasileiro, razão pela qual ratifica que a opção política do legislador de invocar o nome "*Deus*", no Preâmbulo Constitucional, porque se assim não fosse, outra posição política teria se concretizado. Reforça, ainda, que referida opção revela escolha política da sociedade, que confirma o não ateísmo do Brasil, país não agnóstico, que reverencia a Deus, como o seu "*Senhor*", sem que essa opção importe adesão a quaisquer movimentos religiosos, constatando, portanto, a não neutralidade do legislador, nessa matéria.

---

26. MIRANDA. *Direito constitucional,* v. II 3, nº 56, 2001, p. 237

27. SCALQUETTE, Rodrigo Arnoni. *História do direito:* perspectivas histórico-constitucionais da relação entre estado e religião. São Paulo: Atlas, 2013, p. 173.

28. *Ibidem*, p. 175.

29. *Ibidem*, pp. 175-176.

Vieira da Silva Filho e Barbosa[30] revelam que o texto constitucionaldesigna grande avanço na história do constitucionalismo e da democracia nacional, e enfatizam a importância dos direitos e garantias fundamentais, apesar de sua omissão quanto ao processo de laicização do Estado. Nesse sentido, aponta que a invocatória da proteção de Deus, permanece no preâmbulo constitucional, assim como a permanência do ensino religioso e a imunidade tributária religiosa, além da proteção especial aos locais de cultos e liturgias, vigorando, assim, a ausência de censura das publicações, no plano constitucional. Reforça o autor que o resultado final do texto constitucional vigente designa um Estado não confessional e laico – não sendo essas características absolutas por se tratar de um processo – observado, porém, estar "*longe do maior grau de laicidade expresso em um texto constitucional pátrio, sendo esse o da Constituição de 1891, frente à qual apresenta um retrocesso quanto à laicidade*".[31]

Extrai-se, ainda, da doutrina de Edson Vieira da Silva Filho e Rodrigo Pedroso Barbosa[32] que a invocatória religiosa constante do preâmbulo constitucional vigente, apresenta novos contornos a serem estudados, marcando, todavia, uma presença que não é nova, pois está presente nas Constituições do Brasil de 1934, 1946, 1967 e 1969. Nesse sentido, independentemente das alegações que se referem à normatividade,[33]evidencia-se que referido vigente preâmbulo constitucional apresenta relevância, diante de visão doutrinária neoconstitucionalista, ao menos para apresentar o pensamento e os ideários do constituinte originário, impregnado da sua carga histórica, política, social e moral. Finalizam os autores,

---

30. SILVA FILHO, Edson Vieira da; BARBOSA, Rodrigo Pedroso. Religião, Estado e Constituição no Brasil após 1988: notas sobre um Estado "laico". Conhecimento Interativo, São José dos Pinhais/PR, v.13, n.2, p. 120-133, ago/dez 2019.

31. Idem, p. 124.

32. Idem, p. 124-126.

33. "A questão específica da normatividade se refere ao Supremo Tribunal Federal, no julgamento das ADIs 2.076 (BRASIL, 2003) e 2.649 (BRASIL, 2008).

afirmando que "*Se, desde o direito Romano, tem-se o conceito basilar de que a lei não contém palavras inúteis (verba cum effectu, sunt accipienda), quanto mais a Constituição*".

Jeronymo Pedro[34] afirma que a autorreferência ofertada pelos representantes do povo – os constituintes – objetiva, de maneira frágil, retirar do ambiente daquele trabalho, possibilidades do poder de escrever a Constituição com fonte transcendente, inspirada no sobrenatural, apesar de referido sentimento, estar presente entre os crentes e os descrentes. Leciona,[35] com base nos textos constitucionais dos arts. 1º e 19, que a República Federativa do Brasil foi proclamada como um Estado Democrático de Direito que independe de convicções religiosas e, que a anotação do preâmbulo sobre a "*proteção de Deus*" instituindo a Constituição, aponta fundamentação constitucional compatível com a crença de um Deus racional e criador, da maioria dos representantes do povo, o que leva às discussões sobre uma "*imprecação puramente laica*".

Não se pode afirmar que estar expresso no preâmbulo constitucional o nome de Deus, implique tal fato a não laicidade do Estado. Referido fato, designa, somente, que a vontade do povo, na maioria seguidores do Cristianismo, como tal, creem na proteção de Deus. Recorda o pensamento de Uadi Lammêngo Bulos que leciona ser o Deus, citado na preambular do texto constitucional, representante de todas as crenças. Recorda que a importância da religião para o povo é revelada pela invocação feita no preâmbulo da Constituição, pelo legislador constituinte, o qual respeita linha ideológica e doutrinária da vontade da maioria do povo, fato este a sugerir que a religião, de fato, pertence à cultura – preservada ao longo dos tempos – de uma grande parte do povo brasileiro.[36]

---

34. BOAS, Jeronymo Pedro Villas. A invocação do nome de Deus no preâmbulo como norma da Constituição. *Revista Jurídica Luso-Brasileira*, ano 7, n. 1, 2021, pp. 666-667.

35. BOAS, Jeronymo Pedro Villas. A invocação do nome de Deus no preâmbulo como norma da Constituição. *Revista Jurídica Luso-Brasileira*, ano 7, n. 1, 2021, pp. 6721-672.

36. In SILVA, Alessandra da. A religião e o Estado laico: implicações históricas, culturais e constitucionais. *Revista Eletrônica de Direito*, ano I, nº 2, 2016, pp. 11-12.

Soriano,[37] por sua vez, sustenta que a vigente Constituição da República Federativa do Brasil consagra, no seu preâmbulo, o valor "*liberdade*" como um princípio fundamental, que designa um dos valores supremos invocados por uma sociedade fraterna, pluralista e desprovida de preconceitos, incluindo-se, no contexto, a liberdade religiosa. Acrescenta que essa sociedade possui tolerância – fundamental à manutenção de uma sociedade fraterna, justa e pluralista – em relação às distintas confissões religiosas, confirmando o valor pluralista protegido e, por derradeiro, constata que "*subtraindo-se a liberdade, não há que se falar em justiça, fraternidade e pluralismo*", daí resultando que "*a liberdade religiosa é um componente importante da sociedade brasileira, que pretende ser fraterna, justa e pluralista*"; e que tal liberdade designa além de um princípio, também, um direito expresso em Constituições dos Estados democráticos, sendo consagrada por inúmeros tratados e convenções internacionais, sendo assim, entendida como valor fundamental, que prescinde de justificativa moral, ética e/ou jurídica.

Complementa Soriano[38] que a vigente Constituição da República Federativa do Brasil protege o direito à liberdade religiosa em harmonia com os seus valores supremos e objetivos consagrados, reafirmando, também, o princípio da separação entre a Igreja e o Estado, mantendo, dessa maneira, a laicidade do Estado brasileiro, conforme as vedações constitucionais, dispostas no texto do seu art. 19, inciso I, "*refletem o caráter laicista do Estado brasileiro*".

4. Notas finais conclusivas

A pesquisa procurou refletir sobre o conteúdo axiológico do Preâmbulo Constitucional, que agrega no seu bojo a expressão

37. SORIANO, Aldir Guedes. *Liberdade religiosa no direito constitucional e internacional.* São Paulo: Editora Juarez de Oliveira, 2002, p. 86.

38. Idem, p. 85.

"[...] promulgamos, sob a proteção de Deus, a seguinte Constituição da República Federativa do Brasil", ofertando conceitos e/ou institutos, além de citar pequenos momentos da história das Constituições, por meio de lições de doutrinadores que as interpretaram, localizando no seu pano de fundo a problemática da concretização dos direitos constitucionais fundamentais.

Para tratar da interpretação dos valores normativos-axiológicos do Preâmbulo Constitucional, trouxe à baila o texto constitucional, principalmente o do art. 5º e incisos pertinentes, reforçando o valor da liberdade, em toda a sua amplitude de significados.

Na construção, desenvolvimento e encaminhamento das notas finais conclusivas, o texto utilizou metodologia de pesquisa que permitiu realizar ricas ponderações e reflexões sobre a matéria, entre outras, estudos as doutrinas de Pontes de Miranda, Thomas Paine, J.J. Gomes Canotilho, Dalmo de Abreu, Celso Ribeiro Bastos, Nelson Nery Junior e Rosa Maria Nery, Rodrigo Arnoni Scalquette, Alessandra da Silva, Edson Vieira da Silva Filho e Rodrigo Pedroso Barbosa, Aldir Soriano. Algumas lições são apresentadas, por meio de citações indiretas, trazidas principalmente, por Nelson Nery Jr. e Rosa Maria Nery (obra selecionada), todas elas relevantes à compreensão da temática central. Utilizou, também, julgados do Supremo Tribunal Federal.

Conclui-se a importância da compreensão do comando contido no Preâmbulo Constitucional, quer sobre a expressão nele contida *"[...] promulgamos, sob a proteção de Deus, a seguinte Constituição da República Federativa do Brasil"*, quer no todo que compõe a integra do seu texto.

Ficou compreendido que os textos preambulares que, normalmente, introduzem as Constituições, espelham os seus principais objetivos, princípios e fundamentos, anunciando a essência do ideário dos constituintes que a conceberam, sempre em nome do povo. O Preâmbulo do vigente texto constitucional que, promulgada sob a "*proteção de Deus*" a Constituição da República Federativa do Brasil, revela que os constituintes, representantes do povo, ao se reunirem com a finalidade de constituírem o Estado Democrático de Direito, de maneira a concretizar a sonhada Democracia, objetivaram proteger o exercício dos direitos individuais, sociais, coletivos e difusos, buscando tornar viável a importância da materialização dos valores supremos do homem e da sociedade. Buscou, assim, proteger, entre outros, os valores da liberdade, igualdade, segurança, justiça, bem-estar e desenvolvimento, voltados à concretização de uma sociedade fraterna, solidária, justa, pluralista, pacífica, harmoniosa e desprovida de quaisquer preconceitos.

A pesquisa compreendeu que o Preâmbulo Constitucional sempre deve anunciar a criação de uma nova Constituição, a partir do encontro de representantes do povo, os quais reunidos, em Assembleia Nacional Constituinte, refletem e decidem sobre o texto definitivo da Carta Magna que vigorará, a partir de então, acatando todos os valores, quer normativos, quer axiológicos, relevados a partir do seu Preâmbulo, admitindo em seu conteúdo que *"todo o poder deve emanar do povo"*.

Nesse sentido, a revelação trazida no Preâmbulo *"sob a proteção de Deus"* não confronta com a separação entre Religião e Estado. O Brasil é um Estado laico, que consagra a liberdade de manifestação religiosa e a livre manifestação de pensamento como valores fundamentais que devem ser garantidos pelo Poder do Estado, conforme disposto no texto constitucional, entre outros, dos incisos VI e VIII do art. 5º.

Essa liberdade ampla, que deve ser garantida pelo Estado, certamente, invoca o texto constitucional do art. 6º, da Constituição da República Federativa do Brasil, que arrola entre os direitos sociais protegidos: a saúde (integral); a alimentação (nutritiva); a educação (de qualidade); o trabalho (digno), a moradia (descente); a segurança (em todas as esferas); a previdência social (que efetivamente garanta o futuro); o transporte (urbano e rural adequados); o lazer (apartado do labor), proteção da maternidade e da infância (responsáveis), a assistência aos desamparados, em todas as ambiências.

A efetividade desses direitos fundamentais constitucionais prospecta uma vida mais digna ao homem, que passa a dar maior importância aos valores positivos e éticos, à responsabilidade e aos cuidados devidos ao "outro", principalmente aos mais vulneráveis, acatando as diferenças individuais e culturais entre as pessoas e os grupos de pessoas, o que leva o intérprete a compreender e acatar ensinamentos como os de Nelson Rosenvald (2005, p. 45-46), compreendendo que os princípios vão além das leis e, quando alcançam toda a extensão do direito, designam o próprio direito, alcançando a positividade do texto constitucional, a formação da jurisprudência de valores determinantes e o constitucionalismo da contemporaneidade, que fundamentam a hermenêutica dos Tribunais da atualidade.

Por derradeiro, os estudos concluíram que a relevância dos fundamentos e dos princípios constitucionais à estrutura e alicerce do sistema jurídico nacional, valorizam a necessidade da materialização dos direitos constitucionais fundamentais, por meio da elaboração de leis que atendam aos anseios, necessidades e interesses do povo, de prestações eficientes e conscientes dos serviços públicos essenciais e da efetivação das decisões judiciais justas, que correspondam aos valores da equidade, fraternidade e solidariedade, realizando a liberdade do homem.

Entender a verdadeira função que o conteúdo normativo-valorativo contido no Preâmbulo Constitucional exerce no contexto social, político, jurídico, econômico e ambiental contemporâneo é corroborar a importância da concretização da cidadania e a efetividade dos direitos humanos e fundamentais, realizando o Estado Socioambiental e Democrático de Direito, materializando o direito à ampla liberdade do homem.

Referências

ABBAGNANO, Nicola. *Dicionário de filosofia.* São Paulo: Martins Fontes, 2007.

ALEXY, Robert. *Teoria dos direitos fundamentais.* Tradução Virgílio Afonso da Silva. 2.ed. São Paulo: Malheiros, 2011.

BARROSO, Luís Roberto. *Neoconstitucionalismo e constitucionalização do direito.* In: Revista da Escola Nacional da Magistratura. Ano I, n. 02, outubro de 2006, Brasília: Escola Nacional da Magistratura – ENM, p. 26; MARANHÃO, Ney Stany Morais. O Fenômeno Pós-Positivista: Considerações Gerais. Disponível em: https://bit.ly/3BaxSjJ Acesso em: 25 ago. 2021.

BASTOS, Celso Ribeiro. *Curso de direito constitucional.* 18ª. ed. São Paulo: Saraiva, 1997.

BIBLIOTECA VIRTUAL DE DIREITOS HUMANOS – Universidade de São Paulo (USP). *Concepção do Projeto da Prof. Maria Luiza Marcílio.* Disponível em: https://bit.ly/3mLXMXh Acesso em: 25 ago. 2021.

BOAS, Jeronymo Pedro Villas. A invocação do nome de Deus no preâmbulo como norma da Constituição. *Revista Jurídica Luso-Brasileira*, ano 7, n. 1, 2021.

BOBBIO, Norberto. *O positivismo jurídico.* São Paulo: Ícone, 1999.

_____. *A era dos direitos.* 9. ed. Rio de Janeiro: Campus,1992.

BONAVIDES, Paulo. *Curso de direito constitucional.* 13. ed. São Paulo: Malheiros, 2003.

BRASIL. *Presidência da República. Constituição da República Federativa do Brasil.* Brasília, 1988.

BRASIL. STF, ADI 2076/AC, Rel. Min. Carlos Velloso, DJ 08.08.2003 - Disponível em: https://bit.ly/3mywnbc Acesso em: 25 ago. 2021.

CONVENCIÓN AMERICANA SOBRE DERECHOS HUMANOS. Reproduzido pelo Instituto Nacional de Derechos Humanos (INDH), Artículo 13, Chile, 2018.

DECLARACIÓN UNIVERSAL DE DERECHOS HUMANOS. Reproduzido pelo Instituto Nacional de Derechos Humanos (INDH), Artículo 19, Chile, 2018.

DWORKIN, Ronald. O direito da liberdade: a leitura moral da Constituição norte-americana. Tradução de Marcelo Brandão Cipolla. São Paulo: Martins Fontes, 2006.

CANOTILHO, J.J. Gomes. *Direito Constitucional e teoria da Constituição*. Modernidade Constitucional e Poder Constituinte. 3ª ed. Coimbra: Livraria Almedina, 1999.

CARVALHO, Paulo de Barro. O preâmbulo e a prescritibilidade dos textos jurídicos. In Dantas, Bruno et al (Orgs). *Constituição de 1988:* O Brasil 20 anos depois. Brasília: Senado Federal, I.L. Brasileiro, v. 1, nº 4, 2008, p. 441.

DALLARI, Dalmo de Abreu. *Elementos de teoria geral do estado*. SP: Ed. Saraiva, 1998.

MIRANDA, Pontes de. *Comentários à Constituição de 1967*, 2ª ed. exemplar 566, Tomo I SP: Ed. RT, 1973.

MIRANDA, J. *Direito constitucional*. 3ª ed. Coimbra: Editora Coimbra, v. II 3, nº 56, 2001.

MORIN, Edgar. *Introdução ao pensamento complexo*. Trad. Eliane Lisboa. 4.ed. Porto Alegre: Sulina, 2011.

NERY JUNIOR, Nelson; NERY, Rosa Maria. *Constituição Federal Comentada e Legislação Constitucional,* 5ª ed, revisada, atual e ampl Ed. Revista dos Tribunais,-Thomson Reuters, 2014, pp. 182 a 184.

NOVELINO, Marcelo. *Curso de direito constitucional*. Salvador: Ed. JusPodivm, 2018.

Pleno mantém supressão da frase "sob a proteção de Deus" na Constituição do Acre. Disponível em: https://bit.ly/3mxadpr Acesso em: 25 ago. 2021.

NUNES, Luiz A. R. *O princípio constitucional da dignidade da pessoa humana:* Doutrina e Jurisprudência. São Paulo: Saraiva, 2002.

PAINE, Thomas. *Common Sense* (1776) - trad. ital. I Diritti dell' Uomo, T. Magri (org). Editori Riuniti, 1978, p. 65.

PICAZO, Luis-Diez. Los principios generales del derecho en el pensamiento de F. de Castro. In: *Anuario de Derecho Civil*, t. XXXVI, fasc.3°, out/dez 1983, pp. 1267-1268.

REALE, Miguel. *Teoria tridimensional do direito*. 5. ed. São Paulo: Saraiva, 1994.

ROSENVALD, Nelson. *Dignidade humana e boa-fé no Código Civil*. SP: Saraiva, 2005.

SILVA, José Afonso da. *Curso de direito constitucional*. Positivo.19° ed. São Paulo: Malheiros, 2000.

SCALQUETTE, Rodrigo Arnoni. *História do direito:* perspectivas histórico-constitucionais da relação entre estado e religião. São Paulo: Atlas, 2013.

SCHMITT, Carl. *Verfassungslehre*, §§3°, II, 9ª ed. Berlin: Duncker & Humblot, 2003.

SILVA, Alessandra da. *A religião e o Estado laico:* implicações históricas, culturais e constitucionais. Revista Eletrônica de Direito, ano I, n° 2, 2016.

SILVA FILHO, Edson Vieira da; BARBOSA, Rodrigo Pedroso. Religião, Estado e Constituição no Brasil após 1988: notas sobre um Estado "laico". Conhecimento Interativo, São José dos Pinhais/PR, v.13, n.2, p. 120-133, ago/dez 2019.

SMEND, Rudolf. *Contituzione e diritto costituzionale*, trad. F. Fiore e J. Luther, Milao: Giuffrè, 1988.

SORIANO, Aldir Guedes. *Liberdade religiosa no Direito Constitucional e Internacional*. São Paulo: Editora Juarez de Oliveira, 2002.

VILLAS BÔAS, Regina Vera; MOTTA, Ivan Martins. *Educação de Qualidade*: Direito Social Fundamental de todos. In: Marli M. Moraes da Costa, Mônica Larissa Hennig Leal. (Org.).

Fundamentos constitucionais das políticas públicas nos direitos sociais p. 62-71. Vol. II. 1ªe d. Curitiba: PRISMAS, 2018.

_____; NASCIMENTO, G.A.F- "Pensando o direito à educação socioambiental e o direito humano ao desenvolvimento pela perspectiva da complexidade de Edgar Morin". Chile: Ribicón Editores, (p. 65 a 77) 2017. *In* In Actas del IIº Congreso Internacional de Derechos Humanos. 20 Y 21 ABRIL DE 2017 – ORGANIZADO PELA ESCUELA DE DIREITO DA UCSH (CHILE) E UNISAL/SP (BRASIL). Total 626 páginas. Chile: Ribicón Editores, 2017.

_____. O acesso à educação com qualidade que é focada nos direitos humanos e transmitida com afetividade concretiza a cidadania e efetiva a sustentabilidade. In: Lorena Freitas. (Org.). *Direitos sociais, educação e gestão pública:* em homenagem a Anísio Teixeira. 1 ed. Santa Rita: Sedic Gráfica e Serviços, v. 1, (p. 201-212), ISBN 978-85-60364-02-2 (CNPq), 2018.

DEUS NOS AMA DESDE SEMPRE

O QUE É O HOMEM, PARA DELE TE LEMBRARES? (Hb 2, 6).

José Ulisses Leva[1]

Sumário: Considerações Preliminares 1. Introdução – 2. O Homem na Criação – 3. Somos Criados à imagem e à semelhança de Deus - 4. O Sacramento do Matrimônio - 5. Conclusão – Bibliografia.

Liberdade Religiosa e de Expressão torna-se um excelentíssimo Tema para os nossos dias. Frequentemente, como católicos, eclesiásticos ou leigos, somos bombardeados por questionamentos que exige de nós uma posição firme sobre os quantos enunciados propostos pela Mass Media e tantos outros interlocutores. Como responder, na concórdia dialogante, às inúmeras indagações sobre Liberdade Religiosa; e, como nos expressar de pronto a tantas perguntas? De fato, o questionamento incide, objetivamente, como ser autênticos católicos no mundo contemporâneo?[2]

---

1. Doutor em História da Igreja pela Pontifícia Universidade Gregoriana de Roma. Professor na Pontifícia Universidade Católica de São Paulo – PUC/SP. Capelão na Capela de Nossa Senhora de Sion – Higienópolis.

2. LEVA J. U. A Igreja dialoga com a Sociedade. In LIBERDADE RELIGIOSA E LIBERDADE DE EXPRESSÃO, p. 93-94. São Paulo: Noeses, 2020.

Considerações preliminares

Preâmbulo é um substantivo que significa introdução, início ou declaração inicial. O termo pode se referir à introdução de um texto, documento, prefácio de um livro ou à parte inicial de uma lei. Na Constituição Federal de 1988, tem um Preâmbulo que foi escrito pelos membros da Assembleia Constituinte, que trabalhou na discussão e na composição da lei. Nele, estão expressos os objetivos, princípios, valores e ideias que foram levados em consideração durante a elaboração do texto da Constituição. Foram assegurados os valores que a Constituição Federal tem o objetivo de proteger.

A Editora e Livraria NOESES propõe uma excelente temática: *"O Preâmbulo constitucional e o Direito Religioso no Brasil"*, no momento em que a Igreja e a Sociedade celebram os 130 anos da Carta Encíclica *Rerum Novarum*, do Papa Leão XIII. O Tema é interessantíssimo e necessário para os nossos dias, sobretudo, porque diz respeito à Doutrina Social da Igreja, em compasso com a sociedade brasileira.

A Igreja, atenta e solícita, inaugurou o Ensino Social, no dia 15 de maio de 1891, quando o Papa Leão XIII apresentou aos católicos e ao mundo a Carta Encíclica *Rerum Novarum*. A Esposa de Cristo, respondeu às mudanças que estavam acontecendo no cenário social e econômico, no final do século XIX. Auscultou os fortíssimos problemas, e, com maestria indicou a Caridade, centrada no Evangelho de Jesus Cristo, como resposta às inúmeras indagações.

"Deus criou o homem à sua imagem, à imagem de Deus ele o criou, homem e mulher ele os criou" (Gn 1, 27). "[...] De fato o homem tem uma lei escrita por Deus em seu coração. Obedecer a ela é a própria dignidade do homem, que será julgado de acordo com esta lei [...]" (GS, n. 16). A defesa da criação, homem e mulher, imagem de Deus, e a obediência à lei escrita por Deus, tornam-se o entendimento do princípio fundamental da dignidade e dos direitos inalienáveis da pessoa humana. No Ensino Social, a Igreja, busca compreender o ser humano à luz da Sagrada Escritura. Também, à luz da Palavra Revelada, o

Magistério da Igreja, tem assegurada a defesa de todo homem e mulher, desde a criação aos nossos dias.

A Igreja procura ler os acontecimentos da sociedade e possibilita algumas pistas para refletir. Ela não possui *expertise* em economia, mas em tempo e ao seu modo sugere orientações para o bem comum. Não se resguarda frente às forças hegemônicas e às potências mundiais, nem se esquiva em posicionar-se frente aos mais desprotegidos. Não ao socialismo sem Deus e não ao capitalismo, cujo deus é o dinheiro. Entre uma tendência a outra, o Papa Leão XIII apresentou a via da Caridade. Aprendemos que a Caridade é uma Virtude Teologal e ela está presente no seguimento a Jesus Cristo.

Vislumbrando com alegria e celebrando com esperança a Carta Encíclica *Rerum Novarum* do Papa Leão XIII, a Igreja se mantém firme no anúncio querigmático do Evangelho de Jesus Cristo e se mantém segura no profetismo contemporâneo do diálogo e da presença na sociedade. O Ensino Social da Igreja, de fato, está presente na centralidade da mensagem salutar e salvífica da Boa Nova de Nosso Senhor Jesus Cristo. Deus criou-nos à sua imagem e à sua semelhança (cf Gn 1, 27). Seja em tempo de guerra, seja em tempo de desastres ambientais ou mesmo em momento de Pandemia, como a COVID-19, como cristãos, e em todas as circunstâncias, nós devemos sempre defender e preservar a vida.

O Papa Leão XIII selou o início do Ensino da Doutrina Social da Igreja. O Concílio Ecumênico Vaticano II nos alertou que devemos perscrutar os acontecimentos e os sinais dos tempos. Hoje, o Papa Francisco mantém o diálogo esperançoso e propositivo com a humanidade. Portanto, estejamos atentos ao momento atual e sejamos prontos junto aos mais vulneráveis. Quer eles estejam no campo ou quer eles estejam na cidade, seja no centro ou nas periferias, devemos sempre levar a Boa Nova do Salvador e garantir nela a certeza da vida. “Eu sou o caminho, a Verdade e a Vida” (Jo 14, 6).[3]

---

3. LEVA, J.U. Jornal O São Paulo.

Ao mesmo tempo em que a Constituição Federal de 1988 invoca o nome e a proteção de Deus, a Igreja evoca Deus, como Sumo Bem do Gênero Humano. Como falar ao homem e à mulher contemporâneos sem mencionar o nome de Deus? Como nos colocar sob a proteção de Deus, sem agir com as mesmas prerrogativas do querer de Deus sob toda a humanidade? O Papa Francisco, desde o momento primeiro do seu Magistério, invoca a proteção de Deus, o carinho materno de Maria Santíssima e o Patrocínio de São José.

> O início do Ministério Petrino do papa Francisco, como Bispo de Roma, deu-se no dia 19 de março de 2013. Estamos celebrando os seus 08 anos no governo da Igreja no Ano instituído por ele, dedicado a São José. "Agradeço ao Senhor por poder celebrar esta Santa Missa de início do ministério Petrino na solenidade de São José, esposo da Virgem Maria e patrono da Igreja universal"
>
> O papa Francisco na sua Homilia ressaltou o papel e a importância de São José na vida da Sagrada Família e na vida da Igreja: "José fez como lhe ordenou o anjo do Senhor e recebeu sua esposa" (Mt 1, 24). Nestas palavras, encerra-se já a missão que Deus confia a José: ser *custos*, guardião. Como realiza José esta guarda? Com discrição, com humildade, no silêncio, mas com uma presença constante e uma fidelidade total, mesmo quando não consegue entender. Desde o casamento com Maria até ao episódio de Jesus, aos doze anos, no templo de Jerusalém, acompanha com solicitude e amor cada momento. Permanece ao lado de Maria, sua esposa, tanto nos momentos serenos como nos momentos difíceis da vida, na ida a Belém para o recenseamento e nas horas ansiosas e felizes do parto; no momento dramático da fuga para o Egito e na busca preocupada do filho no templo; e depois na vida quotidiana da casa de Nazaré, na carpintaria onde ensinou o ofício a Jesus".
>
> Na Missa do início do seu pontificado, O pontífice adiantou o seu programa apostólico. O papa Francisco, sob o Patrocínio de São José, o indicou como protetor da Família nuclear, e, também, de toda a Casa Comum. "Entretanto a vocação de guardião não diz respeito apenas a nós, cristãos, mas tem uma dimensão antecedente, que é simplesmente humana e diz respeito a todos: é a de guardar a criação inteira, a beleza da criação, como se diz no livro de Gênesis e nos mostrou São Francisco de Assis: é ter respeito por toda a criatura de Deus e pelo ambiente onde vivemos. É guardar as pessoas, cuidar carinhosamente de todas elas e cada uma, especialmente das crianças, dos idosos, daqueles que são mais frágeis e que muitas vezes estão na periferia do nosso coração. É cuidar uns dos outros na família: os esposos guardam-se

> reciprocamente, depois, como pais, cuidam dos filhos, e, com o passar do tempo, os próprios filhos tornam-se guardiões dos pais. É viver com sinceridade as amizades, que são um mútuo guardar-se na intimidade, no respeito e no bem. Fundamentalmente tudo está confiado à guarda do homem, e é uma responsabilidade que nos diz respeito a todos. Sede guardiões dos dons de Deus!"
>
> O pontífice chamou para si a responsabilidade de ser vigilante com os membros da Igreja, mas solicitou a todos o querer e proteger, guardando com solicitude e capacidade aos homens e mulheres da Terra. "Queria pedir, por favor, a quantos ocupam cargos de responsabilidade em âmbito econômico, político ou social, a todos os homens e mulheres de boa vontade: sejamos «guardiões» da criação, do desígnio de Deus inscrito na natureza, guardiões do outro, do ambiente; não deixemos que sinais de destruição e morte acompanhem o caminho deste nosso mundo! Mas, para «guardar», devemos também cuidar de nós mesmos. Lembremo-nos de que o ódio, a inveja, o orgulho sujam a vida; então guardar quer dizer vigiar sobre os nossos sentimentos, o nosso coração, porque é dele que saem as boas intenções e as más: aquelas que edificam e as que destroem. Não devemos ter medo de bondade, ou mesmo de ternura". Papa Francisco, votos de feliz Ministério Petrino, sob o Patrocínio de São José.[4]

Deus nos ama desde sempre. Essa é uma verdade irrefutável. De fato, esse é o olhar e a percepção do homem e mulher que acreditam. Desde o momento primeiro da fecundação o Altíssimo vela por todo ser humano criado. O Sempiterno acompanha-nos desde o primeiro instante da vida até o ocaso.

"O que é o homem, para dele te lembrares?" (Hb 2, 6). De muitas formas e de várias maneiras podemos falar do ser humano. Muitas são as indagações e inumeráveis são as especulações a respeito do homem e da mulher, seja na individualidade ou em sociedade. As ciências se ocupam da humanidade. Deus sempre se lembra sempre de nós.

Para tratar diretamente do tema apresentado, a UJUCASP sugeriu algumas perguntas. Elas são oportunas e fundamentais, para que sejam apresentadas, estudadas e

---

4. LEVA, J.U. Jornal *O São Paulo*, 10 de março de 2021.

respondidas, tanto à Luz da Sagrada Escritura quanto à luz da Constituição Federal do Brasil de 1988.

1 – *Como interpretar o preâmbulo da Constituição, visto que sem ele, não ele não teria sido promulgada?*

2 – *Haveria razão de ter a locução "sob a proteção de Deus" sido votada e aprovada por maioria expressiva, se fosse considerada irrelevante?*

3 – *O §2º do artigo 226 da CF/88 faz menção ao casamento religioso distinto do casamento civil, cujos efeitos seriam os mesmos. Não estaria, tal distinção de regime jurídico com princípios próprios a demonstrar a existência de um direito religioso como ramo autônomo do direito positivo?*

4 – *O que caracteriza a autonomia de um ramo do direito? Princípios, normas e regras com aspectos diferenciais dos outros ramos? Se assim for, não haveria no concernente à religião princípios, normas e regras diferenciais, dentro do direito positivo? Se sim, quais seriam?*

1. Introdução

Lemos na Sagrada Escritura, no Livro do Gênesis, que Deus manifestou, seu amor incondicional e permanente, ao ser humano desde o momento da criação. Observamos, outrossim, no Preâmbulo da Constituição da República Federativa do Brasil de 1988, a locução *sob a proteção de Deus*. Como fazer um paralelo entre o amor de Deus à humanidade e a proposição dos constituintes, para assegurar os valores permanentes aos brasileiros, clamando a proteção de Deus? Podemos afirmar que queremos o melhor aos nossos pares, sob a contínua evocação do Altíssimo? Reiteramos que Deus, deve vir sempre em primeiríssimo lugar, e depois os nossos ideais e as proposições dos homens e das mulheres do nosso tempo?

Como responder à pergunta, sugerida pela UJUCASP: Como interpretar o Preâmbulo da Constituição? Nós, representantes do povo brasileiro, reunidos em Assembleia Nacional Constituinte para instituir um Estado Democrático, destinado a assegurar o exercício dos direitos sociais e individuais, a liberdade, a segurança, o bem-estar, o desenvolvimento, a igualdade e a justiça como valores supremos de uma sociedade fraterna, pluralista e sem preconceitos, fundada na harmonia social e comprometida, na ordem interna e internacional, com a solução pacífica das controvérsias, promulgamos, sob a proteção de Deus, a seguinte CONSTITUIÇÃO DA REPÚBLICA FEDERATIVA DO BRASIL.

Como responder à outra pergunta formulada pela UJUCASP: Haveria razão de ter a locução "sob a proteção de Deus" sido votada e aprovada por maioria expressiva, se fosse considerada irrelevante? Estamos nos enganando a nós mesmos se invocamos o nome do Altíssimo, sem que vivamos seu mandamento.

Ainda outra pergunta foi proposta pela UJUCASP: O §2º do artigo 226 da CF/88 faz menção ao casamento religioso distinto do casamento civil, cujos efeitos seriam os mesmos. Não estaria, tal distinção de regime jurídico com princípios próprios a demonstrar a existência de um direito religioso como ramo autônomo do direito positivo? *Art. 226. A família, base da sociedade, tem especial proteção do Estado. [...]* § 2º. *O casamento religioso tem efeito civil, nos termos da lei.*

As ciências são parceiras e podem e devem caminhar juntas. Sobre a pergunta: o que caracteriza a autonomia de um ramo do Direito? Se assim for, não haveria no concernente à religião princípios, normas e regras diferenciais, dentro do direito positivo? Assim que o Direito responde eficazmente às suas proposições, a Teologia coopera, pronta e reiteradamente, com o seu saber próprio.

2. O homem na criação

"Senhor, quem é o homem, para dele assim vos lembrares?" (Sl 8, 5).

O ser humano desde há muito tempo tende a responder a inúmeros questionamentos sobre a origem da vida e sua própria origem. Na Tradição judaico-cristã, os homens e mulheres religiosos basearam-se na Revelação. Deus se Revela ao ser humano e faz uma Aliança perpétua de amor. Estabelece uma relação de profunda amizade e sustento nos momentos de tristeza e alegria.

De toda a criação, Deus escolhe com amor dileto o ser humano. Depois de toda a obra realizada, no último dia das realizações feitas pelo Altíssimo, o homem e a mulher são presenteados com as maravilhas realizadas pelo Criador.

No coração de Deus, encontram-se as melhores razões para presentear o ser humano das maravilhas e benesses da criação. A Revelação nos assegura que o Criador entregou ao ser humano a obra completa da criação e a ele confiou, para que mantivesse todas as coisas com reta intenção.

O privilégio do amor primeiro parte de Deus. Na sua infinita majestade e magnitude, Ele concedeu a todos nós, e a cada homem e cada mulher, o desejo da filiação e amor eternos.

Deus se lembra de cada um de nós. Deve haver, também, a recíproca. Todos nós devemos e podemos d'Ele nos recordar cada instante da nossa vida. Fazer memória e manter a filiação e fidelização ao Criador.

3. Somos criados à imagem e à semelhança de deus

"Deus criou o homem à sua imagem [...] homem e mulher ele os criou" (Gn 1, 27).

No Livro Sagrado do Gênesis, judeus e cristãos se encantam com a criação. Cada detalhe do todo é pensado, projetado e executado. Não é apenas a genialidade de um artista a majestosa e infinita arquitetura. De fato, o Sumo e Eterno Bem operacionalizou a belíssima obra do Universo.

Quis Deus finalizar a encantadora e belíssima obra da Criação, criando no último dia o homem e a mulher. Não foi apenas mais um detalhe da espetacular e fulgurante beleza do universo. Deus criou o ser humano à sua imagem e à sua semelhança. Privilégio dado à humanidade em relação a todos os demais seres. Se todos os seres criados são agraciados de beleza, somente nós temos corpo e alma. Não são duas palavras desconectadas. Somos dotados de corpo e alma, e devemos compreender a unicidade dos dois termos. O corpo humano necessita da alma para ter vida e vitalidade.

Se somos cercados de carinho e nos diferenciamos de todos os demais seres criados, necessitamos, também, de nos aproximar sempre mais do Criador. Somos criados pelo Altíssimo e tendemos a Ele.

Privilégio pressupõe responsabilidade. Aliança requer fidelidade e fidelização. A Aliança feita por Deus requer de cada um de nós parceira contínua e incondicional. O Altíssimo zela pela sua obra, porque a realizou por amor. Nós, seres humanos, parte da criação, precisamos honrar nossos compromissos.

Precisamos honrar dignamente nossos compromissos. Devemos, também, testemunhar no que cremos e aceitamos, perante a todos. Urge a nossa fidelidade diante de Deus e junto aos homens e mulheres do nosso tempo.

4. O Sacramento do matrimônio

"O que Deus uniu, o homem não deve separar" (Mt 19, 6).

A Sagrada Escritura é fonte de vida para as nossas vidas. Sobre a Criação, nós encontramos no Livro de Gênesis. Deus nos criou à sua imagem e à sua semelhança. Ficamos maravilhados diante da beleza do Universo.

Quis Deus que a sua obra se perpetuasse até o ocaso e a Plenitude de um novo céu e uma nova terra. A Plenitude da Revelação, Cristo Jesus, edificou a sua Igreja sobre Pedro, e constituiu a Família, pelo sagrado vínculo do Matrimônio.

A Igreja de Cristo Jesus está presente no mundo. O Salvador a quer entre as pessoas. Portanto, precisamos anunciar o Evangelho do Redentor, na sua totalidade. Sobre a Família, o Bom Pastor quis constituí-la com Sacramento. "O que Deus uniu, o homem não deve separar" (Mt 19, 6). Não são os tempos e nem mesmo as circunstâncias que alteram ou modificam a Palavra Revelada. Sacramento e Indissolubilidade são palavras-chave para compreendermos o querer de Cristo Jesus.

5. Conclusão

Lemos na Sagrada Escritura, no Livro do Gênesis, que Deus manifestou seu amor incondicional e permanente, ao ser humano desde o momento da criação. Para os homens e mulheres que creem no Altíssimo, a formulação que Deus nos ama desde o princípio de nossas vidas já é suficiente para nele acreditarmos e depositarmos nossa inteira confiança.

Observamos, outrossim, no Preâmbulo da Constituição da República Federativa do Brasil de 1988, a locução *sob a proteção de Deus*. Compreendo que o povo brasileiro crê em Deus e manifesta a sua religiosidade. Desde a sua gênese sob a proteção da Santa Cruz, a nação brasileira sedimentou sua proteção no Criador. Desde a concepção a gente dessa terra estabeleceu uma aliança com o Altíssimo criando uma relação permanente.

Como fazer um paralelo entre o amor de Deus à humanidade, sobretudo com os habitantes dessa terra, e a proposição dos constituintes, para assegurar os valores permanentes aos brasileiros, clamando a proteção de Deus? Podemos afirmar que queremos o melhor aos nossos pares, sob a contínua evocação do Altíssimo? Reiteramos que Deus, sempre em primeiríssimo lugar, e depois nossos ideais aos homens e mulheres do nosso tempo? Tenho a plena convicção que podemos manter o amor para com Deus e devemos assegurar as condições vitais para a nossa gente. O melhor que queremos nós encontramos junto ao Altíssimo. O Criador estabeleceu uma relação de carinho e proteção para com os seus filhos e filhas e os Constituintes, em 1988, propuseram e asseguraram a paz e a tranquilidade próprias de uma Nação temente a Deus.

À pergunta, sugerida pela UJUCASP: *Como interpretar o Preâmbulo da Constituição? Nós, representantes do povo brasileiro, reunidos em Assembleia Nacional Constituinte para instituir um Estado Democrático, destinado a assegurar o exercício dos direitos sociais e individuais, a liberdade, a segurança, o bem-estar, o desenvolvimento, a igualdade e a justiça como valores supremos de uma sociedade fraterna, pluralista e sem preconceitos, fundada na harmonia social e comprometida, na ordem interna e internacional, com a solução pacífica das controvérsias, promulgamos, sob a proteção de Deus, a seguinte CONSTITUIÇÃO DA REPÚBLICA FEDERATIVA DO BRASIL*, resta-me assegurar que não haveria razão de ter a locução "sob a proteção de Deus" sido votada e aprovada por maioria expressiva, se fosse considerada irrelevante. Estamos nos enganando a nós mesmos se invocamos o nome do Altíssimo, sem que vivamos reta e plenamente os seus Mandamentos e seus Ensinamentos encontrados na Sagrada Escritura.

No *Art. 226. A família, base da sociedade, tem especial proteção do Estado § 2º O casamento religioso tem efeito civil, nos termos da lei,* eu vejo, clara e nitidamente, a proteção e a mão de Deus para com as Famílias. Eu leio, categórica e visivelmente, que os prezados Constituintes perceberam e assinaram a sacramentalidade da Família.

Que a Divina Misericórdia nos proteja a todos. Que o Altíssimo posso falar através dos membros da Igreja. Que o Sempiterno possa se expressar junto aos Magistrados, sobretudo, em defesa da vida e da Família. Que a Trindade Santa esteja na vitalidade assegurada nas Leis, que são emanadas para o bem da sociedade. Que a Letra, isto é, a Constituinte de 1988 esteja sempre em consonância com o Espírito que gera a Vida, para o bem de todas as Famílias que acreditam em Deus e que formam a Nação Brasileira.

Bibliografia

Compêndio do Vaticano II. *Constituições, decretos e declarações*. 18ª ed. Petrópolis: Vozes, 1984.

Constituição da República Federativa do Brasil. 2ª Tiragem. São Paulo: Editora LTR Ltda, 1989.

DI FRANCO, Carlos Alberto. Deus, provocação eterna. *O Estado de São Paulo.* Ano 141, nº 46150, 24 de fevereiro de 2020, p. A2.

FRANCISCO, papa. *Amoris Laetitia.* A alegria do amor. São Paulo: Editora Loyola, 2016.

LEVA, J.U. *Jornal O São Paulo.* Ministério Petrino de Francisco, 10 de março de 2021.

MARTINS, Ives Gandra da Silva – CARVALHO, Paulo de Barros (Coord.). Tratado Brasil-Santa Sé. São Paulo: Noeses, 2018.

MARTINS, Ives Gandra da Silva, CARVALHO, Paulo de Barros, BERTELLI, Luiz Gonzaga – BIAGINI, João Carlos (Coord.). *Liberdade Religiosa e Liberdade de Expressão*. São Paulo: Noeses, 2020.

VIEIRA, Thiago Rafael e REGINA, Jean Marques. Prefácio – Dr. Ives Gandra da Silva Martins. *Direito Religioso.* Questões práticas e teóricas. 1ª ed. Porto Alegre: Editora Concórdia: 2018, pp. 29-41.

HOMENAGEM AO PROFESSOR JOÃO CARLOS BIAGINI

Roberto Victalino de Brito Filho[1]

O Professor João Carlos Biagini, nascido aos 22 dias de junho de 1948, teve uma carreira pautada pela defesa do direito e da justiça. Formado em Letras e em Direito, foi oficial de justiça, procurador municipal, presidente e membro de várias entidades de classe.

Era incansável, insistente e obstinado. À sombra de qualquer notícia aparentemente ruim, sempre tinha uma tese de solução. Não guardava conhecimento. Era generoso, compartilhador.

Nos seus últimos 15 anos, passou a se empenhar profundamente na defesa da vida e da família. Viajou Estados e cidades com este intuito.

Em um episódio marcante, organizou um abraço simbólico no Fórum João Mendes Junior, juntamente com centenas de pessoas no ato da apresentação de uma Ação Judicial

---

1. Advogado, Mestre em Direito pela Universidade Mackenzie, Pós-Graduado em Direito Constitucional e Direito do Trabalho, Vice-Presidente da Comissão OAB Vai à Faculdade – Núcleo Progresso/Guarulhos, Professor Universitário, Membro do Conselho de Economia da Diocese de Guarulhos, Membro da UJUCASP.

capitaneada por Dom Luiz Gonzaga Bergonzini contra uma entidade abortista que se dizia católica. Em outro, discursou fervorosamente em São José dos Campos junto à Câmara dos Vereadores de tão maravilhosa cidade.

Em uma de suas idas até Brasília, interpôs medidas judiciais junto ao TSE e o STF, contra a absurda apreensão do material "APELO A TODOS OS BRASILEIROS E BRASILEIRAS", elaborado pela Assembleia Geral da CNBB-Regional Sul-1 pelo fato de recomendar-se aos cristãos a não votarem em candidatos favoráveis ao aborto. A disputa judicial para liberação do material, já naquela época envolvia o interesse de alguns em calar a liberdade da Igreja em defender seus preceitos e a Vice-Procuradora-Geral Eleitoral reconheceu isso ao esclarecer em seu parecer favorável à liberação imediata do material, afirmando: *"A manifestação de pensamento sobre o aborto ou qualquer outro tema – seja expressado posicionamento favorável ou contrário – é assegurada pela ordem constitucional vigente e nada há de ilegal [...] Por todo o exposto, manifesta-se o Ministério Público Eleitoral, pela revogação da medida liminar concedida, com a devolução de todo material apreendido à Mitra Diocesana de Guarulhos"*.

De personalidade forte, nunca se dava por vencido e dificilmente por convencido. Ele era assim não só no labor, mas também na boa educação dada aos filhos. Não compactuava com o erro. O acerto, para ele, não era mais que uma obrigação.

Apaixonado, dizia cotidianamente que Deus lhe havia dado a graça de casar várias vezes com a mesma esposa (referindo-se à celebração do casamento e às duas bodas de aniversário).

Sua rotina de trabalho iniciava bem cedo já em casa. Continuava no escritório com a convocação diária de seu sócio e companheiro de labuta para um café por volta das 9h00 em sua sala. Às vezes a conversa era rápida, mas geralmente se seguia por horas a fio. Alinhavava-se as ideias. Decidia-se os processos. Aprendizado mútuo. Seguiam trabalhando conjuntamente até o final da tarde e início da noite.

Mas, um fato marcante mudou toda a sua trajetória. Tal etapa se dá em um sábado, no primeiro dia de fevereiro de 2014. Ao telefone era seu filho mais novo dizendo que o pai havia sofrido um infarto no Rio de Janeiro.

Semanas de internação, sedação, intubação, transferência para São Paulo, cirurgias e repouso.

O tempo passou. O milagre aconteceu.

Ele se recuperou e não parou. Fez mais do que o limite lhe permitia.

Advogou, deu palestras, escreveu e ensinou.

Publicou um livro.

Integrou a Academia Guarulhense de Letras onde passou a participar de reuniões ajudando a disseminar a cultura e educação na cidade.

Na UJUCASP, atingiu o cargo de Diretor Secretário. Escreveu artigos, coordenou livros, ampliou consideravelmente o número de sócios, foi fundamental para realização do I Congresso Nacional dos Juristas Católicos: um desejo que manifestava todas as vezes que tinha oportunidade de falar nas assembleias de associados.

Realizou muitos outros feitos.

Mas a convalescença em razão do infarto insistia em cobrar o seu preço.

Teve que se submeter a nova cirurgia.

Não esmoreceu. Quem pôde visitá-lo, viu-o trabalhando em seu pequeno notebook no quarto do hospital até a véspera da operação e dão conta de que estava confiante, na certeza de que, independentemente do que acontecesse, estava certo de ter cumprido sua jornada; combatido o bom combate; guardado a fé (2 Tim 4,7).

A passagem do Professor João Carlos Biagini nos quadros de nossa entidade foi um grande testemunho de fé para todos os associados. Um grande jurista a quem rendemos nossas sinceras homenagens e que sempre será lembrado em um lugar de destaque nos anais da nossa instituição, mas, principalmente dos nossos corações.

Que seu testemunho de fé seja, eternamente, um norte para a nossa caminhada.

PRONUNCIAMENTO DO DR. LUIZ GONZAGA BERTELLI, PRESIDENTE DA UNIÃO DOS JURISTAS CATÓLICOS DE SÃO PAULO - UJUCASP NA SOLENIDADE DE ENTREGA DO PRÊMIO SANTO IVO: PATRONO DOS ADVOGADOS E HOMENS DA JUSTIÇA, NO DIA 24 DE MAIO DE 2021

Estamos reunidos na Igreja Nossa Senhora do Brasil, a fim de outorgar ao confrade da UJUCASP, Dr. Roberto Mortari Cardillo, o Troféu Santo Ivo de 2021 e prestar a nossa homenagem, *in memoriam*, ao patrono dos advogados e dos membros do Judiciário brasileiro, Santo Ivo.

Trata-se da outorga de expressiva láurea, que já foi concedida, anualmente, desde o ano de 2015, aos eminentes juristas:

- Ministro José Gregori - no ano de 2015
- Desembargador Professor José Renato Nalini – no ano de 2016
- Dr. Newton De Lucca – no ano de 2017
- Prof. Dr. Ives Gandra da Silva Martins – no ano de 2018
- Professor Desembargador Ricardo Henry Marques Dip – no ano de 2019 e
- Professor Doutor Paulo de Barros Carvalho – no ano de 2020.

O Dr. Roberto Mortari Cardillo, distinguido neste ano de 2021, é advogado, formado pela Faculdade de Direito da Pontifícia Universidade Católica de São Paulo (PUCSP), tendo concluído o seu curso no ano de 1967.

Possui inúmeros cursos de especialização e pós-graduação. Advoga desde o ano de 1968. Foi procurador da República, em 1973, por concurso público, cargo que exerceu até a sua aposentadoria no ano de 1994.

Desde o ano de 2002, é sócio da Cardillo & Prado Rossi Sociedade de Advogados.

Tem inúmeros artigos e pareceres publicados em revistas e boletins especializados no campo do direito e das letras jurídicas.

O Troféu Santo Ivo e o Diploma que lhe foram outorgados coroam a sua brilhante carreira jurídica e a enorme dedicação ao Direito e à Justiça.

Santo Ivo nasceu no dia 17 de outubro de 1253, em Tréguier, atualmente Côtes-Du-Nord, a Oeste da França, antigo ducado da Bretanha e, por pouco, teria nascido na Inglaterra.

Seu nome no século foi Yves Hélouri de Kermartin.

Fidalgo, descendia dos nobres da Bretanha e da França. Aos 14 anos, foi sagrado cavaleiro, como exigiam os estatutos da Ordem da Cavalaria. A Ordem constituía num colégio dos que sabiam usar bem as armas de cavaleiro. A igreja sacralizou a cerimônia de admissão na Ordem pela concessão solene das armas, primeiro benzendo a espada e impondo regras básicas de comportamento moral, religioso e social.

Normalmente, antes da entrega da espada, o candidato ouvia um sermão com a essência do código de honra do cavaleiro. As regras ordenam-se em mandamentos entre eles: Acreditarás em tudo que a Igreja ensina e observarás os dez mandamentos, protegerás a Igreja, respeitarás os fracos, serás o seu defensor, do direito e do bem contra a injustiça e o mal.

Obedecendo ao pai, que possuía cavalos, que vislumbrava no filho um futuro cavaleiro, foi estudar cavalaria. Fazia sentido, os mouros vinham atacando. Em tempo permeado por conflitos bélicos, era de bom tom que fidalgos dominassem essa arte, ou seja, estivessem prontos para atuar como soldados a serviço do Reino. Também era uma maneira de suceder ao pai. Assim, a cavalaria tornava-se a força armada, a serviço da virtude desarmada.

Conta-se que nessa oportunidade lhe indagou o grão-mestre da Ordem da Cavalaria.

Por que motivo deseja ser admitido na instituição dos cavaleiros?

Foi quando o Santo respondera:

– Juro a pureza das minhas intenções, quero ser a fortaleza dos fracos, dos humildes, dos pobres e dos necessitados.

A sua genitora tinha o nome de Azo Du Kenquis e o pai Lorde Helory de Kermartin.

Conta-se que essa dama, muitíssimo religiosa, por uma revelação divina, teve a presciência da futura vida do filho. Desde então, procurou induzir o marido a dar ao filho princípios da piedade cristã, ser magnânimo e generoso para com todos.

Com menos de 15 anos, Yves foi enviado para estudar nas escolas da capital francesa. Em Paris, o jovem, desde logo, se distinguira dos demais colegas, não somente nas lições de filosofia e em teologia, mas principalmente em direito canônico. Era absolutamente modesto e frugal, avesso a títulos e cargos.

Em Paris, teve como professores São Tomás de Aquino e São Boaventura, dois doutores da igreja.

Após completar 20 anos, iniciou-se nas "Institutas de Justiniano" e, em seguida, fizera um curso especial de direito civil na Universidade de Tolosa com o mestre e jurisconsulto, Pierre de La Chapelle, que fora elevado ao cardinalato em

1277. Santo Ivo era muito respeitado no meio acadêmico devido à sua intensa vida de piedade.

Quando completara a sua educação secundária e superior regressou à Bretanha, onde o Arcebispo de Rennes o nomeou secretário.

Em Rennes, foram-lhe conferidas todas as ordens sacras, exceto o sacerdócio. Em 1285, o Bispo de Tréguier, Alain de Druc, conferiu-lhe o poder sacerdotal e o nomeou Cura de Trédrez.

Firmara para Deus e à comunidade os votos de pobreza, castidade e obediência.

Após servir oito anos na Paróquia de Trédrez foi elevado ao cargo de Juiz Eclesiástico da Diocese de Rennes, capital do ducado da Bretanha.

A vida exemplar de Santo Ivo caracterizou-se por tocante humildade, rígido ascetismo, constante jejum a pão e água e o fato também de dormir sobre uma simples esteira, tendo como travesseiro apenas um livro ou uma pedra. Passava a noite em estudos e orações.

Foi sempre o extraordinário advogado e juiz na sua edificante passagem por este mundo. Advogado dos pobres, das viúvas e dos órfãos, em cuja defesa produzia notáveis trabalhos jurídicos. Julgava todos os tipos de litígios, menos os processos criminais. Jamais se negava a atender quem o buscava. Em poucos anos, seria um dos religiosos mais amados e respeitados, inclusive pelo Papa.

Foi o primeiro a instituir, na Diocese, a justiça gratuita, para os que não podiam pagá-la.

Daí, a sua consagração como Santo protetor da advocacia e seu máximo patrono. O Santo, conforme a Bíblia, é o varão justo, a que se referem os salmos e o novo testamento.

As suas obras, exercidas com austeridade, rigidez de princípios e estoicismo, induziram o Papa Clemente VI a canonizá-lo em 1342.

Santo Ivo foi sacerdote e magistrado. Contudo, exerceu intensamente a profissão de advogado.

Como juiz, em 2 de cada 3 processos, que julgava, fazia-o terminar sem mágoas ou ressentimentos, mas com a celebração de acordos.

Foi o instaurador da conciliação e Ivo se tornou conhecido mediador na França.

O saudoso Professor Ruy de Azevedo Sodré, em conferência, no dia 19 de maio de 1965, proclamou que Santo Ivo foi o grande apóstolo da advocacia popular, pois era não só o patrocinador gratuito, como o benemérito, que custeava as despesas do processo. Quando lhe eram denunciados roubos de carneiros, bois e cavalos, Ivo ia pessoalmente aos castelos recuperar os animais e entregá-los aos seus donos.

Devido ao seu extenuante trabalho, combalido, fraco e cansado, ainda procedia ao atendimento de doentes, que cuidava em sua residência, transformada em verdadeiro hospital, vindo a falecer aos 50 anos de idade. Eclipsava-se o astro fulgurante que tanta luz espargira na cristandade.

As suas sentenças judiciais viraram verdadeiras lendas.

Santo Ivo falecera em 19 de maio de 1303 em Kermatin, sendo levado em procissão para a Catedral de Tréguier, onde está sepultado.

Fora atuante sacerdote, despido das vaidades do mundo, despojado, voluntariamente, de todos os bens em favor dos desamparados. Flui a todos quantos por dever de ofício e mesmo cidadãos comuns que cultuam a justiça, a convicção da constante presença de Santo Ivo em seu labor cotidiano como lume e orientação, aduziu o professor Ruy Homem Lacerda.

De acordo com a sua vocação franciscana, Santo Ivo foi sempre um verdadeiro discípulo de Cristo no desempenho do seu acentuado amor ao próximo.

A igreja de Sant'Ivo Allá Sapienza, em Roma (Itália), é dedicada a Santo Ivo.

Carismático, Ivo recebera o dom extraordinário concedido por Deus a alguém para o perfeito desempenho de sua missão, tendo em vista o bem espiritual.

São Paulo, no capítulo XII da Primeira Epístola aos Coríntios, enumera os diversos carismas, entre os quais o poder de curar, a profecia, o discernimento dos espíritos e dom das línguas.

A sua imagem é representada com uma bolsa na mão direita, por todo o dinheiro que ofertara aos pobres e um papel enrolado na outra, devido ao seu ofício de advogado e juiz.

Uma das grandes frases de Santo Ivo era: *"Jura-me que sua causa é justa e eu a defenderei gratuitamente".*

Nesta efeméride comemorativa do padroeiro dos advogados, cabe-nos procurar seguir os ensinamentos de Santo Ivo na condição de servidores da moral, da ética e dos bons princípios. Santo Ivo é um testemunho de que os superlativos cabem na humildade.

Como aconselha Dom Carlos Lema Garcia, nosso querido diretor eclesiástico da União dos Juristas Católicos de São Paulo (UJUCASP): "Temos que renovar diante de Deus o nosso compromisso de luta pela santidade e pela justiça".

Na expressão do poeta: "Patrono dos advogados, Santo Ivo, a bem da verdade, fez pelos injustiçados, o que só pode a bondade".

DIREITO RELIGIOSO COMO RAMO AUTÔNOMO DO DIREITO: UMA DEFESA FÁTICO-CONSTITUCIONAL

Thiago Rafael Vieira[1]

Jean Marques Regina[2]

Resumo: O presente artigo visa a demonstrar a autonomia constitucional do direito religioso na Constituição da República Federativa do Brasil de 1988. Primeiramente, demonstra as origens do direito religioso e sua relevância jurídica. Na sequência, traz um breve histórico no contexto das primeiras Constituições brasileiras até chegar à presente Constituição, bem como da participação da Igreja Católica e das demais fés, na construção do Estado brasileiro. Após, demonstra a importância da religião e da liberdade religiosa para o Estado, aportando na essência conceitual no Direito Religioso. Finalmente, verifica-se a previsão constitucional do Direito Religioso e sua autonomia, artigo por artigo, a partir das diferentes nuances tratadas pelo texto constitucional.

---

1. Mestrando em Direito Político e Econômico pelo Mackenzie/SP. Especialista em Estado Constitucional e Liberdade Religiosa pelo Mackenzie/SP com estudos no Regent's Park College de Oxford e no Ius Gentium Conimbrigae da Universidade de Coimbra. Especialista em Direito do Estado pela UFGRS. Especialista em Teologia e Bíblia pela ULBRA. Cronista da Gazeta do Povo e Presidente do IBDR.

2. Mestrando em Direito Político e Econômico pelo Mackenzie/SP. Especialista em Estado Constitucional e Liberdade Religiosa pelo Mackenzie/SP com estudos no Regent's Park College de Oxford e no Ius Gentium Conimbrigae da Universidade de Coimbra. Especialista em Teologia e Bíblia pela ULBRA. Cronista da Gazeta do Povo e 2º Vice-presidente do IBDR.

Palavras-chave: Direito Religioso – Religião – Igreja – Laicidade – Fenômeno Religioso – Constituição brasileira – Brasil – Liberdade Religiosa.

Abstract: This article aims to demonstrate the constitutional autonomy of religious law in the 1988's Constitution of the Federative Republic of Brazil. Firstly, it demonstrates the origins of religious law and its legal relevance. Following, it brings a brief history in the context of the first Brazilian Constitutions until reaching the present Constitution, as well as the participation of the Catholic Church and other faiths, in the construction of the Brazilian State. Then, it demonstrates the importance of religion and religious freedom for the State, contributing to the conceptual essence of Religious Law. Finally, there is the constitutional provision of Religious Law and its autonomy, article by article, based on the different nuances dealt with by the constitutional text.

Keywords: Religious Law – Religion – Church – Secularism – Religious Phenomenon – Brazilian Constitution – Brazil – Religious Freedom.

1. Introdução

O Direito Religioso é tão antigo quanto a própria humanidade. Sua relevância jurídica é demonstrada pela sua expressão social indelével em razão da magnitude antropológica da religião. Desde os primeiros sinais do homem, percebe-se, em seus escritos nas cavernas, a presença da religiosidade e de sua importância,[3] inclusive como fator regulador das próprias sociedades primitivas. Percebemos que, desde os Sumérios, uma das civilizações mais antigas do planeta, o Direito Religioso estava presente na organização política e jurídica da – então depois denominada, *Pólis*.

3. "...foram encontradas inumeráveis figuras de mulherinhas gordas, indicando ou a adoração da maternidade ou uma africana concepção de beleza. Na Tcheco-Eslováquia descobriram-se estátuas de um cavalo selvagem, duma rena e dum mamute, entre restos datados de 30.000 A.C." DURANT, Will. *A História da Civilização* – Vol. 1. Trad. Gulnara de Morais Lobato, São Paulo: Companhia Editora Nacional, 1957, p. 107.

> O rei Ur-engur proclamou o seu código de leis em nome do grande deus Shamash, porque naquele tempo o governo já havia descoberto a grande utilidade política do céu. Como os deuses se mostrassem úteis, começaram a proliferar; cada cidade ou estado, cada atividade humana, tinha o seu patrono. A Adoração do Sol já seria velhíssima quando a Suméria começou, e lá essa adoração se expressou no culto de Shamash, "luz dos deuses".[4]

Em qualquer sociedade, desde a mais rudimentar até a mais complexa, o direito está presente, assim como a religião e, desta forma, a necessidade de estruturação. Até antes mesmo nas primeiras civilizações – as sociedades tribais – a religião estava presente e com ela a necessidade da promoção de uma ordem mínima, realizada pelo Direito. Em um contexto que tudo era místico e a política se amalgamava com a transcendência, o Direito possuía um papel de regular essa ordem mística, logo revestido também de aspectos religiosos, ou seja, a gênese do Direito Religioso. Ensina Dawson que "a totalidade da vida social de um povo primitivo se encontra inteiramente ligada à sua religião. O mesmo vale para as primeiras civilizações.[5]" Vejamos o que nos ensina o professor espanhol Antônio Martinez Blanco:

> A relevância jurídica do fato religioso está inscrita na relevância social. Como uma cascata, cada um desses aspectos nos leva ao seguinte: aspecto social, aspecto jurídico e aspecto - que estudaremos mais adiante - cívico ou político. Quanto à relevância jurídica do fato social religioso, é geralmente admitida como "ubi societas ibi ius": onde existe sociedade, existe o Direito, porque o Direito é aquele que estrutura o grupo social organizado. E se o fato religioso tem uma tradução social imediata, como vimos, dando origem a comunidades ou confissões religiosas, que adquiriram na história uma grande difusão, dotada de organização, atividades e meios, é evidente que ali pode e se faz presente a norma legal que regulamenta esses aspectos.[6] (Tradução livre).

---

4. DURANT, Will. *A História da Civilização* – Vol. 1. Trad. Gulnara de Morais Lobato, São Paulo: Companhia Editora Nacional, 1957, p. 136.

5. DAWSON, Christopher. Dinâmicas da História do Mundo. Trad. Maurício G. Righi. São Paulo: É realizações, 2010, p. 197.

6. BLANCO, Antonio Martinez. *Derecho eclesiástico del Estado*. Volumen 1. Espa-

E, assim, a religião perpassou toda a história, sempre presente na vida social da unidade política de qualquer *Pólis*, quer seja estruturando o poder, quer seja influenciado ou criando o Direito.[7] Na verdade, "é impossível entender ou explicar a sociedade através, apenas, de seus fatores materiais, sem considerar as influências religiosas."[8] No Brasil não foi diferente, como veremos a seguir.

2. Histórico brasileiro

O primeiro ato público oficial foi uma missa no dia 26 de abril de 1500, conforme descreve a carta do descobrimento do Brasil de Pero Vaz de Caminha.[9] Além do fato do primeiro nome do Brasil ter se originado da crença de que a expedição de Pedro Alvares Cabral carregava lascas da cruz de Cristo, por isto, Monte Pascoal, Ilha de Vera Cruz e Terra de Santa Cruz, o Estado Brasileiro foi fundado sob Graça de Deus. Vejamos o preâmbulo de seu documento fundante, a Constituição Imperial:

> DOM PEDRO PRIMEIRO, POR GRAÇA DE DEOS, e Unanime Acclamação dos Povos, Imperador Constitucional, e Defensor

---

nha: Editorial Tecnos S.A., 1994, p. 31.

7. Sobre esta história, ver VIEIRA, Thiago Rafael. REGINA, Jean Marques. *Direito religioso:* questões práticas e teóricas. 3. ed. ampliada e atualizada. São Paulo: Vida Nova, 2020, p. 106-132.

8. DAWSON, 2010, op. cit., p. 91.

9. Ao domingo de Páscoa pela manhã, determinou o Capitão ir ouvir missa e sermão naquele ilhéu. E mandou a todos os capitães que se arranjassem nos batéis e fossem com ele. E assim foi feito. Mandou armar um pavilhão naquele ilhéu, e dentro levantar um altar mui bem arranjado. E ali com todos nós outros fez dizer missa, a qual disse o padre frei Henrique, em voz entoada, e oficiada com aquela mesma voz pelos outros padres e sacerdotes que todos assistiram, a qual missa, segundo meu parecer, foi ouvida por todos com muito prazer e devoção. Ali estava com o Capitão a bandeira de Cristo, com que saíra de Belém, a qual esteve sempre bem alta, da parte do Evangelho. Acabada a missa, desvestiu-se o padre e subiu a uma cadeira alta; e nós todos lançados por essa areia. E pregou uma solene e proveitosa pregação, da história evangélica; e no fim tratou da nossa vida, e do achamento desta terra, referindo-se à Cruz, sob cuja obediência viemos, que veio muito a propósito, e fez muita devoção. Disponível em: https://bit.ly/3lRB67m Acesso em: 11 ago. 2021.

> Perpetuo do Brazil: Fazemos saber a todos os Nossos Subditos, que tendo-Nos requeridos os Povos deste Imperio, juntos em Camaras, que Nós quanto antes jurassemos e fizessemos jurar o Projecto de Constituição, que haviamos offerecido ás suas observações para serem depois presentes á nova Assembléa Constituinte mostrando o grande desejo, que tinham, de que elle se observasse já como Constituição do Imperio, por lhes merecer a mais plena approvação, e delle esperarem a sua individual, e geral felicidade Politica: Nós Jurámos o sobredito Projecto para o observarmos e fazermos observar, como Constituição, que dora em diante fica sendo deste Imperio a qual é do theor seguinte:
>
> CONSTITUICÃO POLITICA DO IMPERIO DO BRAZIL.
>
> EM NOME DA SANTISSIMA TRINDADE.

O Direito Religioso sempre gozou de autonomia na história constitucional brasileira, inclusive no Estado constitucional da República Velha, como se percebe na ampla liberdade religiosa prevista no art. 11, § 2º de sua Constituição,[10] além de muitos outros dispositivos. Com exceção da Constituição Polaca de Getúlio Vargas (1937-1946), o histórico constitucional brasileiro sempre alçou o direito religioso como altamente relevantes para os valores nacionais e, consequentemente, para o ordenamento jurídico pátrio.

Chegando aos dias de hoje, a Constituição da República Federativa do Brasil de 1988 carrega consigo toda esta herança caracterizada pela proteção à fé e pela preocupação com o sentimento religioso e seus desdobramentos na vida dos fiéis que professam diferentes cultos. Além disso, percebe-se claramente, do preâmbulo ao último artigo, o espírito que orientou o constituinte originário brasileiro: os valores formadores da civilização ocidental, quais sejam, aqueles oriundos do pensamento judaico-cristão.

Como corolário de toda esta herança profícua quanto à relação Igreja-Estado não numa tensão, mas numa distinção funcional, a Constituição brasileira elege o modelo

10. Art. 11. É vedado aos Estados, como à União:
§ 2º. estabelecer, subvencionar ou embaraçar o exercício de cultos religiosos; [...].

colaborativo de laicidade, e, como decorrência, todo o ordenamento jurídico se conforma a este modelo, em obediência ao comando maior da parceria em busca do bem comum entre o Estado e a Igreja, na suas mais diversas facetas.[11]

> Art. 19. É vedado à União, aos Estados, ao Distrito Federal e aos Municípios:
>
> I - estabelecer cultos religiosos ou igrejas, subvencioná-los, embaraçar-lhes o funcionamento ou manter com eles ou seus representantes relações de dependência ou aliança, ressalvada, na forma da lei, a colaboração de interesse público;

O histórico constitucional brasileiro demonstra a preponderância política, jurídica e social do fenômeno religioso e de suas consequentes irradiações, tais como situações de proteção individual e comunitária de culto, proteção e garantia da livre organização religiosa em assuntos internos e canônico, até princípios comezinhos à vida secular, como a própria ordem social e econômica do Estado (vide os princípios emprestados da Doutrina Social da Igreja Católica e expostos no art. 170 e ss e nos arts. 1º e 3º do texto constitucional).

A participação da Igreja Católica Apostólica Romana e das demais organizações religiosas na construção e manutenção do Brasil, tanto da história, das ciências da religião e políticas, quanto do Direito são fatos historicamente comprovados e acima de quaisquer dúvidas. E, precisamente aqui, percebe-se a necessidade de repisar a urgência de se reconhecer a existência de um ramo autônomo no Direito, preocupado em estudar, ordenar e aplicar as questões de desenvolvimento histórico, premissas filosóficas, evolução do corpo constitucional e aplicação prática na rotina que é regida pela Fé.

---

11. "Qual é o interesse público do Brasil? O interesse último é o bem comum dos seus jurisdicionados, e, é aqui, precisamente no dispositivo constitucional de separação das ordens material e espiritual, que o Estado reconhece o objetivo final em comum de ambas as instituições, qual seja, o bem comum!" VIEIRA e REGINA, *op. cit.*, p. 158.

3. Importância da religião para o Estado

Diferentemente do que, erroneamente, propaga-se de que *a religião é uma simples convicção íntima de cada um*, os fatos social e político revelam que a mesma avança muito do âmbito privado da pessoa humana. A religião precede o Estado e molda a cultura: motiva as decisões humanas, atrai determinações constitucionais específicas para aqueles que professam diferentes confissões de fé e impulsiona o Estado a garantir que o ser humano viva em conformidade com sua crença, sem a intromissão do Leviatã,[12] desde que nunca contrarie objetivamente o bem comum. O Estado deve reconhecer a importância da religião visto que a "religião é a grande força dinâmica na vida social e as mudanças vitais na civilização estão sempre vinculadas a mudanças nas crenças e nos ideais religiosos."[13]

A tais questões, damos o nome de Liberdade Religiosa, uma das raízes de uma árvore chamada Direito Religioso: área do Direito, responsável por estudar todos os desdobramentos que envolvem o sentimento religioso e a crença. Entende-se que a matéria "se comunica tanto com o Direito Público quanto com o Privado [...]. O Direito Religioso agrega duas subdivisões em si, o Direito Canônico e o Direito Eclesiástico, e, este último, por sua vez, relaciona-se com praticamente todas as áreas do Direito."[14]

Dar luz à ideia de que o Direito Religioso se comunica com o Direito Público e com o Privado é sinônimo de perceber o alcance que a religião possui na ação humana. Entendendo que a

---

12. O Professor Victor Sales Pinheiro muito bem lembra, em sua aula sobre a *Relação entre ética e política na perspectiva aristotélica*, que há uma inversão ontológica fundamental no paradigma individualista trazido por Thomas Hobbes. "*[...] tendo em vista que, em todos Estados, são ilegais todas as Reuniões que não tenham sido autorizadas pelo Soberano Civil, o mesmo é válido para as Igrejas que, em qualquer Estado, reúnem-se após terem sido proibidas, e tal Reunião é considerada ilegal.*" (HOBBES, Thomas. *Leviatã*: ou matéria, forma e poder de um Estado eclesiástico e civil. São Paulo: Edipro, 2015. p. 409.) Apenas com a permissão do deus Estado, é que a Igreja pode se reunir: o exercício da religião, em HOBBES, fica pendente da anuência do Estado.

13. DAWSON, Christopher. *Progresso e religião*. Trad. Fábio Faria, São Paulo: É Realizações, 2012, p. 263.

14. VIEIRA, *op. cit.*, p. 58-59.

religião está presente em todas as áreas da vida, o Constituinte e o legislador foram felizes ao tratar sobre os diferentes aspectos da religiosidade, tanto na esfera pública e quanto na esfera privada.

O posicionamento da legislação brasileira, a colaboração entre Igreja e Estado, assim como as peculiaridades de uma organização religiosa – quer seja internamente, quer seja na sua participação em diferentes setores da sociedade – são determinantes para reconhecer que existe um Direito Religioso com autonomia própria. Quiçá, esteja presente nas grades curriculares da Academia, sendo objeto de avaliação, especialização e pesquisa no Campus Universitário.

Para que isso fique mais claro, faremos uma divisão entre as diferentes frentes do ordenamento jurídico brasileiro, e as áreas de alcance que a religião possui na vida do povo. É mister compreender que algo tão significativo nas relações humanas atrai naturalmente uma denominação por parte das ciências jurídicas.

4. A essência do direito religioso

São diversos os dispositivos constitucionais que protegem o fenômeno religioso em uma clara demonstração de sua importância para a comunidade política, nos quais é ordenado ao Estado atender e proteger tudo aquilo que faz parte do conjunto da Dignidade da Pessoa Humana.

Assim como Aristóteles indica o fim último de uma comunidade política, a saber, o bem comum, o constituinte tem por fim atentar para este princípio basilar ao gestar a Carta Maior de uma nação. Vale aqui um silogismo: a religião faz parte daquilo que é mais importante para a coletividade, a religião é algo que está no âmbito do comum, a religião é um bem, portanto, a religião é uma expressão do bem comum. É o que é bem comum? "Consiste no conjunto de todas as condições de vida social que consintam e favoreçam o desenvolvimento integral da personalidade humana".[15]

---

15. JOÃO XXIII. *Mater e Magistra*. Santa Sé (1963). Disponível em: https://bit.ly/3jNJFNH Acesso em: 11 ago. 2021.

Demonstrar as determinações constitucionais relacionadas à liberdade religiosa e de crença, ao Estado laico e ao ato de cultuar, é essencial. Contudo, há quem considere a preleção constitucional como insuficiente para criar um ramo autônomo do Direito. Por isso, uma análise dos dispositivos constitucionais que se relacionam com a fé também é importante para compreender a relação de motivos que justificam a realidade fática de uma área do Direito, específica para tratar das questões concernentes à religiosidade, segundo já indicamos:

> Ao abrirmos a Constituição Republicana Brasileira, já em seu início, encontramos seu preâmbulo, que se encerra com a seguinte avocação: "sob a proteção de Deus"! É importante destacar que qualquer estudioso de Direito Constitucional, ou mesmo um leitor descompromissado, percebe a atenção à religiosidade dispensada pelo Constituinte Originário Brasileiro, ao promulgar o Texto Magno sob a proteção de Deus [...].[16]

Não basta apenas resguardar a liberdade religiosa. O art. 5º, inciso VI, que declara a inviolabilidade da liberdade de crença é central no campo de estudo do Direito Religioso. Aqui, há uma declaração por parte do constituinte que vale a pena parafrasear: a liberdade de crença está protegida por uma camada blindada. Não se pode tentar quebrar essa barreira de proteção, por isto é i – n – v – i – o – l – á – v – e - l.

O Direito Religioso é um ramo indispensável para conduzir nossos olhos a perceber que há uma previsão, e até mesmo uma ordenação, de colaboração entre Igreja e Estado. Percebemos esta ordenação em diversos dispositivos constitucionais, algumas vezes de forma direta e expressa como na parte final do art. 19, I, outras vezes com outra nomenclatura, mas com o mesmo sentido, tais como: a assistência religiosa, indicada no inciso VII, do art. 5º, ou a imunidade tributária religiosa prevista no art. 150, VI, "b", ambos da CRFB/88. O Estado é incapaz de agir sozinho em prol de todos em uma

16. JOÃO XXIII. *Mater e Magistra*. Santa Sé (1963). Disponível em: https://bit.ly/3jNJFNH Acesso em: 11 ago. 2021. (p. 69).

comunidade e, especialmente quando diz respeito ao caráter transcendente do fenômeno religioso.

Os templos de qualquer culto, não importa a confissão, estão basicamente ligados à busca pelo transcendental. A Igreja trata de conduzir o homem ao processo de redenção, o que posteriormente atrai o desenvolvimento das virtudes, daquilo que é bom, verdadeiro e belo. O Constituinte sabe que:

> A falha em manter o equilíbrio adequado entre Igreja e Estado tem levado a apuros perenes ao longo da história. [...] A Igreja e o Estado precisam estar em tensão mútua e colaborativa. A Primeira Emenda da Constituição dos Estados Unidos proíbe o estabelecimento de qualquer religião oficial e a restrição da livre expressão da religião. Não era o propósito dos legisladores impedir que os princípios éticos fossem elementos decisivos na determinação da ação do Estado. A tendência ao "apartheid religioso" e até mesmo à restrição do direito de os cristãos agirem como cidadãos vai levar a uma sociedade amoral.[17]

Quando Estado e Igreja colaboram com vistas a promover uma sociedade virtuosa, observa-se um andamento saudável das instituições, uma filtragem dos comportamentos e uma relação efetiva entre o povo e os seus governantes. O exercício pleno da religião – além de elevar a consciência do homem para aquilo que não é temporal, mas para o que é eterno – é pedagógico, pois ensina os fiéis como eles devem se portar com vistas a alcançarem um *status* de beatitude, o que incide diretamente sobre a decisão humana e o trabalho humano. A religião faz parte das relações humanas e, por isso, ela também integra o Direito.

> A totalidade do que o homem fez é cultura. Esta empresa de construção do mundo é uma obra coletiva de homens. A maioria desses mundos feitos pelo homem ao longo da história – disse Elizalde – foram sacralizadas; esse processo chama religião; e parece que apenas através do sagrado poderia homem até recentemente conceber um cosmos. Essa socialidade inscrita na naturalização do homem também se manifesta no contexto do sentimento religioso: ou seja,

17. CAIRNS, Earle Edwin. *O cristianismo através dos séculos*: uma história da igreja cristã. 3ª edição. São Paulo: Vida Nova, 2008. p. 578.

> o homem sempre seguiu de forma associada para a expressão e exercício de seus sentimentos religiosos.[18] (Tradução livre).

Uma visão liberal (secularista) de mundo, que valoriza o indivíduo desassociado a qualquer influência religiosa, é fruto de um desconhecimento sobre os efeitos do sentimento religioso no coração e na mente dos cidadãos. Um bom exemplo é a perspectiva cristã de vida humana:

> O conceito de discernimento cristão – de ver as coisas à luz de Cristo – é muitas vezes encontrado em todo o Novo Testamento. Paulo exorta seus leitores a não se amoldarem "ao esquema deste mundo", mas a serem "transformados pela renovação da [sua] mente" (Rm 12.2) – afirmando assim a capacidade da fé cristã de produzir uma mudança radical na forma que entendemos e habitamos o mundo. [...] Isso significa mais de que uma mudança congnitiva ou intelectual. Portanto, João Crisóstomo argumenta (*Homilies on Romans*, p. 20) que o sentido do texto de Paulo não é que os cristãos devem observar o mundo de uma maneira nova, mas que a transformação deles pela graça leva-os a observar o mundo dessa nova maneira.[19]

O Direito se interessa por aquilo que é relevante no seio da sociedade. Já que o ser humano é um animal político, as veias da política e da cooperação que visam ao bem comum, devem ser vistas, estudadas e qualificadas pelo mecanismo constitucional.

5. Previsão constitucional

Antes de tecer detalhadamente cada ponto da Constituição brasileira, é necessário entender o seu escopo. A Carta Magna brasileira leva em conta diferentes nuances do exercício religioso na vida dos homens e na rotina do Estado Democrático de Direito, a saber:

---

18. BLANCO, Antonio Martinez. *Derecho eclesiástico del Estado*. Volumen 1. Espanha: Editorial Tecnos S.A., 1994, p. 29.

19. MCGRATH, Alister. *Teologia natural:* uma nova abordagem. São Paulo: Vida Nova, 2019, p. 16.

i. A mente humana: o primeiro lugar aonde o ser humano toma suas decisões, inclusive aquela de professar determinada confissão de fé;
ii. A expressão daquilo que se crê: que se dá por meio do culto e dos locais de concentração dos fiéis;
iii. A ação humana: a partir do momento em que o ser humano tem a sua mente renovada, ele naturalmente compartilha isso com as outras pessoas – quer seja por meio de suas atividades, quer seja com sua pregação;
iv. O ensino humano às próximas gerações: que se dá por meio da pedagogia, a saber, um ensino sistematizado, que concilia apresentação teórica, situações práticas e avaliação;
v. Situações específicas de litígio entre o[s] religioso[s] e o Estado.

5.1 A mente humana

A Constituição preleciona sobre os principais aspectos da crença, iniciando pelo art. 5º, inciso VI, que determina ser "*inviolável a liberdade de consciência e de crença, sendo assegurado o livre exercício dos cultos religiosos e garantida, na forma da lei, a proteção aos locais de culto e suas liturgias*". Aqui, temos uma modalidade de liberdade, garantida pelo instrumento primário do ordenamento jurídico, conforme explicamos em outro momento:

> Dentre as inúmeras liberdades individuais tuteladas pelo Estado encontram-se as liberdades de crença e de culto, dispostas no título constitucional dos Direitos e garantias fundamentais, mais especificamente em seu artigo quinto, incisos VI e VII, e se encontram no âmbito de proteção da liberdade de consciência e expressam a liberdade religiosa. A liberdade de crença é a garantia que qualquer cidadão tem, brasileiro ou não, de optar por professar qualquer religião que escolher, assim como, em razão da liberdade de consciência, também, optar por não escolher nenhuma.[20]

20. VIEIRA, *op.cit.*, p. 88.

O pensamento é simples: se todas as outras liberdades presentes no art. 5º da CRFB/88 são devidamente enquadradas em uma de tantas linhas do Direito, a liberdade de crença e de culto é da mesma forma. Ela é fonte de nascimento de um conjunto de atividades que permeiam a rotina de fiéis, líderes eclesiásticos, estudiosos, pessoas em situação de vulnerabilidade, e assim por diante. Quebrar ou fazer vista grossa a tal liberdade equivale a deixar exposto, vulnerável, e com risco até de que seja perdida. Por isso, o primeiro degrau do Direito Religioso está em seu direcionamento como um tipo de liberdade fundamental.

É na esfera da consciência e da intimidade de cada um que a crença nasce, e esta é a primeira proteção constitucional. A partir desta e da liberdade de pensamento que nascem as demais liberdades. Primeiro o homem crê e pensa, depois o homem defende sua crença, sua ideologia, locomove-se, trabalha, estuda, compra, vende, canta, pinta etc.

5.2 A expressão daquilo em que se crê

Ainda no inciso VI, perceberemos que o constituinte levanta mais um passo: entender que a religião ultrapassa as fronteiras da mente humana. Ela é um exercício, que nas palavras de BLANCO, trata-se de "*manifestações exteriores e públicas de imediata significação religiosa, como as manifestações de culto, templos etc.*"[21]

Estruturar a Constituição para atender a esse aspecto do Sagrado na vida humana é mais do que uma obrigação por parte do Estado, é um promotor de capital moral, tendo em vista que "*questões de solidariedade, confiança, comprometimento, exclusão e inclusão entram no domínio que é abrangido por nossas avaliações morais.*"[22] Essas mesmas questões são desenvolvidas por meio da devoção humana a um Ser superior, que é uma bússola moral para suas ações e um regulador

21. BLANCO, *op. cit.*, p. 33. Em tradução livre.

22. KUIPER, Roel. *Capital moral:* o poder de conexão da sociedade. Brasília, DF: Editora Monergismo, 2019. p. 25.

de suas vontades: tudo isto resultando em uma *"capacidade moral e coletiva de estabelecer relações morais"*.[23]

Também há mais um objetivo em proteger os locais de culto e suas liturgias: evitar qualquer tentativa de macular o sentimento religioso e o seu exercício e expressão. Grupos externos há determinada confissão de fé, por vezes estão insatisfeitos com doutrinas e ensinamentos de determinado credo. Não satisfeitos em ter seu direito de não crer e discordar, os grupos buscam pelas vias do Judiciário deslegitimar e até mesmo impedir tais ensinamentos. Para que tal ótica, utilitária em sua essência, não afete as liturgias, conteúdo de pregações, cultos e afins, o constituinte fez questão de consagrar não apenas a liberdade individual de crença, mas também a comunitária e a de organização religiosa: *"Art. 5º, VI – [...] sendo assegurado o livre exercício dos cultos religiosos e garantida, na forma da lei, a proteção aos locais de culto e a suas liturgias"*. Inclusive, ordenou ao legislador ordinário que garantisse esta proteção por meio de lei.

> E quando reza "na forma da lei", obviamente é no sentido de proteger e assegurar que o livre exercício dos cultos religiosos ocorra e não restringi-lo e/ou impedi-lo (citação de José Afonso da Silva sobre o "na forma da lei"). O texto constitucional é autoexplicativo: "[...] é garantida, na forma da lei, a proteção aos locais de culto e a suas liturgias", ou seja, a lei deve proteger a realização do culto e nunca restringir![24]

5.3 A ação humana: o compartilhamento da fé

Dois aspectos precisam ser observados: a propagação da fé por meio da comunicação, chamada pela doutrina jurídica de proselitismo religioso, e a assistência social, através da qual as Igrejas se empenham em realizar boas obras, como reflexos de sua confissão de fé, por meio da piedade e dos trabalhos voluntários e, até, questões mais profundas, como a promoção da redenção humana.

---

23. Ibidem.

24. VIEIRA, *op. cit.*, p. 299.

> Referimos-nos ao fato social religioso como um possível objeto da competência do Estado. [...] confissões, como organizações religiosas, desenvolvem atividades culturais e sociais, que requerem a atenção da lei estadual, que normalmente resultará em uma atitude de colaboração na valorização do religioso de forma positiva e como integrando-se do bem comum da sociedade.[25] (Em tradução livre).

Assim se traduz o modelo brasileiro de laicidade, como colaborativo. Por tal razão, pela capacidade que a religião possui no processo de reestruturação humana, a Constituição prevê a assistência religiosa em seu art. 5º, inciso VII.[26]A capelania prisional é uma das aliadas na pauta da restauração do homem condenado por crimes, isto sem olvidar aqueles que estão segregados por doença e também precisam, além do tratamento material fornecido pelo hospital, o espiritual, ministrado pelos líderes eclesiásticos.

> A assistência religiosa a todo aquele que está segregado da sociedade e do corpo político é garantida pelo Estado Laico Brasileiro. Pouco importa se a segregação se deu por descumprimento da legislação penal (casos de prisão) ou em razão de doença. O ser humano não pode prescindir de sua dignidade, e o fenômeno religioso está intimamente vinculado à humanidade de qualquer pessoa. Assim, a assistência religiosa, quando segregado, é medida *sine qua non* para que não perca a própria dignidade e, em última análise, a própria humanidade.[27]

O art. 220 da CRFB/88,[28] ao tratar da comunicação social, elenca a primazia da liberdade de expressão. Tal liberdade é

25. BLANCO, *op. cit.*, p. 33.

26. "[...] é assegurada, nos termos da lei, a prestação de assistência religiosa nas entidades civis e militares de internação coletiva" (BRASIL. Constituição (1988). Constituição da República Federativa do Brasil. Brasília, DF: Senado Federal: Centro Gráfico, 1988).

27. VIEIRA, *op. cit.*, p. 248.

28. "A manifestação do pensamento, a criação, a expressão e a informação, sob qualquer forma, processo ou veículo não sofrerão qualquer restrição, observado o disposto nesta Constituição" (BRASIL. Constituição (1988). *Constituição da República Federativa do Brasil.* Brasília, DF: Senado Federal: Centro Gráfico, 1988).

ponte para a religiosidade humana, já que a expressividade é um dos meios para o fim da Fé. O Supremo Tribunal Federal, há tempos já consolidou essa relação, fazendo valer o texto constitucional e explicando o seu alcance na rotina:

> AÇÃO DIRETA DE INCONSTITUCIONALIDADE. DIREITO CONSTITUCIONAL. LEI N. 9.612/98. RÁDIODIFUSÃO COMUNITÁRIA. PROBIÇÃO DO PROSELITISMO. INCONSTITUCIONALIDADE. PROCEDÊNCIA DA AÇÃO DIRETA. 1. A liberdade de expressão representa tanto o direito de não ser arbitrariamente privado ou impedido de manifestar seu próprio pensamento quanto o direito coletivo de receber informações e de conhecer a expressão do pensamento alheio. 2. Por ser um instrumento para a garantia de outros direitos, a jurisprudência do Supremo Tribunal Federal reconhece a primazia da liberdade de expressão. 3. *A liberdade religiosa não é exercível apenas em privado, mas também no espaço público, e inclui o direito de tentar convencer os outros, por meio do ensinamento, a mudar de religião. O discurso proselitista é, pois, inerente à liberdade de expressão religiosa.* Precedentes. 4. A liberdade política pressupõe a livre manifestação do pensamento e a formulação de discurso persuasivo e o uso do [sic] argumentos críticos. Consenso e debate público informado pressupõem a livre troca de ideias e não apenas a divulgação de informações. 5. O artigo 220 da Constituição Federal expressamente consagra a liberdade de expressão sob qualquer forma, processo ou veículo, hipótese que inclui o serviço de radiodifusão comunitária. 6. Viola a Constituição Federal a proibição de veiculação de discurso proselitista em serviço de radiodifusão comunitária. 7. Ação direta julgada procedente.[29]

5.4 O ensino humano – cuidado e orientação às próximas gerações

Entendendo o cerne da família na civilização, o constituinte também fez questão de se lembrar do fator herança presente nos ensinamentos que os pais e/ou responsáveis desejam passar para os seus filhos. A Escola é um dos instrumentos responsáveis pela formação intelectual da criança, e há muitas

29. ADI 2566, Relator(a): Min. Alexandre de Moraes, Relator(a) p/ Acórdão: Min. Edson Fachin, Tribunal Pleno, julgado em 16.05.2018, Processo Eletrônico *DJe*-225 Divulg 22.10.2018 Public 23.10.2018. Grifo dos autores.

famílias interessadas em ter o aspecto confessional presente na grade curricular dos seus filhos. Portanto o art. 210, *caput* e § 1º da CRFB/88, traz a devida fixação sobre o assunto:

> Serão fixados conteúdos mínimos para o ensino fundamental, de maneira a assegurar formação básica comum e respeito aos valores culturais e artísticos, nacionais e regionais. § 1º - O ensino religioso, de matrícula facultativa, constituirá disciplina dos horários normais das escolas públicas de ensino fundamental.

Aqui se vê mais uma demonstração da importância e relevância constitucional da fé para o constituinte originário. Na verdade, o Estado Constitucional Brasileiro, ao eleger uma laicidade colaborativa, atua com neutralidade benevolente em face ao fenômeno religioso, uma vez que se fundamenta na dignidade da pessoa humana. Assim, assegura e garante a livre manifestação da fé, intimamente vinculada à dignidade do ser humano, e sua atuação secular paralela ao fenômeno religioso. O ensino religioso é matéria constitucional de alta relevância e garantida pelo Estado, que reconhece sua neutralidade, mas, sobretudo, reconhece a existência do transcendental e do fenômeno religioso como expressão de fé e, até mesmo, cultural do povo brasileiro, atendendo assim à sua necessidade básica de transcendentalidade[30] ao dispor de sua necessidade como disciplina nos currículos escolares, de matrícula facultativa, atendendo também aos pais que não possuem crença, cumprindo sua missão laica como Estado.

É permitido ensinar para as próximas gerações sobre os pilares históricos, filosóficos e confessionais de uma confissão de fé, e a Escola também participará desse processo. Aqui subsiste mais um ponto que forma a matéria do Direito Religioso.

5.5 A perpetuação humana

Não existe humanidade se não existir família. Não existe sociedade se não existir família. O núcleo primordial da

30. VIEIRA, *op. cit.*, p. 232-233.

comunidade política é a família e, da mesma forma, expressa a Constituição brasileira: "*Art. 226. A família, base da sociedade, tem especial proteção do Estado.*"

E, a família sendo a base da sociedade brasileira, o Estado tem o dever de protegê-la, bem como de garantir os laços religiosos que a unem. O matrimônio antes de qualquer selo ou carimbo estatal sempre foi selado por Deus e celebrado na presença dEle. A Constituição brasileira, reconhecendo tal importância e a autonomia do Direito Religioso e, no caso, do Direito Canônico, garante que o matrimônio celebrado conforme as liturgias e normas religiosas/canônicas tenha efeito civil perante o Estado:

> Art. 226. [...]
>
> [...]
>
> § 2º. O casamento religioso tem efeito civil, nos termos da lei.

5.6 Vedação ao embaraço por parte do Estado

Como um reflexo das previsões ora mencionadas, o legislador também estende o conteúdo normativo, proibindo o embaraço por parte do Estado. O conteúdo de uma confissão, os dogmas, sua crença fundante, suas liturgias, suas orientações culturais e afins, não podem ser desqualificadas pelo Estado. É o que está determinado no art. 19, I da CRFB/88 – nos termos já apontados em outro momento: "No mesmo espírito republicano de 1890, a Constituição Republicana, lei maior do ordenamento jurídico brasileiro, veda quaisquer embaraços às igrejas, em seu art. 19, inciso I."[31]

Alguns casos em que há um claro descumprimento da determinação do art. 19, I, ocorreram recentemente no Brasil, como o caso emblemático do Padre Rodrigo Alves, que precisou se justificar perante o Ministério Público de Pernambuco

31. VIEIRA, *op. cit.*, p. 192.

para dar explicações sobre a missa que celebrou falando sobre a doutrina católica de casamento e sexualidade.[32] O Padre foi acusado de estar fazendo discurso de ódio. Ao vedar qualquer embaraço por parte do Estado, o constituinte atenta para uma premissa fundamental da Fé: "*as confissões,* [...] *são por natureza anteriores ao Estado, e cuja natureza e características o Estado deve respeitar*".[33]

Importante consignar que o Constituinte usou a expressão "vedado", determinando à União, Estados, Distrito Federal e Municípios que se abstivessem de qualquer prática que pudesse causar qualquer tipo de atrapalho ao livre exercício da fé na forma organizada do culto e da Igreja. Infelizmente não é o que vemos no Brasil de hoje quando municípios simplesmente exigem alvarás de funcionamento de templos ou impedem que os mesmos funcionem em determinada área do município sob a alegação da lei do plano diretor.[34]

5.7 A questão militar

O valor da fé é tão fundamental para a dignidade da pessoa humana, que o constituinte – além de abrir uma exceção – demonstra que nas questões concernentes à religião, o papel do Estado é garantir seu livre exercício, tendo por fim promover uma sociedade livre para crer e viver a fé em sua plenitude. Além das questões que já destacamos, a Constituição vai além, ao permitir a escusa de serviço militar em seu art. 143, §§ 1º e 2º, a seguir transcrito:

> Art. 143. O serviço militar é obrigatório nos termos da lei.
>
> § 1º. Às Forças Armadas compete, na forma da lei, atribuir serviço alternativo aos que, em tempo de paz, após alistados, alegarem

32. Falamos em detalhes sobre o ocorrido em: VIEIRA, Thiago. REGINA, Jean. A toga do ateu e a corte intocada: Violações à liberdade religiosa em menos de 42 horas no Brasil. Disponível em: https://bit.ly/2VQ5G6w Acesso em: 11 ago. 2021.

33. BLANCO, op. cit.,. p. 91. Em tradução livre.

34. Ver mais sobre em VIEIRA, op.cit,. p. 294-300.

> imperativo de consciência, entendendo-se como tal o decorrente de crença religiosa e de convicção filosófica ou política, para se eximirem de atividades de caráter essencialmente militar.
>
> § 2º. As mulheres e os eclesiásticos ficam isentos do serviço militar obrigatório em tempo de paz, sujeitos, porém, a outros encargos que a lei lhes atribuir.

Aqui, percebe-se o reconhecimento da importância do fenômeno religioso, a tal ponto da Constituição brasileira excepcionar aqueles que, por motivo de crença, optarem por se eximir de atividades militares, fornecendo uma alternativa em outras modalidades de serviço. O ponto fulcral da escusa militar está no fato de o Estado – soberano – abrir mão da sua força militar, para dar viabilidade ao imperativo da crença religiosa.

Trata-se de um ato que reafirma o Estado laico colaborativo, ao compreender o alcance da religião na vida humana: um alcance integral, que deve ser respeitado e não maculado por qualquer instituição, dentre as quais o próprio Estado também se encaixa.

Também no texto ora citado, os eclesiásticos ficam isentos do serviço militar. A determinação constitucional é atenta a todos os desdobramentos da religião, acentuando a importância da figura do eclesiástico na construção e perpetuação do sentimento religioso na vida dos fiéis. Por entender a natureza de sua vocação e a continuidade, o constituinte percebe que o chamado, transcendental em sua essência, não pode ser pausado ou impedido, em face da obrigatoriedade do serviço militar.

5.8 Escusa de consciência: o Estado e a convicção religiosa

No inciso VIII[35] do art. 5º, a CRFB/88 traz à tona a objeção de consciência genérica, demonstrando uma vez mais a impor-

35. "Ninguém será privado de direitos por motivo de crença religiosa ou de convicção filosófica ou política, salvo se as invocar para eximir-se de obrigação legal a todos imposta e recusar-se a cumprir prestação alternativa, fixada em lei" (BRASIL. Constituição (1988). Constituição da República Federativa do Brasil. Brasília, DF:

tância constitucional do fenômeno religioso e de sua prática. Em casos específicos, a crença religiosa possui em seus credos próprios determinações que moldam as escolhas do fiel de tal forma que ele carece de uma atenção especial por parte do Estado, para que não seja obrigado, direta e indiretamente, a agir em desacordo com sua convicção religiosa. Destarte, a escusa de consciência é uma matéria constitucional que tem por fim dar ao indivíduo o direito de não cumprir um serviço obrigatório por várias razões, dente elas a sua crença religiosa.

Até mesmo a literatura de matriz liberal/secular tem a dizer sobre a objeção de consciência. John Rawls conceitua este instituto como sendo "a desobediência a uma injunção legal ou a uma ordem administrativa mais ou menos direta".[36] Tal pensamento mostra que, a despeito de uma ordenação juspolítica de natureza positiva, há elementos transcendentes ou divergentes à ordem constitucional, sendo o sentimento religioso uma destas autorizações. Há força no elemento ético que comunica atributos inerentes à existência daquele que alega objeção de consciência, e tal valor é reconhecido pela doutrina e pelo próprio texto constitucional nacional.

5.9 A garantia prática da laicidade colaborativa: Imunidade Tributária Religiosa

A Constituição veda qualquer unidade da federação instituir e cobrar impostos dos templos de qualquer culto e de todos atos vinculados à sua finalidade essencial. É o mandamento constitucional disposto no art. 150, VI, "b", § 4º, da CRFB/88. Esta vedação é mais uma demonstração da visão constitucional acerca do fenômeno religioso e de sua importância, comprovando uma vez mais a autonomia do Direito Religioso que trata de tais temas.

Senado Federal: Centro Gráfico, 1988).

36. RAWLS, John. Uma teoria da justiça. 1ª ed. São Paulo: Martins Fontes, 2000, p. 408.

Explicando a imunidade tributária religiosa, ela tem como função fulminar a incidência de uma norma tributária previamente estabelecida em norma legal abstrata por suprimir a competência estatal em cobrar imposto dos templos de qualquer culto. Sempre que uma organização religiosa estiver presente no critério pessoal de uma regra-matriz de imposto e, se essa regra-matriz tiver como hipótese patrimônio, renda ou serviço relacionado ao fenômeno religioso, que é a atividade essencial de toda e qualquer organização religiosa, estamos diante da imunidade tributária religiosa (art. 150, VI, "b", § 4º, da CRFB/1988).[37]

A separação da igreja e Estado foi eleita pelo constituinte, mas tem garantida sua manutenção por meio da imunidade tributária religiosa. É o instituto da imunidade que não permite a interferência estatal na vida diária dos templos de qualquer culto, sem ela, ainda mais em uma federação de três níveis como a brasileira, as organizações religiosas estariam à mercê das mais variadas obrigações principais oriundas de impostos, somadas as mais diversas obrigações acessórias decorrentes.

A imunidade religiosa acaba sendo o sustentáculo da relação sadia em que o Estado e a Igreja atuam paralelamente, cada um na sua competência em busca do bem comum do ser humano. O Estado não deve estar contido na Igreja, assim como a Igreja não deve estar contida no Estado, evitando-se, por consequência, erros do passado ou, ainda, casos em que sem democracia ou Estado de Direito, nos quais os Estados são totais e em si mesmos, a religião e outros muitos segmentos são perseguidos.[38]

Além disto, a imunidade tributária religiosa também se torna um dos garantes da liberdade religiosa, que contém a liberdade de crença, de culto e de organização religiosa. Como já dito, a imunidade não permite que o Estado, pelo simples poder de império, imiscua-se nas normas canônicas da Igreja, as quais são essencialmente voltadas ao transcendental e

---

37. VIEIRA, *op. cit.*, p. 446.

38. Ibidem, p. 460.

ao cultivo do espírito humano. Assim, a imunidade resulta na clara divisão de competências e das ordens entre Estado e Igreja; garante à pessoa humana ser alvo da competência eclesiástica/ religiosa ou não, e, à medida que escolhe esta ou aquela organização religiosa, possui a segurança de que não será atacada pela voracidade do Leviatã.[39]

6. Conclusão

Há quem afirme que o Direito Religioso é desnecessário, ou um instrumento para a perpetuação do poder das Igrejas. Na verdade, Direito Religioso trata de todas as organizações religiosas, sem negar que é possível estar aberto à suas influências e reconhecer que há uma confissão de fé com um número avassalador de frutos na construção do bom Direito, qual seja, o cristianismo.

> [...] o avanço histórico e jurídico do direito à liberdade religiosa foi incentivado pelos dogmas cristãos, por meio de seus valores e princípios colocados em prática através de seus adeptos, os quais influenciaram não apenas os direitos humanos, mas, conforme afirmado por Alexis de Tocqueville, também forneceram os padrões morais para o desenvolvimento da democracia na América, referência para as diversas nações.[40]

A história está aí para nos comprovar que a liberdade religiosa precisa ser resguardada, e ensinada para todos os acadêmicos, advogados, juristas, promotores, juízes, e assim por diante: cada um pode contribuir para que o Brasil não seja um local onde as pessoas morrem por causa da sua fé, ou que são obrigadas a silenciar sua declaração pública em nome de uma imposição ditatorial.

O fato é que nem mesmo um país que nega o direito fundamental à liberdade religiosa, é capaz de reprimir o poder da pregação. Entretanto, isso não pode ser colocado como

---

39. VIEIRA, *op. cit.*, p. 461,

40. Idem, p. 92.

justificativa para a inobservância de um direito fundamental. A liberdade de crença e o Estado laico colaborativo são uma realidade na República Federativa do Brasil e, por isso, devem ser estudados e utilizados como instrumento de decisões, de estudo e de reflexão, assim como o Direito Penal, o Direito Civil e o Direito Tributário.

Vale lembrar a conclusão da história de Justino Mártir. Trata-se de uma bela demonstração de coragem para padecer em nome da fé, mas um exemplo daquilo que um governante não pode fazer em um Estado Democrático de Direito:

> – Se vocês não me obedecerem – alertou o prefeito Rústico -, serão punidos.
>
> Mas Justino respondeu:
>
> – Se formos punidos, temos a promessa certa da Salvação.
>
> O prefeito Rústico proclamou então:
>
> – Que os que se recusam a oferecer sacrifício aos deuses sejam açoitados e levados para a execução de acordo com a lei.
>
> Foi assim que os santos mártires, glorificando a Deus, dirigiram-se para o lugar designado. Ali cumpriram o seu martírio confessando nosso Salvador, a quem seja a glória e o poder [...].[41]

Mister ressaltar os ensinamentos deixados pelo Papa João Paulo II, registrados na Bula *Incarnationis Mysterium*, que rememora com avidez a perseguição religiosa sofrida pelos cristãos, mas não deixa de salientar a causa da violação à liberdade religiosa: governos nefastos e despreocupados com a dignidade da pessoa humana – fato este que ressalta, mais uma vez, o motivo central da existência de um ramo autônomo como o Direito Religioso:

> Também este século, que caminha para o seu ocaso, conheceu numerosíssimos mártires, sobretudo por causa do nazismo, do comunismo e das lutas raciais ou tribais. Sofreram pela sua fé

41. LIFTIN, Bryan M. Conhecendo os mártires da igreja primitiva: uma introdução evangélica. São Paulo: Vida Nova, 2019. p. 84.

> pessoas das diversas condições sociais, pagando com o sangue a sua adesão a Cristo e à Igreja ou enfrentando corajosamente infindáveis anos de prisão e de privações de todo o género, para não cederem a uma ideologia que se transformou num regime de cruel ditadura. Do ponto de vista psicológico, o martírio é a prova mais eloquente da verdade da fé, que consegue dar um rosto humano inclusive à morte mais violenta e manifestar a sua beleza mesmo nas perseguições mais atrozes.[42]

Destarte, é essencial que o Estado não impeça e muito menos que determine qual crença o seu cidadão deve seguir. As diversas disposições constitucionais são uma prova de que o constituinte entendeu os principais desdobramentos da religião no coração dos fiéis e o peso que isso tem na construção, evolução e fluidez de uma civilização. O Direito Religioso existe por uma série de motivos conforme discorremos brevemente, desde a herança histórica, do combate a governos ditatoriais, até a obrigatoriedade que o Estado finca nas práticas sociais e jurídicas do Brasil.

Bibliografia

BLANCO, Antonio Martinez. *Derecho eclesiástico del Estado*. Volumen 1. Espanha: Editorial Tecnos S.A., 1994.

BRASIL. Constituição (1891). *Constituição dos Estados Unidos do Brasil*. Rio de Janeiro, Senado, 1891.

BRASIL. Constituição (1988). *Constituição da República Federativa do Brasil*. Brasília, DF: Senado Federal: Centro Gráfico, 1988.

BRASÍLIA. ADI 2566, Relator(a): Min. Alexandre de Moraes, Relator(a) p/ Acórdão: Min. Edson Fachin, Tribunal Pleno, julgado em 16.05.2018, Processo Eletrônico *DJe*-225 Divulg 22.10.2018 Public 23.10.2018.

42. JOÃO PAULO BISPO. Bula de Proclamação do grande jubileu do ano 2000: *Incarnationis mysterium*. Disponível em: https://bit.ly/3sh1WHi Acesso em: 11 ago. 2021. [Nota do editorial: excerto mantido conforme a grafia constante no link retromencionado.].

BRAZIL. Constituição (1824). *Constituição Política do Império do Brazil.* Rio de Janeiro, Senado, 1824.

CAIRNS, Earle Edwin. O cristianismo através dos séculos: uma história da igreja cristã. 3ª edição. São Paulo: Vida Nova, 2008.

DAWSON, Christopher. *Dinâmicas da história do mundo.* Trad. Maurício G. Righi. São Paulo: É realizações, 2010.

_____. *Progresso e religião.* Trad. Fábio Faria. São Paulo: É Realizações, 2012.

DURANT, Will. *A história da civilização* – Vol. 1. Trad. Gulnara de Morais Lobato, São Paulo: Companhia Editora Nacional, 1957.

HOBBES, Thomas. Leviatã: ou Matéria, forma e poder de um Estado eclesiástico e civil. São Paulo: Edipro, 2015.

JOÃO XXIII. Mater e Magistra. Santa Sé (1963), disponível em: https://bit.ly/3jNJFNH Acesso em: 11 ago. 2021.

JOÃO PAULO BISPO. Bula de Proclamação do grande jubileu do ano 2000: *Incarnationis mysterium.* Disponível em: https://bit.ly/3sh1WHi Acesso em: 11 ago. 2021.

KUIPER, Roel. *Capital moral:* o poder de conexão da sociedade. Brasília, DF: Editora Monergismo, 2019.

LIFTIN, Bryan M. *Conhecendo os mártires da igreja primitiva*: uma introdução evangélica. São Paulo: Vida Nova, 2019.

MCGRATH, Alister. *Teologia natural*: uma nova abordagem. São Paulo: Vida Nova, 2019.

RAWLS, John. *Uma teoria da justiça.* 1ª ed. São Paulo: Martins Fontes, 2000.

VIEIRA, Thiago Rafael; REGINA, Jean Marques. *Direito religioso:* questões práticas e teóricas. 3. ed. ampliada e atualizada. São Paulo: Vida Nova, 2020.

_____. A toga do ateu e a corte intocada: Violações à liberdade religiosa em menos de 42 horas no Brasil. Disponível em: https://bit.ly/2VQ5G6w Acesso em: 11 ago. 2021.

ENSINO SOCIAL DA IGREJA
DIGNIDADE DA PESSOA HUMANA

SOCIAL EDUCATION OF THE CHURCH DIGNITY OF THE HUMAN PERSON

José Ulisses Leva[1]

Sumário: 1. Introdução – 2. Século XIX: as transformações e a Igreja – 3. *Rerum Novarum* e a doutrina social da Igreja: 3.1. A Igreja e a questão social; 3.2. A Igreja e a caridade durante os séculos; 3.3. A Economia como meio de conciliação das classes; 3.4. Solução definitiva: a caridade – 4. A Doutrina Social e a Igreja na atualidade – 5. Conclusão – Bibliografia.

1. Introdução

"Deus criou o homem à sua imagem, à imagem de Deus ele o criou, homem e mulher ele os criou" (Gn 1, 27). "[...] De fato o homem tem uma lei escrita por Deus em seu coração. Obedecer a ela é a própria dignidade do homem, que será julgado de acordo com esta lei [...]" (GS, n. 16). A defesa da criação, homem e mulher, imagem de Deus, e a obediência à lei

---

1. Doutor em História da Igreja pela Pontifícia Universidade Gregoriana de Roma. Professor na Pontifícia Universidade Católica de São Paulo – PUC/SP. Capelão na Capela de Nossa Senhora de Sion – Higienópolis.

escrita por Deus, tornam-se o entendimento do princípio fundamental da dignidade e dos direitos inalienáveis da pessoa humana. No Ensino Social, a Igreja, busca compreender o ser humano à luz da Sagrada Escritura. Também, à luz da Palavra Revelada, o Magistério da Igreja, tem assegurado a defesa de todo homem e mulher, desde a criação aos nossos dias.

O Papa Leão XIII, no dia 15 de maio de 1891, presenteou aos católicos e ao mundo a Carta Encíclica *Rerum Novarum*. Com esse Documento, o Pontífice inaugurou o ensino da Doutrina Social da Igreja. Atenta e solícita, a Esposa de Cristo apresentou aos homens e mulheres do século XIX as suas preocupações com as inúmeras mudanças que estavam acontecendo no cenário econômico e buscou responder com maestria propondo o Evangelho de Jesus Cristo.

A Igreja procura ler os acontecimentos da sociedade e possibilita algumas pistas para refletir. Ela não possui *expertise* em economia, mas em tempo e ao seu modo sugere orientações para o bem comum. Não se resguarda frente às forças hegemônicas e às potências mundiais, nem se esquiva em posicionar-se frente aos mais desprotegidos. Não ao socialismo sem Deus e não ao capitalismo, cujo deus é o dinheiro. Entre uma tendência e outra, o Papa Leão XIII apresentou a via da Caridade. Aprendemos que a Caridade é uma Virtude Teologal e ela está presente no seguimento a Jesus Cristo.

Passados 130 anos da Carta Encíclica *Rerum Novarum*, do Papa Leão XIII, a Igreja presente no mundo se vê diante da Pandemia da COVID-19 e acompanha os seus desdobramentos. O Documento pontifício inaugurou o Ensino da Doutrina Social da Igreja. Significa, assim, que o Magistério do Pontífice procurou acompanhar a sociedade e deu resposta aos problemas que se apresentavam, cotidianamente, na vida dos cidadãos. Implica, hoje, também, debruçar e buscar respostas sobre o fenômeno da Pandemia da COVID-19, mortal e, ao mesmo tempo, destruidora da economia mundial. A sociedade inteira está gemendo e ao mesmo tempo está buscando soluções para o drástico momento.

No Pontificado de Leão XIII, a sociedade estava em célere transformação. Os camponeses, como meeiros, e os operários, nas cidades, eram os mais vulneráveis. A mobilidade humana era fortíssima. A industrialização na Europa era vertiginosa e expulsava uma enormidade de campesinos de suas terras empurrando-os para as cidades. Muitíssimos saíram de suas localidades e foram impelidos às novas oportunidades. Milhões desses imigrantes desembarcaram na América.

As urgências do século XIX eram desafiadoras. Como a Igreja devia responder às necessidades do homem e mulher do seu tempo? Como expressar sua voz, junto aos operários, diante de um mundo polarizado entre capitalismo e socialismo? A Carta Encíclica *Rerum Novarum* inaugurou um modo próprio da Igreja se relacionar com a sociedade.

O tempo da Pandemia do coronavírus nos coloca novamente diante de desafios. A Carta Encíclica *Rerum Novarum* torna-se atualíssima. O magnânimo Documento do Magistério nos coloca frente ao fenômeno da Pandemia da COVID-19. Doença mortal e desmobilizadora da economia e da sociedade mundial. Como garantir a vida e a dignidade aos homens e mulheres, sobretudo dos mais fragilizados da sociedade?

2. Século XIX: as transformações e a Igreja

No último quartel do século XIX, os camponeses europeus foram expulsos de suas terras e empurrados para as cidades. Milhões de homens e mulheres foram impulsionados a buscar novas terras. Outros milhões de pessoas se deslocaram do campo para a cidade. A Europa, do final de 1800, assistiu ao fenômeno da mecanização nos campos à industrialização nas cidades. Faltava alento tanto aos camponeses, expelidos de suas terras, quanto aos operários, nas cidades, que morriam à exaustão nas indústrias.

As mudanças socioeconômicas foram brutais. Os campos europeus foram se esvaziando. Definitivamente, a máquina entrou e ocupou espaço no mundo rural. O camponês expulso do edílico, e, agora vivendo o inferno, como operário, no mundo urbano. Houve o crescimento desordenado das cidades. Não há mais trabalho no campo, com a presença das máquinas, e, falta qualificação de mão de obra para os operários, nas cidades.

O mundo tende às novidades quando vive guerras, revoluções ou pandemias. Esse era o cenário do século XIX. Nesse ambiente desafiador, o Papa Leão XIII pastoreava a Igreja. Em tempos difíceis, como Pontífice, ele respondeu às urgências do seu tempo, sobre a condição dos operários, com a Carta Encíclica *Rerum Novarum,* apresentada ao mundo, em 15 de maio de 1891. *Ensino Social da Igreja: Dignidade da Pessoa Humana* quer lembrar e celebrar a Carta Encíclica *Rerum Novarum.* Simultaneamente, quer visualizar o atualíssimo Documento do Magistério, frente às urgências do nosso tempo. Como Igreja, precisamos ser sempre presença e atuação na sociedade, assegurando a Liberdade Religiosa e Liberdade de Expressão.[2]

3. *Rerum Novarum* e a doutrina social da Igreja

O Papa Leão XIII, no século XIX, apontou ao homem e mulher contemporâneos, o seu Magistério na direção das questões sociais. Assim declarou Igino Giordani na apresentação do Documento Pontifício: "Esta Encíclica sobre a 'questão operária' é a mais popular do papado dos últimos tempos, como a chamada 'questão social' foi a mais ardentemente debatida de um século para cá."[3]

> A sede de inovações, que há muito tempo se apoderou das sociedades e as tem numa agitação febril, devia, tarde ou cedo, passar das regiões da política para a esfera vizinha da economia social. Efetivamente, os progressos incessantes da indústria, os novos caminhos em que entraram as artes, a alteração das relações entre os operários e os patrões, a influência da riqueza nas mãos

---

2. MARTINS, Ives Gandra da Silva; CARVALHO, Paulo de Barros; BERTELLI, Luiz Gonzaga; BIAGINI, João Carlos. Liberdade Religiosa e Liberdade de Expressão. São Paulo: Editora NOESES, 2020.

3. Carta Encíclica *Rerum Novarum*, 2019, p. 5.

dum pequeno número ao lado da indigência da multidão, a opinião enfim mais avantajada que os operários formam de si mesmos e a sua união mais compacta, tudo isto, sem falar da corrupção dos costumes, deu em resultado final um temível conflito.

Por toda a parte, os espíritos estão apreensivos e numa ansiedade expectante, o que por si só basta para mostrar quantos e quão graves interesses estão em jogo. Esta situação preocupa e põe ao mesmo tempo em exercício o gênio dos doutos, a prudência dos sábios, as deliberações das reuniões populares, a perspicácia dos legisladores e os conselhos dos governantes, e não há, presentemente, outra causa que impressione com tanta veemência o espírito humano.

É por isto que, Veneráveis Irmãos, o que em outras ocasiões temos feito, para bem da Igreja e da salvação comum dos homens, em Nossas Encíclicas sobre a soberania política, a liberdade humana, a constituição cristã dos Estados e outros assuntos análogos, refutando, segundo Nos pareceu oportuno, as opiniões errôneas e falazes, o julgamos dever repetir hoje e pelos mesmos motivos, falando-vos da Condição dos Operários. Já temos tocado esta matéria muitas vezes, quando se Nos tem proporcionado o ensejo; mas a consciência do Nosso cargo Apostólico impõe-Nos como um dever tratá-la nesta Encíclica mais explicitamente e com maior desenvolvimento, a fim de pôr em evidência os princípios duma solução, conforme a justiça e a equidade. O problema não é fácil de resolver, nem isento de perigos. E difícil, efetivamente, precisar com exatidão os direitos e os deveres que devem ao mesmo tempo reger a riqueza e o proletariado, o capital e o trabalho. Por outro lado, o problema não é sem perigos, porque não poucas vezes homens turbulentos e astuciosos procuram desvirtuar-lhe o sentido e aproveitam-no para excitar as multidões e fomentar desordens. [4]

3.1 A Igreja e a questão social

A Igreja sempre esteve atenta às necessidades das pessoas. Em todos os tempos buscou responder, generosamente, diante das situações adversas de guerras e pandemias. O Magistério do Papa Leão XIII inovou a Igreja, com a Carta Encíclica *Rerum Novarum*. Iniciou-se um tempo, marcadamente

4. Carta Encíclica *Rerum Novarum*, 2019, n. 1.

presencial, com documentos legados e posições determinantes e firmes para a posteridade.

É com toda a confiança que Nós abordamos este assunto, e em toda a plenitude do Nosso direito; porque a questão de que se trata é de tal natureza, que, se não apelamos para a religião e para a Igreja, é impossível encontrar-lhe uma solução eficaz. Ora, como é principalmente a Nós que estão confiadas a salvaguarda da religião e a dispensação do que é do domínio da Igreja, calarmo-nos seria aos olhos de todos trair o Nosso dever. Certamente uma questão desta gravidade demanda ainda de outros a sua parte de atividade e de esforços; isto é, dos governantes, dos senhores e dos ricos, e dos próprios operários, de cuja sorte se trata. Mas, o que Nós afirmamos sem hesitação, é a inanidade da sua ação fora da Igreja. E a Igreja, efetivamente, que haure no Evangelho doutrinas capazes de pôr termo ao conflito ou ao menos de o suavizar, expurgando-o de tudo o que ele tenha de severo e áspero; a Igreja, que se não contenta em esclarecer o espírito de seus ensinos, mas também se esforça em regular, de harmonia com eles a vida e os costumes de cada um; a Igreja, que, por uma multidão de instituições eminentemente benéficas, tende a melhorar a sorte das classes pobres; a Igreja, que quer e deseja ardentemente que todas as classes empreguem em comum as suas luzes e as suas forças para dar à questão operária a melhor solução possível; a Igreja, enfim, que julga que as leis e a autoridade pública devem sem dúvida, com medida e prudência, prestar seu concurso para esta solução.[5]

3.2 A Igreja e a caridade durante os séculos

Cristo Jesus orientou sua Igreja a ser solidária e presente frentes às necessidades de carestia e turbulências. A Caridade supera as Virtudes Teologais da Fé e da Esperança. "Agora, portanto, permanecem fé, esperança, caridade, estas três coisas. A

5. Carta Encíclica *Rerum Novarum,* 2019, n. 10.

maior delas, porém, é a caridade". (1 Cor 13, 13). Sem a Caridade, de fato, e a falta de Fé comprometida e a Esperança assegurada, nós não nos comprometemos com o anúncio do Evangelho de Cristo Jesus. Nos séculos, a Igreja mostrou-se sempre fraterna e presente, junto aos mais vulneráveis e necessitados.

> A Igreja, além disso, provê também diretamente à felicidade das classes deserdadas, pela fundação e sustentação de instituições que ela julga próprias para aliviar a sua miséria; e, mesmo neste gênero de benefícios, ela tem sobressaído de tal modo, que os seus próprios inimigos lhe fizeram o seu elogio. Assim, entre os primeiros cristãos, era tal a virtude da caridade mútua, que não raro se viam os mais ricos despojarem-se do seu patrimônio em favor dos pobres. Por isso, a indigência não era conhecida entre eles; os Apóstolos tinham confiado aos Diáconos, cuja ordem fora especialmente instituída para esse fim, a distribuição quotidiana das esmolas, e o próprio S. Paulo, apesar de absorvido por uma solicitude que abraçava todas as Igrejas, não hesitava em empreender penosas viagens para ir em pessoa levar socorros aos cristãos indigentes. Socorros do mesmo género eram espontaneamente oferecidos pelos fiéis em cada uma das suas assembleias: o que Tertuliano chama os «depósitos da piedade», porque eram empregados «em sustentar e sepultar as pessoas indigentes, os órfãos pobres de ambos os sexos, os domésticos velhos, as vítimas de naufrágio.
>
> Eis como pouco a pouco se formou esse patrimônio, que a Igreja sempre guardou com religioso cuidado como um bem próprio da família dos pobres. Ela chegou até a assegurar socorros aos infelizes, poupando-lhes a humilhação de estender a mão; porque esta mãe comum dos ricos e dos pobres, aproveitando maravilhosamente rasgos de caridade que ela havia provocado por toda a parte, fundou sociedades religiosas e uma multidão doutras instituições úteis que, pouco tempo depois, não deviam deixar sem alívio nenhum gênero de miséria.
>
> Há hoje, sem dúvida, um certo número de homens que, fiéis ecos dos pagãos de outrora, chegam a fazer, mesmo dessa caridade tão maravilhosa, uma arma para atacar a Igreja; e viu-se uma beneficência estabelecida pelas leis civis substituir-se à caridade cristã; mas esta caridade, que se dedica toda e sem pensamento reservado à utilidade do próximo, não pode ser suprida por nenhuma invenção humana. Só a Igreja possui essa virtude, porque não se pode haurir senão no Sagrado Coração de Jesus

Cristo, e é errar longe de Jesus Cristo estar afastado da Sua Igreja.[6]

3.3 A economia como meio de conciliação das classes

A Igreja, de fato, não possui, de per si, *expertise* em Economia. Porém, a Esposa de Cristo, sabe das necessidades, sobretudo, dos invisíveis da sociedade, dos necessitados, dos carentes e dos mais vulneráveis. Como chegar a uma justa distribuição dos bens dados e oferecidos pelo Criador? Como partilhar as benesses com todos os homens e com todas as mulheres, em todos os tempos? Como ser equânime na nossa sociedade contemporânea?

> O operário que receber um salário suficiente para ocorrer com desafogo às suas necessidades e às da sua família, se for prudente, seguirá o conselho que parece dar-lhe a própria natureza: aplicar-se-á a ser parcimonioso e agirá de forma que, com prudentes economias, vá juntando um pequeno pecúlio, que lhe permita chegar um dia a adquirir um modesto patrimônio. Já vimos que a presente questão não podia receber solução verdadeiramente eficaz, se se não começasse por estabelecer como princípio fundamental a inviolabilidade da propriedade particular. Importa, pois, que as leis favoreçam o espírito de propriedade, o reanimem e desenvolvam, tanto quanto possível, entre as massas populares.
>
> Uma vez obtido, este resultado seria a fonte dos mais preciosos benefícios, e em primeiro lugar duma repartição dos bens certamente mais equitativa. A violência das revoluções políticas dividiu o corpo social em duas classes e cavou entre elas um imenso abismo. Dum lado, a omnipotência na opulência: uma facção que, senhora absoluta da indústria e do comércio, desvia o curso das riquezas e faz correr para o seu lado todos os mananciais; facção que aliás tem na sua mão mais dum motor da administração pública. Do outro, a fraqueza na indigência: uma multidão com a alma dilacerada, sempre pronta para a desordem. Ah, estimule-se a industriosa atividade do povo com a perspectiva da sua participação na prosperidade do solo, e ver-se-á nivelar pouco a pouco o abismo que separa a opulência da

6. Carta Encíclica *Rerum Novarum*, 2019, n. 18.

miséria, o operar-se a aproximação das duas classes. Demais, a terra produzirá tudo em maior abundância, pois o homem é assim feito: o pensamento de que trabalha em terreno que é seu redobra o seu ardor e a sua aplicação. Chega a pôr todo o seu amor numa terra que ele mesmo cultivou, que lhe promete a si e aos seus não só o estritamente necessário, mas ainda uma certa fartura. Não há quem não descubra sem esforço os efeitos desta duplicação da atividade sobre a fecundidade da terra e sobre a riqueza das nações. A terceira utilidade será a suspensão do movimento de emigração; ninguém, com efeito, quereria trocar por uma região estrangeira a sua pátria e a sua terra natal, se nesta encontrasse os meios de levar uma vida mais tolerável.

Mas uma condição indispensável para que todas estas vantagens se convertam em realidades, é que a propriedade particular não seja esgotada por um excesso de encargos e de impostos. Não é das leis humanas, mas da natureza, que emana o direito de propriedade individual; a autoridade pública não o pode pois abolir; o que ela pode é regular-lhe o uso e conciliá-lo com o bem comum. É por isso que ela age contra a justiça e contra a humanidade quando, sob o nome de impostos, sobrecarrega desmedidamente os bens dos particulares.[7]

3.4 Solução definitiva: a caridade

A Igreja, sob o pastoreio de Leão XIII, evidenciou a solução para o seu tempo, à luz do Evangelho do Salvador e Redentor. Sobre a condição dos operários, o Papa apontou o ensinamento apresentado e realizado pelo Bom Pastor, Cristo Jesus. A caridade, como solução definitiva, foi o indicativo do Sumo Pontífice à sociedade do seu tempo.

> Vede, Veneráveis Irmãos, por quem e por que meios esta questão tão difícil demanda ser tratada e resolvida. Tome cada um a tarefa que lhe pertence; e isto sem demora, para que não suceda que, adiando o remédio, se tome incurável o mal, já de si tão grave.
>
> Façam os governantes uso da autoridade protetora das leis e das instituições; lembrem-se os ricos e os patrões dos seus deveres; tratem os operários, cuja sorte está em jogo, dos seus interesses

7. Carta Encíclica *Rerum Novarum*, 2019, n. 30.

pelas vias legítimas; e, visto que só a religião, como dissemos no princípio, é capaz de arrancar o mal pela raiz, lembrem-se todos de que a primeira coisa a fazer é a restauração dos costumes cristãos, sem os quais os meios mais eficazes sugeridos pela prudência humana serão pouco aptos para produzir salutares resultados. Quanto à Igreja, a sua ação jamais faltará por qualquer modo, e será tanto mais fecunda, quanto mais livremente se possa desenvolver.

Nós desejamos que compreendam isto sobretudo aqueles cuja missão é velar pelo bem público. Empreguem neste ponto os Ministros do Santuário toda a energia da sua alma e generosidade do seu zelo, e guiados pela vossa autoridade e pelo vosso exemplo, Veneráveis Irmãos, não se cansem de inculcar a todas as classes da sociedade as máximas do Evangelho; façamos tudo quanto estiver ao nosso alcance para salvação dos povos, e, sobretudo, alimentem em si e acendam, nos outros, nos grandes e nos pequenos a caridade, senhora e rainha de todas as virtudes. Portanto, a salvação desejada deve ser principalmente o fruto duma grande efusão de caridade, queremos dizer, daquela caridade que compendia em si todo o Evangelho, e que, sempre pronta a sacrificar-se pelo próximo, é o antídoto mais seguro contra o orgulho e o egoísmo do século. Desta virtude, descreveu S. Paulo as feições características com as seguintes palavras: "A caridade é paciente, é benigna, não cuida do seu interesse; tudo sofre; a tudo se resigna". (1 Cor, 13, 4-7). [8]

4. A doutrina social e a Igreja na atualidade

O Papa Leão XIII respondeu à Igreja e à sociedade no século XIX. Muitos camponeses buscavam novas oportunidades nas cidades e em terras além mar. A mecanização e a industrialização forçavam multidões à procura das cidades para sobreviverem. Hoje, a Pandemia da COVID-19 pode fazer com que muitos deixem as cidades, por motivos sanitários e econômicos. Como a Igreja enfrentará as novas circunstâncias e como responderá aos novos desafios?

Quais serão os desdobramentos da COVID-19? Como reagiremos no pós- coronavírus? Estamos, por ora, seguindo

---

8. Carta Encíclica *Rerum Novarum,* 2019, n. 37.

as orientações dos sanitaristas e epidemiologistas. Estamos entrando numa nova época da História? Como seremos e como estaremos no alongamento da propagação do vírus? Certamente, os historiadores vão nos ajudar a entender o homem e a mulher, desse Período, quiçá de um novo Período da História da humanidade.

A História está procurando entender o flagelo pela qual a humanidade está passando. O momento é crítico e devastador. O inimigo invisível está ceifando a vida de homens e mulheres e aniquilando a economia mundial. Os historiadores buscam compreender a sociedade contemporânea, para situá-la no tempo e no espaço, respondendo à uma nova época ou à uma nova periodização. A humanidade, continuamente, passa por guerras, revoluções e pandemias. Infelizmente, elas são produzidas por nós, direta ou indiretamente. Se estamos vivos, no hoje da História, por que não agirmos juntos para o melhor da sociedade?

> As cidades e, sobretudo, as megalópoles serão afetadas com a Pandemia do coronavírus? Momentaneamente, nossas atenções estão voltadas, fundamentalmente, para as questões sanitárias e epidemiológicas. Nós estamos observando o desordenamento no campo econômico? Estamos analisando o desmantelamento na economia, que está gerando perdas gigantescas em todos os setores e afetando milhões de pessoas? Com o distanciamento e isolamento social, muitas empresas aderiram ao *home office*. Muitas empresas e escritórios tendem a permanecer com essa modalidade de trabalho. As Universidades e demais áreas da Saber, do Maternal ao Ensino Médio, assumiram a Educação remota e a aprendizagem *on-line*. As unidades educacionais pensam na volta às aulas, chamada híbrida, mas quanto de presencial e quanto de Educação à Distância?
>
> Estamos nos referenciando ao *home office* dos escritórios e das aulas remotas nas instituições educacionais. Pensando nessas atividades escritórios/escolas quantos empregos foram eliminados. Quantos outros postos de trabalho desaparecerão, confirmando as tendências dos variados setores das indústrias, empresas e Universidades e Escolas, com a manutenção dos trabalhos, em *home office* e do ensino remoto?[9]

---

9. LEVA, J.U. *Jornal O São Paulo*, 16 de julho 2020.

A Carta Encíclica *Rerum Novarum* foi apresentada ao mundo, em 1891, num momento em que, sobretudo na Europa, progressivamente, homens e mulheres, deixavam o campo e buscavam as cidades. Estados brasileiros receberam uma população maciçamente camponesa europeia, entre o último quartel do século XIX e o início do século XX. Outros milhões de imigrantes chegaram no Brasil entre as duas Grandes Guerras Mundiais. Nos anos 1950, do século XX, dá-se os primeiros passos da industrialização em nossas terras.

> Nosso país tem uma vocação rural. Os ciclos econômicos do Brasil, em grande parte, aconteceram no campo. O primeiro ciclo econômico, ainda no Brasil colônia, esteve associado ao desmatamento do litoral. A extração do pau brasil marcou não somente a gênese, de uma nação ainda em gestação, como selou o pouco cuidado com a natureza. A seguir, a cana-de-açúcar, o café e a borracha completaram os ciclos, e a saída do Brasil Império para a República. Até meados dos anos 50, do século passado, a grande maioria dos habitantes moravam no campo ou nas pequenas cidades. Somente com a industrialização as cidades aumentaram, e sem planejamento as urbes incharam, em população e inumeráveis problemas. As pessoas procuravam trabalho e melhoria de vida e a indústria precisava de mão de obra, para os inúmeros ofícios que se multiplicavam nos grandes centros urbanos. As cidades despertavam o fascínio por novos tempos.
>
> Por um lado, desde muito, o campo não apresenta mais espaço de trabalho, porque a tecnologia entrou maciçamente nas lavouras. Os braços de muitos foram substituídos pela máquina. Verdade é que uma colheitadeira substitui muitas famílias. Por outro lado, nas últimas décadas, os grandes centros urbanos perderam as indústrias. Houve diminuição de postos de trabalho nas indústrias, e essa escassez foi absorvida pelos escritórios e pelo comércio generalizado, que garantiram a sobrevida de muitos dos operários, que se aperfeiçoaram nos novos ambientes.
>
> Como associar a mecanização do campo e o *home office* das empresas e escolas? Uma associação perversa e desastrosa para a sustentação de postos de trabalho. Haverá benefícios para uns poucos melhor preparados e malefícios para a grande parcela da população. [10]

10. LEVA, J.U. *Jornal O São Paulo*, 16 de julho de 2020.

A Pandemia do coronavírus não é democrática. As realidades dos países são diversas e sob todos os aspectos quer econômicos quer sociais. O vírus atinge os pobres e os ricos em todos os países do mundo, mas a mortalidade entre os mais empobrecidos é avassaladora. A realidade do Brasil é também heterogênea. A Pandemia alastra-se entre todos os estados brasileiros e até dentro da mesma cidade de maneira muito heterodoxa e, notoriamente, as desigualdades são gritantes.

> Com a mecanização do campo houve um êxodo rural para os centros urbanos. Com a manutenção do *home office* nas empresas e escritórios, e com o assegurar das aulas remotas oferecidas pelas Escolas e Universidades nas plataformas *on-line*, com o comércio enfraquecido nas cidades, muitos perderão seus empregos. Assistiremos a um êxodo urbano e a diminuição de muitas cidades? Onde a massa mais empobrecida e pouco preparada para os novos tempos encontrará trabalho? Nem o campo e nem mesmo as cidades serão atrativos para uma vida nova? Onde, então, buscar novas oportunidades?[11]

5. Conclusão

O Artigo vislumbrou o Papa Leão XIII apresentando aos católicos e ao mundo a Carta Encíclica *Rerum Novarum*, em 15 de maio de 1891. Averiguou-se que, com esse Documento, o Pontífice inaugurou o Ensino da Doutrina Social da Igreja. Atenta e solícita, a Esposa de Cristo, respondeu aos homens e mulheres do século XIX. Às preocupações e às inúmeras mudanças que estavam acontecendo no cenário social e econômico, o Sumo Pontífice, com maestria e com prontidão, propôs o Evangelho de Jesus Cristo, para os graves problemas do seu tempo.

A Igreja procurou ler os acontecimentos da sociedade e possibilitou algumas pistas para refletir. Ela não possui *expertise* em muitos campos do saber, mas em tempo e ao seu modo, o Pontífice sugeriu orientações para o bem comum.

11. LEVA, J. U. *Jornal O São Paulo*, 16 de julho de 2020.

Não se amedrontou nem mesmo se resguardou frente as forças hegemônicas e as potências mundiais. Não se esquivou em posicionar-se frente aos mais desprotegidos e desvalidos. Não ao socialismo sem Deus e não ao capitalismo, cujo deus é o dinheiro. Entre uma tendência e outra, o Papa Leão XIII, apresentou a via da Caridade. Aprendemos que a Caridade é uma Virtude Teologal e ela está presente no ensinamento de Jesus Cristo e nas Cartas Pastorais dos Apóstolos.

No Pontificado de Leão XIII a sociedade estava em célere transformação. A mobilidade humana era fortíssima. A Carta Encíclica *Rerum Novarum* inaugurou um modo próprio da Igreja se relacionar e dialogar com o mundo. Preocupou-se, sobretudo, com a condição de vida dos operários. O papado procurou acompanhar a sociedade e buscou responder aos problemas que se apresentavam, cotidianamente, na vida dos católicos e demais cidadãos da Terra.

A Igreja, com profunda humanidade, realizou o XXI Concílio Ecumênico Vaticano II,[12] entre 1962-1965. Selou, definitivamente, o bem querer para com a humanidade. Frente às dores e ameaças à vida, a Esposa de Cristo preferiu estar ao lado dos homens e mulheres do nosso tempo, agindo com amor e solidariedade. A Igreja dialoga com o mundo, orienta e aponta a liberdade religiosa, mantém sua postura pastoralista e presencial e assegura a liberdade de expressão.

O Papa São Paulo VI deixou-nos um legado extraordinário no seu intenso Magistério. Encerrou o Concílio Ecumênico Vaticano II, em 1965. Em 1975, o Pontífice presenteou-nos com a Exortação Apostólica Evangelii Nuntiandi.[13] O Documento delineou a eclesiologia do Sumo Pontífice, como também, inseriu a Igreja na sociedade, para dialogar com o homem e a mulher contemporâneos. Somos chamados sempre ao seguimento, em Jesus Cristo. Somos convocados a marcar passos na leitura dialogante do Concílio Ecumênico Vaticano II. A Igreja é chamada

12. Compêndio do Vaticano II, 1986.

13. PAPA PAULO VI. Exortação Apostólica *Evangelii Nuntiandi*, 1997.

a evangelizar e estar presente junto aos mais vulneráveis da sociedade em todos os tempos.[14] Quando a Igreja está atenta aos fatos, ela age cordialmente. Ela chega ao âmago dos reais problemas da humanidade e aponta caminho à luz de Jesus Cristo.

O pontificado de Francisco tem gerado grandes frutos para a inteira humanidade. Começou seu itinerário eclesial apresentando a Alegria do Evangelho de Jesus Cristo.[15] Desde logo, o Papa tem se preocupado com a Casa Comum e com o Meio Ambiente.[16] Cinco anos antes da Pandemia da COVID-19, profeticamente, o Papa Francisco deu um sinal de alerta com o cuidado e a preservação dos Biomas. Falou em garantir a sobrevivência do Planeta e preservar a vida, sobretudo, dos mais enfraquecidos e vulneráveis da nossa sociedade, possibilitando a sobrevida da Terra. Recentemente, o Pontífice nos presenteou com uma nova Carta Encíclica. A Fratelli Tutti.[17] É um hino à Fraternidade Universal na mais íntima relação da Amizade Social.

Acompanhando a História da Igreja, hoje, o Ensino Social da Igreja, implica debruçar sobre o fenômeno da Pandemia da COVID-19, mortal e, ao mesmo tempo, destruidora da economia em escala mundial. A sociedade inteira está gemendo e ao mesmo tempo está buscando soluções para o drástico momento. Os efeitos climáticos e os desdobramentos epidemiológicos estão longe de tornar a economia estável, fragilizando ainda mais os mais vulneráveis. Mesmo com a chegada da vacina e a imunização maciça da população, serão necessários muitos anos ou décadas, para recompor a economia nacional e mundial.

Vislumbrando com alegria e celebrando com esperança a Carta Encíclica *Rerum Novarum* do Papa Leão XIII, a Igreja se mantém firme no anúncio querigmático do Evangelho de

---

14. LEVA, REVELETEO, v. 14, nº 25, p. 141-155, jan/jun 2020.

15. PAPA FRANCISCO, Exortação Apostólica *Evangelii Gaudium*, 2013.

16. PAPA FRANCISCO, Carta Encíclica *Laudato Sì*, 2015.

17. PAPA FRANCISCO, Carta Encíclica Fratelli Tutti, 2020.

Jesus Cristo e se mantém segura no profetismo contemporâneo do diálogo e da presença na sociedade. Somando os esforços de todos os Papas que sucederam a Leão XIII, passando por São Paulo VI, e, nos nossos dias, com o Papa Francisco, a Igreja de Cristo Jesus lança os Documentos e se põe do lado dos homens e mulheres do seu tempo, mormente, os mais sofridos e esquecidos. A Igreja sempre defenderá a dignidade humana e sempre pautará nos princípios fundamentais dos direitos inalienáveis de todo homem e de toda mulher.

O Ensino Social da Igreja, de fato, está presente na centralidade da mensagem salutar e salvífica da Boa Nova de Nosso Senhor Jesus Cristo. Deus criou-nos à sua imagem e à sua semelhança (cf Gn 1, 27). Seja em tempo de guerra, seja em tempo de desastres ambientais ou mesmo em momento de Pandemia, como a COVID-19, como cristãos, e em todas as circunstâncias, nós devemos sempre defender e preservar a vida.

O Papa Leão XIII selou o início do Ensino da Doutrina Social da Igreja. O Concílio Ecumênico Vaticano II nos alertou que devemos perscrutar os acontecimentos e os sinais dos tempos. Hoje, o Papa Francisco mantém o diálogo esperançoso e propositivo com a humanidade. Portanto, estejamos atentos ao momento atual e sejamos prontos junto aos mais vulneráveis. Quer eles estejam no campo ou quer eles estejam na cidade, seja no centro ou nas periferias, devemos sempre levar a Boa Nova do Salvador e garantir nela a certeza da vida. “Eu sou o caminho, a Verdade e a Vida” (Jo 14, 6).

Bibliografia

COMPÊNDIO DO VATICANO II: *Constituições, decretos, declarações*. Coordenação Geral: Frei Frederico Vier, OFM. 18ª ed. Petrópolis: Vozes, 1986.

Documentos da Igreja. Documentos de Paulo VI. Exortação Apostólica Evangelii Nuntiandi. São Paulo: Paulus, 1997.

LEVA, J.U. Nos passos do Concílio. Igreja: sempre chamada a Evangelizar. REVELETEO. V 14, Nº 25, p 141-155, jan/jun 2020.

_____. O SÃO PAULO. Semanário da Arquidiocese de São Paulo. O lugar das cidades depois da COVID-19. Ano 65. Ed. 3306. 15 a 21 de junho de 2020.

MARTINS, Ives Gandra da Silva, CARVALHO, Paulo de Barros, BERTELLI, Luiz Gonzaga, BIAGINI, João Carlos (Coordenadores). *Liberdade religiosa e liberdade de expressão.* São Paulo: Noeses, 2020.

PAPA FRANCISCO. *Exortação Apostólica Evangelii Gaudium.* A alegria do Evangelho. São Paulo: Paulus – Edições Loyola, 2013.

_____. *Carta Encíclica Laudato Si'.* Louvado sejas – sobre o cuidado da casa comum. São Paulo: Paulus/Loyola, 2015.

_____. *Carta Encíclica Fratelli Tutti* – sobre a Fraternidade e a amizade social. São Paulo, Paulus: 2020.

PAPA LEÃO XIII. *Carta Encíclica Rerum Novarum.* 18ª edição/7ª reimpressão. São Paulo: Paulinas, 2019.

Impressão e acabamento
psi7 psi7.com.br | book7 book7.com.br